Jörg-Dieter Gauger (Hrsg.)

Bildung der Persönlichkeit

D1732384

Jörg-Dieter Gauger (Hrsg.)

Bildung der Persönlichkeit

Herausgegeben im Auftrag
der Konrad-Adenauer-Stiftung e.V.

HERDER

FREIBURG · BASEL · WIEN

Die Kultusministerkonferenz hat auf ihrer 310. Plenarsitzung am 3./4. Juni 2005 erklärt, dass die unstrittigen Teilgebiete der Rechtschreibreform in der Fassung von 2004 zum 1. August 2005 für Schulen und Behörden verbindlich werden. Schreibweisen in dieser Publikation, die vom neuen Regelwerk abweichen, wurden auf ausdrücklichen Wunsch der Autoren so aufgenommen.

Gedruckt auf umweltfreundlichem, chlorfrei gebleichtem Papier

Originalausgabe

Alle Rechte vorbehalten – Printed in Germany
© Verlag Herder Freiburg im Breisgau 2006
www.herder.de
Satz: Barbara Herrmann, Freiburg
Druck und Bindung: fgb · freiburger graphische betriebe 2006
www.fgb.de
Umschlaggestaltung: Media Consulta, Köln
Bildnachweis: dpa
ISBN-13: 978-3-451-23017-2
ISBN-10: 3-451-23017-8

Inhalt

Vorwort 7
Jörg-Dieter Gauger

Einführung

„Bildung der Persönlichkeit": Anthropologie,
Inhalte, Strukturen 12
Jörg-Dieter Gauger / Josef Kraus

Von der Aktualität des Bildungsbegriffs

Über „Bildung" und „Schulbildung" 48
Jörg-Dieter Gauger

Die fortwährende Aktualität der humanistischen
Bildung 85
Bernhard Vogel

Bildungsstandards – Abschied von der Beliebigkeit
im Bildungswesen 101
Karin Wolff

Rückblicke: Die „Furie des Verschwindens"

Historische Stationen des Bildungsbegriffs
(1945–1965) 120
Christoph Führ / Horst Wollenweber

Vom eingebildeten zum echten Bildungsnotstand –
ein deutsches Satyrspiel 139
Georg-Berndt Oschatz

Schulformen und Schulbildung

Das Gymnasium zwischen Tradition und Zukunft ... 152
Josef Kraus

Der Bildungsgang Realschule: Was sollen Realschüler
können? 202
Konrad Fees / Jürgen Rekus

Kulturelle Integration und der Lehrplan der Hauptschule 223
Volker Ladenthin

Frühkindliche Bildung als Herausforderung 256
Christine Henry-Huthmacher

Fremdsprache Englisch angesichts der Globalisierung 281
Ulrich Bliesener

Anhang: Kerncurricula

Bildungsoffensive durch Stärkung des Deutschunterrichts 318

Bildungsoffensive durch Neuorientierung des
Geschichtsunterrichts 334

Offensive für politische Bildung in der Schule 376

Kerncurriculum „Mathematische
und naturwissenschaftliche Grundbildung" 415

Bildungsoffensive durch Neuorientierung des
Musikunterrichts 448

Die Autoren und Mitarbeiter 467

Vorwort

Jörg-Dieter Gauger

Bildung ist Grundlage und Motor des gesamtgesellschaftlichen, wirtschaftlichen und sozialen Fortschritts, Bildung prägt aber auch die Lebensentwürfe des einzelnen, ist Fundament für Einstellungen und Haltungen, ist Orientierungsrahmen für Wert-, Moral- und Sinnfragen. Gerade in einer Zeit, die immer mehr Flexibilität, Mobilität, „patch-work-Biographien", schwindende Sicherheit verheißt, bedarf es der „wetterfesten" Persönlichkeit, die selbstsicher und selbständig in der Lage ist, den Wandel jeweils als Chance neu zu begreifen und sich selbst in diesem Prozeß bewußt zu machen. Insofern kann sich der Auftrag von Schule nicht darin erschöpfen, den rasch wechselnden Wünschen aus Gesellschaft und Wirtschaft gerecht zu werden. Sie muß vielmehr als kulturelle und allgemeinbildende Institution jene Grundbildung vermitteln, die zur Persönlichkeits- und Charakterbildung beiträgt und Gemeinschafts-, Toleranzerziehung, sprachliche, interkulturelle und staatsbürgerliche, historische, ästhetische Bildung, Moral- und religiöse Erziehung verbindet mit Rückwirkung auf die Unterrichtsmethoden und die Lehreraus- und -fortbildung. Die Schule ist die zudem einzige gesellschaftliche Einrichtung, die unser kulturelles Erbe systematisch weitergeben kann.

Die Konrad-Adenauer-Stiftung hat daher ihre im Februar 2000 gegründete Bildungsinitiative „Bildung der Persönlichkeit"* genannt. Damit wird einerseits signalisiert, daß

---

* Mitglieder: Josef Kraus, Oberstudiendirektor und Präsident des Deutschen Lehrerverbandes; Dr. Hartmut Müller-Kinet (†), Staats-

wir den Bildungsbegriff als Einheit von Wissen, Urteilen und Handeln neu füllen müssen. Damit wird andererseits signalisiert, daß es um mehr geht, als um die heute sich immer mehr verstärkende Tendenz, den Menschen nur noch eindimensional als „Humankapital" oder Konsument in den Blick zu nehmen. Vielmehr wollen wir deutlich machen, daß das Nicht-Ökonomische gerade im Zusammenhang mit Bildung seinen „übernützlichen" Eigenwert hat. Bildung ohne Inhalte aber ist leer, nur formale Beschreibungen („Qualifikationen", „Kompetenzen") reichen nicht aus, wenn sie nicht mit zugeordneten, grundlegenden und exemplarischen Bildungsinhalten verbunden werden. So sehr daher die Vereinbarungen der KMK zu „Bildungsstandards" zu begrüßen sind, weil sie mehr Einheitlichkeit in den Anforderungen und deshalb bessere Vergleichbarkeit und höhere Transparenz fördern, so sehr ist darüber hinaus zu fordern, sich wieder über „kanonische" Wissensbestände in „Kernlehrplänen" zu verständigen. Im Mittelpunkt unserer gemeinsamen Arbeit stand daher der in Öffentlichkeit und Presse weithin beachtete, diskutierte und natürlich auch kritisierte Versuch, für zentrale Fächer solche „Kerncurricula" zu entwickeln, um nicht nur abstrakt darüber zu reden, sondern anschaulich und konkret zu werden. Wir haben sie am Ende dieses Buches noch einmal

---

sekretär im Hessischen Kultusministerium; Dr. Bernd-Uwe Althaus, Direktor des Thüringer Instituts für Lehrerfortbildung, Lehrplanentwicklung und Medien; Prof. Dr. Ulrich Bliesener, Didaktik und Methodik des Fremdsprachenlernens, Universität Hildesheim; Heidemarie Mundlos, MdL und Vorsitzende des Deutschen Elternvereins; Gerhard Ottowitz, Mallersdorf; die vormalige Kultusministerin Steffie Schnoor und die vormaligen Kultusminister Dr. Peter Bendixen, Prof. Georg-Berndt Oschatz, Dr. Werner Remmers sowie für die Konrad-Adenauer-Stiftung Prof. Dr. Jörg-Dieter Gauger. Darüber hinaus wurde ein Beraterkreis aus Wissenschaft, Wirtschaft und Kultusverwaltung einbezogen.

zusammengestellt und verbinden damit grundsätzliche Überlegungen über Schulbildung, den historischen Rückblick auf die „Furie des Verschwindens" seit den späten 60er Jahren und entsprechende Überlegungen zu den wichtigsten Schulformen und Bildungsgängen. Ein herzlicher Dank gilt all denen, die das ermöglicht haben. Ein besonderer Dank gilt dem Präsidenten des Deutschen Lehrerverbandes Josef Kraus. Gemeinsam haben wir dieses Projekt ins Leben gerufen.

Jörg-Dieter Gauger   Sankt Augustin im Januar 2006

Einführung

„Bildung der Persönlichkeit": Anthropologie, Inhalte, Strukturen

Jörg-Dieter Gauger / Josef Kraus

In den vergangenen dreißig Jahren gab es in Deutschland – bedingt durch falsche Reformansätze – zahlreiche Fehlentwicklungen in der Schulpolitik. Nord- und westdeutsche Bundesländer hatten daran aufgrund der jeweils vorherrschenden Regierungspolitik den Löwenanteil; das haben unter anderem die diversen PISA-Studien immer wieder neu bestätigt. Die scheibchenweise Rücknahme zurückliegender Reformen und früherer Liberalisierungen im Bereich schulischer Anforderungen räumt diese Irrwege – wenn auch indirekt – ein. Berufsbildende Schulen, Wirtschaft und Hochschule als Abnehmer der Schulabsolventen fordern zudem unvermindert, die Ausbildungs- bzw. Studierreife wieder auf eine solide Leistungsbasis zu stellen.

Eine Renaissance des Leistungsprinzips in Schulpolitik und Schulpädagogik ist daher überfällig. Ebenso überfällig im Sinne von Wertevermittlung ist eine Wiederentdeckung des Prinzips „Mut zur Erziehung". Beides – Leistung und Werte – gedeiht aber nur auf der Basis konkreter und verbindlicher Inhalte. Die gescheiterte Vision der Gleichheit aller Menschen durch Bildung darf deshalb nicht abgelöst werden von der Vision einer Gleichheit aller Inhalte und Wertebezüge. Es kann auch nicht – wie in den 70er Jahren – Ziel der Schulpolitik sein, daß Bildungstechnokraten via Schule einen „neuen Menschen" zu produzieren suchen, zuletzt einen, der vor allem den Visionen einer New Economy gerecht wird.

Eindeutig beantwortet ist die Frage nach dem notwendigen Differenzierungsgrad des Schulwesens in Deutschland. Diese Frage ist empirisch und politisch entschieden. Empirisch entschieden ist sie, weil die Gesamtschule in Deutschland nie über den Status einer schwach leistungsfähigen und zudem sehr luxuriös ausgestatteten Schulform hinauskam. In anderen Staaten der Welt mögen Gesamtschulsysteme bei internationalen Schulleistungstests gut abgeschnitten haben; es sind aber auch Staaten mit Gesamtschulsystemen, die die Schlußlichter im internationalen PISA-Ranking einnehmen. Die Empirie spricht eine eindeutige Sprache zugunsten des gegliederten Schulwesens, zumal die deutschen Länder Bayern, Sachsen und Baden-Württemberg mit ihrem jeweils hochdifferenzierten gegliederten Schulwesen die einzigen deutschen Länder sind, die trotz – im internationalen Vergleich – zum Teil erheblich ungünstigerer Rahmenbedingungen in der PISA-Spitze mithalten. Und schließlich ist die Frage nach der Struktur des Schulwesens in Deutschland auch politisch zumindest auf längere Sicht entschieden: Zwischen 1999 und 2005 gab es in den Ländern Hessen, Saarland, Sachsen-Anhalt, Niedersachsen, Hamburg, Schleswig-Holstein und Nordrhein-Westfalen gänzlich neue oder deutlich veränderte Regierungskonstellationen, die allesamt eine Stabilisierung des gegliederten Schulwesens bedeuten.

Richtig ist also auch: Seit die Konrad-Adenauer-Stiftung Ende 2000 ihre Initiative „Bildung der Persönlichkeit" gründete und wenig später mit einem ersten Grundsatzpapier an die Öffentlichkeit trat, hat sich in der Schulpolitik einiges getan. Das Lamento in den Medien anläßlich der Veröffentlichung von PISA 2003 im Dezember 2004, es habe sich ja noch nicht viel geändert, war sicher nicht gerechtfertigt. Mit PISA ist die empirische Bildungsforschung in Deutschland (endlich) etabliert, mag man auch gegenüber dem bildungstheoretischen Konzept der OECD erhebliche Einwände haben. Aber immerhin: Die „Risikogruppen" (21 Prozent unserer jungen Menschen) mit einem hohen Anteil unter Migranten sind identifiziert. Und wenn es schon bei den „Basisqualifikationen" mangelt (was unabhängig von PISA in zahlreichen Untersuchungen längst belegt war), wie soll es dann noch um „Bildung" gehen? Die Bedeutung vorschulischer Bildung (statt Betreuung) ist ebenso im Blick von Politik und Öffentlichkeit wie die Einrichtung von Ganztagsangeboten, mag es auch an klaren pädagogischen Konzepten derzeit noch fehlen. Auch schulintern sind viele neue Maßnahmen zu registrieren: zum Beispiel länderübergreifende Bildungsstandards mit Evaluation oder zentrale Schulabschlußprüfungen ab Sekundarstufe I.

Wenn wir dennoch unser damaliges Grundsatzpapier als Einführung in diesen Sammelband erneut und nur wenig verändert vorlegen, so hat das den einfachen Grund, daß sich einiges eben auch nicht verändert hat: Wir haben erneut eine Debatte über Strukturen, jetzt soll uns die „Einheitsschule" beglücken, und das hat nicht nur demographische, das hat wieder einmal die alten ideologischen Gründe, die fröhliche Urständ feiern, jetzt durch „Finnland" verbrämt. Wir haben immer wieder mit unterschiedlichen Anlässen die Debatte über Rolle und Leistung von Schule. Durch immer neue Erwartungen an Schule können das Ziel und der Auftrag schulischer Bildung nicht minder stark verändert werden, als dies vor 30 Jahren der Fall war. Wir haben uns damals schon gewehrt gegen die permanente Überforderung der Schule durch alle nur möglichen lebensweltlichen Phänomene und gegen einen permanenten, kurzatmig ansetzenden Aktionismus. Schule kann nicht „Feuerwehr" sein, wenn es irgendwo „brennt". Wenn Ingenieure oder Informatiker fehlen, weil Politik und Wirtschaft Entwicklungen versäumt oder zumindest nicht vorhergesehen haben, kann nicht plötzlich die Schule Problemlöser sein. Wenn die Börse zum Volkssport wird, kann nicht plötzlich Ökonomie als Unterrichtsfach bereits für Zehnjährige eingefordert werden. Wenn die Jugend immer bewegungsärmer und übergewichtiger wird, kann nicht plötzlich eine umfassende schulische Gesundheitserziehung aus dem Boden gestampft werden. Wenn Kinder sich gigantische Schulden beim Handy-Telefonieren aufhalsen, kann Schule nicht plötzlich Erziehung zum maßvollen Telephonieren leisten. Wenn wirre Rechtsradikale Menschen anderer Hautfarbe durch die Straßen jagen, kann nicht plötzlich die Schule für Defizite in der historischen und staatsbürgerlichen Bildung verantwortlich gemacht werden. Die Wunschzettel der Politik und der Öffentlichkeit ließen sich leicht fortsetzen, neuerdings steht sogar wieder die Überwindung sozialer Schichten wie schon zu Beginn der 70er Jahre ganz oben auf der Agenda.

Zum zweiten und parallel dazu wird das Personal, das Schule „betreibt", weiterhin permanent verunglimpft: Lehrer als „faule Säcke", „Lehrer in die Produktion", Lehrer als „Computer-Analphabeten" oder (wieder OECD 2004) „alte Lehrer bringen nichts". Ein weiterer Autoritätsverfall dieses Berufsstandes und fortschreitende Nachwuchsprobleme sind die Folgen.

Und zum dritten haben wir uns schon damals gewehrt gegen die Reduktion des Menschen auf seine Funktionalität und gegen die Vorstellung, nur das sei in der Bildung wichtig und wertvoll, was sich im Sinne einer platten Zweck-Mittel-Relation ökonomisch verwerten lasse. Heute ist die Formel der „Ökonomisierung aller Lebensverhältnisse" fast selbstverständlich geworden (und auch in Wahlkämpfen scheint nur noch dies eine Rolle zu spielen). Gewiß wird man zugeben, daß jeder Mensch sein „Kapital" in sich trägt, nämlich seine Fähigkeiten und Leistungen; aber eine Klassifizierung von Menschen als „Humankapital" ist eine inhumane Reduktion. Schulpolitik kann jedenfalls kein Ersatz sein für Defizite in der Sozialpolitik, Wirtschaftspolitik, Arbeitsmarktpolitik, Familienpolitik, Jugendpolitik, Kriminalpolitik, Geschichtspolitik usw. Es verhält sich eher umgekehrt: Bildungsdefizite führen zu entsprechenden Problemen. Denn „Bildung" signalisiert mehr. Bildung ist kulturelle Teilhabe. Bildung signalisiert idealiter Urteilskraft, den „geordneten Gedankenkreis" (Herbart), die Fähigkeit zum Selbstdenken und zum Transfer, zur begründenden Argumentation und zum eigenen Standpunkt. Bildung signalisiert das „sittliche Subjekt", Tugenden, Charakter, Selbstachtung. Der „Gebildete" ist dadurch frei, denn er verfügt über die Fähigkeit zur Distanz; Bildung ist somit Voraussetzung für Freiheit und ihren Vollzug. Die bildungspolitische Reflexion muß also neu ansetzen an der Frage nach dem Verhältnis zwischen Individuum und Gesellschaft: Geht es in Bildung primär um die Persönlichkeit, also um die „werdende Freiheit" des jungen Menschen, oder geht es in Bildung um bloße Qualifikation, also primär um die Anpassung an gesellschaftliche Herausforderungen (von denen allerdings niemand weiß, wie die Schule sie mittel- und langfristig antizipieren könnte, zumal schon kurzfristig angemeldeter Bedarf an Qualifikationen als rasch wieder überholt erscheint)?

Dahinter steht heute das Dilemma aller „Bildung", die sich gerade im allgemeinbildenden Bereich nicht unmittelbar umsetzen und „rechnen" läßt und die daher dem Verdikt des „Unnützen" zu verfallen droht. Auch die berufliche Bildung nach deutschem Muster hat hier übrigens Platz für Übernützliches und Persönlichkeitsbildendes. Natürlich ist die Idee der unendlichen Arbeit, die Wirtschaft, Technik und Zivilisation zugrunde liegt, notwendiges Element der modernen Kultur, ist die notwendige Grundlage all ihrer Lebensäußerungen, der politischen wie der kulturellen. Allerdings reduziert ein Bildungsbegriff, der sich immer weiter auf diese elementare Sphäre des unmittelbaren Bedürfnisses konzentriert, nicht nur die anthropologischen Dimensionen des Menschseins. Dem liegen auch zwei Fehlschlüsse zugrunde: Bildung und Ausbildung seien nicht nur teilidentisch, sondern identisch, und nicht minder identisch seien Wissen und Information. Dabei wird grundsätzlich verkannt, daß Bildung und Bildungswissen Sinn und Bedeutung haben, daß gerade darin ihre „Übernützlichkeit" besteht, und zwar sowohl bezogen auf die Fähigkeit des einzelnen, sich selbst und sein Leben in der Welt zu verstehen und beziehungsreich zu erleben, wie auch bezogen auf die Gesellschaft, die nicht vom Brot allein lebt. Das gilt um so mehr, wenn sich Moral, Orientierung und Sinn immer weniger über Institutionen und Milieus herstellen, sondern der einzelne und seine Persönlichkeit gefordert sind. Dazu bedarf es einer Bildungsphilosophie, die die Rolle des Individuums, der „wetterfesten" Persönlichkeit, die orientierende Bedeutung von Bildung, auch von politischer, gerade im Prozeß tiefgreifender gesellschaftlicher Wandlungen, und ihren stabilisierenden Wert für die Identität und die Zukunftsfähigkeit unserer Gesellschaft wieder zusammendenkt. Ihre Rolle auf Berufsfähigkeit oder gar sog. „Basiskompetenzen" zu beschränken, hieße nicht nur Bildung nach Konjunktur zu gestalten, es hieße auch zu verkennen, daß Leistungs- und Verfügungswissen Wissensformen sind, die erst durch Orientierungswissen und ethische Reflexion ihren Stellenwert erhalten.

Vorrang für Persönlichkeitsbildung

Wenn man Bildung als Vollzug und Resultat ernst nimmt, dann stellt sich das Problem der Bildungsinhalte. Über Jahre war der Ersatz der konkreten Inhalte durch Methoden zu beobachten bis hin zu der alles ersetzenden, heute zum Glück an Penetranz verlierenden „Internetkompetenz".

Die Frage „Wie müssen wir lernen?" scheint leider und vielfach immer noch wichtiger als die Frage „Was müssen wir lernen und folglich wissen?" Es hat eine Reduktion des Didaktischen – damit des Was – auf das Methodische – damit auf das Wie – stattgefunden. Die Debatten um Schule sind voll von diesem Primat des Methodischen vor dem Inhaltlichen: Offenbar soll es nur noch gehen um rekonstruktive und explorative, analytische und synthetische, additive und integrative, fundamentale und exemplarische, reproduktive und inventive, lehrgangs- und themenbezogene Verfahren. Von daher erklärt sich auch das wabernde Gerede über „Schlüsselqualifikationen" und „Kompetenzen", das mehr verunklart als klärt. Vorstellungen von Internet und Multimedia als neue elektronische Nürnberger Trichter kommen hinzu – von daher dann das herrschende Unterrichtsparadigma, das Schüler idealisiert (der kompetente, stets motivierte, selbständig Lernende), von daher die Romantisierung des Lernens und die Dogmatisierung der Unterrichtsmethode (offener Unterricht, Projektmethode, Gruppenunterricht); von daher auch die Umwandlung des Unterrichts von der Ergebnis- zur Erlebnisorientierung und die Umwandlung des Lehrers vom Wissensvermittler und Erzieher zum „Coach" oder „Lernmoderator". Dabei zeigt alle aktuelle Unterrichtsforschung, daß der lehrergesteuerte, direkt instruierende sowie zugleich schülerzentrierte und schüleraktivierende Unterricht die effektivste Form ist, intelligentes Wissen zu erwerben. Die Diskussion um Methoden und Inhaltsverpackungen ist insofern abgeschlossen. Es muß deshalb wieder geredet werden über konkrete Inhalte und Fächer. Denn so sehr zu begrüßen ist, daß sich die KMK auf „Bildungsstandards" geeinigt hat (kann man Bildung eigentlich standardisieren?), sie bleiben nun einmal Kompetenzbeschreibungen auf abstrakter Ebene, deren Konkretion jedoch erst zu leisten wäre. Es bleibt ein Unterschied, ob ich „Lesekompetenz" (literacy) an einem Diagramm, einem „Bild"-Zeitungstext oder an einem Goethe-Gedicht beweise. Daher ist die Debatte, was als kultureller Grundbestand unserer Gesellschaft durch die Schule tradiert werden und damit verbindlich gelten soll, auch weiterhin nicht geleistet. Im allgemeinen „laissez-faire – laissez-aller" versickerten die Inhalte im Beliebigen. Das ist der Grund, warum wir die Diskussion um einen Bildungskanon und um Bildungsinhalte als Teile der Persönlichkeitsbildung anstoßen wollen!

Daß das Bildungssystem für die Zukunft unserer Gesellschaft zentral ist, ist weithin anerkannt: Bildungspolitik macht Schlagzeilen wie in den 60er Jahren, an Reformeifer will sich niemand übertreffen lassen. Unklar ist jedoch, was „Bildung", hier konkret: Schulbildung, heute eigentlich noch sei und wie und woraufhin denn gebildet und erzogen werden soll. Der Begriff „Bildung" verkommt zur Worthülse, mit der sich nur mehr höchst vage Vorstellungen verbinden. Damit verschwimmt zugleich, was Schule eigentlich leisten muß und soll und wie die von ihr erwarteten „Resultate" beschrieben werden können. Deutlichstes Signal dafür ist, wie oben skizziert, daß Schule mitverantwortlich gemacht wird für alle in der Gesellschaft registrierten Defizite. Daher ist eine realistische Besinnung auf ihre originären Bildungs- und Erziehungsziele notwendig. Es ist zu fragen, was Schule jungen Menschen mitgeben muß, damit sie selbständige, freie Persönlichkeiten werden und als Erwachsene sein können, die den tiefgreifenden Wandel vieler Lebensumstände als individuelle Chance nutzen und in sozialer Verantwortung mitgestalten können.

Die Konrad-Adenauer-Stiftung hat daher ihre Bildungsinitiative „Bildung der Persönlichkeit" genannt. Damit wird einerseits signalisiert, daß wir den Bildungsbegriff als Einheit von Wissen und Urteil neu füllen müssen. Damit wird andererseits signalisiert, daß es um mehr geht, als um die heute sich immer mehr verstärkende Tendenz, den Menschen nur noch eindimensional als homo oeconomicus in den Blick zu nehmen. Vielmehr wollen wir deutlich machen, daß das Nichtökonomische gerade im Zusammenhang mit Bildung seinen Eigenwert hat. Vor diesem Hintergrund, der zugleich grundlegende Defizite der aktuellen schulpolitischen Diskussion andeutet, ist näher zu beschreiben, was unter „Bildung der Persönlichkeit" als Auftrag der Schule konkret verstanden werden soll.

1. Schulpolitik und Anthropologie – Zu den geistigen Grundlagen einer realistischen Schulpolitik

Der schulpolitischen Debatte ist die Anthropologie abhanden gekommen. Weil Anthropologie nach dem Bild des Menschen fragt, gefährdet der Verlust der Anthropologie, also der Verlust des Bildes vom Menschen, die Bildung des Menschen. Auch die pädagogische Anthropologie wurde oft und gerne entweder einer Großideologie oder angeblich umfassenden Gesellschaftstheorie geopfert, zum Beispiel der sog. Kritischen Theorie und ihren neomarxistischen Versatzstücken, mit denen „Emanzipation", „Systemkritik", „Antiautoritarismus" zu pädagogischen Leitbildern avancierten. Oder der Mensch wurde einem behavioristisch, biologistisch bzw. informationstechnisch hergeleiteten pädagogischen Allmachtstraum geopfert, der aktuell seinen Widerhall findet in technizistischen und/oder funktionalistischen Ansätzen von Schule. Pädagogische Anthropologie muß abseits aller Dogmata wieder als Grundanliegen haben, den Menschen als unfertiges sowie als zugleich bildsames und bildungsbedürftiges Wesen zu denken. In diesem Sinne kann sich schulpolitisches oder pädagogisches Handeln nicht auf das richten, was der Mensch von Natur aus mitbringt, sondern auf das, was der Mensch aus sich in Kultur und Gemeinschaft machen kann. Ein orientierunggebendes Bild vom Menschen liefern das christlich-abendländisch geprägte Verständnis vom Menschen und die Theorien der Demokratie, weil beides auf einer gemeinsamen Voraussetzung aufbaut, nämlich auf der Freiheit des Menschen. Sie ist das höchste Ziel. Pädagogische Institutionen sind daher daran zu messen, wie sie den Freiheitsvollzug jedes einzelnen Menschen ermöglichen, das heißt, ihm die Chance geben, durch eigene Leistung über seine Natur hinauszuwachsen und Kultur auszuprägen. Schulpolitik muß sich wieder auf Anthropologie einlassen, und zwar auf eine Anthropologie, die kein geschlossenes System ist, sondern die offen ist für die Vielfalt der Erscheinungsformen des Menschseins und in deren Zentrum stehen die Würde der Person sowie ihre Ganzheitlichkeit; die Verankerung von Bildung im abendländisch-christlich-humanistischen Denken; die Skepsis gegen politische, aber auch pädagogische Heilslehren. „Person" wird hier verstanden als die Substanz menschlichen Seins. In ihr kommen die Würde und die Freiheit des Menschen zur Entfaltung. Person ist zudem und zugleich auf das Selbst und auf die Gemeinschaft angelegt. „Persönlichkeit" ist die einmalige, unteilbare (*„individuum"*), unwiederholbare und unverwechselbare Ausprägung personalen Soseins. Sie ist ein relativ überdauerndes, konstantes, lebendiges Ganzes, und sie hat durch die Ereignisse, die sich zu einer Biographie zusammenschließen, Prozeßcharakter. Dadurch werden Person und Persönlichkeit zum legitimen schulpolitischen und pädagogischen Anliegen.

Eine solche Anthropologie ist „realistisch", weil sie den Menschen nimmt, wie er ist. Sie ist „konservativ", weil ihr nicht alles, was gerade „Zeitgeist" ist, als „Fortschritt" gilt. Sie ist „fortschrittlich", weil sie wirklichen Fortschritt will, nicht jenen, den die Definitionshoheit eines bestimmten gesellschaftlichen Lagers dafür ausgibt. Sie ist „traditionell", weil sie die Bedeutung von Kultur, Tradition, entsprechenden Bildungsinhalten und Erziehung betont. Sie ist „innovativ", weil sie die aktuelle Lebenswelt unserer Kinder und Jugendlichen ebenso einbeziehen will wie sie die neuen technischen Möglichkeiten integriert, ohne beides zu verabsolutieren. Sie ist schließlich „zeitgemäß", weil sie sich gerade nicht an die Zeit oder an Konjunkturzyklen verliert, sondern nachhaltig und in längeren Zeiträumen denkt. In der Schulpolitik sollten auf dieser Grundlage die folgenden neun Dimensionen die entscheidende Rolle sowohl hinsichtlich der Ziele und Inhalte wie auch der Strukturen und Methoden spielen. Dabei meinen die Punkte 1.1 und 1.2 Grundformen menschlicher Daseinsbewältigung, die Punkte 1.3 mit 1.5 Grundfähigkeiten des Menschen in der Auseinandersetzung mit der Wirklichkeit, die Punkte 1.6 mit 1.9 Bedingungen humanen Zusammenseins und sittliche Forderungen.

1.1 Individualität und Unvollkommenheit

Jeder Mensch zeichnet sich aus durch Einmaligkeit, Unverwechselbarkeit und Besonderheit. Daraus erwächst das Gebot der Achtung der Würde des Menschen. Individualität ist zugleich angelegt auf das Selbst des Menschen und auf seine Gemeinschaft. Purer Individualismus endete in Isolation, purer Kollektivismus unterminierte die auf Individualität angelegte Sittlichkeit des Menschen. Die Singularität jedes einzelnen Menschen begründet sich mit seinen je eigenen Anlagen und seiner je eigenen Geschichtlichkeit (Biographie). Der Ursprung der Individualität liegt in der freien Selbstbestimmung, die zugleich immer nur im Verhältnis zur Individualität anderer Menschen gedacht werden kann. Das übersozialisierte Menschenbild des 20. Jahrhunderts mit seiner „masseneudaimonistischen Gesinnungsmoral" (Arnold Gehlen) hat das Individuum und die Unvollkommenheit des Menschen vergessen; vor allem wurde die

Machbarkeit einer jeden Persönlichkeit durch beeinflußte Sozialisation glauben gemacht. Daraus sind Visionen von einer grenzenlosen Machbarkeit aller menschlicher Bezüge, Merkmale und Dispositionen entstanden oder gar Visionen einer endgültigen Ausgereiftheit gesellschaftspolitischer Konzepte. Der Glaube an die Vollkommenheit des Menschen provoziert aber Gleichmacherei, und er produziert Langeweile und Statik. Solche Visionen eilen von einer Enttäuschung zur nächsten, sie sind nicht nur unrealistisch, sondern totalitär und menschenverachtend. Die blanke Veränderung würde damit zum Ziel. Die Unvollkommenheit und Unzulänglichkeit des Menschen werden ignoriert; der Mensch verliert damit sein wichtigstes Agens für Erkenntnis und Schaffen. Vor allem durch seine Fähigkeit zum Humor lebt und erlebt der Mensch zudem ein gütiges, gleichwohl lebensbejahendes Hinsehen auf die Unvollkommenheit der Welt und seiner selbst. Gerade über diese Fähigkeit zum Humor gelangt er zu geläuterter Reife.

Für die Schulpolitik heißt das:
Der Heranwachsende ist in der Singularität seiner Fähigkeiten, seiner Neigungen und seiner Geschichtlichkeit zu achten. Den vielfältigen Entfaltungsmöglichkeiten, die in der individuellen Einzigartigkeit stecken, muß das Bildungssystem gerecht werden – im allgemeinbildenden und im berufsbildenden Bereich. Das Prinzip einer solchen Chancengerechtigkeit gilt gleichermaßen für Schwächerbegabte wie auch für Hochbegabte. Die sog. Strukturdebatte ist also nicht überholt. Angesichts der Unterschiedlichkeit des Leistungsvermögens der Schüler bleibt die Frage nach der Gestaltung der Schulstrukturen eine entscheidende Frage. Innerdeutsche Vergleiche (siehe PISA-E 2000 und 2003) haben mehr als überdeutlich gezeigt, daß Schüler integrierter Systeme trotz deren erheblich günstigerer personeller und sächlicher Ausstattung beträchtlich leistungsschwächer

sind als die Schüler des gegliederten Schulwesens. Selbst der schwächere Schüler kommt im gegliederten Schulwesen besser weg, er erzielt hier deutlich bessere Testergebnisse als der schwächere Schüler in integrierten Schulsystemen. Gleichwohl läßt sich Schulpolitik nicht mit quasi planwirtschaftlichen Quotendebatten gestalten. Es geht nicht um Schüler-Quoten für bestimmte Schulformen, auch nicht um Abiturientenquoten oder um Akademikerquoten. Solches Quotendenken wird den Bildungsansprüchen des Individuums und den Qualitätsansprüchen von Bildung nicht gerecht. Wer ein solches Quotendenken zum Maßstab schulpolitischer Richtungsentscheidungen macht, der weiß nichts über den hohen Anspruch der beruflichen Bildung in Deutschland; oder aber er will davon nichts wissen, weil er diesen Bildungsbereich, den zwei Drittel der jungen Deutschen auf dem Weg in Beruf und Gesellschaft durchlaufen, ohne Rücksicht auf Kosten und Nutzen einer fortschreitenden (Pseudo-)Akademisierung opfern will. Zugleich bleiben Bildung und Erziehung nur begrenzt planbare Unternehmen. Ein Herumexperimentieren an Schülern verbietet sich. Schüler haben nur eine Biographie, sie können beim Mißlingen von Experimenten nicht erneut auf eine „Fertigungsstraße" gestellt werden, und sie verdienen eine optimale individuelle Förderung – jedem gemäß in Schule, Berufsbildung oder Hochschule.

1.2 „homo faber" und „homo ludens"

Der Mensch erfährt seine Existenz vor allem in aktiver Auseinandersetzung mit der Welt. Arbeit und Leistung des „homo faber" sind Ausdruck des Höchstindividuellen, zugleich Motor und Ergebnis freier Persönlichkeitsentwicklung. Leistung hat zudem eine soziale Dimension. Sie ist insofern nie nur Individualleistung, sondern stets auch soziale Leistung – Leistung für andere, für Schwächere und Benachteiligte. Das gilt zumal für Eliten, ohne die kein Gemeinwesen auskommt. Menschen wachsen mit ihrer persönlichen Leistung über sich selbst hinaus, und sie verankern mit jedem neuen Wissen und Können ihr individuelles, konkretes Dasein in Vergangenheit und Gegenwart. Menschen bekommen damit eine Vorahnung davon, daß man mit Wissen und Können sich selbst überschreitet, um mitzuwirken am Ganzen. Dem „homo faber" steht der „homo ludens" gegenüber. Beide Daseinsformen schließen sich nicht aus, sondern ergänzen sich. Das Spiel ist Grundkategorie des Menschlichen, und es ist zugleich kulturbildend. Der „homo ludens" ist allerdings nur denkbar und erlebbar, wenn es ihn auch als „homo faber" gibt und umgekehrt. Erst im Kontrast zwischen beiden Daseinsformen erfährt sich der Mensch – auch der junge Mensch – als Leistungsträger oder als Spielender.

Für die Schulpolitik heißt das:
Freude und Spiel sind kein Ausschließungsgegensatz zu Arbeit und Leistung. Gerade für junge Menschen gilt, daß Leistung Freude macht, weil man mit ihr Welt erschließen und Welt mitgestalten kann und weil Leistung etwas Höchstindividuelles ist. Menschen, zumal junge Menschen, mögen Herausforderungen; sie kommen ihrem natürlichen Erkenntnisstreben und Gestaltungsdrang entgegen. Es freut sie, wenn sie ihrer Neugier nachgehen dürfen, wenn sie Wissen und Fertigkeiten erwerben können, wenn sie sich den Sinn eines Sachverhaltes erschließen können. Und junge Menschen wollen – weil Erfahrung immer auch die Erfahrung des Scheiterns impliziert – Rückmeldung zu ihrer Anstrengung, auch in Form von Zensuren. Der Staat trägt dabei die Verantwortung für die Qualität schulischer Bildung sowie für transparente, gerechte und anspruchsvolle Leistungsmaßstäbe. Diese können am sichersten durch zentrale Abschlußprüfungen und

durch vergleichende Qualitätsuntersuchungen im nationalen wie im internationalen Rahmen gewährleistet werden.

1.3 Denken und Sprache

Denken und Sprache sind Vehikel zur Aneignung von Welt und zur Teilhabe an Welt. Denken ist untrennbar mit Sprache verbunden: Was ich nicht denke, kann ich nicht sprachlich ausdrücken, und was ich nicht sprachlich ausdrücken kann, kann ich kaum denken. Mit Hilfe des Denkens kann der Mensch zeitliche Erlebnisse entzeitlichen, sich damit über die Aktualität und Flüchtigkeit erheben und somit Welt ordnen. Über die Sprache vollzieht sich dabei die Fixierung von Welt im Wahrnehmen und Erleben; außerdem gelingt über die Sprache die Distanzierung zur Welt, die wiederum Voraussetzung für das Verfügen über Welt ist. Sprache ist zudem Vehikel für die Entfaltung der Innerlichkeit des Erlebens. Und Sprache ist das wichtigste Werkzeug des Menschen, um Kultur zu schaffen.

Für die Schulpolitik heißt das:
Es haben sich in der Gesellschaft und im Bildungswesen eine Geschwätzigkeit und eine Sprachbarbarei breitgemacht – quasi eine Emanzipation des Redens vom Denken. Und die Deutschen haben sich weitestgehend – wie keine zweite Nation – von ihrer großen Literatur emanzipiert. Wo aber die Sprache verarmt, da verarmt das Denken. Die sprachlichen Defizite der Heranwachsenden werden immer größer. Das ist natürlich nicht nur eine Frage der Schule, aber sie muß versuchen gegenzuhalten. Sie muß deshalb – gerade auch im Interesse der Förderung von Nachdenklichkeit und im Interesse der kulturellen sowie der gesellschaftlichen Integration – der sprachlichen und literarischen Bildung wieder mehr Aufmerksamkeit widmen; das muß sich auch in der Benotung wieder deutlicher

niederschlagen. Sie muß dabei unterstützt werden von den Elternhäusern und von den Kindergärten, indem diese die für den Spracherwerb sensiblen Phasen intensiv für sprachliches Lernen nach dem Nachahmungsprinzip nutzen.

1.4 Begabung, Leistung und Lernen

Der Mensch ist in erheblichem Maße geprägt von angeborenen Merkmalen und Fähigkeiten. Der genetische Faktor spielt eine große Rolle bei körperlichen Merkmalen, er ist aber auch ein maßgeblicher Faktor bei Persönlichkeitsmerkmalen und intellektuellen Fähigkeiten. Menschliches Handeln und Erleben sind damit bei weitem nicht ausschließlich exogen bzw. soziogen bzw. milieubedingt, also nicht ausschließlich erlernt oder „anerzogen". Weder Aspekte der Anlage und der genetischen Disposition noch Aspekte der Umwelt und der individuellen Soziogenese können allein die Unterschiede in der kognitiven Entwicklung aufhellen. Anlage und Umwelt wirken – quasi „synergetisch" – zusammen. Bildhaft ausgedrückt: Bildung und Begabung verhalten sich zueinander wie Boden und Klima; der beste Boden bringt keine reiche Ernte, wenn das Klima ungünstig ist, und das beste Klima läßt nicht üppig Früchte tragen, wenn der Boden es nicht hergibt. Die Frage, mit welchen Anteilen die Faktoren Anlage und Umwelt jeweils zu Buche schlagen, wurde über Jahrzehnte hinweg zuverlässig – vor allem mittels Zwillingsforschung – beantwortet: Ein erheblicher Teil der Intelligenz geht auf Begabung, auf Anlage und damit auf den genetischen Beitrag zurück. Den anderen Teil macht das Milieu als exogener Faktor aus. Dieser Teil begründet die Beschreibung des Menschen als erziehungs- und lernbedürftiges Mängelwesen. Des weiteren spielt ein interindividuell sehr unterschiedlich ausgeprägter, sog. autogener Faktor eine große Rolle, nämlich die Art des ganz persönlichen Umgangs eines Individuums mit den ihm vorgegebenen Anlage- und Milieufaktoren. Dieser differenzierte Begabungsbegriff ist in der schulpolitischen Debatte daher unverzichtbar, weil er auf eben diese naturgegebenen Unterschiede in der Lernfähigkeit verweist und damit unrealistischem pädagogischem Optimismus vorbeugt. Es war eben eine falsche Annahme, man könne jedermann beliebig „begaben". Allerdings wäre es auch ein Mißverständnis, schulische Differenzierung nur mehr „begabungsgerecht" begründen zu wollen. Denn die Schule wertet nicht Begabung, sondern realisierte Leistung. Sozialverhalten, persönliches Engagement, Lernwille, Fleiß, Disziplin oder praktische/motorische Kreativität gehen in schulische Leistungsbewertung ein, nicht allein kognitive, intellektuelle Fähigkeiten. Begabung bleibt daher eine wesentliche Voraussetzung für unterschiedliche Leistungen, ist aber eben nur eine ihrer Voraussetzungen.

Für die Schulpolitik heißt das:
Eine Schulpolitik, die die Prinzipien der „Begabung", „Eignung" und „Leistung" außer Kraft setzt, provoziert massenhaft falsche Schullaufbahnen für überforderte Kinder – verbunden mit seelischen Verletzungen und oft verbunden mit dem unnötigen Verlust an Schuljahren. Es ist inhuman, Kindern den Weg in eine Schulform zu weisen, in der sie unter- oder überfordert sind. Das Elternrecht kennt hier auch kein absolutes Recht, seine Einschränkungen haben Verfassungsrang. Der Elternwille findet seine Grenzen in der Verantwortung der Eltern für das Kindeswohl, im gesetzlich fixierten staatlichen Wächteramt bzw. im Bildungs- und Erziehungsauftrag des Staates. Insofern ist der Eignungsgrundsatz gleichrangig mit dem Recht der Eltern auf freie Schulwahl. Die Nutzung dieses Rechts setzt daher eine enge und vertrauensvolle Zusammenarbeit von Elternhaus und Schule in Fragen der Schullaufbahn voraus. Auch die Frage nach dem richtigen Zeitpunkt der Feststel-

lung der Eignung eines Kindes für eine weiterführende Schulform ist wissenschaftlich eindeutig beantwortet: Unmittelbar mit Beginn des zweiten Lebensjahrzehnts, also im elften Lebensjahr, ist die Eignung eines Kindes für eine Schulform und – umgekehrt – die Eignung einer Schulform für die Förderansprüche eines Kindes zuverlässig einschätzbar. Darüber hinaus bietet ein differenziertes, gegliedertes Schulwesen eine große Bandbreite an vertikaler und horizontaler Durchlässigkeit.

1.5 Teilhabe und Transzendenz

Der Mensch „praktiziert" in mehrfacher Hinsicht Teilhabe an der Welt: wissende Teilhabe durch sein Erkenntnisstreben, seine Neugier und seine Interessen; schaffende Teilhabe durch seinen Gestaltungsdrang; mitmenschliche Teilhabe durch seinen Gesellungsdrang; liebende Teilhabe durch seine Hingabe an einen anderen oder etwas anderes; verpflichtende Teilhabe durch seine Freude an der Verantwortung; enthebende Teilhabe durch sein Bedürfnis nach Transzendenz. Vor allem ist der Mensch darauf angelegt, nach dem Sinn des Lebens zu suchen. Eine bloße Sensationslust mit ihrer „Daseinsgefräßigkeit" (A. Gehlen) hat mit solchen Teilhaben nichts gemein.

Für die Schulpolitik heißt das:
Eine bloße Selbst-, Gegenwarts- und Erlebnisorientierung der Schulpädagogik unter dem Prinzip falsch verstandener Kindgemäßheit würde die Teilhabe junger Menschen an der Welt verengen und den Kindern die Zukunft rauben, denn ein augenblicks- und lustorientiertes Verständnis von Teilhabe kerkerte Kinder in einer ewigen Gegenwart ein; was sie an selbsterlebten Paradigmen bereithält, wäre absolut. Umfassende Wissensvermittlung im Sinne von „Bildungs- und Leistungswissen" (so die Unterscheidung bei Max Sche-

ler) sowie die Beschäftigung mit Fragen der Transzendenz
helfen jungen Menschen gerade in der Moderne mit ihrer
unüberschaubaren Komplexität, den Sinn des Lebens und
des eigenen Lebens zu ergründen. Ohne Beschäftigung mit
Fragen der Transzendenz entgingen den Heranwachsenden
wesentliche Dimensionen menschlichen Daseins – Fragen
wie: Wozu leben wir? Ist mit unserem Tod alles zu Ende?
Was ist Gott, Schöpfung, Glück, Angst, Leid, Schuld, Sünde,
Endlichkeit, Unendlichkeit, Familie ...? Die heute weit verbreitete Reduktion der religiösen Grundbildung auf Sozial-
kunde/Politik bzw. Ethik greift zu kurz.

1.6 Freiheit und Verantwortung

Der Mensch ist auf freie Entfaltung seiner Persönlichkeit
angelegt. Er ist zu dieser Entfaltung befähigt, und er ist im
freien Rechtsstaat dazu berechtigt. Fälschlicherweise wird
in Gesellschaft und Politik immer wieder ein Vorrang der
Gleichheit vor der Freiheit gepflegt. Freiheit aber schließt
totale Gleichheit der Menschen aus. Freiheit erliegt jedoch
gerne der Gleichheit, weil Gleichheit eine greifbarere Tatsache sei, weil Freiheit mit Opfern erkauft werden muß
und weil Gleichheit ihre Genüsse von selbst darbietet
(s. schon die Analyse bei Alexis de Tocqueville 1840). Die
Segnungen der Gleichheit sind schließlich bequem zu nutzen, weil Leistung, Initiative und Risiko ausgeschaltet
würden, Freiheit dagegen Anstrengung verlangt. Am Ende
ist vielen Menschen Gleichheit in Knechtschaft lieber als
Ungleichheit in Freiheit. Das Spannungsverhältnis von
Gleichheit und Freiheit bleibt stets bestehen, weil es nicht
aufhebbar ist. In jeweiliger Reinform schließen sich Freiheit und Gleichheit nämlich immer aus. Wenn die Menschen frei sind, dann sind sie nicht gleich, und wenn die
Menschen gleich sind, dann sind sie nicht frei. Freiheit ist
zudem immer Freiheit in Bindung, immer Freiheit in Ver-

antwortung und immer zugleich Freiheit des anderen. Daraus erwächst das Prinzip der Sittlichkeit.

Für die Schulpolitik heißt das:
Für Bildung und Erziehung ist Freiheit die Chance schlechthin zur Verwirklichung von Persönlichkeit. Egalitäre Politik oder Erziehung dagegen ebnen Individualität ein. Bildung und Erziehung haben deutlich zu machen, daß die größte Gefahr, die Gleichheit mit sich bringt, die ist, daß der Mensch in der Gleichheit die Fähigkeit zum selbständigen Denken und sittlichen Handeln verliert.

1.7 Toleranz und Selbstachtung

Freiheit in Bindung und in Verantwortung verwirklicht sich im besonderen als Toleranz. Toleranz heißt: die Würde jedes einzelnen zu achten – eine Würde, die Ausdruck der Gottesebenbildlichkeit des Menschen ist. Toleranz garantiert zudem ein Zusammenleben der Menschen und ihrer Kollektive mit einem Höchstmaß an Freiheit für den einzelnen. Toleranz ist somit Voraussetzung für Humanität und Frieden. Ihr Gegenteil wären Fanatismus und Radikalismus. Voraussetzung für gelebte Toleranz ist die Fähigkeit und die Bereitschaft zur Wahrnehmung von Unterschieden. Diese Wahrnehmung kann nur erfolgen, wenn der Toleranz Übende bzw. der zur Toleranz Aufgeforderte seinen eigenen persönlichen und kulturellen Standpunkt kennt und sich dazu bekennt. Nur dann, wenn man viel von sich und vom anderen weiß, ist Toleranz möglich; sonst weiß man ja nicht, was zu tolerieren ist. Wahrnehmung von Unterschieden und Selbstachtung können nur dann gelingen, wenn es nicht nur um flache Meinungen, sondern um Überzeugungen und um Tiefgang geht. Ein Kulturrelativismus und ein Indifferentismus gegenüber anderen und gegenüber sich selbst oder gegenüber der eigenen

Kultur haben mit Toleranz nichts zu tun, sondern enden in geistiger Obdachlosigkeit, in Gleichgültigkeit, in Feigheit, im beziehungslosen Nebeneinander oder im „Nihilismus des Geltenlassens von schlechthin allem" (Arnold Gehlen). „Toleranz" wird somit zur Leerformel, weil Menschen dann nicht wissen, wofür sie eigentlich stehen. Toleranz kann also nur unter Beibehaltung der eigenen Position praktiziert werden. Intoleranz zuzulassen hieße, dem Unrecht die Tür zu öffnen und die eigene moralische Position preiszugeben; andererseits ist es eine Voraussetzung für tolerantes Verhalten, die eigene Position in Frage zu stellen und zu überprüfen.

Für die Schulpolitik heißt das:
Die Bereitschaft und die Fähigkeit zur Toleranz setzt zunächst die Achtung seiner selbst voraus. Erst auf dieser Grundlage ist Toleranz gegenüber anderen und anderem möglich. Im Prinzip Toleranz liegen sodann große Chancen der Erkenntnis – gerade bei der Suche junger Menschen nach Vergewisserung. Toleranz heißt nämlich zugleich Achtung vor konkurrierenden, paritätischen Wahrheitsansprüchen außerhalb der eigenen Leitkultur und geduldige Achtung anderer Wege der Suche nach der Wahrheit. Toleranz fordert damit zur permanenten Reflexion eigener „Wahrheiten" auf. Solche Toleranz und solche Reflexion setzen viel Wissen um andere Wahrheitsansprüche und die offene Begegnung mit anderen Wahrheitsansprüchen voraus. Daher ist die Betonung des kulturellen Auftrags der Schule so zentral. Toleranz heißt zugleich, Haltungen und Handlungen – gerade in Erziehung und Bildung – nicht zu tolerieren, die Freiheit und Toleranz gefährden. Hier setzt ein zentrales Element des Erziehungsauftrages der Schule an, als zu vermittelnde Einsicht in Regeln und Grenzen. Werden Regelverletzungen und Grenzüberschreitungen nicht angemessen sanktioniert (was auch entsprechende Möglichkeiten der Schule voraussetzt), so bleibt

ein intolerantes, z. B. gewalttätiges Verhalten als erfolgreiches Verhalten stehen, das Nachahmer findet. Erziehung zur Toleranz impliziert aber auch, daß junge Menschen lernen, sich selbst zu tolerieren.

1.8 Eigenverantwortung und Subsidiarität

Die Trennung von Staat und Gesellschaft hat sich verwischt. Der Staat wird vielfach nur noch verstanden als allmächtige Sozialagentur, als omnipotenter Lieferant und Dienstleister, als hypertropher, totaler Versorgungsstaat, als Garant für die Erfüllung von Vollkasko-Ansprüchen. Damit hat zunehmend eine Entkoppelung zwischen sozialpolitischen Ansprüchen und sozialem bzw. staatsbürgerlichem Ethos stattgefunden. Gesellschaft und Gemeinschaft neigen immer mehr dazu, Aufgaben an den Staat zu delegieren (bis hin zu ureigenen erzieherischen Aufgaben). Viele Ansprüche werden aber zukünftig ohne ein Mehr an Eigenverantwortung des Einzelnen nicht mehr erfüllt werden können. Der totale Dienstleistungs- und Servicestaat ist aber ein Staat der Schwäche, weil er nicht mehr die Standfestigkeit aufbringt, ein Nein zu sagen. Die Folgen für die Wahrnehmung des Staates durch die Bürger sind: der Glaube an die Machbarkeit aller Ansprüche und Forderungen; eine Mentalität des „Vollkasko ohne Eigenbeteiligung"; eine Staats- und Politikverdrossenheit, wenn der Staat nicht fähig ist, alle Ansprüche zu erfüllen; eine basisdemokratisch-oppositionelle Ersatzpartizipation mit ihrem Betroffenheitskult und mit ihrem Fundamentalwiderstand gegen alle Projekte, die den „status quo" verändern.

Für die Schulpolitik heißt das:
Im Interesse der Entwicklung zu einer freien, mündigen Persönlichkeit müssen Erziehung und Bildung entgegentreten: den an den Staat gerichteten Allmachtserwartungen, einer

fürsorglichen Entmündigung, einer Verführbarkeit zur Bequemlichkeit sowie einem Unterminieren von Eigeninitiative und Eigenverantwortung. Dem Prinzip der „Subsidiarität" muß Geltung verschafft werden. Insofern sind die Erziehung in der Familie und die Kinderbetreuung in einer Nachbarschaftshilfe wieder stärker in Anspruch zu nehmen. Omnipotente Vorstellungen von Schule und Lehrerberuf sowie eine weitere „Verstaatlichung" der Erziehung dagegen drängen die fachliche Bildungs- und Unterrichtsarbeit immer mehr an den Rand. Auch die derzeit politisch favorisierte Ganztagsschule kann nur in Grenzen familiäre Milieus überwinden, zumal schon aus personellen und finanziellen Gründen echte pädagogische Konzepte nur schwer realisierbar sind. Unterricht in der Schule ist per se zugleich erzieherisch – hinsichtlich seiner Inhalte und seiner Kommunikationsregeln. Schule muß aber vor überzogenen Erwartungen geschützt werden, denn eine Inflation an Bindestrich-Erziehungen (Medien-, Freizeit-, Konsum-, Gesundheitserziehung usw.) und Nebenlehrplänen fördert immer noch mehr Delegation elterlicher Erziehung an die Schule. Demgegenüber muß die Pflicht der Eltern zur Erziehung ihrer Kinder wieder stärker betont werden, wobei die Erfüllung dieser Aufgabe jenes vertrauensvollen Zusammenwirkens von Schule und Erziehungsberechtigten bedarf, die „gute Schule" erst ermöglicht.

1.9 Friedfertigkeit und Rechtstreue

Voraussetzung für ein friedliches Zusammenleben von Individuen und Gemeinschaften ist die – immer wieder neu zu bestätigende – Einsicht der Bevölkerung in die Legitimität des demokratisch begründeten Rechtsstaates, der das Gewaltmonopol hat. Das Zusammenleben der Angehörigen eines Gemeinwesens bzw. das friedliche Zusammenleben verschiedener Gemeinwesen wird gefährdet, wenn es von

den Mitgliedern der/des Gemeinwesen(s) nicht verinnerlicht oder zumindest anerkannt wird. Insgesamt aber ist
das Rechtsverständnis eines Teils der Bevölkerung und eines Teils der „politischen Klasse" undifferenziert und unzu-
länglich. Das Rechtsverständnis ist im Schwinden. Dafür
gibt es deutliche Signale. Zwar gehen Millionen von Bürgern, darunter Millionen Heranwachsende, tagtäglich wie
selbstverständlich ihren Pflichten nach. Sie wissen, welcher
Werte- und Rechtskosmos diese Gesellschaft zu einer der
freiheitlichsten und wohlhabendsten gemacht hat, und sie
leben danach. Zugleich aber sind vermehrt Haltungen und
Handlungsmaximen erkennbar, die das Gemeinwohl bela-
sten und jeglichen Gemeinsinn unterminieren: eine fortschreitende Individualisierung bzw. Egozentrik, die „Ich-
AG", wie man sie genannt hat, und ein fortschreitender
Grundrechts-Subjektivismus; eine individuelle „Situati-
ons-Ethik", die stets vielerlei persönliche Rechtfertigungen
für ein Vergehen bereithält und nur von Fall zu Fall Un-
rechtsbewußtsein erkennen läßt; ein um sich greifendes
Unbehagen am geltenden Recht; eine Bagatellisierung von
Rechtsbruch, z. B. von Schwarzarbeit, Steuerbetrug, Zoll-
vergehen, Versicherungsbetrug, Korruption, Beleidigung.

Für die Schulpolitik heißt das:
Gemeinschaftswidrige Taten und Pläne junger Menschen
sind nicht nur ihre eigene Erfindung. Es ist die Gesellschaft
insgesamt, die es zuläßt, daß Heranwachsende Gewalt als
etwas Normales empfinden. Insofern ist es verlogen, wenn
die Gesellschaft einerseits von den Schulen eine Erziehung
zur Friedfertigkeit einfordert, wenn sie andererseits über
den Markt der Video-, Fernseh- und Kinofilme sowie der
Computerspiele ein alltägliches Bombardement an Brutali-
tät toleriert. Erziehung zur Friedfertigkeit impliziert ansonsten Erziehung zur „Zufriedenheit". Zufriedenheit ist
ebenfalls Grundlage sozialen Friedens.

2. Identität, Wissen und Können als grundlegende Elemente der Persönlichkeitsbildung

Wir können die Gesellschaft der Zukunft nur andeutungs-
weise beschreiben. Viele Trends weisen aber darauf hin,
daß der Wandel der Lebensverhältnisse, insbesondere in der
Arbeitswelt, sehr viel schneller verläuft als in der Vergangenheit, daß das traditionelle Verständnis von Beruf und Erwerbsarbeit sich verändert, daß immer höhere Qualifikationen vorausgesetzt werden, um „mithalten" zu können, daß
die Schere in der Gesellschaft zwischen Eliten und breiter
Bevölkerung sich daher weiter öffnen wird. Damit steigt
der „Moralbedarf" von Politik und Gesellschaft angesichts
der wissenschaftlichen und technologischen Entwicklung.
Zugleich steigt aber auch der Sinn- und Orientierungsbedarf
des einzelnen. Die heute herrschende, als modern bzw. post-
modern ausgegebene Ideologie des „anything goes", verbunden mit Beliebigkeit, Flüchtigkeit und Sinnverlust, nicht
zuletzt die öffentliche Entwertung traditioneller Sinnbe-
züge als „unmodern" hinterlassen nämlich bei vielen Menschen zunehmende Orientierungslosigkeit und Zukunfts-
angst. Aufgabe von Erziehung und Bildung muß es daher
sein, junge Menschen für mögliche Entwicklungen „wetterfest" (Roman Herzog) zu machen, damit sie so auf das Heute
und das Morgen vorbereitet sind; damit sie auf dieser
Grundlage ihre Identität, quasi die Innenseite ihrer Persönlichkeit, und ihre Qualifikationen, quasi eine der Außensei-
ten ihrer Persönlichkeit, innerhalb dieser gesellschaftlichen
Prozesse entwickeln können.

2.1 Persönliche und kulturelle Identität: die Notwendig-
keit der Tradition

Eine wichtige Rolle spielen dabei Fragen der persönlichen
Identität. Persönliche Identität bezeichnet das Ausmaß der

Übereinstimmung des einzelnen mit sich selbst und das Ausmaß der Internalisierung von Werthaltungen. Identität ist dabei von vielerlei biographischen Elementen und von der Tradition bestimmt. Nur reflektiertes Wissen und Urteilen ist Bildung; nur solches Wissen und Urteilen schafft kulturelle Identität, ideelle Zugehörigkeit, Wertebewußtsein und Wir-Gefühl. Denn Identität ist Partizipation am kulturellen Gedächtnis, zu dem auch Bräuche und Riten gehören. Identität, eine individuelle ebenso wie eine kulturelle oder kollektive, definiert sich nicht aus modisch definierten „skills", sondern nur aus der „Er-Innerung" des historisch-kulturellen Erbes. Das ist der Grund, warum totalitäre Systeme zur Proklamation einer ewigen Gegenwart neigen. Er-Innern ist damit Chance des Widerstands und der befreienden Kraft gegen Indoktrination und „Zeitgeist". Daher ist erst eine Erinnerung schaffende Bildung Grundlage für Freiheit und deren Vollzug. Eine Erziehung und Bildung ohne Tradition und ohne historisch-narrative bzw. biographisch-narrative Elemente wären eine Verweigerung von Identität. Mit Pflege der Tradition ist dabei nichts Folkloristisches oder Museales gemeint. Es geht vielmehr darum, daß Tradition zugleich von akuten Zwängen befreit, indem sie Luft schafft im hektischen hic et nunc und zur Neugestaltung inspiriert. Wissen um Tradition ist außerdem Voraussetzung für die Fähigkeit, Neues zu erleben. Ohne ein Wissen um Tradition können kein Verstehen von Gegenwart und kein Bewußtsein des Wandels zustande kommen. Dies gilt im besonderen auch für die politischen, rechtlichen und wirtschaftlichen „Architektur"-Prinzipien unseres Gemeinwesens, nämlich die Prinzipien der politischen Freiheit, der Eigenverantwortung, der Demokratie, der Rechtsstaatlichkeit und der Sozialen Marktwirtschaft. Man muß diese Prinzipien – auch aus staatsbürgerlichen Gründen – wissen und kennen. Eine zukunftsfähige Schule leistet deshalb gerade in Zeiten der Globalisierung Identi-

tätsstiftung und Orientierung. Vor allem kann sie das mit
Hilfe historischer Grundbildung. Zukunft ist Herkunft (so
Martin Heidegger). Das bedeutet: Wer die Zukunft gestalten will, der muß wissen, woher er kommt.

2.2 Wissen und Können

Seit Ende der 60er Jahre wird von vielen Schulpolitikern
und Schulpädagogen unter quasi-modernen Begründungen
eine Aversion gegen konkretes Wissen, gegen jeden Fächerkanon und gegen konkretes Können gepflegt. Dabei ist
ohne konkretes und auch präsentes, eingeübtes Wissen
und Können Grundbildung nicht möglich. „Vielwisserei
macht nicht weise", so schon Heraklit, aber Nicht-Wissen
schon gar nicht. Bildung ohne Inhalte bleibt leer. Zu diesen
Inhalten gehört notwendig auch das ausgewählte „Faktenwissen" als strukturbildendes, hilfestellendes und gedächtnistrainierendes Gerüst. Die Leidtragenden dieser Entwicklung sind die Heranwachsenden, denen der ganz
konkrete Unterbau für Berufsausbildung, Studium und
Berufstätigkeit fehlt. Schulleistungsuntersuchungen und
Rückmeldungen aus den Bereichen Berufsbildung und
Hochschule belegen dies.

Der in der Bildungsdebatte regelmäßig wiederkehrende
Hinweis auf die immer kürzeren Halbwertszeiten des Wissens ist hier für die allgemeinbildenden Schulen nur von
begrenzter Bedeutung. Dieser Hinweis ist berechtigt,
wenn es sich um einige wenige Fachbereiche, wie beispielsweise die Computertechnik, handelt. Hier liegt eine
Halbwertszeit von drei Jahren vor, das heißt, daß das Wissen des Jahres 2006 im Jahr 2009 zur Hälfte überholt ist.
Aber: Es gibt sehr viel, ja unendlich viel Wissen, das sich
nicht überholt: religiöses, philosophisches, ethisches, historisches, literarisches, ästhetisches, sprachliches, mathematisches, auch naturwissenschaftliches. Schulpolitik

muß gerade angesichts der Dynamik der Wissensentwicklung vermeiden, daß Bildung überspezialisiert, ja atomisiert wird. Die Schule kann im Wettlauf der Wissenschaften und Technologien, der Trends und Moden nicht mithalten – und sie muß es auch nicht. Die Schule sollte sich vielmehr darauf besinnen, was Bestand hat und was nach dem Prinzip „*multum non multa*" jene Grundausstattung ist, mit deren Hilfe jede noch so expansive Wissensentwicklung in der späteren Berufsbildung, im späteren Studium oder in der späteren Beruftätigkeit bewältigt werden kann. Der Grundsatz muß also heißen: Breite Allgemeinbildung und breites Wissen! Mit anderen Worten: Auch zukünftig gibt es unendlich viel wichtiges Wissen, das sich nicht überholt. Dieses Wissen gilt es als Vorratswissen zu vermitteln. Breites Wissen und umfassendes Können sind zudem die unerläßliche Voraussetzung für die Fähigkeit zur Zusammenschau und für kreative Leistungen. Wer erfinderisch und innovativ sein möchte, der muß erst einmal viel wissen und können. Wissen hat zudem eine staatsbürgerliche Funktion. Wer nichts weiß, muß alles glauben! Wissen aber schafft geistige Unabhängigkeit. Erst durch Wissen wird der Mensch zum Menschen, erst durch Wissen wird er zum Individuum, das seine Freiheit nutzen kann. Ein Mensch ohne Wissensfundus wäre das Lieblingsobjekt eines jeden Diktators oder Demagogen. Er wäre verführbar für jede Lüge und Halbwahrheit; er wäre anfällig für jedes Angstmachen und für jedes Propagieren von Vorurteilen. Deshalb ist der unwissende oder gar durch Lügen manipulierte, der indoktrinierte Mensch das Ziel totalitärer Systeme, die alles mögliche weismachen wollen und die alles vorgeben wollen: eben auch Vorurteile, nach der Devise: „Ich weiß, daß du ein Linker/Rechter, ein Mann/eine Frau, ein Weißer/ Schwarzer bist. Das reicht mir, dann weiß ich den Rest auch." Nicht umsonst nennt George Orwell in seiner düsteren, totalitären Vision „1984" als einen der drei Wahlsprüche des Wahrheitsministeriums (des „Miniwahr"): Unwissenheit ist Stärke!

2.3 Von der Notwendigkeit einer neuen Kanon-Debatte

Ohne Wissen kann es keine Bildung und keine Identität geben. Deshalb ist auch zu Beginn des 21. Jahrhunderts eine Kanon-Debatte nicht überholt. Es sind über dreißig Jahre fortschreitenden inhaltlichen Vakuums zu füllen. Der Ausstieg mehrerer Bundesländer aus Lehrplänen und deren Ersetzen durch Rahmenpläne ist mitverantwortlich für diese Entwicklung. Es geht aber nichts ohne allgemein verbindliche Inhalte, deren Autorität weithin unumstritten ist. Die in den Jahren seit 1970 verbreitete Vorstellung von einer Gleichwertigkeit der Fächer und Inhalte ist eine Fiktion. Die zentralen Inhalte der Fächer Deutsch, Fremdsprachen, Mathematik, Naturwissenschaften und Geschichte leisten das Entscheidende, wenn es um die Zugänge zur Welt und um die Gestaltung von Welt geht. Eine Renaissance des Wissens tut not. Wir gehen in eine Wissensgesellschaft, nicht in eine Informationsgesellschaft. Wissen und Information darf man nicht – wie es heute häufig geschieht – verwechseln. Bloße Information ist das Sterile, das Flüchtige, das Ungeordnete. Wissen ist das Lebendige, das Beständige, das Gewichtete, das Reflektierte, das sachlich und moralisch Bewertete. Nur solches Wissen ist nachhaltig. Wissen und Urteilsfähigkeit bilden eine Einheit und stehen in wechselseitiger Beziehung. Nur Wissen macht urteilsfähig, wie umgekehrt begründetes Urteil wiederum zum Wissen wird. Wissen ist daher mehr als die Summe der zugrunde liegenden Informationen. Wissen bedeutet immer auch Synergie-Gewinn: Je mehr ich weiß, desto mehr ergibt das eine Struktur, in die Neues mit immer weniger Lernaufwand eingefügt werden kann.

Für die Schulpolitik heißt das:
Schule und Unterricht brauchen klare Fächer- und Inhalts-
strukturen, denn solche Strukturen erleichtern die Orientierung in einer Flut an Informationen. Die Wissenschaften
und die Unterrichtsfächer untergliedern sich in Einzelbe-
reiche, die nicht umsonst „Disziplinen" heißen, weil sie
eben auch das „disziplinierte" Herangehen an Sachverhalte
fordern und fördern. Eine Kanon-Debatte sollte sich an den
äußerst vielfältigen und vielschichtigen Zugängen des
Menschen zur Aneignung und Gestaltung von Welt orientieren: am muttersprachlichen und literarischen Zugang,
am fremdsprachlichen, am mathematischen, am naturwissenschaftlichen, am historischen, am geographischen, am
politischen, am wirtschaftlichen, am theologischen/reli-
giösen, am ethischen/philosophischen, am musisch-ästhetischen, am sportlichen usw.

2.4 Fachwissen und Metawissen statt falsch verstandener
„Ganzheitlichkeit" und kurzschlüssiger „Handlungsorientierung"

Eine konkrete Bestimmung dessen, was innerhalb dieser In-
haltsbereiche verbindlich sein und damit bildungswirksam
werden soll, verweist Schulpolitik und Schulpädagogik wieder stärker auf die Fachwissenschaften und die Fachdidaktik. In den Fachwissenschaften wird Wissen erarbeitet, die
Fachdidaktik muß es auf seine Bildungswirkung und auf
seine Bedeutung für Werterfahrungen hin erschließen. Sogenannte Schlüsselqualifikationen und sogenannte Kompetenzen sind nicht direkt vermittelbar. Der Weg zu ihnen
führt nur über den mühsamen Aufbau einer breiten Wis-
sensbasis in konkreten Fachbereichen. Für diesen Aufbau
ist die wohl wichtigste Schlüsseldisposition die Neugier,
denn ohne sie erschließt sich dem Menschen nichts. Die sogenannte Schlüsselqualifikation des rein methodischen

„Wissens", nämlich wo man etwas nachschlagen oder – im Internet surfend – „herunterladen" kann, reicht sicher nicht aus. Zwar ist es wichtig zu wissen, wo man etwas findet. Deshalb ist es auch notwendiger Bestandteil schulischer Bildung, den jungen Leuten zu demonstrieren, wo man was nachlesen kann. Schule aber muß jene Strukturen des Wissens vermitteln, in die alles Neue eingeordnet werden kann. Ansonsten wäre eine Download-Gesellschaft mit bloßem „Just-in-time"-Wissen eine Gesellschaft ohne Vorrat, eine Gesellschaft der Mini-Kommunikation – eine Gesellschaft auch, die nicht mehr zwischen Wichtigem und Unwichtigem unterscheiden kann. Wissen kann erst auf der Basis soliden fachlichen Wissens fachübergreifend verwendet werden. Ein ganzheitliches Lernen für sich gibt es nicht; Ganzheitlichkeit stellt sich erst ein, wenn man fachliches Wissen und fachspezifische Erkenntnismethode in einer Synthese zusammenfügt. Für Schule heißt das, daß in der Vielfalt des fachlichen und methodischen Zugangs zur Welt der Erkenntnisgewinn begründet ist. Einen Beitrag dazu leisten die Fächer unter anderem bereits dadurch, daß sie gegenüber Schülern die Grenzen ihres Faches verdeutlichen und ihr Verhältnis zu anderen Fächern bestimmen. Wenn Bildung die Einheit von Wissen und Urteilsfähigkeit signalisiert, Urteilsfähigkeit aber heißt, auf der Basis von Einsichten und Erkenntnissen für sich selbst und in Alternativen „werten" zu können, dann ist der Schulpolitik und Schulpädagogik ein kritischer Umgang mit dem Prinzip unmittelbarer und jeweils aktueller „Handlungsorientierung" zu empfehlen. Eine ausschließliche Orientierung der Wissensvermittlung an diesem Prinzip wäre zukunftverhindernd, denn hier würde Lernen zum Endzweck. Die Schule kann nicht dem Zwang der kurzschlüssigen Wissensverwertung unterworfen werden, denn Heranwachsende müssen ebenso wie Erwachsene stets mehr wissen, als sie im Moment brauchen. Wer den Wissenserwerb nur am unmittelbaren Handeln und Anwenden orientierte, der wäre nicht zukunftsfähig, weil er nicht mehr über Alternativen nachdächte. Urteilsfähigkeit heißt aber gerade, alternativ denken und werten zu können. Es ist der Vorteil von Schule, vom Handlungszwang entlastet zu sein und lehren zu können, was man „beiläufig", im Alltag oder im Beruf, nicht lernt. Nur so wird sie ihrer Bildungsaufgabe gerecht. Der systematische, anwendungs- und umgangsoffene Erwerb von Wissen impliziert zudem stets die Erkenntnis des Entstehens und der Geschichtlichkeit von Wissen (Metawissen). Voraussetzung hierfür ist, daß der Erwerb konkreten Wissens vorrangiges Ziel schulischen Lernens bleibt. Eine nur „methodische Kompetenz" kann nicht alleiniger oder gar Endzweck schulischen Lernens sein. Vielmehr müssen das methodisch Erarbeitete und die Einsicht in die Methode selbst eine zugleich erzieherisch wirksame Einheit bilden, geht es hier doch um Genauigkeit, Ausdauer, Disziplin. Die Grundlage und Richtschnur schulischen Lernens, Lehrens und Unterrichtens muß dabei das konkret Fachliche sein. Zum Prozeß der zum Mitdenken führenden Aneignung gehört, daß die Lehrenden bei den Lernenden die wertende Reflexion über den Prozeß der Gewinnung, Strukturierung und Bewertung von Wissen anstoßen; dazu gehört auch die Selbsttätigkeit bei der Findung von Lösungen und der Bewältigung von Aufgaben auf der Grundlage zuvor oder begleitend erworbenen Wissens und methodischer Kenntnisse. Und dazu gehört das selbständige Urteilenkönnen: Selbsttätigkeit ist gerade kein Selbstzweck, und sie ersetzt auch nicht die vorgebende „Führungsaufgabe" des Lehrers. Ein solches Wissen vermittelt auch die Erkenntnis, daß es kein endgültiges (d. h. kein unendlich gültiges) Wissen gibt; Wissen muß vielmehr immer als ergänzbar und korrigierbar gelehrt und begriffen werden. Daher muß das schulische Lernen die Perspektive zum „lebensbegleitenden Lernen" öffnen.

Für die Schulpolitik heißt das:
Schulpolitik, Schulpädagogik und Fachdidaktik müssen möglichst konkret Antwort auf die Frage geben, welches Wissen Schule dem Schüler über sich selbst, welches Wissen Schule über das Verhältnis zu anderen und welches Wissen Schule über die Welt zu vermitteln hat. Solches Wissen muß – mit jeweils schulformspezifischer Ausrichtung – systematisch aufgebaut und gelehrt sein, und es muß fundamental, elementar, exemplarisch für diese Welt- wie auch für diese Selbsterschließung sein. Ein solches Verständnis von Bildung eröffnet implizit die Fähigkeit zu lebenslangem Lernen und zu lebenslanger Aufgeschlossenheit für neue Erkenntnisse und Herausforderungen.

Kriterien für die Entscheidung, was curricular verbindlich sein soll, sollten die o. g. anthropologischen Dimensionen sein, sollte also die Frage sein, in welchem Umfang ein bestimmter Inhalt diese Dimensionen eröffnet (siehe oben):
– Individualität und Unvollkommenheit
– der Mensch als „homo faber" und als „homo ludens"
– Sprache und Denken
– Begabung, Leistung und Lernen
– Teilhabe und Transzendenz
– Freiheit und Verantwortung
– Toleranz und Selbstachtung
– Eigenverantwortung und Subsidiarität
– Friedfertigkeit und Rechtstreue.
Darüber hinaus können als Maßstab für die Beurteilung der schulischen Relevanz von konkreten Inhalten die fünf folgenden Fragen gelten:
1. Was müssen die Menschen an Sprachen oder Symbolsystemen beherrschen, um sich verständigen zu können? Hierzu gehören Inhalte wie folgende: ein umfassender muttersprachlicher und fremdsprachlicher Wortschatz; die formalen Regeln der Muttersprache und einer/mehre-

rer Fremdsprache(n); die Zeichensysteme der Mathematik; die Fertigkeit zum Umgang mit Medien (Printmedien, Bildmedien, IT-Medien), mit Bibliotheken/Dateien.

2. Was brauchen die Menschen an Systemen, um die eigene Vorstellungswelt räumlich und zeitlich ordnen zu können? Was brauchen die Menschen, um natürliche und technische Umwelt verstehen zu können? Hierzu gehören Inhalte wie folgende: historisches Wissen; topographisches Wissen; die wichtigsten Gesetze der Physik und der Chemie; die wichtigsten Elemente sowie die häufigsten Gattungen in Botanik und Zoologie.

3. An welchen Inhalten können Menschen ihre persönliche, kulturelle und ideelle Identität entwickeln? Hierzu gehören Inhalte bzw. Fächer wie folgende: Geschichte, Literatur, Religion bzw. Ethik, Kunsterziehung, Musik, Sport.

4. Was sind überzeitliche große Gegenstände? Hierzu gehören etwa Inhalte wie folgende: die großen Konstanten europäischer Kulturgeschichte; zentrale Werke der Literatur, bildenden Kunst und Musik.

5. Was sind zentrale Gegenwartsprobleme? Hierzu gehören etwa Inhalte wie folgende: die Grundsätze des freien Rechtsstaates und der Demokratie; die Grundsätze der Sozialen Marktwirtschaft und berufliche Realitäten.

Literaturhinweise

Felten, M. (Hg.): Neue Mythen in der Pädagogik (1999). – *Gauger, J.-D./Kraus, J.:* Humboldt oder High Tech?, in: Die Politische Meinung 370 (2000), S. 33–46. – *Dies.:* Die Mißachtung der Bildung, in: Die Politische Meinung 389 (2002), S. 33–38. – *Dies./Grewe, H.:* PISA und die Folgen: Neue Bildungsdebatte und erste Reformschritte. Zukunftsforum Politik, Heft 40, hg. von der KAS (2002). – *Dies./Schmoll, H.:* PISA und PISA-E: PISA-E und was nun? Zukunftsforum Politik, Heft 46, hg. von der KAS (2002). – *Dies.:* Von TIMSS zu IGLU: Eine Nation wird vermessen. Zukunftsforum Politik, Heft 56, hg. von der KAS (2004). – *Gauger, J.-D.* (Hg.): Sinnvermittlung, Orientierung, Werte-Erziehung (1998). – *Ders.:* Lehrerbild, Lehrerbildung, Lehrersein. Die öffentliche und politische Mißachtung des Lehrers, in: *Hansel, T.* (Hg.): Lehrerbildungsreform. Leitbilder einer alltagstauglichen Lehrerbildung (2002). – *Giesecke, H.:* Wozu ist die Schule da? (1996). – *Ders.:* Pädagogische Illusionen (1998). – *Heldmann, W.:* Kultureller und gesellschaftlicher Auftrag von Schule (1990). – *Herzog, R.:* Zukunft bauen. Erziehung und Bildung für das 21. Jahrhundert (1998). – *Kraus, J.:* Spaßpädagogik – Sackgassen deutscher Schulpolitik (^{2}2000). – *Ders.:* Der PISA-Schwindel – Unsere Kinder sind besser als ihr Ruf (2005). – *Ludwig, C./Mannes, A.* (Hg.): Mit der Spaßgesellschaft in den Bildungsnotstand (2003). – *Neumann, D.:* Begabung und Lernen, in: CDA Schriftenreihe Bd. 2. Fachtagung der CDA in Niedersachsen: „Lernen für morgen – in einer Schule für morgen" (22.1.2000), S. 15ff. – *Neuner, G.:* Ressource Allgemeinbildung? Neue Aktualität eines alten Themas (1999). – *Otten, K.:* Die Maßlosen, die Arglosen und die Kopflosen. Von der Bildungsreform zur Bildungskatastrophe (1993). – *Refus, H.:* Bildungs-Not (1995). – *Rößler, M.* (Hg.): Nachdenken über Schule (^{2}2001). – *Schavan, A.:* Schule der Zukunft. Bildungsperspektiven für das 21. Jahrhundert (1998). – *Dies.:* Anspruch und Verpflichtung, in: Die Politische Meinung 353 (2000), S. 27ff. – *Schirlbauer, A.:* Im Schatten des pädagogischen Eros – Destruktive Beiträge zur Pädagogik und Bildungspolitik (1996). – *Schmoll, H.:* Computer statt Bildung, in: FAZ vom 14. Februar 2000. – *Dies.:* Die Schwäche der Gesamtschule. Die Desi-Studie über Deutsch und Englisch, in: FAZ vom 6. März 2006. – *Wolff, K.* (Hg.): Ohne Bildung keine Zukunft: Sind unsere Bildungskonzepte noch zeitgemäß? (2001).

Von der Aktualität des Bildungsbegriffs

Über „Bildung" und „Schulbildung"

Jörg-Dieter Gauger

> „Wir müssen jetzt aufwachen, sonst sind wir
> die längste Zeit eine Kulturnation gewesen."
> *Kurt Masur vor PISA*
>
> „Was bei uns erfolgreich war, muß nicht
> anderswo erfolgreich sein."
> *Jukka Sarjala, Präsident des Zentralamts für
> das finnische Unterrichtswesen, nach PISA*
>
> „Wer selber vorzugsweise erdnußmampfend
> vor der Glotze sitzt, kann schlecht ins
> Kinderzimmer rufen: ,Nun lies doch
> mal ein gutes Buch'."
> *Josef Kraus, Präsident des
> Deutschen Lehrerverbandes*

1. Einige historische Reminiszenzen

Was Immanuel Kant, dessen 200. Todestages wir am 12. Februar 2004 gedacht haben, in seiner 1803 erschienenen Schrift „Über Pädagogik" konkret über Form und Zweck von Erziehung und Bildung formulierte, läßt sich ohne Mühe auch auf moderne bildungspolitische Begriffe bringen: Er nennt dort „Disziplinierung", modern Rechtstreue und Sozialkompetenz, „Kultivierung", modern Wissen, Können, „Schlüsselqualifikationen", also Bildung im engeren Sinne, „Zivilisierung", modern Teamfähigkeit, Sekundärtugenden, Umgangsformen, also Erziehung im engeren Sinne, und schließlich „Moralisierung", modern „Werteerziehung", die Vermittlung von Werten, Leitbildern, Tugenden. Dennoch kommt der Königsberger Philosoph einleitend zu einer sehr grundsätzlichen, sehr aktuellen und täglich erfahrbaren Feststellung: „Zwei Erfindungen der Menschen kann man wohl als die schweresten ansehen: die der Regierungs- und die der Erziehungskunst nämlich, und doch ist man selbst in ihrer Idee noch streitig." Das galt nicht nur damals! Schon Aristoteles hatte vor über 2300 Jahren beklagt: „Welches die richtige Erziehung (*paideia*) ist und wie man erziehen muß, darf nicht im unklaren bleiben. Denn gegenwärtig ist man noch über die Gegenstände uneins, indem nicht alle gleicher Meinung sind über das, was die Jugend lernen müsse."

In seinen Überlegungen zur „geistigen Situation der Zeit" stellte Karl Jaspers 1931 fest: „... Symptom der Unruhe unserer Zeit um die Erziehung ist die Intensität pädagogischen Bemühens ohne Einheit einer Idee, die unabsehbare jährliche Literatur, die Steigerung didaktischer Kunst ... Es werden Versuche gemacht und kurzatmig Inhalte, Ziele, Methoden gewechselt. Ein Zeitalter, das sich selbst nicht vertraut, kümmert sich um Erziehung, als ob hier aus dem Nichts wieder etwas werden könnte."

So vorsichtig man mit historischen Parallelen oder Analogien auch sein muß, diese Diagnose läßt sich mühelos auf die „Reformer" unsere Tage übertragen. Man weiß zum ersten nicht mehr, was Bildung eigentlich ist und welchen Sinn sie hat: der „Gebildete" ist kein Thema bildungspolitischer Bemühungen. Und man hat zum zweiten kein echtes Verhältnis mehr zur Jugend und ihrer Bedeutung für die Zukunft unseres Gemeinwesens, wie sie noch Friedrich Tenbruck so klar auf den Punkt bringen konnte: „Der Jugend fällt die Zukunft immer und automatisch zu. Insofern ist das eine Trivialität. Doch in ihr steckt eine Tatsache, deren Einfachheit nur von ihrer Bedeutung übertroffen werden kann: daß die Zukunft irgendeiner menschlichen Fähigkeit, des kulturellen Besitzes und der inneren Daseinsmöglichkeiten, daß überhaupt die Zukunft eines Volkes wie der Völker immer nur das sein kann, was eine Jugend in diese Zukunft hineinzutragen vermag." Was ist Jugend wert in einer Altengesellschaft jenseits der ihr zugedachten Funktion für die sozialen Sicherungssysteme?

2. Das Problem des Bildungsbegriffs

Es ist das alte pädagogische Paradox, vor dem Pädagogen und Bildungspolitiker immer stehen, für eine Zukunft bilden und erziehen zu müssen, von der wir gar nicht wissen, wie sie in 10, noch gar in 50 oder gar 100 Jahren aussehen wird. Was wir heute unterstellen können, ist, daß wir in eine Welt hineingehen, die mehr internationalen Wettbewerb erzwingt, die unübersichtlicher, komplexer und unsicherer wird, deren Globalisierung uns ein Mehr-Umgehen-Können mit fremden Kulturen, ein Sich-Einfühlen-Können in fremde Mentalitäten und mehr Fremdsprachfähigkeiten abverlangt und daß daher auch an Bildung und Erziehung steigende Ansprüche gestellt werden müssen. Wenn wir zudem die sich derzeit abzeichnenden Tendenzen der demographischen Entwicklung und der durch die Technik sich ergebenden Anforderungen in der Arbeitswelt in die Zukunft verlängern, wird immer deutlicher, daß wir uns auf dem Wege in eine Gesellschaft befinden, die von lebensbegleitender Bildungsbereitschaft geprägt sein muß.

Dennoch kann es immer nur um eine Grundverständigung darüber gehen, wovon wir glauben, hoffen oder durch Erfahrung wissen können, daß die Kenntnisse, Fertigkeiten, Kompetenzen, Orientierungsmuster und Wertvorstellungen, mit denen wir junge Menschen ausrüsten, ihnen wirklich helfen, ihren zukünftigen Lebensweg in allen Lebensbereichen, nicht nur in der Arbeitswelt, selbstverantwortlich zu gestalten und sich dort bewähren zu können. Aber nicht nur das Schicksal jedes einzelnen in einer „Leistungsgesellschaft" ist weitgehend von dem Bildungsniveau abhängig, das er sich erworben hat. Auch die Zukunftsfähigkeit unserer Gesellschaft beruht ganz wesentlich auf dem geistigen Potential und den ethischen Ressourcen der nachwachsenden Generation, deren Grundlagen in den Familien und in den Bildungseinrichtungen gelegt werden. Die Ausbildung und die Nutzung dieses Potentials haben konkrete Auswirkungen auf die wirtschaftliche Konkurrenzfähigkeit unseres Landes und müssen durch ein zunehmend steigendes Ausbildungs- und Qualifikationsniveau gesichert werden, nicht nur in den naturwissenschaftlichen und technischen Disziplinen. Mit Recht schließt jede Rede zum „Standort Deutschland" und dessen Zukunft die Bedeutung der Bildungseinrichtungen unmittelbar mit ein. Umgekehrt: Wenn die Ergebnisse dieser Einrichtungen schlecht ausfallen, sieht man sogleich den Standort Deutschland in Gefahr. Schlechte Ergebnisse wirken sich aber auch unmittelbar auf das geistige, kulturelle und politische „Klima" unserer Gesellschaft aus. Nur wenige scheint zu kümmern, daß das Reden über „Kulturstaat" oder „Kulturnation", über das „Volk der Dichter und Denker" hohl wird, wenn man die Bildungseinrichtungen, Schule und Hochschule, nur als Ausbildungsstätten statt auch wieder als zentrale kulturelle Institutionen begreift. Auch Kultur läßt sich „rechnen", ist ein ökonomischer Faktor. Viel wichtiger aber ist die Zukunft unseres kulturellen Erbes (das, wenn man dem jüngsten „Kulturbarometer" 2005 folgt, immer rascher an Resonanzboden verliert), als Fundament für Identität, Werte und Leitbilder. Aber während TIMSS/PISA mit eindeutig ökonomischer Zielrichtung politische Betroffenheit und Schuldzuweisungen auslösten, weil man den „High-Tech-Standort Deutschland" gefährdet sah, wird alles andere beiseite geschoben. Wir sollten endlich zur Kenntnis nehmen, daß PISA keine „Bildung", sondern „Basisqualifikationen" mißt. Die OECD ist ein Wirtschaftsclub. Das erklärt, daß das Bildungsverständnis, das allen PISA-Studien zugrunde liegt, ein funktionales, utilitaristisches, lebensweltliches und ökonomisch orientiertes Verständnis ist. Nur Vorgaben, die diesem Verständnis entsprechen, lassen sich „messen"; „Bildung" ist hingegen weder standardisierbar noch messbar. Daher ist auch das Niveau vieler aktueller bildungspolitischer Debatten bedrückend, bei denen man sich des Eindrucks nicht erwehren kann, daß sie mit dem Raum und der Zeit, in denen sie sich realisieren sollen, nur wenig zu tun haben, der konkreten Schule nämlich mit vollen Stundenplänen, mit Kindern und Jugendlichen aus immer weiter divergierenden sozialen Umfeldern, aufwachsend in einer desorientiert-hysterischen, durch Kommerz, Maßstab-, Vorbildlosigkeit, Jugendlichkeitskult und steigende Dekultivierung geprägten Lebenswelt, in der „fun haben" zum höchsten Lebensziel wird, und mit einem Personal, dessen Diskriminierung zum Presse- und Volkssport geworden ist.

3. Bildung als Synonym

Schon in dieser vorläufigen Skizze zeigt sich das Problem, vor dem wir freilich nicht erst heute stehen, nämlich einen adäquaten Bildungsbegriff zu bestimmen. Denn wenn man derzeit die öffentliche Diskussion verfolgt, so reden wir doch gar nicht mehr über „Bildung", wie man sie über Jahrhunderte traditionell verstanden hat. Vielmehr ist Bildung ein Synonym geworden für sehr verschiedene Fragestellungen, die zwar mit „Bildung" zusammenhängen, aber die zentrale Frage, was Bildung eigentlich sei oder sein könnte, in den Hintergrund gerückt haben.

Dabei ist unbestreitbar, daß einerseits die traditionellen Strukturdebatten sehr wichtig sind, andererseits internationale Vergleiche wertvolle Impulse ausgelöst haben:

Dazu zählen etwa die vorschulische Erziehung als Bildungsaufgabe, die elementare Bedeutung der Grundschule, die immer noch viel zu beliebig und individuell agiert, und der Grundschulpädagogik, die allzuoft kurzlebigen Moden unterworfen wurde, die Bedeutung der Sprache als notwendige Bedingung für schulische und gesellschaftliche Integration nicht nur für Deutsche, auch für Zuwanderer, die Bedeutung des Lesens und der Leseförderung, der allgemeine Trend zur Konzentration der Ausbildungszeiten, die sich ebenfalls immer mehr durchsetzenden zentralen Prüfungen zur Sicherung von Standards und Vergleichbarkeit der Abschlüsse. Viele alte, ideologisch besetzte Tabus sind aufgebrochen, auch die SPD will zwar immer noch die Einheitsschule, will aber neuerdings auch Eliten und Elitehochschulen, wie immer das zu vereinbaren wäre. Und es gibt natürlich auch Probleme, die wir noch nicht gelöst haben: etwa die Wechselwirkung zwischen Bildungssystem und demographischer Entwicklung, die Frage des ausbleibenden Lehrernachwuchses, die trotz aller Beschwörungen öffentliche Unterfinanzierung der Bildungseinrichtungen bei zunehmender Belastung, quantitativ wie qualitativ (Privatisierung schafft hier nur geringe Entlastung!), die noch zu geringe Abschlußquote bei den naturwissenschaftlichen und technischen Disziplinen. Dazu gehört weiterhin die durch PISA in Erinnerung gebrachte Tatsache, daß soziale Herkunft und eine positive Bildungsbiographie in Deutschland immer noch eng zusammenhängen. Und daß schließlich Geld nicht alles ist, weiß jeder, der die Ergebnisse von PISA zur Kenntnis genommen hat. Daß aber ohne Geld vieles nicht ist, ist ebenso evident: marode Schulgebäude, überfüllte Klassen, ungünstige Betreuungsrelation und über das Normale hinaus ausgefallene Stunden signalisieren letztlich: Schule ist überflüssig, Lernen ist überflüssig.

4. Bildung und Bildungsinhalte

Aber wie steht es um die Bildungsinhalte unserer Schulen, also nicht nur um das „wie", sondern um das „was wir vermitteln wollen"? Vage Zielvorstellungen wie Sozialkompetenz, Synergiekompetenz, Teamfähigkeit, „Lernen des Lernens", „Schlüsselqualifikationen", vernetztes Denken und ähnliches mehr reichen sicher nicht aus, zumal das alles nur schwer zu überprüfen ist. Vor nahezu dreißig Jahren formulierte Bernhard Vogel, damals noch Kultusminister in Rheinland-Pfalz: „Die Inhalte sind die Kernpunkte jeder Bildungsreform." 2005 unterstrich Altbundespräsident Roman Herzog: „Alle Vorschläge über die Organisation und die legitimen Kosten des Bildungswesens ... hängen ... in der Luft, solange die Frage der Inhalte nicht halbwegs geklärt ist." Genau darum geht es.

Renate Köcher kam im August 2003 in der Auswertung einer großen Allensbach-Umfrage in einem mit „Gleichmut im Umgang mit einem Schicksalsthema" überschriebenen Artikel zu dem paradoxen Schluss: „Bildung ist ein Schicksalsthema, wer wollte das bestreiten? Aber wo sind heute die leidenschaftlichen Debatten über die Qualität der Schulen und die Zukunft der Universitäten, über Lernziele und Bildungskanon? ... Die Leistungsfähigkeit des Bildungssystems ist ... nach den Beobachtungen der großen Mehrheit kein Thema." Zwar halten 78 Prozent die Vermittlung einer „guten Allgemeinbildung" für wichtig, aber nur jeder vierte rechnet dazu auch politische, ökonomische oder historische Kenntnisse, nur 21 Prozent halten Kenntnisse in der deutschen Literatur für wichtig, musische Erziehung nur 15 Prozent, und jene Medienkompetenz, die immer wieder als zentral angemahnt wird, nur 23 Prozent. Dafür erachtet es die Mehrheit als eine wichtige Aufgabe der Schule, Leistungsbereitschaft, Teamfähigkeit, Pünktlichkeit, Konzentrationsfähigkeit, Hilfsbereitschaft und Selbstbewußtsein zu trainieren.

Aus dieser Umfrage lassen sich zwei Folgerungen ableiten. Erstens: Man erwartet von der Bildung das, was man früher Erziehung im engeren Sinne genannt hat. Erziehung, die vormals die Familie geleistet hat, wird ergänzt oder gar ersetzt durch die Schule, und so gilt das Schulsystem selbst im wesentlichen als eine Einrichtung, die „Sekundär"tugenden, sogenannte Basiskompetenzen und sogenannte Schlüsselqualifikationen formaler Art vermitteln soll.

Daraus folgt zum zweiten, daß offenbar gar keine Vorstellung mehr in der Bevölkerung besteht, was Bildung eigentlich ist. Und natürlich schlägt sich diese defizitäre Vorstellung auf Gesellschaft und Politik und auf ihr Verständnis des Auftrags des Bildungssystems nieder. Es hat sich weithin die Vorstellung durchgesetzt, Bildung müsse sich mit einem rechenbaren Nutzen verbinden lassen. Fächer wie Religion, Geschichte, Literatur oder politische Bildung spielen in der öffentlichen schulpolitischen Diskussion eine ebenso geringe Rolle wie die Geistes- oder Sozialwissenschaften in der aktuellen hochschulpolitischen Debatte, „Werteerziehung" (wie immer das im einzelnen gelingen soll) spielt nur deswegen eine größere Rolle, weil hier die Defizite sichtbaren persönlichen wie gesellschaftlichen Schaden anrichten und justitiabel werden können.

5. Zwischen „Standort" und „Bürgerrecht"

Statt dessen erwartet man von Bildung, als Reparaturanstalt für gesellschaftliche Fehlentwicklungen, zur Behebung herkunftsbedingter sozialer Differenzierung und als Zulieferer für die Zukunft des Standorts Deutschland zu dienen. Nun wird niemand bestreiten, daß Bildung auch alle diese Funktionen vereinen soll: 1964 hat Georg Picht mit dem Argument, Deutschland fiele in seiner ökonomischen Leistungsfähigkeit zurück, die „deutsche Bildungskatastrophe" ausgerufen. 1965 forderte Ralf Dahrendorf das Recht auf Bildung als „Bürgerrecht", um soziale Verwerfungen zu korrigieren. Bis heute diskutieren wir mit wechselndem Akzent genau diese beiden Anforderungen.

Natürlich sind Wirtschaft und Bildung keine Gegensätze, und natürlich ist Bildung ein sozialer Faktor. Nicht nur für den wachsenden Anteil von nur schwer oder kaum integrierbaren Risikogruppen in unserer Gesellschaft (immerhin 21 Prozent der Jugendlichen), für jeden jungen Menschen ist Bildung – so hat es der Trierer Bischof Marx einmal formuliert – ein „Schlüssel zu mehr Beteiligungsgerechtigkeit". „Bildung bleibt Bürgerrecht", aber nicht durch Mittelmaß, Nivellierung, Erfolgsmeldungen nach Quantitäten: Die breite „Öffnung" insbesondere des Gymnasiums hat nur teilweise dazu geführt, daß mehr Kinder aus sozial benachteiligten, sogenannten bildungsfernen Schichten das Abitur erreichen und ein Studium erfolgreich abschließen.

Die Verbindung von Bildung und Wirtschaft löst bei manchen bis heute eine Grundsatzkritik aus. Als ob hier a priori Gegensätze existierten. Natürlich ist Bildung weit mehr als ein Standortfaktor, aber sie ist es auch, und sie ist es immer mehr. Walther Rathenau hat einmal mit Recht gesagt: „Wirtschaft ist unser Schicksal", das spüren wir heute tagtäglich.

Denn Globalisierung bedeutet auch, daß Millionen Menschen heute in der Welt ähnliche Fähigkeiten entwikkeln und ähnliche Lebensansprüche stellen wie wir.

Wer den Verlust an Wohlstand verhindern will, wer Löhne und Sozialkosten nicht auf das Niveau, auf dem sich unsere Konkurrenten befinden, absenken will, dem bleibt nur eins: Die permanente Verbesserung seiner Bildungslandschaft, seiner Potentiale in Forschung und Entwicklung. Allerdings geht es dabei nicht nur um Akademiker, sondern auch um gute Facharbeiter und Techniker.

6. Bildung als Leitidee

Diese wenigen Bemerkungen sollen nicht nur deutlich machen, wie disparat heute debattiert wird, wenn es um Bildung geht. Sie machen auch deutlich, daß es dringend notwendig ist, sich wieder über den Sinn von Bildung, deren Zweck und die dafür notwendigen Rahmenbedingungen neu Gedanken zu machen. Denn die zentrale Frage wird kaum mehr gestellt, die Frage nämlich, ob wir noch eine Idee von dem haben, was wir eigentlich an verbindlichen Inhalten in der Schule vermitteln wollen und inwieweit auch die Hochschulen nicht nur Ausbildungs-, sondern auch Bildungsstätten sein können. Man kann es auch auf eine einfache Formel bringen: Haben wir noch eine Vorstellung von Bildung, die als Leitidee den verschiedenen Systemen im Bildungswesen zugrunde liegt? Eine Vorstellung, wie sie Wilhelm von Humboldt mit der Gründung der Berliner Universität und der Reorganisation des preußischen Gymnasiums hatte?

Nur wenn es gelingt, eine Bildungsidee zu beschreiben, die Schule, Hochschule, Weiterbildung zugrunde liegt und auf die sie hinarbeiten und die zugleich auch die Familie als die grundlegende Bildungseinrichtung einbezieht, kann es gelingen, das wieder zu fördern, was Wilhelm Hahn 1964 einmal eine „Konzeption aus einem Guß" genannt hat, mit der er die Humboldtsche Universitäts- und Schulreform charakterisierte.

Aber wie läßt sich der Begriff „Bildung" als unaufgebbar begründen und in einem zweiten Schritt konkret füllen? Denn ein Begriff hat nur einen Sinn, wenn er etwas Bestimmtes meint. Mit einer rein formalen Bestimmung ist noch nicht viel gewonnen, und eine Phänomenologie „des Gebildeten", wie sie Robert Spaemann 1994 versuchte, beschreibt wünschenswerte „Resultate", für die die Frage nach der Leistung der Schule allerdings noch zu beantworten wäre.

Es würde zu weit führen, hier den Begriff der Bildung, eines Zentralbegriffs des deutschen Idealismus, allzusehr zu vertiefen. Das Ansehen der großen deutschen Bildungs- und ebenso großen pädagogischen Tradition, die den Ruf unserer Bildungseinrichtungen gerade im Ausland maßgeblich geprägt hat und bis heute prägt, beruhte darauf, daß dem Ganzen ein Bildungsbegriff und damit ein Leitbild von Anstrengungsbereitschaft, selbständigem Lernverhalten und Eigenverantwortung voranging, die weitaus mehr umfaßten als das, was wir heute üblicherweise diskutieren und was die zitierte Allensbach-Umfrage noch einmal bestätigt: die Verkürzung von Bildung auf Ausbildung und Berufsfähigkeit.

Diese deutsche Bildungsidee – im 18. Jahrhundert entstanden – zielte auf die Emanzipation des Bürgertums: Bildung sollte dem Menschen zum einen helfen, sich von den traditionellen, durch Geburt und Stand vorgegebenen Bindungen zu befreien, zum anderen sollte sie gegen die aufkommende Spezialisierung und Funktionalisierung der modernen Berufswelt wappnen: Bildung als Bedingung für innere und äußere Freiheit durch geistige Selbständigkeit. Das ist ihr Zweck, dieser Zweck ist überzeitlich. Bildung ist daher der Weg zur ganzheitlichen Entfaltung der Persönlichkeit, den Dimensionen eines Verständnisses vom Menschen, das ihn tiefer begreift und würdigt denn nur als ein ökonomisches Wesen: Jeder Mensch hat seine Fähigkeiten, sein „Kapital", aber er ist kein „Humankapital"; Bildung bietet die Möglichkeit, durch Wissen und Gewissen, durch Aneignung von „Welt", Tradition und kultureller Herkunft und die Verinnerlichung von Moralität sein Leben selbständig zu gestalten und sich „in der Welt" zu verstehen. Daher hat Bildung im traditionellen Verständnis etwas mit Kultur zu tun, oder wie es Theodor W. Adorno einmal formuliert hat: Bildung ist „Kultur nach der Seite ihrer subjektiven Aneignung". Mit anderen Worten: Bildung zielt auf eine verantwortete Freiheit durch geistige Selbständigkeit und Urteilsvermögen. Daher ist mit der deutschen Bischofskonferenz vor einem „subjektlosen Funktionalismus", vor der „Industrialisierung der Bildungseinrichtungen" ebenso zu warnen, wie mit der EKD noch einmal zu unterstreichen, daß Bildung „dringend als geschichtliche, ästhetische, religiöse, ethische und philosophische Bildung erforderlich" ist.

Dieser Ansatz hat handfeste Konsequenzen für unser Bildungswesen:

Es greift zu kurz, sich nur über Strukturen zu streiten, über „Basisqualifikation", allgemeine Kompetenzen zu debattieren oder Bildung nach Konjunkturlage zu fordern. Wir müssen wieder über Bildung und deren Inhalte reden, über notwendige Anforderungen an schulische Grundbildung ebenso wie über das Verhältnis von Bildung, Wissenschaft und Kultur in unserer Gesellschaft und uns dabei von vornherein darüber verständigen, daß unser Bildungswesen auf allen Stufen bis hin zur Weiterbildung nicht nur eine berufsbefähigende, sondern darüber hinaus eine allgemeinbildende und kulturelle Aufgabe verfolgen muß, im Interesse des einzelnen wie im gesamtgesellschaftlichen Interesse.

Das setzt freilich voraus, daß wieder ein gesellschaftliches Bewußtsein entsteht, in dem Bildung einen Eigenwert hat, und klar ist, daß Bildung etwas in sich Wertvolles ist.

Wenn man schon nach Finnland blicken will, dann sollte man vor allem lernen, daß dort der Stellenwert von Bildung, der Lesekultur und das Ansehen der Lehrer sehr viel höher sind als in Deutschland.

Und wenn man schon auf die USA blicken will, dann sollte man von dort lernen, daß die Bedeutung der „Humanities" und auch die der entsprechend geförderten Forschung sehr viel höher eingeschätzt wird als in Deutschland.

„Bildung. Alles, was man wissen muß", so nannte der verstorbene Hamburger Literaturwissenschaftler Dietrich

Schwanitz seinen bekannten Bestseller. Damit – einmal abgesehen von der verkaufsfördernden Wirkung – wird suggeriert, man brauche nur dieses Buch zu studieren und parat zu haben, um als „gebildeter" Mensch gelten zu können, zumindest im Bewußtsein der Öffentlichkeit. Ist aber Bildung etwas, was sich wohlfeil zwischen zwei Buchdeckel pressen läßt und sich nach Lektüre als abgeschlossenes Resultat präsentieren kann? Läßt sich Bildung standardisieren und auf einfach zu erwerbende Wissensbestände reduzieren, und was ist das für ein Wissen, das für „Bildung" stehen soll?

Max Scheler hat 1925 in einer heute noch lesenswerten Abhandlung „Die Formen des Wissens und die Bildung" zwei Wissensformen unterschieden: zunächst das Leistungs- oder Beherrschungswissen, das der praktischen Veränderung der Welt und den möglichen Leistungen dient, durch die wir sie verändern können (Aristoteles hat es das „Hervorbringen" genannt, Wilhelm von Humboldt das „technische" Wissen). Wir würden heute von instrumentellem Wissen sprechen, konzentriert in Naturwissenschaften und Technik, das in der Diskussion um die sog. „Wissensgesellschaft" die entscheidende Rolle spielt: Neue Produkte entstehen nur durch entsprechend qualifizierte „Wissensarbeiter", wie der Ende 2005 verstorbene Peter Glotz sie einmal genannt hat, die über entsprechende Fachlichkeit und entsprechendes Expertenwissen verfügen und es umsetzen können. Niemand wird sinnvoll bestreiten, daß dazu eine entsprechend qualifizierende Ausbildung gehört, die selbstverständlich auch wichtiges Element jenes Wissens ist und bleibt, das Scheler mit „Bildungswissen" bezeichnet. „Bildungswissen ist jedoch mehr als Leistungswissen. Aber worin besteht dieser Überschuß, dieses „Übernützliche", das der Begriff des „Bildungswissens" zum Ausdruck bringen will?

Bildung ist ein randloser Begriff, man kann sie nicht definieren, man kann höchstens beschreiben, was der Idee nach dazu gehören sollte, wobei jeder Beschreibung natürlich eine subjektive Überzeugung, ein individuelles Element vorangeht. Eigene Bildungserlebnisse sind nur in Grenzen kommunizierbar und nur in Grenzen verallgemeinerbar. Daher kann es zunächst hilfreich sein, in unsere Nachbarländer zu blicken, die ja wie wir Deutschen Teil einer europäischen Bildungstradition sind. Das Englische betont mit „educated" oder „cultured" einen Erziehungsaspekt und einen kulturellen Aspekt, verweist also auf die Einheit von Bildung durch Begegnung mit Kultur und Erziehung. Ebenso das Französische, das von „culture générale", von „cultivé" und von „éducation" spricht, also ebenfalls den kulturellen und den Erziehungsaspekt betont, wobei hier noch der Begriff des „lettré" hinzukommt, also des Menschen, der sich vor allem der Sprache zu bedienen und in der Literatur zu bewegen weiß. Darüber hinaus betont die deutsche Bildungstradition noch zwei weitere Aspekte, die den Zweck von Bildung vertiefen und auf den Prozeß von Bildung eingehen.

„Der wahre Zweck des Menschen ... ist die höchste und proportionierlichste Bildung seiner Kräfte zu einem Ganzen", so Wilhelm von Humboldt. Bildung als Prozeß, das heißt: Sie ist nicht von außen aufgesetzt, sondern ist Selbsttätigkeit und Selbstbildung. Ohne eigenes Zutun kann man weder gebildet noch selbständig werden.

Diese Begriffsbestimmungen sind deswegen hilfreich, weil sie auf eine Einheit aufmerksam machen, die Persönlichkeit prägen soll, die Einheit von Kultur, Bildung und Erziehung. Daher bleibt Bildung zwar ein typisch deutscher Begriff, aber was man auch hier darunter verstanden hat, nämlich die Einheit von Kulturaneignung und Erziehung, führt zu deutlichen Übereinstimmungen.

Dahinter verbergen sich zwei einfache Einsichten, daß nämlich Bildung ohne Erziehung wirkungslos bleibt, Innerlichkeit bleibt, wenn sie sich nicht in Leben und Handeln umsetzt: Bildung als Synthese von Wissen, Urteilen, Wollen und Handeln. Das beginnt schon bei einfachsten Erziehungszielen: Höflichkeit, Manieren, notwendige „Sekundär"tugenden (früher hat man das einmal „Kinderstube" genannt, heute heißt das „soft skills" und muß nachträglich mühsam erworben werden). Man kann viel über Grundwerte wissen oder über Menschenwürde oder über Toleranz. Wenn ich selbst nicht tolerant bin, ist dieses Wissen folgenlos. Wenn ich daraus kein Handeln ableite, wenn ich Wissen nicht umsetzen will in konkretes Alltagshandeln, als Handlungsmaxime, dann fehlt eine wesentliche Dimension von Bildung, danach auch leben und handeln zu wollen. Man kann höchst ungebildet sein, aber über ein starkes Wertegerüst verfügen. Man kann höchst gebildet sein, im klassischen Sinne, über breites Wissen in Literatur oder Geschichte verfügen, ohne daß sich dieses Wissen im Leben oder in Wertentscheidungen widerspiegelt. Wir Deutschen haben in der ersten Hälfte des vergangenen Jahrhunderts bitter erfahren müssen, daß Kultur und Barbarei sich keineswegs ausschließen, Bildung per se keineswegs zur „Humanität veredeln" muß. Das haftet der deutschen Bildungsidee bis heute als Makel an. Allerdings war der Nationalsozialismus nicht die Konsequenz deutscher Kulturgeschichte, sondern der Ausstieg aus ihr.

Nun wird man mit dieser allgemeinen und eher formalen Bestimmung: Bildung als Einheit von Wissen und Können, von Urteilen und Handeln oder als Synthese von Kultur und Erziehung zum Zwecke der inneren und äußeren Freiheit durch Selbständigkeit, nur einen Rahmen beschrieben haben. Es müßte aber gelingen, diese Synthese inhaltlich näher zu bestimmen, nämlich durch eine Bestimmung dessen, was Bildungswissen denn nun eigentlich sei.

Dazu drei kurze Thesen:

1. Bildung und Wissen hängen unmittelbar zusammen. Bildung ohne Wissen ist leer. Wer nichts weiß, muß nicht nur alles glauben, es entspricht ja auch der landläufigen Vorstellung, daß ein „Gebildeter" z. B. ein Goethe-Zitat wiedererkennt oder eine gotische von einer romanischen Kirche unterscheiden kann. Man zieht es heute vor, von Kompetenzen zu sprechen oder von „Schlüsselqualifikationen", um eine Festlegung zu vermeiden, was denn nun eigentlich noch konkret gewußt werden sollte. Richtig ist daran sicher, daß Bildung auch einen geschmeidigen und trainierten Zustand des Geistes beschreiben kann, der bleibt, wenn vieles in Vergessenheit gerät. Georg Christoph Lichtenberg hat einmal gesagt: „Ich vergesse das meiste, was ich gelesen habe, so wie ich das vergesse, was ich gegessen habe, ich weiß aber so viel: beides trägt nichts desto weniger zur Haltung meines Geistes und meines Leibes bei."

2. Wissen nimmt mit ungeheurer Geschwindigkeit zu. Nur, was ist das oft für ein Wissen? Man kann heute die neuesten Computerprogramme kennenlernen. Morgen hat dieses Wissen keinen Nutzen mehr.

Daher trägt nicht jedes Wissen zur Bildung bei. Man kann ein exzellenter Fachmann sein, über ein hervorragendes „Leistungswissen" verfügen und doch höchst ungebildet sein oder doch so gelten. Und man kann auch ohne weiteres ohne „Bildung" durchs Leben kommen, also ohne über traditionelle Bildungsbestände zu verfügen. Daher geht es um die Bedeutung von Bildung und Bildungswissen für das Leben des einzelnen und das geistige Klima einer Gesellschaft. Was ist daher Bildungswissen? Hans Magnus Enzensberger hat in seinem Essay „Über die Ignoranz" einmal das Wissen Melanchthons mit dem einer modernen Friseuse verglichen. Gemessen in Bits, also Informationsmengen, sei das Wissen beider durchaus vergleichbar. Melanchthon kannte sämtliche Autoren der Antike, die Handbücher für die Rhetorik, der Grammatik, die Schulphilosophen. Er konnte Lateinisch, Griechisch und Hebräisch. Die Wissensmenge der Friseuse ist keineswegs geringer. Sie kennt sämtliche Werbesprüche und Schlagertexte, die Preise und Eigenheiten aller Kosmetikprodukte, Hunderte von Filmen sowie die Biographien und Lebensverhältnisse einer großen Zahl von Filmstars und Prominenten. Nicht zu reden von den Geheimnissen unzähliger Diäten, Therapien und Fitneßprogramme. Im Umfang ist das Wissen mit dem Melanchthons durchaus zu vergleichen. Aber dieses Wissen ist strukturlos, ohne erkennbare Ordnung; es sind Informationen von geringer Lebensdauer und extrem kurzer Verfallszeit. Und es sind schließlich triviale Informationen.

Melanchthons Wissen hingegen hat eine starke Struktur, bezieht sich auf Symbolsysteme, auf Sprache, Gründungsmythen und Leitbegriffe der damaligen Welt. Sein Wissen hat eine lange Lebensdauer und dient als „Basislager", von dem aus Exkursionen in andere Wissensprovinzen unternommen werden können. Wer sie sich zu eigen macht, wird Mitglied einer Kommunikations- und Erbengemeinschaft.

3. Mit der bloßen Aneignung von Wissen ist es daher nicht getan, man muß es auch begründen, gleichsam selbst hervorbringen können, muß es in einen „geordneten Gedankenkreis" (Herbart) integrieren. Und man muß selbst nach Wissen trachten. Die „Vielwisserei (*polymathia*) macht nicht weise", wußte schon Heraklit, ein Wissen, welches „unverdaut im Bauche klappert" (Max Scheler), hat mit Bildung nichts zu tun, und mag es auch noch so enzyklopädisch sein. Bildungswissen unterscheidet sich vielmehr von sonstigem Wissen oder von Informationen durch seine Funktion, seine Sinngebung und seine Bedeutung. Bildungswissen ist wertvoll, weil aufklärendes Wissen: Es bringt Aufklärung über das Selbstverständnis vor dem Hintergrund alternativer Lebensformen oder Möglichkeiten

des Menschseins im Spiegel fremder Kulturen, früherer Weltbilder und vergangener Epochen, für das Verständnis von Kultur und Natur, von Politik und Gesellschaft, für das Verständnis vom anderen, für das Verständnis von Ethik, Moral, für das Verständnis von Transzendenz. Dadurch ermöglicht Bildung Distanz zum Zeitgeist, ordnet neue Informationen in schon bestehende Zusammenhänge ein, begründet Kritik oder Zustimmung und erlaubt variable Formen der Verständigung auf gemeinsamer Grundlage: Man denke nur an Zitate, Sentenzen oder Signalwörter wie „Pyrrhussieg" oder „Canossagang". Bildung schafft Selbstbewußtsein, befähigt zum Selbstdenken und trägt so zur Lebensfreude bei.

Diese allgemeine und auch nur summarische Betrachtung sollte zweierlei deutlich machen: Erstens, daß Bildungswissen mehr ist als nur Qualifikation oder Ausbildung, auch wenn es Überschneidungen gibt: Ausbildung und damit Berufsfähigkeit ist ein zentrales Element von Bildung. Aber sie erschöpft sich nicht darin. Sie sollte andererseits deutlich machen, daß die Frage, inwieweit jemand etwas für sich als wertvoll betrachtet, natürlich nur subjektiv und individuell beantwortbar ist. Denn wir haben heute keinen gesellschaftlichen Bildungskanon mehr, uns sind die Träger ausgegangen, also das, was man heute etwas abschätzig als „Bildungsbürgertum" oder „bildungsbürgerlich" bezeichnet hat. Zu den gebildeten Schichten zu gehören, war bis in die 30er Jahre des 20. Jahrhunderts noch relativ leicht beschreibbar, weil es eben einen entsprechenden Kanon gegeben hat und die Normalform des Gymnasiums das humanistische Gymnasium war, das ja erst nach 1890 durch das Realgymnasium und „reale" Formen von Bildung ergänzt wurde. Dieser Kanon oder Wissensfundus, der kulturelle Bildung prägte, läßt sich mit den Stichworten: Antike, Bibel, Weimar und Klassik umschreiben und markieren. In diesem überwiegend durch Sprache, Literatur, Geschichte und Kunst geprägten Orientierungsrahmen bewegte sich damals, was als Bildung gesellschaftlich akzeptiert und repräsentativ war. Das ist zwar nicht wiederbelebbar, aber das Bedürfnis nach Orientierung ist ungebrochen. Daher hat Marcel Reich-Ranicki ein sehr positives Werk getan, als er seine Sammlungen von Lyrik oder Romanen unter dem Titel „Kanon" verkaufte, allerdings auf Nachfrage antwortete, es handele sich natürlich nur um „Empfehlungen".

Ein durch Kunst und Kultur geprägter Bildungsbegriff, der im wesentlichen durch Lesekultur geprägt war, ist heute keineswegs überholt, aber er ist ergänzungsbedürftig. Denn wir müssen immer wieder zwischen der Tradition und den Anforderungen der Gegenwart eine neue Balance finden.

Wir leben heute in einer Zeit der Bilder, der virtuellen Kommunikation und entsprechender Techniken, und auch damit muß man heute umgehen können, wenn man sich verständig in der Welt bewegen will. Zudem war der traditionelle Bildungsbegriff in einer Zeit dominant, in der die politische Mitsprache des Bürgers nicht vorgesehen war. Eine freiheitliche Demokratie lebt aber von der Beteiligung der „mündigen" Bürger, daher würde man heute niemanden als „gebildet" bezeichnen wollen, der zwar den „Faust" zitieren kann, aber nicht weiß, wie ein Gesetz entsteht. Selbst- und Weltverständnis setzen heute politisches und auch ökonomisches Grundwissen voraus. Und daher zählt auch naturwissenschaftliches Wissen zum Bildungswissen.

Der britische Physiker Charles P. Snow hat 1959 den Begriff der „zwei Kulturen" eingeführt und unterschied literarische Intelligenz von den Repräsentanten der naturwissenschaftlichen Fächer. Dietrich Schwanitz hat hier eine klare Position bezogen: „Die naturwissenschaftlichen

Kenntnisse werden zwar in der Schule gelehrt, sie tragen auch einiges zum Verständnis der Natur, aber wenig zum Verständnis der Kultur bei … (Und) so bedauerlich es manchem erscheinen mag: Naturwissenschaftliche Kenntnisse müssen zwar nicht versteckt werden, aber zur Bildung gehören sie nicht."

Eine solche Einstellung, die einen ganz wesentlichen Bereich unserer Kultur abtrennt, ist sicher nicht mehr haltbar: Die großen Wertfragen der Gegenwart entscheiden sich weniger in den Geschichts- und Literaturwissenschaften, sie entscheiden sich in den Naturwissenschaften und in den Techniken. Wir brauchen daher einen Bildungsbegriff, der beides als Synthese zusammendenkt und nicht trennt, wie dies Ernst Peter Fischer mit seiner Replik auf Schwanitz durch seinen Buchtitel „Die andere Bildung" noch suggeriert. Und dieser Bildungsbegriff muß sich auch im Dialog der Fächer, zwischen Natur- und Geisteswissenschaften niederschlagen, ohne den jeweiligen Eigenwert und die Eigenleistung der Wissensbereiche aufzugeben oder zu verwischen. Wir brauchen heute beide, Geisteswissenschaften und Naturwissenschaften, um uns in dieser immer komplexeren Welt überhaupt verstehen und orientieren zu können. Die großen Fragen der Zeit sind nur aus der Universalität des Wissens zu beantworten.

7. Schulbildung als „Basislager"

Die Offenheit und Randlosigkeit dessen, was man heute unter Bildungswissen subsumieren könnte, darf uns freilich nicht daran hindern, daß wir uns dort, wo wir Bildungsprozesse beeinflussen können, wieder mehr verdeutlichen müssen, daß Bildung und Kultur eine Einheit bilden und daß wir darauf achten müssen, daß sich dieser Zusammenhang nicht weiter auflöst und damit zu weiter steigender Bildungsarmut, Dekultivierung und Orientierungslosigkeit beiträgt. Dabei geht es vor allem um die Schule und um die Hochschule. Beeinflussen könnten wir insbesondere die Schule.

Aber auch hier spiegelt sich der Streit um eine allgemeine Bildungsidee an dem, was man „Schulbildung" nennt. Während etwa Manfred Fuhrmann in seinem Essay „Bildung" oder Konrad Adam in seinen Betrachtungen zur „Bildungsmisere nach Pisa" für die Wiederentdeckung des traditionellen Schulkanons plädieren und insbesondere die Bedeutung der alten Sprachen betonen, will der Münchener Literaturkritiker Werner Fuld jüngst diesen ganzen Fundus als „Bildungslüge" entlarven und empfiehlt, auf die Faustlektüre ebenso zu verzichten wie auf Französisch, Mathematik oder Physik oder als eigenes Fach auf die deutsche Geschichte vor 1945.

Die Schule, und das bleibt entscheidend, hat im Kontext der diversen „Lernorte" eine Sonderstellung. Sie besteht darin, die einzige Institution in der Gesellschaft zu sein, die gegenüber anderen „Bildungsträgern" weder auf den „Markt" verwiesen werden kann noch darf, daher an Qualität, nicht an Quote orientiert sein kann, die öffentlich verantwortet werden muß, auf die man steuernden Einfluß nehmen (im Unterschied zur Familie oder zu den Medien), die systematisch, leistungs- und altersgerecht arbeiten kann und der keiner „entkommt", mit der wir die einmalige und einzige Chance haben, die Köpfe und Herzen gezielt zu erreichen. Die Schule ist daher die einzige Institution, in der sich das an Inhalten präsentieren kann und darf, was auch im Kontext einer sich immer mehr individualisierenden Gesellschaft als allgemein und exemplarisch gelten darf und was ihr „kulturelles Gedächtnis" ausmacht.

8. „Die Furie des Verschwindens"

Der Fehler der bildungspolitischen Diskussion der letzten 40 Jahre ist der gewesen, daß wir uns über grundbildende Inhalte und damit über das, was Schulbildung leisten soll, über grundlegende Bildungsinhalte, auf keinen Konsens mehr haben verständigen können. In der alten Bundesrepublik ist ein solcher Konsens letztmalig mit dem Tutzinger Maturitätskatalog von 1958 gelungen, mit dem damals der Versuch unternommen wurde, Hochschulreife und inhaltliches Minimum für die Hochschulreife zu beschreiben. Das war bis 1968/69 nicht anders, die Lehrpläne – üblicherweise Stoffkataloge oder Lektürevorschriften dünnen, daher überschaubaren Umfangs – schrieben die der Weimarer Republik, der sich auch der Fächerkanon verdankt, schlicht fort: Schule wurde verstanden und verstand sich als Wissensvermittlerin und Hüterin eines kulturellen Erbes, ohne besonderes Interesse an der „Eigenwelt" ihrer Schüler: Ob es sie langweilte oder „Spaß" machte, hat niemanden gekümmert; sie hatten die Anforderungen zu erfüllen. Dieser Konsens ist Ende der 60er Jahre zerbrochen und wurde durch die „Furie des Verschwindens" (Hegel) ersetzt. Streit über Inhalte gab es nur noch einmal, als man im Westen Schule als Instrument „emanzipatorischer" Gesellschaftsveränderung entdeckte, was 1972/73 im Streit um die hessischen Rahmenrichtlinien für Gesellschaftskunde oder Deutsch kulminierte: Schlagwortartig „Brecht statt Iphigenie" und „Der rote Großvater erzählt". Danach fiel die Inhaltsdebatte wieder in einen Dornröschenschlaf: Lehrer sahen sich zwar damit noch konfrontiert, wenn es um schulinterne Curricula ging, aber letztlich wurden Inhalte gleichgültig, weil Fächer gleichwertig wurden und im Sinne des Primats von Lernzielen gleich*gültig* ist, ob ich Interpretieren an Goethe oder Diagrammen lerne; Orientierung bot das didaktische Prinzip „lebensweltlicher Auswahl". Damit verband sich eine grundsätzliche Neubestimmung dessen, was „Bildung" leisten sollte: „Bildung" wurde statt auf Geist, Kultur und Begabung auf Macht (sprich Emanzipation), Karriere („begaben"), Quantitäten ausgerichtet. Beispiel: die immer wieder und ganz hartnäckig von der OECD, die ebenso hartnäckig unterschiedliche Bildungssysteme wie Äpfel mit Birnen gleichstellt, geforderte Steigerung der Studentenzahlen. Aber die ist ja nicht per se positiv, wenn erstens die Zahl entsprechender Stellen nicht mitwächst, wenn zweitens darunterliegende Abschlüsse immer mehr entwertet werden und wenn drittens dahinter kein entsprechendes Leistungsvermögen steht. In der Zeitschrift „Psychologie heute" (August 2004) wurde ein englisches Experiment vorgestellt: 30 Schüler reisen in den Schulunterricht 50 Jahre zurück. Fazit eines Schülers zu den Anforderungen: „Heute gehöre ich der Spitze an, vor 50 Jahren wäre ich Bodensatz gewesen." Das hierzulande übliche Denken in Quantitäten setzt angesichts der statistischen Verteilung von Begabungen (Gauß läßt grüßen) notwendig Niveausenkung voraus.

Aber weder Publizistik noch Eltern interessierten sich besonders dafür, was an den Schulen gelehrt und gelernt wurde; erstere bevorzugte die üblichen Methoden- und Strukturdebatten, für letztere war die Hauptsache, daß der formale Abschluß stimmte. Daß etwas nicht stimmte, war zwar den Klagen der Wirtschaft über mangelnde Ausbildungsfähigkeit oder dem Lamento der Hochschulen über mangelnde Studierfähigkeit immer häufiger zu entnehmen, oder wenn Kandidaten bei Günther Jauch nicht mehr in der Lage waren, das Vaterunser zu erkennen, aber auch das hat offenbar nicht allzu tief beeindruckt.

Die Folgen sind heute leicht abzulesen am stupenden Erfolg von Schwanitz' Bildungsbuch. Worauf beruht sein Erfolg? Sicher nicht nur auf der leicht faßlichen und stilistisch anregenden Darstellung? Sondern weil hier ein Verlust spürbar geworden ist, ein Verlust an geordnetem Übersichtswis-

sen, den zu kompensieren ein offenbar breites gesellschaftlich vorhandenes Bedürfnis besteht, das Bedürfnis, sich wieder als grundlegend empfundene Inhalte in jenen Bereichen
zu verschaffen, die man traditionell zur „Bildung" zählt,
also Religion, Geschichte, Kunst, Literatur, und die offenbar
abhanden gekommen sind. Natürlich mag das Motiv dafür
häufig eher profan sein, nämlich Teilhabe an gehobener
Kommunikation: Man kann, ohne negativ aufzufallen, mit-
reden. Damit erfüllt das Buch ein Kommunikationsbedürf-
nis für Vernissagen, Theaterbesuch oder Feuilletonlektüre,
also das, was der Begründer des „Conversationslexikons"
K. G. Löbel Anfang des 19. Jahrhunderts mit Kenntnissen
umschrieb, „welche ein jeder als gebildeter Mensch wissen
muß, wenn er an einer guten Conversation teilnehmen und
ein Buch lesen will". Und das soll man gar nicht gering achten, auch wenn es nicht mit „Bildung" identifiziert werden
kann. Aber vielleicht ist es für manchen Anregung, sich da
und dort selbst weiterzubilden. Der Antrieb, das Buch zu
schreiben, lag aber vor allem darin begründet, daß vieles
von dem, was früher wie selbstverständlich zur Schulbildung gehörte, heute in den Schulen nicht mehr geleistet
wird und die Frage aufwirft, warum solche herkömmlichen
und teilweise auch banalen Wissensbestände in der Schule
nicht mehr vermittelt werden. Wenn Nachwuchskräften einer deutschen Großbank eigens beigebracht werden muß,
daß Haydn, Mozart, Beethoven zur Klassik gehören und
letzterer zwar neun Symphonien, aber nur eine Oper geschrieben habe (FAZ vom 28. Dezember 2002), damit sie einen „Smalltalk" bestehen, dann läßt das für den Zustand
unseres Musikunterrichts tief blicken.

Es war sicher richtig zu sagen, Schule sei nicht nur eine
Einrichtung, um systematisch Wissen zu vermitteln.
Schule müsse auch dem individuellen Bedürfnis nach differenzierten Schwerpunkten und Methoden entsprechen und
müsse den Schüler befähigen, Neues selbst zu erarbeiten,

ihn fähig machen, in allen Bereichen sich Kenntnisse und Fertigkeiten selbst anzueignen und damit die Kenntnisse und Fähigkeiten zu verbinden, die notwendig sind, um neues Wissen zu erschließen.

Es war aber sicherlich falsch, damit den Eindruck zu verbinden, es käme gar nicht mehr auf sorgfältige Grundlagenkenntnisse an, zumal doch das Internet systematische und angeleitete Wissens- und Informationsvermittlung ersetzen könne. Es ist hohe Zeit, sich wieder Gedanken darüber zu machen, welches „kanonische Grundwissen" wir in unseren Schulen vermitteln wollen. Dazu können die jetzt formulierten Bildungsstandards beitragen; sie bedürfen aber – zugeordnet und auch mit Blick auf zentrale Prüfungen – grundlegende Inhalte klar vorgebender, breit, nicht spezialisiert angelegter Kerncurricula. Nichts veraltet an einem Englischgrundwortschatz, an Lateinvokabeln, an zentralen Geschichtszahlen oder am Kategorischen Imperativ Kants. Wir brauchen daher wieder einen Bildungsbegriff für unsere Schulen, der Tradition und Innovation wieder enger miteinander verbindet. Neues kann man nur bewerten, wenn man das Vorhandene kennt. Zur Tradition gehört, daß Bildung dazu dient, kulturelle Bestände eines Volkes, einer Gesellschaft an die nachwachsende Generation weiterzugeben, um eben diese Tradition nicht abreißen zu lassen.

9. Das Gleiche ist nicht Dasselbe

Während wir uns in der allgemeinen Reflexion über Bildung auf das Individuelle und das individuelle Bildungsbemühen beschränken müssen und im Sinne von Humboldts Schrift „Über die Grenzen der Wirksamkeit des Staates" segensreiche Wirkungen für Staat und Gesellschaft nur unterstellen konnten, bedarf die Schule als allgemeine Einrichtung auch der bewußten Reflexion auf die gesellschaftliche Bedeutung dessen, was sie vermittelt, verbindet sich in ihr doch der individuelle und der gesellschaftliche Aspekt. Für die Schule als allgemeinverbindliche Institution heißt das, daß sie diesem allgemeinverbindlichen Anspruch genügen muß, um im Sinne inhaltlich verstandener „Chancengleichheit" gleiche Voraussetzungen zu schaffen. Sie muß einen Bildungsprozeß intendieren, der jedem nach Maßgabe seiner Fähigkeiten die Chance gibt, möglichst viel an „Allgemeinbildung" zu erwerben und zu verarbeiten und damit Urteilsfähigkeit sowie Sach- und moralische Kompetenz zu verbinden. Die Schule muß das „Basislager" sein für künftige, individuelle Bildungserlebnisse, sie muß zu dem motivieren, was Goethe einmal „Bildungslust" genannt hat. Das alles mag manchem zu idealistisch klingen, insbesondere angesichts des Zustandes der Hauptschulklientel in einigen Ländern, aber wer keine Leitidee mehr hat und auf Anspruch verzichtet, der bleibt bestenfalls in der Realität stecken, und die ist nicht erst seit PISA eher trübe.

Die Schule muß daher bezogen auf den Dreischritt: kulturell, allgemeinbildend, berufsbefähigend, im Grundsatz für jeden das Gleiche vorhalten als Voraussetzung für „Chancengleichheit", begriffen als Gleichheit der Ausgangsbedingungen bei völlig unterschiedlichen sozialen Umfeldern zugunsten der Persönlichkeitsentwicklung, zugunsten der Eingliederung (Integration) in die Gesellschaft und der immer mehr notwendigen Kompensation familiärer und sozialer Defizite. Und davon darf keine Schulform ausgeschlossen sein, auch der Hauptschulbildungsgang und die berufliche Bildung, die immerhin zwei Drittel unserer jungen Menschen durchlaufen, müssen im Rahmen ihrer Möglichkeiten daran beteiligt sein. Dafür ist der Hauptschule und ihrem pädagogischen Profil besondere Aufmerksamkeit zuzuwenden: Auch der Bildungsauftrag der Hauptschule muß kulturelle und allgemeinbildende Dimensionen vorsehen.

Zu differenzieren ist dann im Grad der Abstraktion, in der Breite und Tiefe der Inhalte, in den Lern- und Lehrmethoden und im Interesse des Lernens selbst nach möglichst homogenen Lerngruppen mit bildungsgang-, leistungsgerechten und profilierten Lehrplänen.

Mit „Berufsfähigkeit", nicht zu verwechseln mit „Berufsfertigkeit", lassen sich dabei jene elementaren Kenntnisse und Fähigkeiten umschreiben, über die jeder Mensch heute verfügen muß, um im Sinne seiner Daseinsbewältigung lebenstüchtig sein zu können; insofern ist sie die elementare Form allgemeiner Bildung und Auftrag aller Schulformen, ohne schon Allgemeinbildung zu sein. Sie zielt auf die Ausprägung auch berufsverwertbaren Grundwissens, dazu gehören fachliche Kompetenzen in wichtigen Lern- und Lebensbereichen: deutsche Sprache in Wort und Schrift, einfache Rechentechniken, grundlegende naturwissenschaftliche Kenntnisse, Grundkenntnisse in Englisch, Grundkenntnisse politischer und wirtschaftlicher Zusammenhänge (unter Wiederentdeckung der „Institutionenkunde"), Umgehen-Können mit dem IT-Bereich als sekundäre Kulturtechnik (die die herkömmlichen, v. a. das Lesen-Können schon voraussetzt; daher ist der Computer nicht eo ipso lernfördernd; auch hier kommt es auf das Fördermilieu an). Hier geht es vor allem darum, daß etwas „sitzt", also präsent bleibt und beim Einstellungsverfahren auch präsent ist: Denn natürlich wird all das gelehrt, aber offenbar nicht nachhaltig „gelernt", überprüft, wiederholt.

Der „Berufsfähige" ist allerdings noch nicht „gebildet". Daher versteht man unter „Allgemeinbildung" mehr: In Abgrenzung zu Bildung als Prozeß, der sich primär auf die personale Seite, auf die Entfaltung des Individuums, auf seine menschlichen Kräfte und Qualitäten, auf den geistig-seelischen Wachstumsprozeß bezieht, kennzeichnet sie „die geistige Verfügung über einen möglichst großen Vorrat an sinnträchtigen Objektivationen (menschlichen

Kulturleistungen, symbolischen Systemen), durch die unser Weltverständnis, d. h. das Verständnis unserer soziokulturellen Tradition und das Verständnis der zentralen Gegenwartsprobleme gefördert wird" (Klaus Westphalen).

Bildung hängt also wesentlich vom Grad erworbener Allgemeinbildung ab: je geringer das allgemeine Wissen, desto beengter der „Bildungs"horizont und damit der Zugang zur „Welt". Daher greift die Diskussion um den „Nutzen" im Sinne einer einfachen Zweck-Mittel-Relation viel zu kurz. Denn dann hätten die alten Sprachen z. B. keinerlei Bildungs„wert". Oder die klassische Literatur oder die Beschäftigung mit ästhetischen Zugängen zur „Welt". „Nutzen" und „Sinn" sind allerdings zweierlei: es ist z. B. empirisch nachgewiesen, daß christliche Orientierung auch Auswirkungen auf Staatsbürgersinn und Rechtsbewußtsein hat, also eine positive soziale Funktion, die auch der Gesellschaft zugute kommt. Nur ist das nicht der Sinn, sondern höchstens eine „nützliche" Nebenwirkung des Religionsunterrichts. Zumal sich Begründungsformen heute erweitern müssen: So wird im Zuge sich globalisierender Kommunikation auf Englisch der Französisch-Unterricht sich durch kommunikativen „Nutzen" nicht mehr legitimieren lassen (bezogen auf Sprachverbreitung wären Spanisch, Russisch oder gar Chinesisch sicher vorzuziehen), daher ließe sich eine Begründung nur über das „kulturelle Potential" leisten; allerdings würde dies am Gymnasium zumindest die Gleichwertigkeit der alten Sprachen bedeuten.

Für die Schule als allgemeinverbindliche Institution heißt das, daß sie diesem allgemeinverbindlichen Anspruch genügen muß, um im Sinne inhaltlich verstandener „Chancengleichheit" gleiche Voraussetzungen zu schaffen. Sie muß einen Bildungsprozeß intendieren, der die Chance gibt, möglichst viel an „Allgemeinbildung" zu erwerben/ zu verarbeiten und damit Urteilsfähigkeit (die wiederum

Sach- und moralische Kompetenz verknüpft) zu verbinden. Allgemeinbildung setzt kulturelles Wissen voraus, wobei dieses Wissen nicht beliebig sein kann, sondern den Zweck hat, Welt strukturiert zu erschließen; es muß also ein Wissen sein, das grundlegend und repräsentativ ist. Dabei muß die Erwachsenengeneration den Mut haben, ihre klaren und anspruchsvollen Vorgaben über in diesem Sinne „wertvolles" Wissen zu formulieren; wir sollten uns endlich von dem merkwürdigen Postulat verabschieden, man müsse diese oder jene Selbstverständlichkeit immer wieder begründen, weil es die „Eigenwelt" der Kinder/Jugendlichen stören könnte. Dabei ist sicher einzuschränken, daß man immer Idealvorstellungen formuliert und daß die Frage, was „hängenbleibt", realistisch mitbedacht werden muß. Aber dazu bedarf es der Wiederentdeckung von Üben und Wiederholen – *repetitio est mater studiorum* –, deren Sinn uns ebenfalls abhanden gekommen ist.

Das setzt weiterhin voraus, aktuelle und beliebte schulpolitische Debatten auf ein vernünftiges Maß zurückzuführen: die „Bauchladenmentalität", die Überschätzung der neuen Medien und die Tendenz, nur mehr auf formale Bildung zu setzen.

Allgemeinbildung setzt kulturelles Wissen voraus, wobei dieses Wissen nicht beliebig sein kann, sondern den Zweck hat, Welt strukturiert zu erschließen; es muß also ein Wissen sein, das grundlegend und repräsentativ ist. Das bedeutet konkret die Entfaltung der Dimensionen von Person, die notwendige Bildungsbereiche unmittelbar vorgeben: der Mensch als geschichtliches und räumliches (Geschichte/Geographie), sprachliches (Deutsch, Fremdsprachen), Welt und Natur im Sinne seines Überlebens gestaltendes (Mathematik, Naturwissenschaften), politisches (politische Bildung im weitesten Sinne), ästhetisches (Kunst, Musik, Literatur), sinnsuchendes, sittliches und religiöses (Religion, Philosophie) Wesen. Wer die Welt heute verstehen will und sich selbst in dieser Welt verstehen will, bedarf der Grundkenntnisse in all diesen Disziplinen.

Und hier streiten wir uns ja gar nicht um solche grundsätzlichen Festlegungen, auch wenn der eine mehr Sport verlangt (wegen der schlechten Physis unserer Kinder), die anderen mehr ästhetische Erziehung fordern, wieder andere mehr politische Bildung oder wieder andere wie die Wirtschaftsverbände mehr ökonomisches Grundwissen. Streit bricht mit Sicherheit aber dann aus, wenn es darum geht, näherhin zu bestimmen, was „in" den Fächern als grundbildend definiert wird.

10. Notwendiger Mentalitätswechsel

Dazu bedarf es entsprechender Rahmenbedingungen, die keineswegs nur finanzieller Art sind, aber vielfach einen Mentalitätswechsel erfordern.

Wir müssen uns davon verabschieden, unser Bildungswesen in abgeschlossene Segmente zu zerlegen. Vielmehr ist es unumgänglich, die Systeme enger aufeinander abzustimmen. Die einzelnen Bildungsstufen – von der frühkindlichen Bildung über Schule bis zur Weiterbildung – müssen in einem zusammenhängenden Kontinuum erscheinen und sich miteinander verzahnen, wobei der „Abnehmer" jeweils die zu erreichenden Standards vorgibt; „lebenslanges Lernen" und Weiterbildung müssen ergänzen, erneuern oder weiterführen. Die Familie muß sich wieder mehr als Erziehungs- und auch Bildungsgemeinschaft verstehen, durch Erzählen, durch Lesen, durch kontrollierten Medienzugang, unterstützt durch systematische Formen vorschulischer Bildung.

Wir müssen uns verabschieden von jenem bildungspolitischen Denkstil, der seit den späten 60er Jahren bis heute spürbar ist: Bildung als Instrument gesellschaftlicher Veränderung (heute: „Lufthoheit über den Kinderbetten"), Bildung bedeutet automatisch Aufstieg, Quantität ist besser als Qualität, Lernprozesse (Curricula) sind programmierbar, auf die Methode kommt es an, Inhalte müssen lebenskundlich sein, „situativ", es gibt keinen eigenen Bildungswert von Fächern/Inhalten, „Bildung" wiederum muß sich „rechnen" und einsetzen lassen, der Schüler ist naturaliter „gut", organisiert sich selbständig, will nur motiviert sein; Unterricht muß daher Event sein, Spaß machen, der Lehrer sei daher Lernmoderator oder -anreger, Erziehung hingegen ist Repression, Regeln behindern Kreativität, „Sekundär"tugenden sind historisch belastet, Leistung(„s-Terror") ist strukturelle Gewalt, Fördern ist besser als Fordern, soziales Lernen ist höchstes Unterrichtsziel, heterogene Klassen sind daher besser als homogene, frühe Differenzierung ist inhuman, Förderung besonders Leistungsstarker gilt als „elitär", der Elternwille ist heilig. Dieser Denkstil hat nur ein unbestreitbares Resultat gezeigt: den steigenden Verlust konkreten, abrufbaren Wissens und Könnens, und zwar von der Grundschule bis zum Abitur. 20 Prozent unserer Jugendlichen gelten als nicht oder kaum ausbildungs-, 33 Prozent unserer Abiturienten als nicht studierfähig. Ohne konkretes Wissen und Können aber ist „Bildung" ein Null-Code.

Wir müssen uns verabschieden vom „Kult des Selbst". Es besteht ein merkwürdiges Paradox: Die Hochschulen werden dringend dazu ermahnt, mehr zu beraten, mehr zu betreuen, mehr zu begleiten, obwohl das Ideal gerade der deutschen Universität immer die akademische Freiheit war, was allerdings eigene Anstrengung, Selbstdisziplin und die Fähigkeit erfordert, auch einmal ein Buch selbständig zu lesen. Für die Schüler scheint das Gegenteil zu gelten; hier setzt man gerade auf das „Selbst": die Selbsttätigkeit, das selbstorganisierte Lernen, das selbstbestimmte Individuum. Es wäre sicher sinnvoller, wenn man den Akzent bei Führen oder Wachsenlassen altersgerecht setzte.

Denn wir haben es heute mit einer Schülergeneration zu tun, die mehr denn je der „Führung" bedarf, weil die Familien nicht mehr „reparieren" wollen oder können, weil sehr viele „Verführer" am Wege lauern und weil diese Defizite durch ein unrealistisches Verständnis von Lernen und Unterricht verstärkt werden.

Der Unterrichtsforscher Franz E. Weinert hat immer wieder darauf hingewiesen, daß die pädagogisch-psychologische Diskussion gegenwärtig in vielen Ländern (z. B Großbritannien, Deutschland, USA) dazu neige, ein völlig neues Unterrichtsparadigma zu propagieren, dabei aber den Schüler zu idealisieren (kompetente, stets motivierte, selbständig Lernende), das Lernen zu romantisieren (Lehrlingsmodelle, Teamarbeit, freie geistige Tätigkeit [das scheint Teile der Wirtschaft dafür einzunehmen]) und die Unterrichtsmethode zu dogmatisieren (offener Unterricht, Projektmethode, Gruppenunterricht: der Schüler als sein eigener „Didaktiker und Methodiker", was ihn naturgemäß überfordert). Dieses Paradigma führe, so Weinert weiter, auch „bei vielen Lehrern zu einer großen pädagogisch-psychologischen und didaktischen Verunsicherung sowie einer persönlichen Beliebigkeit in der Unterrichtsgestaltung". Klaus Westphalen hat die hier letztlich zugrundliegende „visionäre Formel" wie folgt bestimmt: „Durch Selbsttätigkeit erlangt das lernende Subjekt Selbstbestimmung." Man wird nicht zuletzt auf Grund der Ergebnisse der neuesten Lernforschung schon davor warnen müssen, daß diese „Apotheose des Selbst" (E. E. Geissler) zum gewünschten Erfolg führt. Zumal die Idealisierung des Schülers unrealistisch ist, eher zu Frustration und Enttäuschung führt und wir daher hier wieder die Mitte finden müssen: „... es ist die Gesellschaft, die der Schule ein idealtypisches Kind oktroyiert: einen verspielten, konzentrationsunfähigen, ewig pubertierenden kleinen Tyrannen, dem man keine Grenzen setzen und nichts zumuten kann und der möglichst lange vor Selbstverantwortung und Pflichterfüllung zu schonen ist. Dieses Bild ist Produkt der libertären Aufhebung von Autoritäten und Macht, aber auch der spekulativen Wissenschaft, die diese gesellschaftlichen Bedürfnisse bereitwillig bedient. Die Umwertung dieses dank eines antibürgerlichen Affekts entstandenen Kindesbildes durch die Gesellschaft wäre ein erster fundamentaler Schritt in Richtung Bildungsreform" (Sonja Margolina).

Unrealistisch ist daher auch die beliebte Bezeichnung des Lehrers als „Lernmoderator". Denn dabei wird ein „Team" von Individuen unterstellt, die von sich aus und voller Freude lernen, so daß der Lehrer nur noch die Gesprächsführung übernehmen muß, um zum Lernerfolg zu führen. Nicht minder irreführend ist der Begriff des „Coaching", der ebenfalls auch in der Fachliteratur verwandt wird, dem allerdings nicht die englischen Nuancen „Privatlehrer" und „Einpauker" zugrunde liegt, sondern der Trainer im Sport, der eine ebenfalls (nicht zuletzt finanziell!) hochmotivierte Mannschaft durch entsprechende Anweisungen zum Sieg führt. Es mag ja sein, daß Kinder a priori lernen wollen, aber ebenso häufig wollen sie auch nicht lernen, und da wird der Trainer zu wenig sein. Zumal dann, wenn es auch noch um Tugenden, Grundwerte und Vorbild geht. Wir sollten dagegen endlich zur Kenntnis nehmen, was Jürgen Baumert (PISA-Koordinator 2000) und Manfred Prenzel (PISA-Koordinator 2003) immer wieder betonen: Im Zentrum muß die Qualität des Unterrichts stehen: lehrergeleitet, schüleraktivierend, übungsintensiv.

Damit gewinnen die Rolle des Lehrers und die Lehrerbildung eine ganz entscheidende Bedeutung. Alle Untersuchungen weisen darauf hin, daß nur durch Vorbild, und das heißt durch den engagierten Lehrer, „Werteerziehung" gelingen kann. Der Lehrer als akademische Autorität und als Person öffentlichen Respekts, beides ist in den vergangenen fünfunddreißig Jahren fast systematisch abgebaut worden, und zwar einerseits dadurch, daß ihr Ethos und ihre Kompetenz fast systematisch in Frage gestellt wurden, und andererseits dadurch, daß sich die objektiven Rahmenbedingungen heutigen Lehrerseins deutlich verschlechtert haben, allerdings die Kritik statt zu mildern nur noch verstärken. Daß junge Menschen keine Lehrer mehr werden wollen, hat nicht nur etwas mit Selbsterfahrung, undurchschaubarer Einstellungspolitik und trickreicher Mangelverwaltung zu tun, es hat auch mit deren Bild zu tun, und es ist ja alles getan worden, um ein negatives („faule Säcke") oder falsches („Unser Lehrer Dr. Specht") zu erzeugen.

Wir müssen uns davon verabschieden, die Schule immer weiter zu überfrachten mit Anforderungen, die aus Politik und Gesellschaft an sie herangetragen werden, die sie aber schlichtweg nicht bewältigen kann. Die permanente, zugleich pressewirksame, Druck und Stimmung erzeugende Überfrachtung der Schule erzwingt geradezu die politische, pädagogische und vor allem systematische Diskussion darüber, was eigentlich zu ihren Kernaufgaben gehört. Denn daß „Qualität" unter diesen Umständen niemals zu realisieren ist, liegt auf der Hand. Die Schule sollte sich vielmehr darauf besinnen, was „altersunabhängigen" (Hermann Lübbe) Bestand hat, was man aus anderen Quellen üblicherweise nicht lernen kann und was nach dem Prinzip *„multum non multa"* jene Grundausstattung ist, mit deren Hilfe jede noch so expansive Wissensentwicklung in der späteren Berufsbildung, im späteren Studium oder in der späteren Berufstätigkeit bewältigt werden kann. Nur so wird sie dem pädagogischen Paradox entkommen, auf eine Zukunft vorbereiten zu müssen, die niemand kennt.

Die Spaßgesellschaft kommt an ihr Ende, das „laissez faire" hat sich nicht bewährt, das „anything goes" hat nur zu zunehmender Dekultivierung geführt. Die Zeiten werden anspruchsvoller, die Dynamik des Wandels nimmt zu.

Wir können diese Dynamik und die Richtung des Wandels nur in Grenzen mitgestalten: die Entwicklung der vielfältigen Formen von Familie in den letzten Jahrzehnten ist das beste Beispiel dafür. Ganz entscheidend wird daher die Frage, ob und wie es uns gelingen kann, die Familien gleich welcher Form wieder mehr als Erziehungs- und Bildungseinrichtungen zu stärken, diese Aufgabe als ihren nur dort wirklich zu leistenden und wertvollen Beitrag für die Zukunft unserer Kindern anzunehmen. Die um sich greifende Erziehungsunsicherheit der vergangenen Jahrzehnte hat ja auch etwas damit zu tun, daß früher selbstverständliche gesellschaftliche Maßstäbe, nicht nur Erziehungsmaßstäbe, demontiert wurden, ohne daß Besseres an ihre Stelle trat. Die allenthalben konstatierten Desorientierungen und „Suchbewegungen" nach „neuen" Werten werden rasch dazu führen, „alte" zu rehabilitieren. Es bedarf in diesem Kontext gesamtgesellschaftlicher Kurskorrekturen, um die Bedeutung von Bildung und Erziehung für den einzelnen und für unsere gemeinsame Zukunft als Kulturnation wieder in den Mittelpunkt gesellschaftlicher und politischer Aufmerksamkeit und Anstrengungen zu rücken. Denn: „Der Lernerfolg hängt nicht nur von der Qualität des Unterrichts ab, sondern auch vom Ansehen, das Anstrengung und Leistung, ja das Lernen selbst in einer Gesellschaft genießen. Zu dieser Bewußtseinsänderung wird Deutschland Jahre brauchen" (Heike Schmoll). Worauf wir sicher Einfluß nehmen können, ist das öffentliche Bildungswesen. Dort können wir ansetzen, um die Persönlichkeit junger Menschen durch ganzheitliche Bildungsprozesse zu entfalten und zu prägen, sie auf diese Welt und auf ein sinnerfülltes Leben vorzubereiten, sie „wetterfest" zu machen, wie Roman Herzog es einmal genannt hat. Sich mit Minimalanforderungen – inhaltlichen wie finanziellen – zu begnügen, war und ist dafür sicher der falsche Weg.

Die im November 2005 publizierte und im Vorfeld nur wieder unter dem Aspekt „sozialer Benachteiligungen" erörterte PISA-Studie 2003 E hat nur das schon erreichte Erkenntnisniveau erneut bestätigt. Wir wissen, daß auf möglichst viel Gleichheit abgestimmte Systeme weder nach „unten" noch nach „oben" so leistungsfähig sind wie differenzierte, in Deutschland jedenfalls. Wir wissen, daß wir gutausgebildete und motivierte Lehrer brauchen, und wir wissen, daß das beste Heilmittel „guter Unterricht" ist, nicht Geld, nicht Klassengrößen oder sonst etwas. Wir wissen schließlich, daß hierzulande mit einer hohen Risikogruppe von mindestens 21 Prozent v. a. „mit Migrationshintergrund" eine Zeitbombe tickt (Frankreich läßt grüßen!) und daß wir sie prozentual und auch höchstens mittelfristig nur dann verringern können, wenn wir die Familien, nicht nur jene mit „Migrationshintergrund" – auch „Wohlstandsverwahrlosung" tut das ihre –, davon überzeugen können, daß sie ihren Kindern die Zukunft rauben, wenn sie sie nicht zum Streben nach Bildung motivieren. Daß 25 Prozent (2003) unserer Vierjährigen eine Sprachtherapie benötigen, hat doch nichts mit „reich" oder „arm" zu tun, wohl aber mit sprachlicher Zuwendung und Leseförderung in der Familie. Man hat den Eindruck, daß das System noch in den 60er Jahren durch die Kombination hoher Anforderungen im obersten Bereich, aber funktionierender Einheiten neben dem Gymnasium erheblich „sozialer", weil leistungsgerechter operierte. Und viele wissen aus eigener Erfahrung, daß persönlicher Bildungswille damals weitaus eher über „Aufstieg" entschied als die Position der Eltern.

Literaturhinweise

Adam, K.: Die deutsche Bildungsmisere. PISA und die Folgen (2002). – *Ders.:* Vergeßt den pädagogischen Fortschritt, in: DIE WELT vom 18. Oktober 2005. – *Enzensberger, H. M:* Über die Ignoranz, in: *Ders.:* Mittelmaß und Wahn. Gesammelte Zerstreuungen (1988), bes. S. 13ff. – *Fuld, W.:* Die Bildungslüge (2004). – *Fuhrmann, M.:* Der europäische Bildungskanon des bürgerlichen Zeitalters (1999). – *Ders.:* Bildung: Europas kulturelle Identität (2002). – *Herzog, R.:* Wie der Ruck gelingt (2005), bes. S. 80ff. – *Kaube, J.:* Schaden Computer dem Lernen?, in: FAS vom 20. November 2003. – *Mönch, R.:* Sind Emigrantenkinder benachteiligt?, in: FAS vom 27. November 2005 (mit Hinweis auf eine demnächst erscheinende Studie von H. Entorf). – *Schmoll, H.:* Verweigerte Erziehung, in: FAZ vom 21. Mai 2001. – *Dies.:* Ohne Schulstrukturdebatte, in: FAZ vom 14. April 2003. – *Dies.:* Bildungsstandards als Chance, in: FAZ vom 20. Dezember 2003. – *Dies.:* Gleichheitswahn mit Folgen, in: FAZ vom 21. Mai 2005. – *Spaemann, R.:* Was ist ein gebildeter Mensch? (1994), in: *Ders.:* Grenzen. Zur ethischen Dimension des Handelns (2001), S. 513ff. – S. auch die Literaturhinweise S. 45f.

Die fortwährende Aktualität der humanistischen Bildung*

Bernhard Vogel

1. Meine Gründe zugunsten der alten Sprachen

Der erste Grund, warum ich mich für die alten Sprachen einsetze, liegt auf der Hand: Ich war Schüler eines humanistischen Gymnasiums; auch wenn mein Abitur 52 Jahre zurückliegt, bin meinen Eltern noch heute dankbar, daß sie mich auf eine solche Schule geschickt haben, und ich bin dankbar dafür, daß mich gute, teilweise sogar hervorragende Lehrer Latein und Griechisch gelehrt haben. Neun Jahre lang sechs Stunden in der Woche Latein, sechs Jahre lang fünf Stunden in der Woche Griechisch.

Um es gleich vorweg zu sagen: Ich war kein guter Schüler! Ich war einer von der Art, die es hoffentlich auch heute noch gibt, in einigen Fächern war ich sehr gut, in anderen war ich miserabel. Und das war der erste große Unterschied zwischen meinem Bruder und mir. Der hat zwar auch ein humanistisches Gymnasium besucht, aber er war ein Einser-Schüler, und das ist bekanntlich für den Zweiten nie so ganz einfach.

Ich habe mich gerade wegen Latein und Griechisch sehr anstrengen müssen und manchmal nur mit Mühe am Schuljahresende das Schlimmste verhindert. Meine Noten in beiden Fächern waren schlecht. Im mündlichen Abitur

---

* Dem Beitrag liegt eine Rede, gehalten vor dem „Arbeitskreis Humanistisches Gymnasium", 14. Mai 2003, München, zugrunde.

mußte ich eine Textstelle aus der „Politik" des Aristoteles übersetzen; davon hing es ab, ob ich das Reifezeugnis erhielt.

Die Möglichkeit, die beiden Fächer abzuwählen, gab es damals nicht – ich hätte sie sonst wohl abgewählt. Aber die Oberstufenreform kam erst zu der Zeit, als ich Kultusminister in Rheinland-Pfalz war, 1967 bis 1976.

Damals haben Hans Maier, Wilhelm Hahn und ich, der eine bayerischer, der andere baden-württembergischer, der dritte rheinland-pfälzer Kultusminister, uns gemeinsam gegen manchen Unsinn in der von Georg Picht 1963 ausgelösten bildungspolitischen Diskussion erfolgreich zur Wehr gesetzt. Gegen die hessischen Rahmenrichtlinien zum Beispiel. Anderes haben wir mitgemacht. Und was Reformen betrifft, auf manche Reformen bin ich schon stolz! Ich bereue nicht, daß ich in Rheinland-Pfalz die Hauptschule eingeführt habe und zum Beispiel dafür verantwortlich war, daß die Konfessionsschule und die konfessionelle Lehrerbildung abgeschafft wurden. Aber daß ich der Oberstufenreform zugestimmt habe – das war falsch.

Denn: Mit Schwierigkeiten fertig zu werden, Lehrer zu haben, die einem helfen, Schwierigkeiten zu überwinden, das war für mein späteres berufliches Leben hilfreich, ja entscheidend.

Ich habe damals – Gott sei Dank – nicht gewußt, was aus mir einmal werden würde, aber daß ich gelernt habe, daß man Schwierigkeiten nicht abwählen kann und auch nicht umgehen kann, sondern daß man mit ihnen fertig werden muß, hat mir beispielsweise bei den ungewöhnlichen Schwierigkeiten, die beim Wiedererstehen des Freistaates Thüringen in den letzten zwölf Jahren zu überwinden waren, mehr geholfen, als wenn man mir gesagt hätte: „Du kannst Schwierigkeiten abwählen."

Es gibt aber noch einen zweiten Grund für mein Engagement zugunsten der alten Sprachen: Und auch das hat etwas mit dem Freistaat Thüringen zu tun: Es war der Thüringer Altsprachler Friedrich Thiersch, der Anfang des 19. Jahrhunderts in München zunächst ein privates Seminar gründete und 1812, nachdem es verstaatlicht war, die philologische Ausbildung der bayerischen Lehrer bestimmte und einen wesentlichen Beitrag zur Stärkung des altsprachlichen Gymnasiums geleistet hat.

Er hat einen neuen Lehrplan entwickelt, der die Bedeutung der alten Sprachen betonte und bestimmend für die neuhumanistische Orientierung des bayerischen Schul- und Unterrichtswesens wurde. Den bayerischen Humboldt hat man ihn genannt, obwohl er aus Thüringen kam. Er hat die Idee des humanistischen Gymnasiums damals entscheidend geprägt. Seine Arbeit war so erfolgreich, daß die Schülerzahl der Lateinschule die Obergrenze erreichte und ein neues, ein drittes humanistisches Gymnasium in München gegründet werden mußte – das Max-Gymnasium, an dem einer meiner Großväter 1877, mein Vater 1914 und ich 1953 das Abitur bestanden haben.

Die Glyptothek auf dem Münchener Königsplatz steht für die Begeisterung für antike Ideale, die damals in München geherrscht hat und die den Thüringer Friedrich Thiersch in ihren Bann gezogen hat. Kronprinz Ludwig, der spätere König Ludwig I., hat mit diesem Platz dem antiken Griechenland ein Denkmal gesetzt und bedeutende Sammlungen zusammengetragen. Und Leo von Klenze hat diesen Platz gestaltet und damit den Ruf Münchens als „Isar-Athen" begründet.

Aber was ist aus dieser idealisierenden Begeisterung für die Antike geworden? Verleiht klassische Bildung tatsächlich auch heute noch „Flügel für die Zukunft?" Macht es noch Sinn, ist es noch modern, alte Sprachen zu erlernen?

2. Was bedeutet humanistische Bildung heute?

„Mit dem Latein am Ende?", so hat die Süddeutsche Zeitung vor Jahren in einer Schlagzeile mit provozierender Absicht gefragt. Der Trend, den Friedrich Thiersch in München begründet hat, hat sich in der Tat in sein Gegenteil verkehrt. Zu seinen Lebzeiten vor 150 Jahren wurden jährlich 128 Wochenstunden pro Schuljahr auf den Unterricht alter Sprachen verwendet, 40 Jahre später, um die Jahrhundertwende zum 20. Jahrhundert, waren es nur noch 98. Ein Rückgang, der damals sehr geschmerzt hat, aber immer noch eine Zahl, von der die Anhänger altsprachlicher Bildung heute nur träumen können.

Einer Studie des Instituts der deutschen Wirtschaft aus dem Jahre 2001 ist zu entnehmen, daß die Zahl der Gymnasiasten, die in der Schule Latein lernen, im Laufe der vergangenen Jahrzehnte deutlich gesunken ist: 1962 noch rund 57 Prozent der Gymnasiasten, im Schuljahr 1999/2000 nur noch 26 Prozent. Selbst im Freistaat Bayern, einer Oase der alten Sprachen in Deutschland, oder in Baden-Württemberg sind die humanistischen Fächer auf den Lehrplänen deutlich zusammengeschrumpft. Die Zahlen aus dem Schuljahr 2004/5 sind freilich wieder ermutigend: Die Zahl der Lateinschüler hat um 8,9 Prozent zugenommen, die der Griechischschüler um 7,2 Prozent; im Schuljahr 2002/3 hatten 654.000 Kinder und Jugendliche an allgemeinbildenden Schulen Lateinunterricht (ein Jahr zuvor nur 627.000), derzeit lernen 739.000 Schüler Latein, 14.650 Schüler Griechisch. Latein bleibt damit die drittstärkste Fremdsprache im deutschen Schulwesen. Auch aus den jungen Ländern, wo wir praktisch ganz von vorne beginnen mußten, denn es gab ja keine Lehrer mehr, die das Fach hätten lehren können, gibt es ermutigende Zeichen: In Thüringen inzwischen wieder 5,6 Prozent – immerhin soviel wie in Baden-Württemberg oder in Bremen –, in Sachsen 4,6 Prozent.

Und ich werte es keineswegs negativ, wenn 60 Prozent der 345 befragten Führungskräfte, die in ihrer Schulzeit Latein gelernt haben, auch den heutigen Schülern empfehlen, Latein zu lernen. Und immerhin noch 10 Prozent auch Griechisch.

Sicherlich ist diese Gesamtentwicklung im Vergleich bedauerlich. Aber ich halte hier kein Plädoyer dafür, sie zurückzudrehen. Das wäre nicht nur vermessen und aussichtslos, sondern auch ein törichtes Unterfangen. Denn natürlich nehmen die naturwissenschaftlich-technischen Fächer in unseren Curricula heute zu Recht einen zentralen Platz ein. Natürlich ist es wichtig, in einer globalisierten Welt, Englisch, die neue *„lingua franca"*, zu lernen. Was Ludwig Wittgenstein 1921 gesagt hat, gilt auch heute noch: „Die Grenzen meiner Sprache bedeuten die Grenzen meiner Welt."

Ich leugne nicht: Es war falsch, daß wir zu meiner Schulzeit nur drei Jahre ab der Obersekunda, wie man das damals nannte, und nur wenige Stunden Englisch gelernt haben. Bei jedem Auslandsbesuch bereue ich es bis auf den heutigen Tag, daß ich diese Sprache nur mangelhaft spreche und wenn ich im Ausland einen Vortrag zu halten habe, meinen Zuhörern ein mühsames, oft in der Nacht zuvor erst eingeübtes Englisch zumuten muß.

Heute ist es Mode geworden, früh mit der ersten Fremdsprache zu beginnen. Auch im Thüringer Schulgesetz steht, daß sie schon ab der ersten Grundschulklasse angeboten werden kann und ab der dritten Grundschulklasse angeboten werden muß. Und diese erste Fremdsprache ist in aller Regel Englisch. Ich bin davon nur bedingt begeistert, denn bevor das Kind seine Sprache, das Deutsche, beherrscht, soll es eine zweite erlernen. Auch auf dem Gymnasium ist in der Regel Englisch erste Fremdsprache. Englisch wird in den Unternehmen und in den Banketagen gesprochen, und die meisten Universitäten sind stolz darauf, wenigstens in den Natur- und Wirtschaftswissenschaften englische Vorlesungen anbieten zu können. Zu meiner Verblüffung hat aber Klaus Reichert, der Präsident der Deutschen Akademie für Sprache und Dichtung und – man beachte – Ordinarius für Anglistik und Amerikanistik an der Universität Frankfurt dieses frühe Beginnen mit Englisch wörtlich als „groben Unfug" bezeichnet und er begründet das:

„Gegenüber der allgegenwärtigen Umklammerung durch das, was hierzulande für Englisch gehalten wird, sollte die 10-Jährigen, also in einem Alter, in dem die Gehirnbahnungen noch nicht abgeschlossen sind, eine komplexe Sprache gelehrt werden, vorzugsweise das Lateinische, vielleicht Französisch oder Italienisch, jedenfalls eine Sprache mit einem reichen Formenschatz und einem differenzierten Tempusgefüge. Mit 14 ist es physiologisch dazu fast zu spät."

3. Rückbesinnung auf die „Schlüsselqualifikation Sprache"

Eine generelle Rückbesinnung auf die „Schlüsselqualifikation" schlechthin scheint mir notwendig: auf die Sprache. Das müßte bei der eigenen Muttersprache beginnen. Wer eine andere Sprache lernt, muß seine eigene Sprache beherrschen. Unsere Sprache ist Deutsch und nicht Englisch. Und vor allem ist sie keine Mischung aus beiden Sprachen. Deutsch sollte man können und Englisch sollte man lernen.

Welche Folgen es hat, wenn nicht nur die humanistischen Gymnasien verschwinden, sondern auch einfache Kenntnisse des Lateinischen und Griechischen, ist mir erst in Thüringen voll bewußt geworden. Ich habe mir angewöhnt, mich dafür zu entschuldigen, wenn ich eine lateinische Sentenz verwende:

„Quidquid agis, prudenter agas et respice finem!"
„Suaviter in modo, fortiter in re."
„Errare humanum est."

Ich hätte die Sätze besser auf Russisch gesprochen – wenn ich es gelernt hätte –, dann wäre ich verstanden worden.

Das *„oderint dum metuant"* – sollen sie uns hassen, Hauptsache sie fürchten uns – sei kein Rezept, warnt der Kolumnist der New York Times den amerikanischen Präsidenten in einer Schlagzeile vor einem unilateralistischen Weg und fordert ihn auf, mit der UNO zusammenzuarbeiten. *„O tempora o mores."* Vor „Kassandra-Rufen" pflege ich zu warnen, von „Nemesis" und „Hybris" ist in jedem besseren Feuilleton die Rede. „Harry Potter" zaubert mit lateinisch inspirierten Sprüchen.

Asterix und Obelix sind seit Jahrzehnten die Protagonisten einer außerordentlich populären und intelligent gemachten und in viele Sprachen übersetzten „Comic"-Heft-Reihe, die von zwei Galliern handelt, die zu den Zeiten Caesars gegen die römische Übermacht kämpften, nur so gespickt mit lateinischen Zitaten.

Schule, das muß gerade in einer Zeit „neuer Unübersichtlichkeit", wie Jürgen Habermas bekanntlich unsere Gegenwart nennt, mehr sein, als nur Vermittlung von Wissen und Erkenntnissen. Was zuerst geleistet werden muß, kann man beim griechischen Philosophen Thales nachlesen. Auf die Frage, was für den Menschen das schwerste sei, antwortete er: *gnôthi sautón* – „erkenne dich selbst". Selbstbewußtsein, die Erkenntnis des Wertes der eigenen Person und der des Nächsten ist, glaube ich, eine entscheidende Voraussetzung dafür, nicht aus der Bahn zu geraten und fähig zu werden, sein eigenes Leben zu leben.

Humanistische Bildung – so erklärt es das Lexikon noch heute – strebt eine „umfassende Persönlichkeitsausbildung" und eine „Herausbildung der Individualität" an.

Das ist nicht altmodisch! Jungen Menschen zur eigenen Identität zu verhelfen, meine ich, sei sehr modern. Das Fundament einer Bildung, die am Menschen, die an der „Humanität" orientiert ist.

Aus dieser Unverwechselbarkeit ergeben sich persönliche Werte und persönliche Würde. Der Mensch als Mittelpunkt allen wirtschaftlichen, wissenschaftlichen, politischen Geschehens und allen Handelns. Gerade nach dem Verbrechen am Erfurter Gutenberg-Gymnasium am 26. April 2002 – ein ehemaliger Schüler erschießt sechzehn Menschen und richtet sich anschließend selbst – ist deutlich geworden, wie sehr wir ein neues Bewußtsein für den Wert und die Würde des menschlichen Lebens schaffen müssen.

Die Politik hat damals versucht, ein Dutzend Bundes- und Landesgesetze zu ändern. Die Schule hat sich vorbildlich verhalten, vor allem die Lehrerinnen und die Lehrer, die Schulleiterin, die Schüler. Sie haben die großartige Leistung vollbracht, die Schule – ein Drittel des Kollegiums war tot – zusammenzuhalten. Und ohne Frage ist der Umgang der Menschen untereinander in Erfurt anders geworden. Trauer und Mitleid, Hilfsbereitschaft und Mitmenschlichkeit sind in einem Ausmaß gelebt worden, wie wir es vorher nicht für möglich gehalten hätten. Aber trotz allem führt nichts an der Erkenntnis vorbei, auch der Mörder war ein Mensch. Aber eben ein Mensch, der zum Mörder wurde.

Es ist nicht unbezeichnend, daß wir zwar über die Konsequenzen und über die Folgen und über die Gründe und über das Versagen und über die gesellschaftlichen Umfelder gesprochen haben, aber nur sehr wenig darüber, daß nicht nur Kain seinen Bruder ermordet hat, sondern daß auch heute Menschen Menschen ermorden.

Ich glaube es ist richtig, was Johannes Rau zum Ergebnis der ersten PISA-Studie und unter dem Eindruck des Erfur-

ter Verbrechens angemerkt hat: „Wir orientieren uns zu
sehr an Wirtschaftsdaten und zu wenig an einem Werteka-
non." Ich glaube in der Tat: Wir dürfen die Schulzeit nicht
nur als Vorbereitung auf einen Beruf verstehen. So wichtig
das natürlich auch ist.

4. Schule muß bilden und erziehen

Wir müssen wieder wahrnehmen, daß Schule Wissen vermitteln muß, sie muß bilden und erziehen. Von der Heranbildung einer Führungselite darf wieder gesprochen werden, nachdem jahrzehntelang der Mißbrauch des Wortes
„Elite" durch nationalsozialistische Ideologen die Fähigkeit, bei uns über die Notwendigkeit einer Elite zu sprechen und nachzudenken, behindert hat.

Ohne Heranbildung einer Elite kann eine Gesellschaft
nicht bestehen. Ohne Leistung, ohne Leistungsbereitschaft
wäre jede Schule wirklichkeitsfremd. Wer unter der Schule
nur einen großen Freizeitpark für Heranwachsende versteht, tut ihnen keinen Gefallen. Vor Wettbewerb und Kon-
kurrenz dürfen wir unsere Kinder nicht schützen. Aber wir
müssen sie lehren, damit umzugehen.

Durch Wissen lernen wir Verstehen, lernen wir Zusammenhänge. „Man sieht nur, was man weiß", hat Goethe
einmal gesagt, „und wer nichts weiß, sieht auch nichts,
weiß nicht einmal, daß er nichts weiß und nichts sieht."
Mündig werden heißt auch, Wissen zu erwerben, das es einem erlaubt, Zusammenhänge zu begreifen.

Nun wird man immer wieder darauf hingewiesen, daß
das Wissen täglich zunehme, daß wir in zehn Jahren doppelt so viel wüßten wie heute. Ich will es nicht abstreiten.
Ich frage nur: Was ist das für ein Wissen? Und was wird daraus, was wir einmal wußten oder aus dem, was wir hätten
wissen können? Ist das überflüssiger Ballast? Wissen ist

nicht gleich Wissen. Was veraltet genauso schnell, wie es kommt? Was bleibt? Die Kenntnis der Antike ist nicht vergleichbar mit Laborergebnissen. Natürlich ist Wissen heute speicherbar, man braucht es nicht mehr mühsam zu lernen und zu behalten. Es ist jederzeit abrufbar, und man kann es herunterladen. Nur: Wie kann ich etwas herunterladen, wenn ich nicht weiß, was ich wissen will?

Das hat zwei konkrete Folgen. Erstens: Wir müssen Begabungen gezielt fördern. Ich bin überzeugt, daß gezielte Förderung am besten in einem gegliederten Schulsystem gelingt, wo Leistungsstarke gefordert und Schwache gefördert werden.

Zweitens: Schule muß mehr sein als eine Anstalt zur Wissensvermittlung. Mut zur Erziehung ist gefragt. Es ist noch nicht lange her, daß Erziehung als Aufgabe der Schule ernsthaft in Zweifel gezogen worden ist.

Man hat Lehrerinnen und Lehrern das Recht abgesprochen, Erzieher zu sein. Erziehung erfordert Zuwendung, sie gedeiht nur mit Regeln und mit Grenzen, Erziehung gedeiht nur mit Liebe, aber sie gedeiht nicht mit Beliebigkeit.

Die römische und die griechische Klassik hat den Beruf des Lehrers nicht ohne Grund als einen besonders hervorgehobenen und besonders herausragenden Beruf geachtet. Lehrerinnen und Lehrer brauchen die Anerkennung, und sie brauchen die Unterstützung der Öffentlichkeit. Sie müssen ermutigt werden, Erzieher sein zu wollen. Ihnen ist das Wertvollste anvertraut, was wir haben: Die Generation unserer Kinder und Enkel. Daß hochrangige Politiker Beleidigendes über Lehrer gesagt haben, ist ärgerlich. Aber noch ärgerlicher ist, daß sie dafür Beifall erwartet und Beifall bekommen haben. Man darf nicht nur den kritisieren, der die Lehrer „faule Säcke" nennt, sondern man muß sich vor allem mit denen auseinander setzten, die Beifall klatschen.

Das Bild von einem angeblich Selbstlernenden, dem man nur einen „Lernmoderator" zur Seite stellen müsse, entspricht vielleicht den Vorstellungen einer „Spaßgesellschaft", aber es trifft nicht die Realität: Auch wenn man dem Lehrer sagen muß, daß die Schule nicht des Lehrers wegen, sondern des Schülers wegen existiert, der Lehrer bleibt die entscheidende Person im Unterricht und der gelenkte Erwerb von Wissen, Können und Urteilsfähigkeit ist seine zentrale Aufgabe.

Die Verantwortung eines Lehrers ist groß. Schule, Kindergarten und Kinderhorte ergänzen die Erziehung in der Familie, ersetzen können sie die Familie nicht. Der beste Lehrer und die beste Lehrerin kann Kinder nicht erziehen, wenn sie in der Familie nicht erzogen werden.

5. Warum sich die alten Sprachen lohnen

Nur zwei treffende Zitate aus dem Informationsblatt des „Arbeitskreises Humanistisches Gymnasium", zu dem Eltern und Lehrer zusammengefunden haben: „Es sind vor allem die Maßstäbe jenseits nützlichen Wissens, die zu Persönlichkeiten erziehen, die jungen Menschen Halt geben." „In einer Welt mit rasanten Veränderungen in Wissenschaft und Wirtschaft darf das kulturelle Erbe nicht verlorengehen, auf dem unsere Gesellschaft sich entwickelt hat."

Vielleicht mag es ja heute in der Tat nicht mehr auf den ersten Blick lohnend erscheinen, alte Sprachen zu erlernen. Wer aber diese Sprache erlernt, der bekommt eben nicht nur einen ganz anderen Zugang zur antiken Philosophie. Alte Sprachen zu erlernen, fördert und stärkt das Vermögen, logisch, beherrscht und konsequent zu denken. Eine Fähigkeit, die für ein ganzes Leben erhalten bleibt. Auch wenn die Fähigkeit, Gerundium und Gerundivum zu unterscheiden, vielleicht im Laufe der Jahrzehnte schwinden mag.

Und die angeblichen Nachteile des Lateinischen zähle ich zu seinen Vorzügen: Es ist schwer erlernbar, ja, und fordert und fördert die Konzentration, deren Mangel bei den Schülern allenthalben beklagt wird, und das Lernen von Latein hat keinen unmittelbar erkennbaren Nutzen.

„Man versteht seine eigene Sprache besser, wenn man eine Sprache wie die lateinische gelernt hat", betont Altbundespräsident Roman Herzog zu Recht. Roman Herzog, der noch als Kultusminister von Baden-Württemberg eine lateinische Abiturarbeit in einer Abiturklasse mitgeschrieben und bestanden hat. Dieses Wissen ist offensichtlich nicht verlorengegangen.

Auch was den Sprachunterricht angeht, gilt es, den ideologischen Ballast der letzten Jahrzehnte über Bord zu werfen. Wer die hessischen Rahmenrichtlinien über das Schulfach Deutsch von 1972 liest, der kann sich davon überzeugen, wie „schwer" dieser Ballast wiegt: Dort ging es für die Schüler beispielsweise darum, den „elaborierten Code" der Hochsprache als „Herrschaftsinstrument" zu begreifen. Selbst die Rechtschreibung wurde als „Ausübung von Herrschaft durch zielgerichtete Verwendung von Normen" diffamiert. Und die Hochsprache wurde als „Mittel zur Stabilisierung der Gesellschaft" angefeindet. Angeblich würden mit der „unreflektierten Eingebung in die Normen der Hochsprache die meisten Schüler von ihren Herkunftsgruppen entfremdet".

Einige werden schmunzeln, für mich war das bittere Realität, mit meinem Kollegen von Friedeburg, sinnvollerweise im Gesellschaftshaus des Frankfurter Zoologischen Gartens, neun Stunden über die Texte der hessischen Rahmenrichtlinien zu diskutieren. Wenn die ARD oder der Hessische Rundfunk ein gutes Archiv hat, kann man sich das anschauen nach über 30 Jahren. Man kann darüber schmunzeln, man kann aber auch feststellen, daß das Unsinn war.

Hätte Goethe – bekanntlich in Frankfurt, also in Hessen geboren – die deutsche Sprache so genutzt, wie es die hessische Schulpolitik der 70er Jahre getan hat und nach ihren

Richtlinien tun wollte, wir hätten in Weimar den 250. Geburtstag nicht gefeiert, denn er wäre nie Goethe geworden.

6. Die kulturelle Identität Europas fördern

Wir dürfen klassische Bildung nicht nur auf den Unterricht alter Sprachen beschränken. Das möchte ich allerdings ausdrücklich betonen. So wichtig das Erlernen von Griechisch und Latein zum Verständnis der eigenen Sprache und der antiken Geschichte ist: Nicht nur die Altphilologen sind verantwortlich für die Weitergabe dieses Wissens. Wer beispielsweise den Satz des Pythagoras vermitteln will, der weckt Neugier, wenn er auch den Beitrag antiker Mathematiker zur Entwicklung dieser Wissenschaft vermittelt.

Die eigentlich böse Tat der DDR-„Bildungsministerin" Margot Honecker war für mich nicht die Verbannung des Religionsunterrichtes aus den staatlichen Schulen. Es gibt demokratische Staaten in Europa, die den staatlichen Religionsunterricht nicht kennen – ich erinnere an Frankreich. Ihre eigentlich böse Tat war der Versuch der totalen Verbannung aller Inhalte der abendländischen, christlich-jüdischen Traditionen aus allen Schulfächern. Die Bibel, das Grundbuch des Abendlandes, kam in keinem Unterrichtsfach mehr vor. Eine Politik, die den Menschen seiner Wurzeln beraubte, die darauf abgezielt hat, ihm den über Jahrhunderte gewachsenen Boden europäischer und antiker Traditionen unter den Füßen wegzuziehen und an seine Stelle die sozialistische Ideologie zu setzen, ist gescheitert, mußte scheitern.

Die Studentenzahlen für Philosophie steigen an den deutschen Hochschulen. Sie sollen sich teilweise vervielfacht haben, hört man. Aber wie können die Studenten, die Philosophen lesen, wenn sie es auf Grund mangelnder Sprachbildung vermutlich in deutscher Übersetzung oder allenfalls in Englisch tun? Denn wir wissen doch, daß Philosophie im Geist und Kontext der Sprache steht, in der sie geschrieben ist.

Philosophie studieren heißt, Texte im Original lesen. Das aber setzt voraus, daß es möglich sein muß, Griechisch und Latein lernen zu können, an Schulen und an Universitäten. An der Universität Frankfurt, einer der größten in Deutschland, erwog man, den einzigen Lehrstuhl für Griechisch abzuschaffen, mit der Begründung, es gäbe keine Nachfrage mehr für dieses Fach. Die „Frankfurter Allgemeine Zeitung" vom 3. September 2005 weist darauf hin, daß auch die Musikwissenschaft unter mangelnder Kenntnis der alten Sprachen leidet. Und das sind nur Schlaglichter!

Der Physik-Nobelpreisträger Werner Heisenberg, der in München auf „mein" Maximilian-Gymnasium gegangen ist, hat treffend die Verbindung zwischen der Moderne und der altsprachlichen Bildung gezogen: „Am Anfang der abendländischen Kultur steht die enge Verbindung von prinzipieller Fragestellung und praktischem Handeln, die von den Griechen geleistet worden ist. Auf dieser Verbindung beruht die ganze Kraft unserer Kultur auch heute noch. Fast alle Fortschritte leiten sich aus ihr her. Und in diesem Sinn ist ein Bekenntnis zur humanistischen Bildung einfach ein Bekenntnis zum Abendland und seiner bildenden Kraft."

Humanistische Bildung steht in der Tat in einem sehr engen Zusammenhang mit einer Lebensfrage, vielleicht mit einer Überlebensfrage unserer Tage. Nämlich mit der Frage, ob die europäische Integration gelingen wird, oder nicht. Ich glaube, die europäische Integration wird gelingen, wenn es nicht heißt *„E pluribus unum"*. Sondern, wie es Theo Sommer einmal formuliert hat: *„E pluribus pluralitas unita"* – aus vielen eine vereinte Vielheit.

Das bedeutet: Niemand soll in einem vereinten Europa

auf seine Sprache, auf seine Literatur, auf seine Kultur verzichten müssen. Jeder wird seine nationale Identität behalten. Aber jeder muß eine europäische Identität hinzugewinnen. Ohne „Vielfalt" ist die europäische Integration für mich nicht vorstellbar. Ein zentralistisches Europa mit einer Einheitssprache ist nicht Europa. Aber ohne ein verbindliches europäisches Bewußtsein ist die europäische Integration ebenso wenig vorstellbar.

Noch ist dieser europäische „*demos*", der die europäischen Gemeinsamkeiten gegenüber den Verschiedenheiten in den Vordergrund rückt, nicht sehr ausgeprägt. Aber es wächst die Erkenntnis, daß Europa mehr sein muß als nur ein gemeinsamer Markt und mehr sein muß, so erfreulich es ist, daß es sie gibt, als eine gemeinsame Währung. Was die Europäer verbindet, sind die Suche nach gemeinsamen Wurzeln, das Bekenntnis zum Urgrund unserer gemeinsamen jüdisch-christlich abendländischen Traditionen oder mit einem Wort: nach der und zur Antike.

„Überall wo die Namen Cäsar, Gajus, Trajan und Vergil, überall, wo die Namen Moses und Paulus, überall wo die Namen Aristoteles, Plato, Euklid Bedeutung und Ansehen haben – dort ist Europa!", sagt Paul Valéry.

Dieses europäische Erbe der Antike muß bewahrt und erhalten, es muß weitergegeben werden. Eine Aufgabe, die vor allem den Altphilologen, den Theologen, den Historikern und ich glaube auch den Germanisten gestellt ist. Die Frage nach dem Ursprung unserer gemeinsamen Werte und nach den gemeinsamen Wurzeln unserer europäischen Tradition hat neue Aktualität gewonnen. Spätestens seit den Anschlägen vom 11. September ist deutlich geworden, daß diese Werte nicht selbstverständlich sind, daß man sie verlieren kann und daß sie immer wieder neu ins Bewußtsein gerufen werden müssen.

Humanistische Bildung wird auch den Dialog zwischen Islam und Christentum erleichtern und nicht etwa behindern.

Goethe, der Weimarer Geheime Rat, für den die klassische, die humanistische Bildung, Fundament, Quelle und Ansporn seines Werkes, für den sie Passion war, hat uns in seinem „West-östlichen Diwan" eine Mahnung mitgegeben, die, wie ich finde, auch für die Zukunft gilt:

„Wer nicht von dreitausend Jahren
sich weiß Rechenschaft zu geben,
Bleib im Dunkeln unerfahren,
mag von Tag zu Tage leben"

Daß wir nicht „im Dunkeln unerfahren" bleiben und nur „von Tag zu Tag" leben wollen, das sollte Lehrerinnen und Lehrer, vor allem aber Eltern und Schülerinnen und Schüler dazu ermutigen, sich mit den alten Sprachen einem Bildungsideal zu widmen, das – wie ich es selber erfahren habe – nicht nur hoch spannend, sondern das auch hochaktuell ist.

Literaturhinweise

Adam, K.: Die deutsche Bildungsmisere. PISA und die Folgen (2002), bes. S. 116ff. – *Faber, R./Kytzler, B.* (Hg.): Antike heute (1992). – *Fuhrmann, M.:* Der europäische Bildungskanon des bürgerlichen Zeitalters (1999). – *Ders.:* Europas fremd gewordene Fundamente. Aktuelles zu Themen aus der Antike (1995). – *Ders.:* Bildung: Europas kulturelle Identität (2002). – *Girardet, K.M./ Nortmann, U.* (Hg.): Menschenrechte und europäische Identität. Die antiken Grundlagen (2005). – *Hölscher, U.:* Die Chance des Unbehagens (1965), bes. S. 53ff. – *Schmoll, H.:* Latein und Griechisch als Grundlage europäischer Identität, in: FAZ vom 2. Mai 2000. – *Dies.:* Andermal? Immer, in: FAZ vom 5. Januar 2002. – *Dies.:* Nachhaltige Bildung. Latein und Griechisch im modernen Fächerkanon, in: Deutscher Altphilologenverband (Hg.): Aktuelle Antike. Dresdner humanistische Reden (2002), S. 73ff. – *Schröder, R.:* Europa, was ist das?, Ebd. S. 31ff. – *Sommer, Th.:* Latein und Griechisch? Heute erst recht!, Ebd. S. 52ff.

Bildungsstandards – Abschied von der Beliebigkeit im Bildungswesen

Karin Wolff

1. Möglichst breite Allgemeinbildung

In der bildungspolitischen Diskussion der vergangenen Jahre wurde immer wieder kritisiert, es gelinge der Schule in Deutschland zu wenig, den Schülern eine solide Allgemeinbildung zu vermitteln. Oftmals klagen Arbeitgeber oder auch Universitätsprofessoren über den mangelhaften Wissensstand ihrer Bewerber, Auszubildenden oder Studenten. Dagegen wird eine „Renaissance des Wissens", die verbindliche Festlegung wesentlicher Lehrgegenstände und eine Abkehr von der Beliebigkeit des Unterrichtsstoffs postuliert: „Es muss ... wieder geredet werden über konkrete Inhalte und Fächer. Die Frage ist, was als kultureller Grundbestand unserer Gesellschaft durch die Schulen tradiert werden und damit verbindlich gelten soll. Diese Debatte wurde in den 90er Jahren sträflich vernachlässigt. Im allgemeinen ‚laissez-faire – laissez-aller' versickerten die Inhalte im Beliebigen" (Gauger/Kraus).

Die Vermittlung einer möglichst breiten Allgemeinbildung ist in der Tat eine Grundvoraussetzung dafür, dass die Schule ihren Bildungs- und Erziehungsauftrag erfüllen kann. Ein solides Allgemeinwissen ist die Basis meines Bildungsverständnisses, das ich vor einigen Jahren folgendermaßen definiert habe: „Bildung soll den Menschen befähigen, ein Leben in Freiheit und Verantwortung und als Glied einer Gemeinschaft zu führen. Im Bildungsprozess, der ge-

wiss nicht nur in der Schule oder anderen staatlichen Institutionen abläuft, wie auch Bildung nicht nur dort vermittelt
und erworben wird, werden die Kenntnisse (Wissen), Fähigkeiten und Fertigkeiten erworben, die dazu erforderlich
sind. Bildung zielt auf die umfassende und ganzheitliche
Entfaltung der Persönlichkeit, die zu einem begründeten
Urteil und einem begründeten Standpunkt in der Lage
ist. ... Der gebildete Mensch bringt Kenntnisse in verschiedenen Disziplinen mit und ist daher kommunikationsfähig;
sein breites Fundament sichert ihm Bewährungsmöglich-
keiten in unterschiedlichen Feldern des persönlichen, gesellschaftlichen, beruflichen und politischen Lebens."

Dieses breite Fundament einer soliden Allgemeinbildung zu vermitteln, ist nach meiner Überzeugung eine der
elementaren Aufgaben der Schule. Es ist zweifelsohne auch
die notwendige Voraussetzung dafür, lebensbegleitend wei-
terzulernen. Ich bin mir aber auch bewusst, dass dies kein
leicht einlösbarer Anspruch an unser Bildungswesen ist.
Denn unsere heutige Wissens- und Informationsgesellschaft mit ihren schier explodierenden Informationsmengen und ihrer dynamischen und komplexen Lebensumwelt
stellt das Bildungswesen vor große Herausforderungen. Es
ist daher zwangsläufig zu fragen, welches denn die Kenntnisse und Kompetenzen sind, die sich dazu eignen, sich in
der heutigen Welt zurechtzufinden. Was ist Bildung? Was
soll gelernt lernen?, sind entsprechend zentrale Fragen der
aktuellen Bildungsdiskussion. Mir scheint es angesichts
dieser Schnelllebigkeit des Wissens unabdingbar, dass sich
die Schule auf das Wesentliche, Elementare, zeitlos Gültige bezieht und nicht der Gefahr erliegt, sich im Spezialwissen zu verlieren.

Wenn ich es richtig sehe, erlebt diese Konzentration auf
das Wesentliche gerade eine Renaissance, wird gleichzeitig
Abschied von der Beliebigkeit genommen. So ist die Festlegung nationaler Bildungsstandards möglich geworden, also

die Vereinbarung von Inhalten und Kompetenzen, die alle Schülerinnen und Schüler in Deutschland erlernen sollen.

2. Bildungsstandards – Voraussetzung für eine bessere Schule

Die breite Zustimmung zu Standards ist eines der erfreulichen Ergebnisse des „PISA-Schocks" und eine Antwort auf die Herausforderung der PISA-Ergebnisse:

– PISA hatte gezeigt, dass die Schüler derjenigen Länder, die bereits in den 80er Jahren Bildungsstandards und Kerncurricula sowie die damit verbundenen Überprüfungsinstrumentarien eingeführt hatten, insgesamt bessere Ergebnisse erzielten als ihre Altersgenossen hierzulande. Dies gilt etwa für die skandinavischen Staaten, die Niederlande und einige angloamerikanische Staaten.

– Auch die für Deutschland festgestellte hohe Streuung der Bildungsergebnisse und der hohe Prozentsatz der so genannten „Risikogruppe" besonders leistungsschwacher Schüler werden auf das Fehlen von verbindlichen Messlatten wie Bildungsstandards zurückgeführt. Diese hingegen werden angesehen als Möglichkeit, Förderbedarf festzustellen, und als Beitrag, Ungleichheit zu reduzieren.

– Zudem zeigte PISA, dass es innerhalb Deutschlands erhebliche Leistungsunterschiede zwischen den Ländern gibt, die dem Prinzip der Chancengleichheit aller Schüler zuwiderlaufen. Durch Standards soll gewährleistet werden, dass sich alle an einem gemeinsamen System orientieren können (vgl. Klieme/Prenzel).

Die Entwicklung nationaler wie länderbezogener Bildungsstandards gewann auf diesem Hintergrund eine zentrale Bedeutung innerhalb der Diskussion über die Qualitätsverbesserung des deutschen Bildungswesens. Sie gehören daher auch zu den sieben Handlungsfeldern zur

Qualitätsverbesserung des deutschen Bildungswesens, welche die Kultusministerkonferenz als unmittelbare Reaktion auf die erste PISA-Studie beschlossen hat. Das fünfte Handlungsfeld lautet: „Maßnahmen zur konsequenten Weiterentwicklung und Sicherung der Qualität von Unterricht und Schule auf der Grundlage von verbindlichen Standards sowie einer ergebnisorientierten Evaluation" (s. Avenarius).

Diesem Beschluss folgten sehr bald Taten; die Kultusministerkonferenz (s. „Argumentationspapier") arbeitete wieder einmal schneller und effektiver, als populistische Kritiker unterstellen. Folgende Standards liegen mittlerweile vor:

– Bildungsstandards für Deutsch, Mathematik und die erste Fremdsprache für den Mittleren Schulabschluss (Jahrgangsstufe 10) sind zu Beginn des Schuljahres 2004/2005 in den Schulen aller Länder verbindlich eingeführt worden.

– Bildungsstandards für diese Fächer für den Hauptschulabschluss (Jahrgangsstufe 9) liegen seit Oktober 2004 vor.

– Das gilt auch für Bildungsstandards für den Primarbereich (Jahrgangsstufe 4) in Deutsch und Mathematik.

– Bildungsstandards für den Mittleren Schulabschluss (Jahrgangsstufe 10) in den Fächern Biologie, Chemie, Physik folgten im Dezember 2004.

Die Bildungsstandards für den Primarbereich, für den Hauptschulabschluss und für die naturwissenschaftlichen Fächer werden zu Beginn des Schuljahres 2005/2006 in allen Bundesländern verbindlich eingeführt werden.

3. Ein Paradigmenwechsel in der Schulpolitik

Damit ist ein großer Schritt zur Qualitätsverbesserung und Qualitätssicherung im deutschen Bildungswesen getan. Auch wer große Worte nicht schätzt, wird einräumen, dass die Einführung nationaler Bildungsstandards einen regelrechten „Paradigmenwechsel in der Bildungspolitik im Sinne von ‚outcome-Orientierung', Rechenschaftslegung und Systemmonitoring eingeleitet" (s. „Argumentationspapier") hat. Denn die Ergebnisse von TIMSS, PISA und IGLU haben uns deutlich gemacht, dass die in Deutschland vorrangige Inputsteuerung allein nicht zu den erwünschten Ergebnissen im Bildungssystem führt. Vielmehr müssen die Festlegung und Überprüfung der erwarteten Leistungen hinzukommen. Mit den Bildungsstandards stehen daher nun Kompetenzziele und tatsächlich erreichte Lernergebnisse, also Elemente einer Ergebnissteuerung im Kern der Debatte um mehr Bildungsqualität:

„Bildungsstandards ... benennen die Kompetenzen, welche die Schule ihren Schülerinnen und Schülern vermitteln muss, damit bestimmte zentrale Bildungsziele erreicht werden. Die Bildungsstandards legen fest, welche Kompetenzen die Kinder oder Jugendlichen bis zu einer bestimmten Jahrgangsstufe erworben haben sollen. Die Kompetenzen werden so konkret beschrieben, dass sie in Aufgabenstellungen umgesetzt und prinzipiell mit Hilfe von Testverfahren erfasst werden können" (Klieme u. a.).

Damit konkretisieren Standards den Bildungsauftrag, den allgemein bildende Schulen zu erfüllen haben. Sie legen erstmals verbindlich die zu erreichenden Ergebnisse der Schule fest und helfen dabei, den Unterricht auf das zu fokussieren, was am Ende sicher beherrscht werden muss. Auf diese Weise geben sie allen Beteiligten – Lehrkräften ebenso wie Schülerinnen und Schülern – einen Maßstab, an dem sie sich orientieren können. Zugleich schaffen sie ein Stück Transparenz, weil jeder – auch die Abnehmer – erkennen kann, was die Schule anstrebt. Damit sind Bildungsstandards auch ein Beitrag dazu, dem Leistungsgedanken in unseren Schulen wieder mehr Gewicht zu verleihen und eine leistungsbejahende Schule zu verwirklichen.

Mir liegt aber daran, einen weiteren Vorzug von Standards hervorzuheben. Ich glaube, dass solche überprüften Standards – klare Vorgaben, die kontrolliert werden – auch einen Beitrag dazu leisten können, die Defizite bei der Förderung leistungsschwacher und bildungsferner Kinder und Jugendlicher auszugleichen.

Um dies alles zu gewährleisten, müssen Standards erreichbar sein, d. h. die Ansprüche dürfen nicht so hoch gesetzt werden, dass sie mit den Mitteln des Unterrichts nicht erreicht werden können. Andererseits dürfen sie sich aber auch nicht mit einem Minimum begnügen, das ohne Anstrengung erreicht wird und keine Herausforderung darstellt. Standards müssen ferner klar und knapp formuliert, möglichst eindeutig und präzise sein. Schwammige Formulierungen sind genau nicht geeignet, tatsächlich Klarheit zu verschaffen. Sie müssen außerdem eingebettet sein in ein Konzept umfassender Reformen. Für sich allein genommen (hier orientierte ich mich an Überlegungen von Jürgen Oelkers und Wolfgang Böttcher) werden sie nicht dazu führen, die beklagten Defizite zu beseitigen.

Ihre wichtigste Funktion – die der Qualitätssicherung und Qualitätssteigerung – erfüllen sie nur im Zusammenhang mit einer regelmäßigen und systematischen Überprüfung, ob die Ergebnisse tatsächlich erreicht wurden. Dazu dienen Vergleichsarbeiten, zentrale Prüfungen und Tests. Bildungsstandards und Evaluation gehören daher untrennbar zusammen. Dabei ist größte Sorgfalt zu legen auf die Auswahl und den Einsatz der Instrumente, mit denen evaluiert wird. Denn das berüchtigte „teaching to the test" muss vermieden werden.

4. Verständigung auf das Wesentliche

Jeder neue Ansatz birgt allerdings die Gefahr der Verabsolutierung und der Vereinseitigung überhöhter – und deshalb unrealistischer – Erwartungen. Gerade Bildungspolitiker und Bildungsreformer sollten vorsichtig sein angesichts der schlechten Erfahrungen mit „Heilslehren" und angeblichen Königswegen, die in unheilvollen Sackgassen endeten. Manche fühlen sich im Moment wie Goethe bei der Kanonade von Valmy. Sie meinen sogar, nicht nur dabei zu sein, sondern selbst eine neue Epoche der Weltgeschichte einzuleiten.

Vor solchen Verabsolutierungen und Verengungen ist auch bei den Bildungsstandards zu warnen – so sehr mit ihnen auch neue Wege im deutschen Bildungswesen beschritten werden. Eine solche Verengung läge z. B. darin, nur das für wichtig zu halten und zur Bildung zu rechnen, was in Form von Bildungsstandards definiert und durch Tests überprüft werden kann. In der Schule geht es aber um mehr. Daran besteht kein Zweifel. Deshalb gehen die Befürchtungen von Eiko Jürgens, durch die Standards ginge der Gedanke ganzheitlicher Bildung verloren, an der Sache vorbei.

Neben Wissen, Fertigkeiten und Fähigkeiten soll die Schule auch „zu selbstständigem kritischem Urteil, eigenverantwortlichem Handeln und schöpferischer Tätigkeit befähigen, zu Freiheit und Demokratie erziehen, zu Toleranz, Achtung vor der Würde des anderen Menschen und Respekt vor anderen Überzeugungen erziehen, friedliche Gesinnung im Geiste der Völkerverständigung wecken, ethische Normen sowie kulturelle und religiöse Werte verständlich machen, die Bereitschaft zu sozialem Handeln und zu politischer Verantwortlichkeit wecken, zur Wahrnehmung von Rechten und Pflichten in der Gesellschaft befähigen [und] über die Bedingungen in der Arbeitswelt orientieren" (Bildungsstandards der Kultusministerkonferenz). Diese Werthaltungen und sozialen Kompetenzen lassen sich – glücklicherweise – nicht normieren.

Eine Verständigung über die Kenntnisse und Fähigkeiten, die Schülerinnen und Schüler zu einem bestimmten Zeitpunkt ihrer schulischen Laufbahn erworben haben sollen, setzt aber eine inhaltliche Verständigung darüber voraus, welchen spezifischen Beitrag ein bestimmtes Fach zur Bildung des Einzelnen leisten soll und welche in diesem Fach zu vermittelnden Kenntnisse und Fähigkeiten besonders wesentlich sind. Für das Fach Deutsch bzw. den sprachlichen Bereich könnte man ohne Anspruch auf Vollständigkeit wesentliche Fähigkeiten und Kenntnisse etwa folgendermaßen umschreiben:

Den Schülerinnen und Schülern müssen als Querschnittskompetenzen für alle Fächer bzw. Disziplinen und für ihr Handeln in den verschiedenen Daseinsbereichen Textverständnis und Lesekompetenz vermittelt werden. Sie müssen in der Lage sein, sich Informationen anzueignen, Informationen aus Texten zu entnehmen und zu bewerten, mit anderen Wissensbeständen zu verknüpfen und daraus Schlüsse zu ziehen. Das ist auch im Hinblick auf das lebensbegleitende Lernen unerlässlich.

Sie müssen ferner in der gesprochenen und in der geschriebenen Sprache eine angemessene Darstellungs-, Ausdrucks- und Kommunikationsfähigkeit erwerben, die sie in die Lage versetzt, in verschiedenen Situationen, in unterschiedlichen Handlungsfeldern und aus verschiedenen Anlässen die jeweils richtigen sprachlichen Mittel zu verwenden. Hinzu kommen metasprachliche Kompetenzen, also das Nachdenken über Sprache.

Im Unterricht muss den Schülerinnen und Schülern die Begegnung mit Literatur ermöglicht werden; sie müssen sich Kenntnisse im Umgang mit und für den Zugang zu unterschiedlichen literarischen Texten aneignen, die ihnen auch die Auseinandersetzung damit ermöglicht; ihnen ist die kulturelle Tradition nahe zu bringen, damit sie daran anknüpfen können. Im Umgang mit literarischen Werken werden sie zur Auseinandersetzung mit wesentlichen Daseinsfragen geführt, entwickeln sie Ich-Identität, Selbstbewusstsein und die Fähigkeit zum Fremdverstehen. In diesem Zusammenhang wird immer wieder die Entwicklung eines Kanons, das heißt einer Zusammenstellung von verbindlich in der Schule zu behandelnden Texten, verlangt. So wünschenswert es auch ist, in einer Gesellschaft auf einen Vorrat gemeinsamer Kenntnisse zurückgreifen zu können, so sehr bleiben die Argumente gültig, dass jede Zusammenstellung eines solchen Kanons subjektiv geprägt sein wird, eine Verpflichtung zur Lektüre ganz bestimmter literarischer Werke genau die Liebe zur Literatur verstellen kann, um die es gehen muss. Natürlich ist es ferner Aufgabe des Deutschunterrichts, den Umgang und die Nutzung moderner Medien zu vermitteln.

In erzieherischer Hinsicht kommt es darauf an, durch die Vermittlung sprachlicher Kompetenzen Mittel der Verständigung und auch des Konfliktaustrags zur Verfügung zu stellen, die eine Lösung solcher Konfliktsituationen eben durch Dialog und Verständigung, also durch sprachliche Mittel – und nicht etwa durch Gewalt – möglich machen.

Ähnliche Beschreibungen sind in den übrigen Bereichen möglich. Davon abgeleitet, gleichsam auf einer Ebene „unterhalb", aber wiederum auf die Grundsatzebene zurückführend, stehen die Standards. Sie bezeichnen die Kenntnisse und Fähigkeiten, die erforderlich sind, um das formulierte Bildungsziel zu erreichen bzw. auszufüllen. Sie ergeben sich aus einer Diskussion, einer inhaltlichen Verständigung über das „Wesentliche", das „Lebens-Notwendige". Dies meine ich wörtlich, denn ich verstehe darunter für ein gelingendes selbstverantwortliches Leben unverzichtbare Qualifikationen. Den Zwang zu dieser Debatte über Inhalte halte ich daher für ausgesprochen heilsam und notwendig.

Zu diesem Wesentlichen gehören selbstverständlich auch präzise Wissensbestände. Bei aller Einsicht in die Grenzen und Veränderlichkeit des Wissens, bei aller Zustimmung zu der These, dass der Gebildete um die Grenzen seines Wissens weiß – Sokrates lässt grüßen –, bleibt die Vorstellung abwegig, es könne Bildung ohne Wissen geben.

Die Standards bestehen also genau nicht aus „allgemeinen Bildungszielen" bzw. dürfen nicht nur eine andere Bezeichnung für die früheren Bildungsziele sein (davor warnt mit Recht Jürgen Oelkers), ebenso wenig dürfen sie aussehen wie Lehrpläne mit endlosen Katalogen zu behandelnder Themen. Die vorhandenen Standards konzentrieren sich auf das Wesentliche eines Faches und sind somit zugleich begrenzt. Genau dadurch entsteht ein Freiraum für die Schulen.

Nehmen wir ein Beispiel aus dem sprachlichen Bereich. Die Schule muss zweifelsfrei die Schülerinnen und Schüler im Bereich der Schriftsprache dazu befähigen, einen grammatikalisch und orthographisch korrekten, sprachlich angemessenen (Wortschatz, Stil, Adressaten, Verwendungssituation) und inhaltlich richtigen Text zu produzieren. Dazu enthalten die Standards die Kenntnis der orthographischen Prinzipien bzw. Regeln, die beherrscht werden müssen. Beispieltexte enthalten Schwierigkeitsgrade, die zu bewältigen sind. Die Schule kann – wiederum eine Ebene „darunter" – festlegen, wie und wann sie die genannten Prinzipien vermittelt.

Die Schulen werden langfristig unterhalb der Standards, aber gemessen an ihren Ansprüchen, ihre schuleigenen Lehrpläne formulieren, in denen sie sich darauf verständigen, wann und in welchen Schritten sie welche Inhalte vermitteln. Das für alle zu bestimmten Zeitpunkten Verbindliche steht in den Standards; das schafft den Schulen Freiräume für eigene Entscheidungen und Schwerpunkte.

Derzeit ist die Diskussion über das Verhältnis von Bildungsstandards, Kerncurricula und schulbezogenen Lehrplänen allerdings noch im Gange. Es ist dabei noch offen, bis wohin Vorgaben nötig sind und wo der Freiraum für die Schulen beginnt. Bei der Bewertung der Standards ist daher zu berücksichtigen, dass wir in Deutschland am Anfang eines neuen Weges stehen. Wir sind alle in gewisser Weise Lernende. Es kann, wird und muss nicht alles gleich perfekt sein.

5. Bildungsstandards und Schulwirklichkeit

Die Bildungsstandards sind formuliert und ihre Geltung ist beschlossen – doch haben sie die Schulen und den Unterricht deshalb schon erreicht? Auch dafür gilt: Wir stehen am Beginn.

Die neuen Lehrpläne in Hessen ebenso wie in anderen Bundesländern entsprechen in ihrer Ausrichtung, insbesondere im Hinblick auf die Formulierung von konkreten Übergangs- und Abschlussprofilen, bereits in vieler Hinsicht den vorliegenden Bildungsstandards und den darin vorgegebenen Kompetenzen. In der Fortentwicklung der Lehrpläne werden die Standards künftig noch stärker berücksichtigt werden.

Auch die notwendigen Evaluationsverfahren gibt es mittlerweile. In Hessen wurden Orientierungsarbeiten, Vergleichsarbeiten und zentrale Abschlussprüfungen in allen Schulformen eingeführt. Mit der Gründung eines eigenen Instituts für Qualitätsentwicklung in Wiesbaden (IQ) zu Beginn des Jahres 2005 wurde ferner ein geeignetes Unterstützungssystem zur Entwicklung, Durchführung und Auswertung dieser Verfahren geschaffen. Kernaufgaben des IQ sind die Erstellung und die Auswertung der landesweiten Orientierungs- und Abschlussarbeiten, Analysen zur Schulentwicklung, die externe Evaluation der hessischen Schulen sowie die Akkreditierung von Fortbildungsangeboten für Lehrkräfte. Das Wiesbadener IQ ist ein Landes-Pendant zum Institut für Qualitätsentwicklung an der Humboldt-Universität in Berlin (IQB), das von der Kultusministerkonferenz mit der Weiterentwicklung, Normierung und Überprüfung der nationalen Bildungsstandards beauftragt wurde.

Beide Institute sehen es derzeit als vordingliche Aufgabe an, die Bildungsstandards mit Leben zu füllen, indem geeignete, auf die geforderten Kompetenzen hin ausgerichtete Testaufgaben für die bundes- bzw. landesweiten Evaluationsprogramme entwickelt werden. Dies sind Aufgabenformate, das heißt Typen von Aufgaben, die zur Messung des Erreichten, aber auch zum Hervorbringen von Kompetenzen genutzt werden können. Damit ist ein erster wichtiger Schritt getan, um den Unterricht in der notwendigen Weise zu verändern.

Alle für Schule und Bildung zuständigen Institutionen sind zudem gut beraten, wenn sie in Zeiten des Wandels eng miteinander kommunizieren und kooperieren. Wir müssen mit den neu entwickelten Standards erst Erfahrungen sammeln und sie auf dieser Basis fortentwickeln. Zudem lässt sich Schulunterricht nicht von heute auf morgen gänzlich neu ausrichten. Dazu bedarf es noch fortlaufender Abstimmungsprozesse.

Aus diesem Grund wurde auch die Schulaufsicht in Hessen neu geordnet. Zwei neue Institutionen haben am Beginn des Jahres 2005 ihre Arbeit aufgenommen: zum einen das bereits erwähnte Institut für Qualitätsentwicklung (IQ), zum anderen das Amt für Lehrerbildung (AfL), das nun alle drei Phasen der Lehrerbildung (Studium, Referendariat, Fortbildung) unter seinem Dach vereint. Sie bilden zusammen mit den Staatlichen Schulämtern eine „Trias" leistungsfähiger Unterstützungssysteme, welche die Implementierung und Fortentwicklung der Standards in den Schulen und in der Lehrerbildung gewährleisten.

Darüber hinaus sehe ich bei den grundständigen Aufgaben, wie der Entwicklung von Aufgabenformaten, der Messung und Eichung sowie der Fortbildung, durchaus vielfältige Möglichkeiten und Notwendigkeiten zu einer Länder übergreifenden Kooperation; dies insbesondere vor folgendem Hintergrund: Die Länder haben durch Übernahme der Bildungsstandards gleiche Ziele schulischer Arbeit in diesen Bereichen vorgegeben. Sie lassen sich in den einzelnen Ländern durchaus ergänzen oder erweitern. Zu diesen Zielen führen jedoch unterschiedliche Wege, die regional oder lokal sehr verschieden ausfallen können. Dies werden die Schulen zukünftig in einer größeren Eigenverantwortung entscheiden können.

6. Schule in verantworteter Selbstständigkeit

Standards und Evaluation auf der einen Seite ermöglichen und verlangen mehr schulische Selbstständigkeit auf der anderen. Wir können uns keine beliebigen Ergebnisse leisten, aber wir wollen möglichst viel Freiheit auf dem Weg zu den Ergebnissen. Der Weg zu mehr Eigenverantwortung – zur Schule in verantworteter Selbstständigkeit – ist daher die folgerichtige Konsequenz aus der Festlegung nationaler Bildungsstandards. Auch hierbei können wir uns nach erfolgreichen internationalen Vorbildern richten. Verantwortete Selbstständigkeit heißt, dass die Schulen in organisatorischen, personellen und finanziellen Fragen mehr Entscheidungsfreiheit haben werden. Sie werden zum Beispiel Lehrer selbst einstellen, ein eigenes Budget verwalten, den Unterricht eigenständiger organisieren können oder die Möglichkeit besitzen, selbstständig mit Museen, Vereinen oder Betrieben zu kooperieren und regionale Bildungsnetzwerke aufzubauen. Die Schulen sollen auf diese Weise mehr als bisher ihr eigenes, an der Region orientiertes Profil entwickeln können. Selbstständigkeit ist dabei kein Selbstzweck, sondern sie ist der Weg zum Ziel mehr schulischer Qualität.

Gleichzeitig müssen Möglichkeiten geschaffen werden, die Zielvorgaben intern und extern zu evaluieren. Voraussetzung dafür ist ein „Datenkranz", der als gemeinsame Basis für die Rechenschaftslegung genutzt werden kann. Deshalb setzt weiterhin der Staat, der nach dem Grundgesetz (Art. 7) die Verantwortung für das Schulwesen innehat, den Rahmen, gibt den Schulen Ziele vor, etwa in Form von Standards, und führt Evaluationen durch, deren Ergebnisse in die Schulentwicklung einfließen. Diese Steuerung des Staates gewährleistet, dass überall einheitliche Qualitätsstandards eingehalten und gleichwertige Schulabschlüsse vergeben werden.

Die Umsetzung dieser Ziele an den Schulen ist allerdings allein durch zentrale Verordnungen nicht zu erreichen. Im Gegenteil: Jede Schule selbst muss ihren Weg zum Ziel auf die Situation vor Ort abstimmen können. Entscheidungen müssen – dem Prinzip der Subsidiarität folgend – möglichst dort getroffen werden, wo sie sich auch auswirken. Um dies zu erreichen, müssen alte Strukturen aufgebrochen und schrittweise verändert werden. In vielen Bundesländern ist dies derzeit ein Thema. Hessen ist in dieser Entwicklung bereits weit vorangeschritten. Erfahrungen aus laufenden Modellversuchen wie „Selbstverantwortung plus" sollen schon sehr bald auf alle Schulen übertragen werden.

Um dies zügig voranzubringen, wurden in Hessen in der ersten Jahreshälfte 2005 Bildungsforen an allen 15 Staatlichen Schulämtern durchgeführt, bei denen das Kultusministerium zusammen mit den oben genannten Institutionen und mit allen Schulleiterinnen und Schulleitern unter anderem zu diesem Thema ins Gespräch gekommen ist.

Bildungsstandards sind also insgesamt nur ein, wenngleich zentraler Bestandteil eines ganzen Systems der Qualitätsentwicklung. Ziel dieses Systems ist es, den Unterricht und die Schülerleistungen zu verbessern. Der Weg dorthin führt über Bildungsstandards, über die dazugehörigen Evaluationen und über die eigenverantwortliche Schule, die eine möglichst optimale individuelle Förderung jedes einzelnen Schülers vor Ort ermöglichen kann.

Die Ergebnisse der aktuellen internationalen Bildungsstudien haben dazu bereits Erkenntnisse geliefert, die zu grundlegenden Bildungsreformen in allen Bundesländern geführt haben. Hessen verfolgt dabei ein umfassendes Reformkonzept, auf dessen Basis das Bildungswesen seit einigen Jahren von Grund auf erneuert wird. Dieses Konzept will nicht nur Einzelprobleme abarbeiten und damit letztlich Stückwerk leisten, sondern das Schulwesen ganz neu gestalten. Es reicht von der Erziehung im Vorschulalter über die Qualitätsverbesserung des Schulunterrichts bis zum lebensbegleitenden Lernen. Es berücksichtigt alle Schüler gleichermaßen, von den leistungsschwachen bis zu den hochbegabten. Es beinhaltet ferner neue, moderne Strukturen in der Schulaufsicht und in der Lehreraus- und Fortbildung sowie die Möglichkeit zu einer künftigen Schule in verantworteter Selbstständigkeit. Auf diese Weise stehen die Bildungsstandards in einem festen Kontext der Schul- und Unterrichtsentwicklung.

7. Erziehung in Schule und Elternhaus

Ein grundsätzlicher Aspekt ist schließlich noch zu beachten, ohne den das ganze System nicht funktionieren kann: Die Qualitätsverbesserung unserer Schulen kann und darf nicht losgelöst von den Eltern und Schülern betrachtet werden. Auch diese müssen am gemeinsamen Ziel einer besseren Schule aktiv mitwirken und bereit sein, dafür Verantwortung zu übernehmen. Bisher war nur davon die Rede, was Schule und Schulaufsicht für die Verbesserung von Bildungsqualität tun. Unabdingbar ist natürlich, dass dies alles auf die Unterstützung der Elternhäuser und auch die Leistungsbereitschaft der Schüler selbst trifft. Für das Verhältnis von Schule und Elternhaus gilt das, was der ehemalige Bundespräsident Roman Herzog einmal ganz zu Recht gesagt hat: „Falsch ist die Vorstellung, die Schule sei Reparaturbetrieb für alle Defizite der Gesellschaft. Hier sind schon auch die Eltern gefordert! Die Schule kann die Eltern bei der Erziehung nur unterstützen, ersetzen kann sie sie nicht" (Rede auf dem Berliner Bildungsforum, 5. November 1997).

Selbstverständlich hat die Schule immer auch Erziehungsaufgaben. Bildung ohne Erziehung gibt es nicht. Es ist allerdings festzuhalten, dass die Schule den Eltern nicht die Pflicht zur Erziehung ihrer Kinder abnehmen kann und darf. Schulische Erziehung baut vielmehr immer auf derjenigen im Elternhaus auf. Sie spielt eine ergänzende und unterstützende Rolle.

Möglichweise waren vor ein paar Jahrzehnten die Erziehungsstile der Elternhäuser einheitlicher und auch die Vorstellung, wie Erziehung und Bildung in der Schule auszusehen habe, sodass dieses Thema kein Grund zur Diskussion war. Heute stehen sich verschiedene Erziehungskonzepte sowohl im Elternhaus als auch in Schulen gegenüber, die es zu verbinden gilt. Es ist unabdingbar, dass ein gewisser Grundkonsens geschaffen wird – auch über Verträge, wie zum Beispiel Erziehungsvereinbarungen –, an dem Eltern und Schule ihre Erziehungsarbeit für eine bestimmte Zeit ausrichten. Die Entwicklung der Gesellschaft bedingt aber, dass das jeweils erreichte Konsens-Plateau möglicherweise nur über eine gewisse Zeit trägt und dann wieder neu definiert werden muss. Durch die Verabschiedung von Erziehungsvereinbarungen wird somit Erziehung nicht etwa „standardisiert". Aber es wird doch ein bestimmtes Minimum wesentlicher Regeln für das Zusammenleben und -lernen bekräftigt. Damit stehen auch die Erziehungsvereinbarungen in gewissem Sinne für den Abschied von der Beliebigkeit im Bildungswesen.

Ein entscheidender Faktor zum Gelingen der Erziehungsarbeit ist schließlich das jeweilige Lehrerbild in der Gesellschaft. Nur, wenn die Gesellschaft, und damit auch die Eltern, Vertrauen in die Fähigkeiten der Lehrkräfte setzt, den Schülerinnen und Schülern nicht nur die in den Bildungsstandards beschriebenen Fachkompetenzen zu vermitteln, sondern sie auch zum Handeln in ethischer Verantwortung zu erziehen, kann Schule den Erziehungs- und Bildungsauftrag angemessen erfüllen.

Literaturhinweise

Argumentationspapier „Bildungsstandards der Kultusministerkonferenz", 16. Dezember 2004 (www.kmk.org). – *Avenarius, H. u. a.:* Bildungsbericht für Deutschland. Erste Befunde (2003), bes. S. 257ff. – *Gauger, J.-D./Kraus, J.:* Bildung der Persönlichkeit (Zukunftsforum Politik, Nr. 19; 2000; s. in diesem Buch S. 12–46). – *Jürgen, E.:* Standards für schulische Bildung?, in: Aus Politik und Zeitgeschichte, 12 (2005), S. 26ff. – *Klieme, E. u. a.:* Expertise: Zur Entwicklung nationaler Bildungsstandards (^{2}2003). – *Ders.:* Bildungsstandards als Beitrag zur Qualitätsentwicklung im Schulsystem, in: DIPF informiert, Nr. 3 (2002), S. 2–6. – *Prenzel, M.:* Interview mit Bildung PLUS, 24. Februar 2003 (www. bildungplus. forum-bildung.de). – *Wolff, K.:* Ohne Bildung keine Zukunft, in: *Dies.* (Hg.): Ohne Bildung keine Zukunft. Sind unsere Bildungskonzepte noch zeitgemäß? (2002), S. 7–30.

Rückblicke:
Die „Furie des Verschwindens"

Historische Stationen des Bildungsbegriffs (1945–1965)

Christoph Führ / Horst Wollenweber

1. Vorbemerkung

Aus geschichtlicher Erfahrung wissen wir: Nichts ist anfälliger für den „Zeitgeist" als Wertvorstellungen, wie sie der „Bildungsbegriff" anvisiert. Dokumentiert wird dieser z. B. in Verfassungen, Schulgesetzen, Lehrplänen, Stundentafeln und in der bildungspolitisch-pädagogischen Diskussion, konkretisiert im Unterricht des einzelnen Lehrers in der jeweiligen Schulklasse. Stets ist der „Bildungsbegriff" im politisch-gesellschaftlichen Kontext zu sehen. Die tiefe Zäsur des Jahres 1945 vermag sich heute kaum einer mehr vorzustellen: Die Hitler-Diktatur war beendet; die meisten Städte lagen in Trümmern; Deutschland war in Besatzungszonen aufgeteilt; zwölf Millionen Vertriebene und Flüchtlinge aus den an Polen, Rußland und die Tschechoslowakei verlorenen Ostgebieten waren zu integrieren. Im November 1945 brachte dies der Lehrer und Schriftsteller Ernst Wiechert, der 1938 im Konzentrationslager Buchenwald inhaftiert war, in seiner „Rede an die deutsche Jugend" in München zum Ausdruck: „Wir hatten einmal ein Vaterland, das hieß Deutschland." Wie einschneidend dieser „kollektive Sinnverlust" auf Dauer sein würde, ahnte damals niemand. Wurden doch damals traditionelle nationalpatriotische Bildungsziele fragwürdig, die seit dem Ende des 18. Jahrhunderts, dem Zeitalter des Neuhumanismus und der deutschen Klassik, das deutsche Schulwesen geprägt hatten. Der Neuhumanismus sah die deutsche Nationalerziehung in einer europäischen, freiheitlich-weltbürgerlichen Perspektive, nicht in einer nationalsozialistischen Verengung wie 1930 Adolf Hitler, der die deutsche Jugend zu „fanatischen Nationalisten" erzogen sehen wollte. In der „deutschen Katastrophe" (Friedrich Meinecke) von 1945 wurde – jedenfalls im Westen – die Vision eines vereinten Europa zum „Ersatzvaterland".

Die folgende Skizze versucht, Wandlungen des Bildungsbegriffs in den ersten beiden Jahrzehnten der Nachkriegszeit, also im Zeitraum von 1945 bis 1965, zu umreißen. Der Bildungsbegriff, der erst Mitte des 18. Jahrhunderts in Umlauf kam, hat in keiner anderen Sprache außerhalb der deutschen Tradition ein Äquivalent. Die Schwierigkeit, den Begriff „Bildung" in andere Sprachen zu übersetzen, hängt u. a. auch damit zusammen, daß „Bildung" und „Erziehung" zwar nicht zwei völlig getrennte Bereiche meinen, sondern zwei wohl zu unterscheidende Bereiche ein- und derselben Sache. Bildung und Allgemeinbildung fallen im deutschen Sprachgebrauch weithin zusammen. Der „erziehende Unterricht" wiederum bündelt beide Begriffe. Der „Ort", an dem sich dieser ereignet, ist die Schule. Wir beschränken uns im folgenden auf das allgemeinbildende öffentliche Schulwesen in der „alten Bundesrepublik". Die DDR lassen wir außer Betracht, zumal die von ihr praktizierte „Erziehung zum Sozialismus" sich letztlich als Utopie erwies.

2. Der Wiederaufbau nach 1945

In jenen Jahren nach 1945 – vor allem nach der Währungsreform 1948 – vollzog sich ein rasanter Wiederaufbau, das „deutsche Wirtschaftswunder". Dennoch brauchte es 15 Jahre bis zur Wiederherstellung der im Zweiten Weltkrieg weithin zerstörten Schulen, um äußerlich „Normalität" – einen „geordneten Schulbetrieb" – überall zu sichern. Der Wiederaufbau des Bildungswesens begann – unter der Aufsicht der Besatzungsmächte – von den Gemeinden und Ländern her. Erste Ansätze einer überregionalen Zusammenarbeit vollzogen sich innerhalb der einzelnen Besatzungszonen, ab 1948 dann im Rahmen der Kultusministerkonferenz (KMK) und ihres Sekretariates. Die 1949 verabschiedete Bundesverfassung, das Grundgesetz, übernahm in Art. 7 Abs. 1 aus der Weimarer Verfassung von 1919 (Art. 144) die Bestimmung, daß das gesamte Schulwesen unter Aufsicht des Staates steht, überließ ansonsten das Bildungswesen voll den Ländern und ihrer Kulturhoheit. Erst mit den Grundgesetzänderungen von 1969 erhielt der Bund im Schulbereich Mitspracherechte bei der Bildungsplanung, die bis heute zum Teil strittig sind und in der 1970 geschaffenen Bund-Länder-Kommission für Bildungsplanung und Forschungsförderung ihr Forum fanden.

3. Bildung und staatliche Verantwortung

Die staatliche Schulaufsicht schließt die staatliche Verantwortung für die Bildungsziele und den Bildungsauftrag mit ein. Pluralismus ist ein Wesensmerkmal unserer offenen Gesellschaft. Er ist eine Voraussetzung dafür, daß der Mensch sein Selbst- und Weltverständnis selbstbestimmt entwickeln und demgemäß leben kann. Pluralismus meint indes nicht Beliebigkeit und Gleichgültigkeit. Die Bundesrepublik Deutschland weiß sich mit ihrem Grundgesetz einer wertbezogenen Ordnung verpflichtet. Das Grundgesetz geht von einem Menschenbild aus, das durch die Würde des Menschen und die freie Entfaltung der Persönlichkeit gekennzeichnet ist. Der Staat ergreift insoweit Partei für das „Humanum". Der Unverfügbarkeit über die der Verfassung zugrunde liegenden Grundwerte und Grundrechte steht ihre unausweisliche Verwiesenheit auf das demokratische Ethos der Bürger gegenüber. In dem durch das Grundgesetz geordneten Bundesstaat ist Näheres zum Bildungsbegriff in den Landesverfassungen und Schulgesetzen der Länder festgelegt. In den meisten Länderverfassungen der „alten Bundesrepublik" sind ausdrücklich christliche Erziehungsziele fixiert. So bestimmt z. B. Art. 7 der Verfassung des Landes Nordrhein-Westfalen: „Ehrfurcht vor Gott, Achtung vor der Würde des Menschen und Bereitschaft zum sozialen Handeln zu wecken, ist vornehmstes Ziel der Erziehung. Die Jugend soll erzogen werden im Geiste der Menschlichkeit, der Demokratie und der Freiheit, zur Duldsamkeit und zur Achtung vor der Überzeugung des anderen, in Liebe zu Volk und Heimat, zur Völkergemeinschaft und Friedensgesinnung." Diese Zielsetzungen waren in der Nachkriegszeit beispielhaft für den parteiübergreifenden bildungspolitischen Grundkonsens. So schrieb z. B. der hessische Kultusminister Erwin Stein (CDU) 1947 in den „Frankfurter Heften": „Die Erneuerung, die uns aufgegeben ist, muß dreifacher Art sein: geistig-religiös, wirtschaftlich und politisch zugleich. Die geistig-religiöse Wandlung kann sich für das deutsche Volk nur in dem Bekenntnis zu einem christlichen Humanismus vollziehen. Selbst noch in den vom Christentum losgelösten Menschen lebt christlicher Geist. Von der christlich-abendländischen Kultur leben Deutschlands Seele und Gewissen." Hessens Ministerpräsident Karl Geiler (parteilos) betonte schon 1946: „Vor uns Deutschen liegt eine Erziehungsaufgabe ... Es gilt, eine geistig-seelische Umformung unseres Volkes herbeizuführen."

4. Einflüsse der Besatzungsmächte

Durch die Besatzungsmächte wurden in den ersten Jahren nach 1945 die deutschen Bildungstraditionen mit amerikanischen, britischen und französischen Bildungsimpulsen durchwirkt, die in den jeweiligen Besatzungszonen zur Geltung kamen. Ging es den Besatzungsmächten vornehmlich um „Re-education", so den Deutschen selbst um eine Erziehung zur Demokratie und zur Toleranz. Durch den zumal in den fünfziger Jahren vor allem von den Amerikanern geförderten Schüler- und Lehrer-Austausch wurden internationale Erfahrungen verstärkt zum Reformimpuls für Schule und Unterricht.

Intensität und Umfang der Einflußnahme der Besatzungsmächte stellten nur einen Einflußfaktor für den Wiederaufbau des Schulwesens nach 1945 dar. Die Neuordnung der Länder, die Rückwirkungen des sich seit 1947 abzeichnenden „Kalten Krieges" der Weltmächte USA und Sowjetunion waren ebenso wie die Rückbesinnung auf schulische Traditionen und Bildungswerte, die in der Zeit der nationalsozialistischen Herrschaft verschüttet und unterdrückt worden waren, von prägendem Einfluß. Ungeachtet der teilweise stark divergierenden Vorstellungen zum organisatorischen Aufbau des Schulwesens, lassen die Reformpläne der ersten Nachkriegszeit deutliche Übereinstimmungen erkennen: Es gilt, mit Hilfe schulischer Bildung und Erziehung dem Verlust überlieferter Wertmaßstäbe zu begegnen. Gemeinsam ist fast allen Reformplänen, daß sie bei der Zielbestimmung für den Aufbau des Schulwesens auf das Christentum, den Humanismus und die Demokratie Bezug nehmen. Diese Begriffe werden, wenn auch in verschiedener Weise, durch andere leitende Zielsetzungen interpretiert und ergänzt, z. B. Antike, Kultur, Religiosität, Sittlichkeit, Toleranz, Menschenwürde, Freiheit, soziales Verhalten, Gerechtigkeit und Selbständigkeit.

5. Die Diskussion der 50er Jahre

Konstitutiv für den deutschen Bildungsbegriff ist die Trennung zwischen Allgemeinbildung und Berufsbildung. Es würde zu weit führen, die Geschichte des Bildungsbegriffs im einzelnen nachzuzeichnen. Für Herder wurde Bildung zur wichtigsten Sache der Menschen in Geschichte und Gegenwart. Der deutsche Neuhumanismus im Sinne Wilhelm von Humboldts machte die alten Sprachen Latein und Griechisch zum Grundelement der Gymnasialbildung. Parallel dazu formierte sich eine vornehmlich an den Realien, vor allem den Natur- und Wirtschaftswissenschaften, orientierte Allgemeinbildung in Realschulen, Realgymnasien und Oberrealschulen, teilweise mit klarem Bezug zu späteren praktischen Berufsfeldern. Die Bildungskritik, z. B. der Arbeiterbewegung, sowie die breitgefächerte Reformpädagogik – Arbeitsschule, Sozialpädagogik, Volksbildungsbewegung, Jugendbewegung – kam erst in der Weimarer Republik (1918–1933) stärker zum Zuge. Namhafte geisteswissenschaftliche Pädagogen wie Eduard Spranger, Theodor Litt, Herman Nohl und Wilhelm Flitner, die schon damals eine führende Rolle spielten, prägten die Bildungsdiskussion bis in die fünfziger, teilweise bis in die sechziger Jahre. Ein starkes Echo fand die durch die Bundeszentrale für politische Bildung weitverbreitete Broschüre von Theodor Litt „Das Bildungsideal der deutschen Klassik und die moderne Arbeitswelt". Kritisch merkte Litt zum durch Humboldt, Goethe und Hegel geprägten klassischen deutschen „Bildungsideal" an, es halte die pädagogische Phantasie auch dann noch bei sich fest, „wenn von der geschichtlichen Lage, aus deren Schoß es emporgestiegen ist, nur noch unerhebliche Reste vorhanden sind". In eine ähnliche Richtung wiesen viel erörterte Schriften des Frankfurter Pädagogen Heinrich Weinstock (Die Tragödie des Humanismus [1953]; Arbeit und Bildung [1954]; Realer Humanismus [1955]). In den

fünfziger Jahren kamen wesentliche Impulse für Gymna-
sialreformen von den Universitäten und der Westdeutschen
Rektorenkonferenz. Eine erste überregionale Diskussion
zur Neufassung des gymnasialen Bildungsbegriffs leiteten
die „Tübinger Beschlüsse" der Konferenz „Universität und
Schule" im Herbst 1951 ein. Sie zielten ab auf eine innere
Umgestaltung des Unterrichts, eine Beschränkung des Lehr-
stoffs, eine Begrenzung der Zahl der Prüfungsfächer im Abitur sowie eine Abkehr vom Prinzip starrer Lehrpläne. In den
fünfziger Jahren berieten die Schulausschüsse der Kultusministerkonferenz und der Westdeutschen Rektorenkonferenz
mehrfach über die Hochschulreife. Deren inhaltliches Minimum wurde im „Tutzinger Maturitätskatalog" vom April
1958 umrissen (siehe Anhang). Der Katalog umfaßt neun
Punkte und betraf z. B. Deutsch- und Literaturkenntnisse,
zwei Fremdsprachen, Mathematik und Naturwissenschaften, Geschichte, Philosophische Propädeutik, Orientierung
über Christentum, Kirchengeschichte und ethische Grundfragen. Die gleichen Minimalanforderungen für die Hochschulreife sollten auch für den in den fünfziger Jahren ausgebauten „Zweiten Bildungsweg" (zum Teil im Rahmen des
beruflichen Schulwesens) gelten, also für Abendgymnasien,
Institute zur Erlangung der Hochschulreife, Kollegs, die Be-
gabten- und Fremdenreifeprüfung.

6. Innere Schulreform und Lehrplanentwicklung

Die erwähnten, in den Landesverfassungen weithin gleich-
lautenden Bestimmungen über Bildungsziele waren auch
grundlegend für die von der KMK seit den fünfziger Jahren
verabschiedeten Rahmenlehrpläne der einzelnen Unterrichtsfächer. Sie umrissen die „Bildungsstandards" und
das, was damals unter „Allgemeinbildung" im Blick auf
Hauptschulen, Realschulen und Gymnasien verstanden

wurde. Die „innere Schulreform" griff auf reformpädagogische Traditionen zur Zeit der Weimarer Republik zurück. Dies erklärt sich schon daraus, weil dies die prägenden Jahre jener Generation waren, die nach 1945 als Lehrer, Schulleiter, Schulverwaltungsfachleute und Kultusminister den Wiederaufbau leistete. Grundlegend für Lehrpläne der höheren Schulen wurden z. B. die maßgeblich von Hans Richert bestimmten preußischen Lehrpläne von 1925. Richerts Lehrpläne, zwei handliche Taschenbücher, wirkten über den Untergang Preußens und des Deutschen Reiches hinaus zumindest im ersten Nachkriegsjahrzehnt beispielhaft. Noch 1960 schrieb Eduard Spranger, daß Richerts Lehrplanreform „die erste seit hundert Jahren gewesen ist, die aus einem Bildungsgedanken hervorging und die man rühmen kann, weil eine Idee hinter ihr gestanden hat und nicht bloß das, was ich Lehrplanschneiderei zu nennen pflege". In späterer Zeit hat man Hans Richert und seine Lehrpläne unter „Präfaschismus-Verdacht" zu stellen versucht. Dies ist ebenso abwegig wie unhistorisch: Hätte ein profilierter Sozialdemokrat wie Adolf Grimme – der letzte preußische Kultusminister vor 1933 (und erste niedersächsische der Nachkriegszeit) – dem sechzigjährigen Richert 1930 gemeinsam mit seinen Ministervorgängern Otto Boelitz und Carl Heinrich Becker eine Festschrift gewidmet, in der Becker betonte: „Ihr Werk, Herr Richert, ist der vollendete Ausdruck des liberalen Zeitalters; es ist getragen von dem Geist des klassischen Idealismus."? In den Lehrplanreformen der fünfziger Jahre kamen dann mehr und mehr neue Konzepte zum Zuge. Der Paradigmenwechsel z. B. in der Germanistik und Geschichtswissenschaft (mit der Betonung der Sozialgeschichte) hatte Rückwirkungen auf Fächer wie Deutsch und Geschichte; neue didaktische Konzepte führten zur Modernisierung des Fremdsprachenunterrichts, der Naturwissenschaften und der politischen Bildung. Hier sind vor allem die Gutachten und Empfeh-

lungen des 1953 berufenen Deutschen Ausschusses für das
Erziehungs- und Bildungswesen zu nennen (der bis 1965
wirkte und dann durch den Deutschen Bildungsrat abgelöst
wurde), z. B. das Gutachten zur Politischen Bildung und Erziehung (von 1955) oder zu Osteuropa in der deutschen Bildung (von 1956). Im Gutachten von 1955 heißt es z. B.:
„Politisches Denken setzt geschichtliche Orientierung
und einen Vorblick auf die Zukunft voraus; beides ist heute
in Frage gestellt. Es gelingt uns noch nicht, unseren gegenwärtigen Standort in seinem Verhältnis zur bisherigen
deutschen Geschichte zu bestimmen ... Endlich wird die
politische Erziehung auch durch den gegenwärtigen Zustand unseres Erziehungs- und Bildungswesens erschwert.
Die Schule hat sich noch nicht aus den alten obrigkeits-
staatlichen Formen gelöst. Eltern und Lehrer sind durch
den Wechsel der politischen Systeme und die Erfahrungen
der Entnazifizierung unsicher geworden. Trotz ernstlicher
Anstrengungen sind wir alle für die neue Aufgabe noch
nicht ausreichend gerüstet ... Erziehung zur ‚Menschlichkeit‘, zum ‚Gemeinsinn‘, zum ‚Verantwortungsbewußt-
sein‘, zur ‚Toleranz‘ geschieht auch in der Schule nur durch
das Leben selbst ... Der Geschichtsunterricht dient der politischen Bildung, indem er den geschichtlichen Horizont
des eigenen politischen Standorts aufhellt. Er vergegenwär-
tigt Schicksal und Aufgabe des deutschen Volkes innerhalb
der Gemeinschaft der Völker ... Er soll die Schüler die hei-
matliche, die deutsche, die europäische und die menschliche Überlieferung verstehen lehren ..." Dieses selbstkriti-
sche Gutachten fand damals eine breite Resonanz.

7. Deutscher Ausschuß und Deutscher Bildungsrat

Der Deutsche Ausschuß für das Erziehungs- und Bildungswesen hielt mit seinen Planungskonzepten, besonders mit
seinem Rahmenplan von 1959, an dem gegliederten Schulwesen fest und suchte durch eine zeitgemäße Profilierung
der geschichtlich überkommenen Schularten eine funktio-
nale Verbesserung des Schulwesens zu erreichen. Die von
ihm erstrebte Reform sollte nicht ein Eingriff von außen
sein, sondern korrigierender Mitvollzug von Entwicklungs-
tendenzen, die sich aus dem Zusammenspiel gesellschaftlicher Anforderungen und Selbstanpassungsvorgängen des
Systems sowie aus dem Willen der Bevölkerung ergaben.
Der Deutsche Ausschuß war um Synthesen von Bewährtem und Erstrebtem bemüht und entwickelte Konzepte,
nach denen die Schularten trotz gewollter Profilierung
konsequent aufeinander bezogen waren.

Organisatorische und inhaltliche Aspekte fanden als
Einheit Eingang z. B. in die Empfehlungen zur Hauptschule
und die Überlegungen zur Weiterentwicklung der Realschule. Die Vorstellungen des Rahmenplans zur Umgestaltung und Vereinheitlichung des allgemeinbildenden öffentlichen Schulwesens von 1959 wurden zwar von den
Ländern nicht geschlossen realisiert, wohl aber einzelne
Vorschläge – zum Teil ohne Rücksicht auf die Zusammen-
hänge. Auch aufgrund von Vorschlägen des Deutschen
Ausschusses verabschiedete die Kultusministerkonferenz
1960 eine umfassende Oberstufenreform der Gymnasien.
Die Saarbrücker Rahmenvereinbarung wollte durch eine
Verminderung der Zahl der Pflichtfächer und die Konzen-
tration der Bildungsstoffe eine Vertiefung des Unterrichts
ermöglichen und die Erziehung der Schüler zur geistigen
Selbständigkeit und Verantwortung fördern. Ein Teil der
Pflichtfächer konnte bereits am Ende der 10. oder 11.
Klasse abgeschlossen werden. Geschichte, Geographie und

Sozialkunde wurden in den letzten beiden Klassen zur „Gemeinschaftskunde" zusammengefaßt, eine viel diskutierte Regelung, die sich auf Dauer nicht bewährte.

Die Zeit für notwendige, konstruktive und parteiübergreifende Kompromisse, um das gesamte Reformprojekt umzusetzen, war schon damals vorbei. Die offene parteipolitische Polarisierung in der Bildungspolitik auf breiter Front trat jedoch erst später zutage.

Der ab 1965 tätige Deutsche Bildungsrat setzte sich mit seinen Reformvorstellungen radikal vom Deutschen Ausschuß ab, vollzog die abrupte Wendung von „Reform als gleitender Mitveränderung" der bestehenden Einrichtungen zu einem Reformverständnis, das auf einen völligen Neuaufbau abzielte: Der Deutsche Bildungsrat wollte mit seinem „Strukturplan" (1970) die vertikale Gliederung des Schulwesens zugunsten eines horizontalen Bildungssystems ablösen. Der darauf fußende „Bildungsbericht 70" der sozial-liberalen Bundesregierung ging von der irrigen realitätsfremden These aus, daß das Bildungswesen nach 1945 weder inhaltlich noch strukturell reformiert worden sei und deshalb eines grundlegenden Umbaus bedürfe.

8. Grundlegende Veränderungen nach 1960

Ende der fünfziger Jahre setzten Entwicklungen ein, die das Verständnis von Bildung und Erziehung grundlegend veränderten. Der vermeintliche wissenschaftlich-technische Vorsprung der Sowjetunion (Sputnik-Schock) und die angebliche technologische Lücke zwischen den USA und ihren europäischen Verbündeten, eine höhere Technisierung und Automatisierung in Industrie und Handwerk, ein Ausbau der Atomtechnologie und -forschung, der schnelle Fortschritt in der Datenverarbeitung und Computertechnik führten zu der Frage, ob es in der Bundesrepublik genügend hochqualifizierte Arbeitskräfte und wissenschaftlichen Nachwuchs gebe. Schon 1957 hatte der Soziologe Helmut Schelsky die bildungspolitische Diskussion zunehmend für soziale Fragen sensibilisiert, indem er schrieb: „Die Schule als primäre, entscheidende und nahezu einzige soziale Dirigierungsstelle für Rang, Stellung und Lebenschancen des einzelnen in unserer Gesellschaft: das scheint mir der Kern der sozialen Frage der Schule von heute zu sein". 1963 erklärte Bundeskanzler Ludwig Erhard (CDU) in seiner Regierungserklärung, es müsse dem deutschen Volke bewußt werden, daß die Aufgaben der Bildung und Forschung für unsere Zeit den gleichen Rang besäßen wie die soziale Frage im 19. Jahrhundert.

Hatten sich schon in den fünfziger Jahren die Abiturientenzahlen nahezu verdoppelt, so wurden die Anfang der sechziger Jahre aufgrund der Vorschläge des Deutschen Ausschusses und der Westdeutschen Rektorenkonferenz von der KMK eingeleiteten Reformen förmlich quantitativ überrollt. Unter dem Druck der öffentlichen Meinung und dem Motto „Erschließung der Begabungsreserven" kam es zu einem breiten Ausbau der Realschulen und Gymnasien, zur Reform der Hauptschule. Es sei betont, daß diese Expansion schon Jahre vor Georg Pichts Warnruf vor der „drohenden deutschen Bildungskatastrophe" 1964 einsetzte, aber unter seiner Zielsetzung „Verdoppelung der Abiturientenzahl" noch forciert wurde. Eine wichtige Wegmarke dieser Entwicklung bildete die Washingtoner OECD-Konferenz über die Wechselwirkung von Bildungsplanung und Wirtschaftswachstum im Oktober 1961. Die Bundesrepublik war mit hochrangigen Experten dort vertreten und wirkte bereits an der Vorbereitung mit. Für die deutsche Diskussion über die Notwendigkeit der „Bildungsplanung" wurde die Veröffentlichung der Konferenz-Dokumente durch die Kultusministerkonferenz im Februar 1962 grundlegend. Der OECD-Bericht ist ein Dokument des Planungsoptimismus und der Bildungseuphorie, letztlich des Machbarkeitswahns. Bereits hier wurde ein „Grundrecht auf Bildung" proklamiert, eine These, die vier Jahre später Ralf Dahrendorf unter dem Titel „Bildung ist Bürgerrecht" (1965) popularisierte.

Die Kultusministerkonferenz griff die Anregungen der OECD auf und veröffentlichte im März 1963 erstmals eine umfassende Bedarfsfeststellung für Schulwesen, Wissenschaft und Lehrerbildung für den Zeitraum bis 1970. Die Planzahlen, die einen großzügigen Ausbau des gesamten Bildungswesens vorsahen, wurden schnell vom Gang der Ereignisse überholt. Realschulen und Gymnasien wurden dauerhaft zu „Massenschulen". Der in Tutzing umrissene Minimal-Katalog für die Hochschulreife stand damit zur Disposition. Auch Weinstock warnte vor einem „Organisationsglauben" in der „Bildungsplanung". Äußerlich gesehen erzeugte die im Anschluß u. a. an Picht und Dahrendorf orientierte Phase der „offensiven Bildungspolitik" alsbald einen wahren „Bildungsboom". Bildung erhielt politische Priorität (lange bevor Willy Brandt dies 1969 in seiner Regierungserklärung proklamierte!) und wurde in der Folge zur inflationär gebrauchten Vokabel. Auf der anderen Seite ging ausgerechnet in dieser vermeintlichen Blütezeit des Bildungswesens die Einsicht in das Wesen von Bildung und Erziehung verloren. Unter der Hand nahm Bildung eine neue, nicht mehr vorrangig anthropologische, sondern einseitig gesellschaftliche Bedeutung an. Es ist schon paradox, daß mit dem inhaltlichen Verblassen des überkommenen Bildungsbegriffs eine zum Teil erhebliche Verstärkung und Verbreitung des Wortgebrauchs vorübergehend korrespondiert.

9. Neuorientierung der Erziehungswissenschaft

Die ökonomische und sozialpolitische Komponente der „offensiven Bildungspolitik" wurde durch Entwicklungen im Bereich der Pädagogik und Erziehungswissenschaft verstärkt. Hier sei stichwortartig erinnert an Heinrich Roths 1962 geforderte „realistische Wendung" auf dem Gebiet der pädagogischen Forschung, ebenso an die von Paul Heimann und seinen Mitarbeitern entwickelte Unterrichtstheorie, die den Begriff des Lernens in den Mittelpunkt stellte und den Bildungsbegriff eliminierte, weil dieser nicht länger zentrale Kategorie einer den wachsenden Anforderungen genügenden Didaktik sein könne. Schließlich sei auf den erstaunlichen Widerhall verwiesen, den Saul B. Robinsohn 1967 mit seiner Schrift „Bildungsreform als Revision des Curriculum" erzielte (wobei er den Begriff „Curriculum" aus der amerikanischen in die deutsche bildungspolitische Diskussion einbrachte!). Robinsohn trat mit dem Anspruch auf, einen völlig neuen, nicht mehr weithin traditionsgeprägten, sondern von den zukünftigen gesellschaftlichen und beruflichen Anforderungen her legitimierten Ansatz zu bieten. Doch bekanntlich ist die Zukunft ebenso unbestimmt wie unvorhersehbar. Über eine Curriculumreform wurde eine so umfassende und radikale Schulreform angestrebt, wie es sie in der Bundesrepublik bisher nicht gegeben hatte. Tiefgreifende Maßnahmen zur Strukturreform der Schule sollten ergänzt werden durch eine grundlegende Lehrplanreform. Bald zeigte sich, daß Robinsohns Konzept wenig praxisrelevant war. Später hat Wolfgang Brezinka den Beitrag der Erziehungswissenschaften zur Modernisierung des Bildungsbegriffs sehr kritisch eingeschätzt. Er schrieb in seinem Lebensrückblick zur Lage der Pädagogik: „Es gibt in diesem Fach ... keinen unbestrittenen Grundbestand an bewährtem Wissen und keine allgemein anerkannten Qualitätsmaßstäbe für die

Forschung ... Das Fach leidet an Zersplitterung, Über-Spe-zialisierung und Pseudo-Spezialisierung, an thematischer Verschwommenheit und Sprachverwilderung. Von seinem theoretischen Kern ... ist kaum noch etwas zu sehen."

10. Zerbrechen des bildungspolitischen Konsenses

Der bildungspolitische Grundkonsens der CDU, CSU, SPD und FDP der ersten Nachkriegsjahre erwies sich bis in die frühen sechziger Jahre als tragfähig. Die von Georg Picht als apokalyptische Bedrohung proklamierte vermeintliche „deutsche Bildungskatastrophe" beantwortete die Kultus-ministerkonferenz im März 1964 mit der Erklärung aus Anlaß ihrer 100. Plenarsitzung im Berliner Reichstag. Präg-nant wurden als langfristige Ziele der Bildungsreform u. a. genannt:

– Anhebung des gesamten Ausbildungsniveaus der Ju-gendlichen
– Erhöhung der Zahl der zu gehobenen Abschlüssen ver-schiedenster Art geführten Jugendlichen
– Errichtung neuer, weiterführender Formen.

Dieser letzte Punkt war es, der so harmlos klang, aber den entscheidenden Zündstoff verbarg: die Errichtung von Ge-samtschulen, deren Einführung erstmals in den von dem Parteivorsitzenden Willy Brandt im Juli 1964 unterzeich-neten Bildungspolitischen Leitsätzen der SPD gefordert wurde. Damit wurde der bildungspolitische Grundkonsens von der SPD leichtfertig aufgekündigt. Nach der zwei Jahr-zehnte während parteiübergreifenden bildungspoliti-schen Kooperation kam es zu einer langandauernden Kon-frontation. Die massive Forderung nach Entwicklung eines Gesamtschul- und Gesamthochschulsystems markiert den Beginn einer sich in den folgenden Jahren verstärkenden Polarisierung in der Schulpolitik und Auseinanderentwicklung des Bildungswesens zwischen den sogenannten A- und B-Ländern. Die Schulsystem-Frage stand bis in die achtziger Jahre im Zentrum der Bildungsdiskussion. Dieser Sachverhalt und die u. a. durch die studentisch-jungakademische Revolte, die „Kritische Theorie" oder „Antipädagogik" nachhaltig betriebene Abkehr von nahezu allen traditionellen Leitvorstellungen und Lebensformen drängten die Fragen nach Bildung, Unterrichtsfächern, Bildungskanon, Erziehung und Werteerziehung für lange Zeit in den Hintergrund.

Zusammenfassung:

1. Jedem Bildungsbegriff liegt, bewußt oder unbewußt, eine bestimmte Auffassung vom Wesen des Menschen, eine anthropologische Konzeption zugrunde. Das überzogene Postulat der „gesellschaftlichen Relevanz" von Bildung und Erziehung führte bereits Mitte der sechziger Jahre im Zuge eines gesamtgesellschaftlichen Wertewandels zu einer bis dahin nicht gekannten Ideologisierung des Bildungsbegriffs, ja der Bildungsreform insgesamt und schuf zugleich völlig veränderte Maßstäbe für die Beurteilung des Bildungskanons und des Bildungssystems.
2. Der Versuch, eine egalitäre, herrschaftsfreie Gesellschaft unter Politisierung des gesamten Bildungsbereichs anzustreben, über eine Schulreform eine Gesellschaftsreform zu erzwingen, hat mehr Probleme aufgeworfen, als er zu lösen vorgab. Wenn dieser Versuch auch scheiterte, zu den traurigen Folgen zählt die Liquidierung des traditionellen deutschen Bildungsbegriffs.
3. Wer eine „neue Gesellschaft" anvisiert, muß die real bestehende delegitimieren: Immer wieder ist im Rückblick auf die Jahre des Wiederaufbaus von der „restaurativen Adenauer-Ära" die Rede. Dieses Bewertungsmuster wurde

schon Anfang der fünfziger Jahre von sozialistisch geprägten Autoren der „Frankfurter Hefte" wie Walter Dirks und Eugen Kogon in Umlauf gebracht, Ende der sechziger Jahre dann von der gesamten Linken für die ersten beiden Nachkriegsjahrzehnte pauschal übernommen, um damit den Aufbruch in ein neues Zeitalter zu legitimieren. Seitdem wird diese Bewertung bis heute gebetsmühlenartig wiederholt! Wie unzutreffend sie ist, sollte jedem klar sein, der die damaligen Entwicklungen sachlich betrachtet und die vielfältigen Reformen, von denen hier kurz die Rede war, zu würdigen weiß: Jene Zeit war keine Epoche der Restauration, sondern vielmehr des Neuaufbaus und vielfältiger Reformschritte, geprägt von einem mitreißenden Schwung, der uns ebenso abhanden gekommen ist wie der damalige parteiübergreifende Grundkonsens in der Bildungspolitik.

Literaturhinweise

Anweiler, O. u. a.: Bildungspolitik in Deutschland 1945–1990. Ein historisch-vergleichender Quellenband (1992). – *Avenarius, H./ Heckel, H:* Schulrechtskunde ([7]2000). – *Becker, W. u. a.:* Lexikon der Christlichen Demokratie in Deutschland (2002). – Bildungspolitische Leitsätze der SPD (1964). – *Bohnenkamp, H. u. a.:* Empfehlungen und Gutachten des Deutschen Ausschusses für das Erziehungs- und Bildungswesen 1953–1965. Gesamtausgabe (1966). – *Führ, C. / Furck, C.-L.* (Hg.): Handbuch der deutschen Bildungsgeschichte. Bd. VI: 1945 bis zur Gegenwart, T. 1 u. 2 (1998). – *Führ, C.:* Deutsches Bildungswesen seit 1945 (1996). – *Ders.:* Bildungsgeschichte und Bildungspolitik (1997). – *Heimann, P.:* Didaktik als Theorie und Lehre, in: Die Deutsche Schule, 54 (1962) H. 9. – *Litt, T.:* Das Bildungsideal der deutschen Klassik und die moderne Arbeitswelt (1959). – *Margies, D.:* Das höhere Schulwesen zwischen Reform und Restauration. Die Biographie Hans Richerts als Beitrag zur Bildungspolitik in der Weimarer Republik (1972). – *Robinsohn, S. B.:* Bildungsreform als Revision des Curriculum (1967). – *Röhrs, H. / Scheuerl, H.* (Hg.): Richtungsstreit in der Erziehungswissenschaft und pädagogische Verständigung (1989). – *Roth, H.:* Die realistische Wendung in der pädagogischen Forschung, in: Neue Sammlung (1962) H. 9. – *Picht, G.:* Die deutsche Bildungskatastrophe (1964). – *Schelsky, H.:* Schule und Erziehung in der industriellen Gesellschaft (1957). – *Scheuerl, H.:* Probleme der Hochschulreife. Tutzinger Gespräche I–III (1962). – *Stein, E.:* Freiheit und Demokratie (1968). – *Uhl, S.* (Hg.): Wolfgang Brezinka – 50 Jahre erlebte Pädagogik (1997). – Wesen und Wege der Schulreform (Richert-Festschrift), hg.v. A. Grimme (1930). – *Wiechert, E.:* Rede an die deutsche Jugend (1945). – *Wollenweber, H.* (Hg.): Das gegliederte Schulwesen in der Bundesrepublik Deutschland (1980). – *Ders.:* Die Realschule in Geschichte und Gegenwart (1997).

Anhang

Tutzinger Maturitätskatalog vom 28.–30.4.1958: entnommen aus: *Hans Scheuerl:* Probleme der Hochschulreife. Heidelberg 1962, S. 155–157.

Begriff der Hochschulreife – Inhaltliches Minimum.

1. Einwandfreies Deutsch; Fähigkeit, einen eigenen Gedankengang zu formulieren und einen fremden richtig wiederzugeben, sowohl mündlich wie schriftlich, und mit einem Wortschatz, der auch feinere Unterscheidungen ermöglicht.

2. Verständnis einiger Meisterwerke der deutschen Literatur, und zwar auch solcher aus dem Umkreis der klassischen Literaturepoche sowie bedeutender Schriften sowohl philosophisch als auch literarisch wertvoller Prosa und Verständnis einiger grundlegend wichtiger Meisterwerke der Weltliteratur, vor allem auch der antiken.

3. Gute Einführung in eine Fremdsprache: Nachzuweisen ist flüssige Lektüre gehaltvoller leichter bis mittelschwerer Prosa ohne Hilfsmittel und die Fähigkeit, über das Gelesene in deutscher Sprache zu referieren und in der Fremdsprache ein einwandfreies Gespräch zu führen; ferner eine erste Einführung in eine zweite Fremdsprache. Eine der beiden Sprachen soll Latein oder Französisch sein.

4. Kenntnis der Elementarmathematik, quadratische Gleichungen, Trigonometrie, Algebra, analytische Geometrie; Weiterentwicklung der mathematischen Denkfähigkeit, insbesondere der Fähigkeit, Beweise zu führen; Anwendung der aus den ausgewählten

Stoffen gewonnenen Erkenntnisse auf Geometrie und Naturwissenschaften.

5. In der Physik Einführung in die Hauptphänomene, Verständnis für den Energiebegriff, wie er in allen Erscheinungsformen der Natur zu ermitteln ist, Kenntnis der historischen Anfänge physikalischen Denkens. Verständnis für das Wesen der exaktnaturwissenschaftlichen Methode, für die Beschränkung der Aussagemöglichkeiten auf das Quantitative und damit für die Grenzen der naturwissenschaftlichen Methode – ferner für die wissenschaftliche Ermöglichung der maschinellen Technik, Ansatz zum Verständnis chemischer Erscheinungen und ihres Bezugs auf das Energieproblem.

6. Liebhabermäßiges Betrachten der anschaulichen Natur und Zugang zur biologischen Betrachtungsweise.

7. In der Geschichte: Kenntnis und Verständnis für die geschichtliche Situation der Gegenwart, wie sie sich seit der Französischen Revolution ergeben hat.

8. Propädeutik: Verständnis für die philosophischen Einleitungsfragen, besonders für die anthropologischen, ausgehend von Platon oder Descartes oder Kant.

9. Orientierung über die Christenlehre, die kirchengeschichtlichen Hauptereignisse und Einführung in die ethischen Grundfragen.

(Voraussetzung dabei ist, daß die Ergebnisse des mittleren Schulkurses wirklich vorhanden sind – Deutsch, Geschichte, Erdkunde, anschauliche Naturkunde, Rechnen und Anfänge der Elementarmathematik, mindestens eine Fremdsprache. – Die in jeder planmäßigen Schulung auftretenden Künste – Gymnastik, Musik, Laienspiel, Gedichtmemorieren, Malen, technisches Zeichnen, Werkunterricht – gehören ebenfalls zu jenen Ergebnissen.)

Vom eingebildeten zum echten Bildungsnotstand – ein deutsches Satyrspiel

Georg-Berndt Oschatz

Es ist auch in eher konservativen Kreisen schick geworden, der 68er Studentenrevolte eine positive, der seinerzeitigen bundesdeutschen Gesellschaft mehr Freiheit bringende Wirkung zuzuschreiben. So meint Roger Köppel unlängst in der „Welt" vom 17. September 2005 wieder feststellen zu können: „Die mit wachsender Gereiztheit vorgetragene Pauschalkritik an der abtretenden 68er Generation verkennt, wie zwingend und notwendig die Beseitigung des spätwilhelminischen Restmiefs nach der Adenauer-Ära gewesen sein muss, auch wenn die gesellschafts-, sozial-, und wirtschaftspolitischen Rezepte von damals inzwischen an der Kostenwahrheit scheitern." Warum etwas notwendig war, was jetzt an der Kostenwahrheit scheitert, bleibt sein Geheimnis. Immerhin müssen diese Kosten von allen bezahlt werden. Was bei derart oberflächlicher Vergangenheitsbetrachtung allerdings gefährlich ist, ist das Mitwirken an der Pflege des Mythos einer Aufbruchzeit und Reformepoche, die eigentlich erst eine freiheitliche und demokratische Bundesrepublik geschaffen habe. Wer wie der Verfasser 1953 aus der DDR geflohen war und überglücklich einen vollendet freien und demokratischen westdeutschen Staat erleben durfte, konnte die spätberufenen Widerständler und Pseudorevolutionäre, die sich gegen eine intakte, zum Schimpfwort gewordene freiheitlich-demokratische Grundordnung wandten, schon damals nicht verstehen.

1. *Epocheneinschnitt 1968*

Dass der Bruch in der Entwicklung der Bundesrepublik in den 60er Jahren unvermeidlich war als Folge der von den Nationalsozialisten angerichteten mentalen Verheerungen in Deutschland, insbesondere die Auseinandersetzung zwischen den „Tätern" und ihren Kindern, steht außer Frage. Ebenso steht außer Frage, dass die mit Schuld beladenen Väter dem moralische Rigorismus ihrer jugendlichen Kritiker nicht entgegenzutreten wagten, auch da wo es die Sache erfordert hätte und wo sie persönlich gar nicht mit Schuld beladen waren. 1968 war ohne Zweifel der erste große Epocheneinschnitt in der Bundesrepublik Deutschland. Die Kulturrevolution war die große Wende im jungen Leben der Bundesrepublik. In ihrem Verlauf wurde das Bürgertum, das den Wiederaufbau der Bundesrepublik erfolgreich bewältigt hatte, als Lebensform in weitem Umfang zerbrochen. Die bundesdeutsche Gesellschaft verlor ihre Orientierungssicherheit. Dies bedeutet, wir können die Augen nicht verschließen vor den Verwerfungen, die durch diesen Bruch in der Entwicklung der Bundesrepublik in den 60er Jahren in Staat und Gesellschaft entstanden sind und unter denen wir noch heute leiden. Diese Leiden von heute können wir nur heilen, wenn wir die Ursachen der in den 60er Jahren eingeleiteten Fehlentwicklungen aufspüren, um Korrekturen wirksamer Art vornehmen zu können. Am verhängnisvollsten wirkte sich das Reformgeschehen der 60er und seiner Fortsetzung in den 70er Jahren im Bildungssektor aus. Das Bildungssystem eines Staates gehört zu den komplexesten menschlichen Bezugssystemen in diesem Staatswesen. Veränderungen dieses Systems sind immer nur langfristig möglich. Die Gefahr unerwünschter, unkalkulierbarer Nebenwirklungen bei Eingriffen in das System ist groß. Korrekturen sind daher auch wieder nur langfristig in einem Bildungssystem durchführbar. Wer Sofortmaßnahmen etwa nach dem PISA-Schock forderte, verkannte diesen Sachverhalt. Nötig sind allerdings, wenn man Fehler korrigieren will, sofortige Maßnahmen, die in der systemgerecht möglichen Zeit wirken.

Da jede Kultur eines Volkes einzig und allein durch das Bildungssystem dieses Volkes weitergegeben und damit erhalten wird, ist die Pflege des Bildungswesens für den Zustand der Kultur eines Volkes ausschlaggebend und damit auf lange Sicht für die Existenz eines Volkes und seines Staates überhaupt. Alle materiellen Lebensgrundlagen eines Volkes gehen auf seine kulturelle Leistungsfähigkeit zurück. Wie steht es um das deutsche Bildungswesen? Gibt es Fehlentwicklungen, die ggf. wie korrigiert werden müssen? Dieser Frage soll im Rahmen des vorgelegten Bandes in diesem Beitrag, beschränkt auf unser Schulwesen und auf die einschneidenden Reformentscheidungen der 60er und 70er Jahre, nachgegangen werden.

2. Zwei Reformansätze

Am Anfang der in jenen Jahren eingeleiteten Veränderungen unseres Schulwesens standen zwei Reformansätze, die sich dann im Verlaufe der Reformen überlagerten und vermischten. Das eine war ein quantitativer, bildungsökonomischer Ansatz. Das andere ein inhaltlicher, pädagogischer Ansatz, eine – aus der Retrospektive gesehen – völlig neue Bildungsideologie.

Für den vor allem quantitativen Ansatz steht Georg Picht mit seiner Artikelserie in der Wochenzeitschrift „Christ und Welt" 1964 unter dem Titel „Die deutsche Bildungskatastrophe". Zwar stellt er fest: „Unser noch vorhandenes reiches Bildungskapital hat die wirtschaftliche Überwindung der dunkelsten Katastrophe der deutschen Geschichte möglich gemacht. Es konnte noch in allen

Schichten der Bevölkerung fast selbsttätig wirken." Meint dann aber, darauf könnten wir uns für die Zukunft nicht länger verlassen. Unser Bildungswesen sei – gemessen an der technischen Entwicklung – erschreckend zurückgeblieben. Vor allem die höhere Schule sei in den Auffassungen des 19. Jahrhunderts als eine Schule für die sogenannten gebildeten Stände fortgeführt worden, während sie heute längst eine Auslesestätte für alle sein müsste.

Die Vorstellung vom „Königsweg Abitur" für alle nahm von dieser Pichtschen Analyse her ihren Ausgang. Er forderte eine „Modernisierung des ländlichen Schulwesen". Das katholische Mädchen aus dem oberbayerischen Dorf als benachteiligtes Schreckgespenst tauchte auf. Er forderte eine „Verdoppelung der Abiturientenzahl", eine drastische „Vermehrung der Zahl der Lehrer", vor allem bessere Aufstiegschancen für sie und eine Neuordnung der „Kulturverwaltung" an Haupt und Gliedern.

3. Expansion des Bildungswesens

Binnen kurzem erhielt in den Jahren 1964/1965 die Bildungspolitik eine hohe Priorität. Erfolgreich konnte der Öffentlichkeit der Eindruck vermittelt werden, dass ein für die zukünftige Entwicklung gefährlicher Rückstand aufzuholen sei, um eine „Bildungskatastrophe" gerade noch zu vermeiden. Deutschland erlebte durch die seinerzeit eingeleitete Entwicklung dann auch in den nachfolgenden eineinhalb Jahrzehnten eine „Bildungsexpansion" bisher nicht da gewesener Art. Zahlreiche Hochschulen wurden gegründet, das Schulwesen ausgebaut und auf dem Lande zentralisiert, die Zahl der Abschlüsse weiterführender Art, insbesondere des Abiturs, erheblich vermehrt. Allerdings, wie sich alsbald zeigen sollte und für die weniger mit dem Zustand des deutschen Bildungssystems vertraute Öffentlichkeit spätestens wieder einmal bei dem ersten „PISA-Schock" um die Jahrtausendwende deutlich wurde, zeichneten sich die Bildungsreformen der 60er und 70er Jahre in der alten Bundesrepublik von Anfang an dadurch aus, dass eine zweifellos notwendige quantitative Expansion inhaltliche, pädagogische Weichenstellungen erfuhr, die in weiten Bereichen einen langfristig wirkenden qualitativen Verfall dieses Bildungswesens bewirkten.

4. Durch Pädagogik zur „Emanzipation"

War es 1945 noch gelungen, in der Bundesrepublik den Bruch mit der Kontinuität pädagogischen Denkens zu vermeiden, so erfolgte dieser Bruch Ende der 60er und Anfang der 70er Jahre total durch die Überlagerung, durch die Durchdringung der qualitativen Expansion des Bildungswesens mit pädagogischem Gedankengut der Studentenrevolte von 1968, mithin mehr oder minder popularisierten Thesen der Frankfurter Kritischen Schule und vulgär-aufklärerischem Bildungsoptimismus. Letzte Reste einer Humboldtschen Bildungsidee von der „Selbstformung der Person" an Bildungsgegenständen der Wissenschaften verschwanden. Es verbreitete sich weithin die Auffassung, dass Erziehung und Bildung der Emanzipation des Menschen und der Veränderung der Gesellschaft zu dienen hätten. Das gesamte Bildungswesen, Schulen und Hochschulen, sei zu „demokratisieren". Alle Stichworte des Reformfurors finden sich in den Papieren des Deutschen Bildungsrates, besonders im Strukturplan der Bildungskommission. Das herkömmliche, dreigliedrige Schulsystem, in dem eine volkstümlich-praktische Bildung für Hauptschüler von einer gehobenen praxis-berufsorientierten Bildung für Realschüler unterschieden und diese beiden wiederum von einer wissenschaftsorientierten Bildung für Gymnasiasten abgesetzt wurde, vertrage sich nicht mit dem Selbstverständnis einer offenen demokratischen Gesellschaft. Es wurde als ein repressives, lediglich der Reproduktion einer ungerechten Klassengesellschaft dienendes System abqualifiziert. Egalität sollte endlich in der Gesellschaft durch ein weitgehend integriertes Schulsystem hergestellt werden, das prinzipiell gleich begabbare Schüler gleichermaßen zu einem „Abitur I" führen sollte. Mit dieser emanzipatorischen, Chancengleichheit durch pädagogische Sozialtechnik erzwingen wollenden Bildungspolitik verbunden war das Bestreben, vor allem in den geisteswissenschaftlichen Fächern Abschied von den überkommenen Bildungsinhalten des Bildungsbürgertums zu nehmen.

5. Beliebigkeit der Inhalte

Beliebigkeit im Inhaltlichen breitete sich aus, neomarxistischer Zeitgeist drang in das Vakuum.

Insgesamt machten sich die Reformer in der Bildungskommission des Bildungsrates über Bildungsinhalte nur am Rande Gedanken. Hans Bauer versah 1973 ein Kapitel seiner Streitschrift „Das Ende des deutschen Gymnasiums" zutreffend mit der Überschrift „Der Strukturplan der Bildungskommission oder das Kunststück, nicht vorhandene Inhalte zu ordnen". Sobald man anfing sich Gedanken zu machen, begann man dann allerdings unter egalitär-emanzipatorischen und eben nur oberflächlich verdeckt neomarxistischen Ordnungsvorstellungen die Lehrpläne zu verändern, was besonders die Fächer Deutsch, Geschichte und Gemeinschaftskunde betraf.

So wurde im „Systemvergleich" BRD/DDR systematisch das Unrechtssystem der SED verharmlost. Tiefergehende Kenntnisse über wirtschaftliche Zusammenhänge

in einer Sozialen Marktwirtschaft wurden so gut wie gar
nicht vermittelt. Trockenes Faktenlernen wurde geächtet.
Die Schüler wurden angehalten, über Zusammenhänge in
Staat und Gesellschaft je nach tagespolitischer Mode zu
diskutieren und Sachverhalte zu beurteilen, die sie mangels Fachkenntnissen gar nicht durchschauen konnten. So
wurden sie Opfer der jeweiligen Lehrermeinung. Man pries
im von der Kritischen Theorie der Frankfurter Schule bestimmten Schrifttum den fundamentalen Wandel der geisteswissenschaftlichen Pädagogik hin zu einer empirisch
orientierten Erziehungswissenschaft, ohne irgendwelche
nennenswerten neuen empirischen Kenntnisse vorweisen
zu können. Offen erklärten die Vertreter der neuen Bildungspolitik den Lehrer zum Agenten dieser Theorie, zum
Agenten der jeweils zu gelten habenden gesellschaftlichen
Herrschaftsverhältnisse.

Der Verfasser erinnert sich noch gut an eine bildungspolitische Diskussion in Bonn Anfang der 70er Jahre, an der er
für die CDU in Niedersachsen teilnehmen musste und in
deren Verlauf ein Vertreter der neuen Pädagogik erklärte,
Bildung und Erziehung in der Schule müssten sehr früh im
kindlichen Alter beginnen und könnten nur wahre Emanzipation des Schülers bewirken, wenn es gelinge, zu allererst
einmal sämtliche Prägungen, Vorstellungen und Verhal-
tensweisen, die das Elternhaus mitgegeben habe, „nieder-
zureißen" und „auszumerzen". Die Frankfurter Schule
hatte mit ihrer Vorstellung von der „Erziehung kritischer
Kritiker als neues Staatsziel" ganze Arbeit geleistet.

Die angesichts dieser Entwicklung in der Bundesrepublik
einsetzenden heftigen, Jahrzehnte bestimmenden ideologisch geprägten Auseinandersetzungen fanden ihren Hö-
hepunkt in dem „Hessischen Richtlinienstreit". Die „Rahmenrichtlinien zur Gesellschaftspolitik" führten dann zur
Gründung des „Bundes Freiheit der Wissenschaft". Die
Deutschrichtlinien sprachen besonders für sich; sie wollten

Egalität durch eine Anpassung aller an das Unterschicht-deutsch herstellen.

Es waren vor allem die über längere Zeit von der SPD regierten Länder, deren Bildungspolitik von den geschilderten Reformbestrebungen der End-60er und 70er Jahre bestimmt worden ist. Aber auch in nur zeitweise von der SPD regierten Ländern und durch Veränderung in der Lehrerbildung, wie einfach durch das Wehen eines übermächtigen Zeitgeistes, setzten sich überall Elemente des Strukturplanes des Bildungsrates durch und veränderte sich unser Schulwesen über Jahrzehnte negativ im Hinblick auf seine Qualität. Vereinfacht und zusammengefasst vollzog sich folgende Entwicklung, wobei die süddeutschen Länder am meisten von der alten Qualität bewahrten.

6. Hauptmerkmale der Entwicklungen

Die auf mehr gesellschaftliche Gleichheit und die Beseitigung, zumindest Minderung schichtenspezifischer Auslese gerichteten Reformen haben mehr oder minder offen ihre Ziele, im Kern durch eine Herabsetzung des Bildungsniveaus im allgemeinbildenden Schulwesen, vor allem in den von der SPD regierten Ländern und durch eine totale Öffnung des Hochschulwesens auch für nicht geeignete Studenten, verfolgt.

Hauptmerkmale dieser Entwicklung waren:

- Freigabe des Elternwillens bei Aufnahme in weiterführende Schulen;
- Abschaffung jeglicher Aufnahmeprüfungen;
- Unverhältnismäßiger Anteil des spielenden Lernens statt übenden Lernens und strikte Verbannung des Auswendiglernens aus dem Unterricht;
- Auflösung eines verbindlichen Fächerkanons von Kernfächern (Deutsch, Mathematik, Fremdsprache, Ge-

schichte, Naturwissenschaft); dass sogar Deutsch als
Hochsprache in Frage gestellt wurde hat Golo Mann als
„totalen Bruch mit aller Schulvergangenheit" deutlich
gekennzeichnet;

- Stattdessen Einführung unklarer Sammelfächer mit der
Erörterung von Problemfeldern und der Durchführung
von Projekten vor der Vermittlung des notwendigen
Grundwissens (Welt- und Umweltkunde, Sozialkunde);
- Vernachlässigung der muttersprachlichen Kompetenz;
- Ineffektive Organisationsformen mit einer Aufhebung
der Trennung leistungsstarker und leistungsschwacher
Schüler unter Vernachlässigung der notwendigen Bega-
bungsförderung (innere Differenzierung, Integration wa-
ren die Heilsbringer).

Dass bei dieser Art von Schulreform letztendlich die
schichtenspezifische Auslese verschärft wurde, haben die
PISA-Untersuchungen auch einer breiten Öffentlichkeit
deutlich gemacht. Die Reformen erreichten das Gegenteil
von dem, was ihnen als Hauptziel vorschwebte – ein deutsches Sartyrspiel.

Allerdings eine ganze Reihe von Maßnahmen zur allmäh-
lichen Behebung der durch die Bildungsreformen seinerzeit
verursachten Schäden sind seither in verschiedenen Ländern zweifellos zu beobachten, verstärkt seit der TIMS-Stu-
die 1998 und den verschiedenen PISA-Studien seit 2000.
Übendes Lernen ist wieder mehr gefragt. Dass Bildung etwas mit Mühe und Anstrengung zu tun hat, tritt wieder ins
Bewusstsein unserer Lehrerschaft. Da und dort hat sich
auch wieder eine verbindliche Fächerstruktur etabliert, zu
der Deutsch, Mathematik, Geschichte und eine Fremdsprache, Physik, Chemie, Geographie gehören. Entscheidend ist
allerdings für die Entwicklung in den letzten Jahrzehnten,
dass sich seit der Studentenrevolte 1968 ein wirklicher
Grundkonsens über das, was Bildung, Ausbildung und Kultur ist, sein soll, in Deutschland verloren hat. Daher konnte

auch die Kultusministerkonferenz (KMK) nur etwa bis zu diesem Zeitpunkt wirklich funktionieren. Seit Anfang der 70er Jahre gibt es die bekannten Fronten, die A- und B-Länder und ein zähes Ringen darum, das Bildungssystem millimeterweise auf einen von der jeweils anderen Seite nicht akzeptierten Weg zu bringen. Selbstblockade ist häufig die Folge gewesen. Jede wirkliche Innovation blieb auf der Strecke. Das gilt für das Schulwesen und das Hochschulwesen gleichermaßen. Man erinnere sich an den Kampf um die Einführung der Studiengebühren, verfasste Studentenschaften, die Schaffung von Eliteuniversitäten oder den Streit nach PISA, ob nicht die integrierte Gesamtschule allein allen Übeln abhelfen könne.

Der neue Versuch der Qualitätssicherung durch Bildungsstandards im Schulwesen ist sicher lobenswert.

7. Plädoyer für einen „Kanon"

Allerdings sind es weiterhin wieder nur Lernziele im Ergebnis, über die man sich einigt. Woran und worin Bildung erfolgen soll, bleibt mithin weiter beliebig, besonders in den geisteswissenschaftlichen Fächern. Hier lässt man wieder die Lehrer alleine.

Mangels eines Grundkonsenses über das, was Bildung sein soll, beginnt man, soweit es das Schulwesen angeht, sich wieder nicht mit Bildungsinhalten zu befassen. Das Wort „Kanon" ist für die pädagogischen Experten nach wie vor ein Unwort, reaktionäre Verirrung. Dennoch gibt es keine Bildung ohne Bildungsinhalte. Und über diese muss sich jede Generation in einer Kulturnation wie der unseren immer wieder neu verständigen. Was in der Muttersprache und der deutschen Literatur, der deutschen Geschichte in ihrer Einbindung in die Weltgeschichte, von unserer Religion gelehrt wird, bestimmt die Entwicklung

der eigenständigen, urteilsfähigen Persönlichkeit und erhält allein nationale Identität.

Wenn es dem Staat bei der allgemeinen, seit 1968 bestehenden Orientierungsunsicherheit im kulturellen Bereich
so schwer fällt, sich über Bildungsinhalte und Wege zur Erreichung der Ziele zu einigen, muss er denen Raum geben,
die hier Verantwortung übernehmen wollen, dann allerdings ein den pluralen Gegebenheiten unserer Gesellschaft
entsprechendes freies Schulsystem akzeptieren, ein System von freien Schulen unter staatlicher Kontrolle und bei
voller staatlicher Finanzverantwortung, aber eben staats-
fern.

Rüdiger Altmann spricht in seinen „Notizen zu einer
politischen Theorie des Scheiterns" schon 1987 von einem
„Erlahmen der Erziehungskraft des staatlichen Bildungswesens", das seit Jahrzehnten „in der gesellschaftlichen
Entwicklung" treibe und seine „Orientierung im Politischen und Sozialen – statt in der diffus gewordenen Kultur" suche.

Was immer die Zukunft bringt, die Verfasser dieses Buches haben den Versuch unternommen, für zentrale Fächer
der Bildung und Erziehung in unseren Schulen Inhalte zu
definieren, die nach ihrer Auffassung zur Erhaltung unserer
nationalen Kultur und damit auch zu Handlungsfähigkeit
unseres Staates als politisches Gebilde in Europa und darüber hinaus ihnen unverzichtbar zu sein scheinen. Sie stellen sich gern der Diskussion.

Literaturhinweise

Altmann, R.: Der wilde Frieden, Notizen zu einer politischen
Theorie des Scheiterns (1987). – *Bauer, H.:* Das Ende des deutschen
Gymnasiums (1973). – *Führ, Ch. / Furck, C.-L.* (Hg.): Handbuch der
deutschen Bildungsgeschichte. Band VI: 1945 bis zur Gegenwart;
Erster Teilband: Bundesrepublik Deutschland (1998). – *Günther,
A.C. / Behrmann, G.C. / Bock, M. / Homann, H. / Tenbruck, F.H.:*

Die intellektuelle Gründung der Bundesrepublik. Eine Wirkungs-geschichte der Frankfurter Schule (2000). – *Kremp, H.:* Memoiren der Zukunft. Deutschland 2050 – Ein Rückblick (Books on Demand GmbH, Norderstedt 2003). – *Picht, G:* Die deutsche Bil-dungskatastrophe. Analyse und Dokumentation (1964).

Schulformen und Schulbildung

Das Gymnasium zwischen Tradition und Zukunft

Josef Kraus

1. Zur Geschichte des Gymnasiums

1.1 Zwei Jahrtausende Vergangenheit und zwei Jahrhunderte Geschichte

Das Gymnasium hat zwei Jahrtausende Vergangenheit und zwei Jahrhunderte Geschichte hinter sich. Es ist damit Teil des gesamten europäischen Kultur- und Geistesgeschichte. In dieser Zeit hat das Gymnasium zahllose Reformen, Attacken, Grabgesänge, ja Vernichtungsfeldzüge überstanden. Gewiß veränderte sich das Gymnasium dadurch, aber welche Institution tat dies in diesen Zeiträumen nicht – von der Familie über die Kirche bis hin zum Staat? Dennoch: Das Gymnasium ist auch zu Beginn des 21. Jahrhunderts die Konstante des deutschen Bildungswesens schlechthin.

An der Wiege des gymnasialen Kanons standen griechische Anfänge, konkret die Platonischen Akademien mit der *„enkyklios paideia"*, und die römischen Anfänge, konkret die *„septem artes liberales"*, nämlich mit dem Trivium aus Grammatik (mit Literatur), Rhetorik (mit Recht und Ethik), Dialektik/Logik und mit dem Quadrivium aus Arithmetik, Musik, Geometrie (mit Geographie und Naturgeschichte) und Astronomie. Die eigentliche Tradition des Gymnasiums beginnt allerdings erst mit den mittelalterlichen Kloster-, Dom- und Stiftsschulen ab dem 5. Jahrhundert, mit den Stadtschulen des 13. Jahrhunderts sowie mit den Lateinschulen nach Melanchthons Schulplan von 1528 (Friedrich Paulsen bezeichnet sie als die „altprotestantische Gelehrtenschule").

1.2 Die preußische Gymnasialreform

Näherungsweise in der heute noch geltenden Grundausrichtung entstand das Gymnasium mit der preußischen Gymnasialreform; es erlebte mit dem neuhumanistischen Bildungsideal eines Wilhelm von Humboldt als humanistisches Gymnasium eine neue Blüte. Humboldt ging es nicht um die Bildung des Klerikers oder des Bürgers, sondern um die Bildung des Menschen. Es ging ihm aber auch darum, die Studierfähigkeit zu festigen. Dazu wurde 1788 in Preußen die Reifeprüfung eingeführt; 1812 wurde die Prüfungsordnung weiter ausgebaut und die Reifeprüfung zur festen Voraussetzung für die Zulassung zum Studium. 1837 führte Preußen, um den Klagen über die Überbürdung der Schüler abzuhelfen, die neunjährige Schulzeit mit jeweils einem Jahr Sexta, Quinta, Quarta und je zwei Jahren Tertia, Sekunda und Prima ein. Preußen hatte damit in Sachen Gymnasium die Führung in Deutschland übernommen.

Ende des 19. Jahrhunderts ergaben sich erneut Versuche, den „gelehrten Unterricht" zu reformieren. „Die Angriffe, die sich in Deutschland Ende der achtziger Jahre gegen das humanistische Gymnasium richteten, kamen hauptsächlich aus zwei Lagern: von den industriell interessierten Kreisen der höheren Bourgeoisie und von der militaristisch orientierten preußischen Hofpartei. Die ersteren erhoben die jedermann bekannten Einwände von der praktischen Nutzlosigkeit der toten Sprachen und plädierten für die Verdrängung der klassischen Bildung durch eine sogenannte realistische ...; die letztere wies darauf hin, daß die vorwiegende Beschäftigung mit dem Altertum dem Patriotismus nachteilig sei und forderte einen Unterricht auf ‚na-

tionaler' Grundlage ..." (Egon Friedell). In der Folge kam es
in den letzten Jahrzehnten des 19. Jahrhunderts zur Ausdif-
ferenzierung der Schullandschaft: Der Aufbau des mittleren Schulwesens der Real-, Bürger- und Gewerbeschulen
führte zur Etablierung von Realgymnasicn (mit modernen
Fremdsprachen anstelle von Latein und Griechisch) und
von Oberrealschulen (mit Schwerpunktsetzung im Bereich
Mathematik und Naturwissenschaften). Mit Erlaß vom 26.
November 1900 wurden in Preußen (in Süddeutschland
erst 1910 bis 1914) die Realgymnasien und die Oberrealschulen dem humanistischen Gymnasium gleichgestellt.

Was die Größenordnungen betraf, war das Gymnasium
immer noch weit davon entfernt, eine Schule der großen
Schülerzahl zu sein. 1911 beispielsweise besuchten 306.000
junge Leute im Deutschen Reich ein Gymnasium, ein Real-
gymnasium oder eine Oberrealschule (davon gut die Hälfte
das herkömmliche, nämlich das humanistische Gymnasium). Zum Vergleich: Das Deutsche Reich zählte damals
rund 65 Millionen Menschen; knapp ein halbes Prozent davon besuchten also eine sog. höhere Schule. Das Deutschland des Jahres 2005 zählt 82 Millionen Menschen; 2,25 Millionen, also 2,7 Prozent, besuchen ein Gymnasium.

1.3 Das Gymnasium in der NS-Zeit

In den Jahren 1933 bis 1945 genoß das Gymnasium nicht
gerade die volle Sympathie der Machthaber; diese setzten
aus ideologischen Gründen vielmehr auf die Volks-, Mittel-
und Berufsschulen. Das Gymnasium selbst verstand sich
als die Schule der bürgerlichen, ja einer liberal-weltbürger-
lichen Kultur; das war den Nationalsozialisten suspekt.
Deshalb haben sie ihr Führungspotential weniger aus dem
Gymnasium, sondern vor allem aus der Sonderschule „Na-
pola" rekrutiert. Allerdings wurde das Gymnasium in den
Dienst der Rekrutierung junger Offiziere gestellt. Im Zuge

des Ausbaus der Wehrmacht und des damit einhergehenden Bedarfs an soldatischen Führungskräften wurde die neunjährige gymnasiale Schulzeit im Jahr 1938 auf acht Jahre verkürzt. Man gewann dadurch mit einem Mal einen zusätzlichen Jahrgang an Offiziersanwärtern. Ansonsten hat sich das Gymnasium reserviert gegenüber der Ideologie des Nationalsozialismus verhalten und die Hereinnahme rassistischer Elemente nur in Grenzen geleistet. Die zwanzig Jahre nach dem Krieg verbreitete Behauptung, das Gymnasium sei während der NS-Zeit ein Hort deutsch-nationaler Gesinnung gewesen, entspricht in dieser Pauschalität nicht den Tatsachen.

1.4 Das Gymnasium in der Bundesrepublik Deutschland

Die West-Alliierten wollten für die Tri-Zone nach amerikanischem Vorbild eine „demokratische Gemeinschaftsschule". Diese Idee setzte sich aber nicht durch, vielmehr knüpfte die Schulpolitik in den Westzonen sowie ab 1949 die Schulpolitik der Länder der Bundesrepublik am gegliederten Schulwesen der Weimarer Republik an. In der Folge erlebte auch das Gymnasium – ab 1951 sukzessive wieder erweitert um ein neuntes Schuljahr – eine Reetablierung. Im Jahr 1950 besuchten in der Bundesrepublik bereits wieder ca. 650.000 junge Leute ein Gymnasium. Diese Zahl verdoppelte sich binnen zwei Jahrzehnten aus zwei Gründen: Zum einen gab es einen großen Geburtenzuwachs, zum zweiten wurde ab den 60er Jahren eine Politik der fortschreitenden Öffnung des Gymnasiums betrieben. 1970 jedenfalls beherbergte das Gymnasium bereits 1,36 Millionen Schüler.

In den 60er und 70er Jahren des 20. Jahrhunderts waren das Gymnasium und das gegliederte Schulwesen insgesamt zum Kritikobjekt der Bildungsreformer geworden. Der „Deutsche Bildungsrat" empfahl – politisch massiv unter-

stützt von SPD, FDP, Gewerkschaften und „progressiven"
Bildungstheoretikern – eine Umwandlung der horizontalen
Gliederung des Schulwesens (Hauptschule, Realschule,
Gymnasium) in eine vertikale Gliederung in Schulstufen
(Sekundarstufe I, Sekundarstufe II). Konkret sollte das heißen: Auf eine sechsjährige Grundschule bzw. eine vierjährige Grundschule mit integrierter Orientierungsstufe in
den Jahrgangsstufen 5 und 6 sollte in den Jahrgangsstufen
7 bis 10 eine einheitliche Sekundarstufe I (also eine integrierte Gesamtschule) folgen. Die Umsetzung dieser Vorschläge ist bekannt. Je nach Regierungskonstellation folgte
man diesem Modell mehr oder weniger: in Süddeutschland
nur im Rahmen einzelner Modellversuche, in Nordrhein-
Westfalen, in Hessen sowie in den Stadtstaaten in großem
Stil, ohne allerdings das gegliederte Schulwesen oder gar
die Gymnasien aufzuheben. Zu einer von „linken" bildungspolitischen Kräften angestrebten integrativen Lösung
in der Sekundarstufe II kam es noch seltener, nämlich nur
in Form einer sog. Kollegschule (nicht zu verwechseln mit
der Kollegstufe als gymnasialer Oberstufe). Diese Kollegschule wurde in den 70er und 80 Jahren konzipiert und er-
probt; in NRW hat sie sich gut 40mal etabliert. Diese Kollegschule stellt eine Integration von gymnasialer Oberstufe
und Berufsschule dar, sie schließt mit einer Hochschulreife
und mit einem Berufsabschluß nach Landesrecht ab.

Was das Gymnasium betrifft, so zeigte es in den 70er und
80er Jahren auch in SPD-regierten Ländern eine ungeahnte
Widerstandsfähigkeit gegen die „neue", integrative Schulpolitik. Anders ausgedrückt: Die Gesamtschule hatte selbst
in Ländern wie Hessen oder NRW keine Chance, das Gymnasium abzulösen. Gleichwohl waren über das Gymnasium
zahlreiche mehr oder weniger tiefgreifende Reformen hin-
weggegangen. Stichworte müssen an dieser Stelle genügen:
Düsseldorfer Abkommen zur Vereinheitlichung des Schulwesens von 1955 mit Festlegung auf drei Gymnasialtypen,

nämlich das altsprachliche (früher: humanistische), das neusprachliche (früher: Real-Gymnasium) und das mathematisch-naturwissenschaftliche Gymnasium (früher: Oberrealschule); daneben in den Ländern teilweise auch wirtschaftswissenschaftliche, sozialwissenschaftliche, musische und erziehungswissenschaftliche Gymnasien; Tutzinger Maturitätskatalog von 1958; Saarbrücker Rahmenvereinbarung zur Oberstufe des Gymnasiums 1960; Hamburger Abkommen zur Vereinheitlichung des Schulwesens 1964; Berliner Richtlinien für den Gymnasialunterricht der Klassen 5 bis 11 von 1966; Vereinbarung über die gegenseitige Anerkennung der Reifezeugnisse von 1969; Bonner Vereinbarung zur neugestalteten gymnasialen Oberstufe (NGO) von 1972; Vereinbarung über Einheitliche Prüfungsanforderungen (EPA) in der Abiturprüfung von 1979.

Trotz all dieser Vereinbarungen hat sich das Gymnasium in der Bundesrepublik in verschiedene Varianten und mit sehr unterschiedlichen Vorgaben ausdifferenziert:

- als Schule der Jahrgänge 5 bis 13 oder in Ländern mit sechsjähriger Grundschule bzw. mit Orientierungsstufe als Schule der Jahrgänge 7 bis 13;
- als Schule mit festen Zugangsbedingungen bzw. Qualifikationsvoraussetzungen oder als Schule, die von den Eltern für ihre Kinder frei gewählt werden konnte;
- als Schule, die vor allem in bestimmten Regionen bis zu 70 Prozent eines Geburtsjahrganges aufnahm, oder als 20-Prozent-Schule;
- als Schule mit relativ straffen Vorgaben bei der Wahl der Fächer in der Oberstufe oder als Schule mit liberalen Wahlmöglichkeiten;
- als Schule, die mit einem landeseinheitlichen Zentralabitur, oder als Schule, die mit einem hausinternen Abitur abschließt.

Diese Varianz wurde spätestens Ende der 80er, Anfang der 90er Jahre immer wieder zum Ärgernis, denn erstens häuften sich die Klagen der Hochschulen über die Qualität des studentischen Nachwuchses, und zweitens war gerade der Bevölkerung in Ländern mit strengerer Gymnasialpolitik auf Dauer nicht vermittelbar, warum „ihre" Kinder – zumal in einer durch den Numerus clausus angespannten universitären Lage – für das Abiturzeugnis einen höheren Preis zahlen sollten. Ein großes politisches Wochenmagazin betitelte 1992 einen Aufmacher gar mit „Abitur – Prüfung ohne Wert". So kam es Ende der 80er Jahre und Mitte der 90er Jahre zwischen den elf bzw. – nach der deutschen Wiedervereinigung – sechzehn deutschen Ländern zu erneuten Festlegungen, vor allem was die Verbindlichkeit der in der Oberstufe zu belegenden und in die Abiturwertung bzw. die Abiturprüfung einzubringenden Fächer betraf. Auch diese Vereinbarungen verhinderten aber nicht, daß Länder wie Hamburg ihren Schülern weiterhin großzügige Erleichterungen gewährten, etwa das Substituieren des Faches Deutsch durch einen Kurs Schulspiel.

1.5 Das Verschwinden des Gymnasiums in der DDR und seine eindrucksvolle Renaissance nach 1990

Das gegliederte Schulwesen der Zeit vor und nach 1933 hatte in der SBZ über 1945 hinaus keinen Bestand. Unmittelbar nach Kriegsende wurde die Schullandschaft in der SBZ nach sowjetischem Vorbild in eine zunächst achtjährige einheitliche Grundschule und eine vierjährige Oberschule umgewandelt. Als Argument dienten dabei die notwendige Demokratisierung der Schule und der Abbau von Standesprivilegien. Ab 1959 wurde daraus eine zehnklassige Polytechnische Oberschule (POS) mit zunächst unverändert vierjähriger Oberschule, damals noch gegliedert in einen neusprachlichen, mathematisch-naturwissenschaftlichen und altsprachlichen Zweig. Ab den 70er Jahren kam die zweijährige Erweiterte polytechnische Oberschule

(EOS), neben der es „Spezialschulen für besonders Begabte" gab. Wichtig war den mittel- und ostdeutschen Machthabern als schulpolitisches Gestaltungsprinzip die Einheit von Pädagogik und Ökonomie. Deshalb auch ab 1951 die sog. polytechnische Bildung; mit ihr rekurrierte man auf Karl Marx, der die Trennung von geistiger und körperlicher Arbeit beseitigt wissen wollte und die Verbindung des Unterrichts mit produktiver Arbeit forderte. Ebenfalls ab 1951 übrigens wurde ausschließlich Russisch als erste und in der Regel einzige Fremdsprache etabliert. Mit dem Jahr 1959 sollte der Hauptweg zur Hochschulreife der Oberschule über die Berufsausbildung führen; diese Vorstellung wurde mit dem Bildungsgesetz von 1965 revidiert. Die EOS sollte wieder der Standardweg zur Hochschulreife werden. Der Anteil der EOS-Absolventen an allen Schulabsolventen betrug 1966 9,1 Prozent, 1970 9,8 Prozent und 1980 7,7 Prozent; hinzu kamen jeweils weitere rund drei Prozent über Berufsausbildung mit Abitur (BmA). Im Jahr 1986 etwa gelangten in der DDR insgesamt 36.800 Schüler zum Abitur, davon über die EOS 52 Prozent, über BmA 28 Prozent, über Volkshochschule 7 Prozent, über Spezialschulen/-klassen 5 und über sonstige Wege 8 Prozent.

All diese Strukturen waren mit der friedlichen Revolution von 1989 und 1990 Schall und Rauch. Mit dem DDR-Unrechtssystem wurde auch sein Schulsystem hinweggefegt. Zu sehr hatte sich dieses Schulwesen – selbst bei Anerkennung des einen oder anderen positiven Merkmals – diskreditiert. Vor allem hatte es sich diskreditiert wegen seines Zwangs zur Gleichmacherei, wegen der Ideologisierung zahlreicher Unterrichtsfächer und wegen der politischen Willkür, mit der junge Menschen zu bestimmten Bildungswegen zugelassen oder aus ihnen ausgegrenzt wurden. Bei der ab 1990 anstehenden inhaltlichen und strukturellen Reform gingen die neu erstandenen fünf Länder zum Teil gemeinsame, zum Teil getrennte Wege. Wäh-

rend sich Brandenburg unter dem Einfluß Nordrhein-Westfalens für eine flächendeckend etablierte Gesamtschule neben je rund 60 bis 70 Realschulen und Gymnasien entschied (derzeit aus demographischen Gründen revidiert),
wählten die anderen vier neuen Länder 1990 den Weg des
drei- oder zweigliedrigen Schulwesens. Gemeinsam ist allen fünf Ländern aber die Wiedererrichtung der Gymnasien. Dieses besaß eine so große Strahlkraft, daß sich am
liebsten alle Polytechnischen Oberschulen in Gymnasien
umwandeln wollten. Anfangs schien es auch so, als wollten mehr als die Hälfte der Eltern, in manchen Gegenden
Dreiviertel der Eltern das Gymnasium als Schule für ihre
Kinder. Zwar hat sich diese enorme anfänglich Nachfrage
eingependelt, aber insgesamt ist das Gymnasium in den
neuen Ländern mit der gleichen Attraktivität ausgestattet
wie in den alten Ländern.

1.6 Gymnasium und Hochschulzugang in anderen Ländern Europas

Etwas Vergleichbares wie das Gymnasium Deutschlands
gibt es in anderen Ländern kaum bzw. kaum noch. Dort
hat man das, was einmal Gymnasium war, im Zuge einer
Vereinheitlichung des Schulsystems abgeschafft oder es allenfalls nur noch in Rudimenten (siehe die „grammar
school" in Großbritannien) übriggelassen. Der Hochschulzugang ist außerhalb des deutschsprachigen Raums zumeist ebenfalls anders geregelt. Frankreich mag dafür als
Beispiel stehen: Dort folgt auf die Gesamtschule namens
„collège" eine hochdifferenzierte Oberstufe namens „lycée". Ähnlich strukturiert, wenn auch anders benannt, ist
das System in den südeuropäischen, nordeuropäischen und
osteuropäischen Ländern: Auf eine acht- bis zehnjährige
Einheitsschule folgt eine Art gymnasiale, zwei- bis vierjährige Oberstufe, die allerdings in der Regel nicht die Studier-

berechtigung verleiht, sondern deren Absolventen sich dann erst einer Hochschuleingangsprüfung stellen müssen. Auch sind die Oberstufensysteme anderer Länder meist fachlich verengt, das heißt, die Schüler spezialisieren sich weit vor dem Studium auf einen engen Kranz weniger Fächer, in Großbritannien beispielsweise auf ein paar wenige A-Level-Kurse. Selbst wenn der Name Gymnasium in einzelnen europäischen Ländern vorkommt (etwa in Griechenland oder in Rumänien mit seinem „gymnasio" bzw. „gymnaziu"), ist das etwas völlig anderes als das Gymnasium in Deutschland. Vergleichbar mit dem deutschen Gymnasium sind allenfalls das Gymnasium und das Athenäum der Niederlande und die entsprechenden Schulen im deutschsprachigen oder teilweise deutschsprachigen Raum, also in Österreich, in der Schweiz und in Luxemburg.

Die Niederlande kennen für die Schüler nach der Grundschule das sechs Schuljahre umfassende Gymnasium (mit Latein und Griechisch) sowie das ebenso lang dauernde Athenäum (ohne Latein und Griechisch) als „voruniversitäre" Schulen. In Österreich entspricht dem deutschen Gymnasium die Allgemeinbildende Höhere Schule (AHS) mit den Klassen 5 bis einschließlich 12. Diese AHS schließt mit der Matura (Reifeprüfung) ab. Innerhalb der AHS kennt man drei Typen: das Gymnasium (mit altsprachlichem Schwerpunkt), das Real-Gymnasium (mit Schwerpunkt in Mathematik und Naturwissenschaften) und das Wirtschaftskundliche Real-Gymnasium (mit Schwerpunkt Ökonomie). In der Schweiz folgt auf die Primarstufe und eine leistungsdifferenzierte Sekundarstufe I die Sekundarstufe II mit den Maturitätsschulen bzw. Gymnasien; diese gliedern sich in fünf Typen: altsprachlich, neusprachlich mit oder ohne Latein, mathematisch-naturwissenschaftlich, wirtschaftswissenschaftlich. Daneben gibt es je nach Kanton musische und sozialpädagogische

Maturitätsschulen, außerdem Langgymnasien, die bereits nach der Primarstufe beginnen. In Luxemburg schließlich gibt es das siebenjährige „lycée général", das auf einer sechsjährigen Grundschule aufbaut.

Auch hinsichtlich Dauer der Schulzeit bis zum Erwerb der Hochschulreife und Breite der studienvorbereitenden Vorbildung gibt es in Europa vielerlei Varianten. 13 Jahre hat England mit fachspezifischer Hochschulreife als Abschluß, 13 Jahre mit Allgemeiner Hochschulreife haben Luxemburg und mehrere Kantone der Schweiz, 14 Jahre die Niederlande und Island. Mit Ausnahme Belgiens und Österreichs vergeben alle Länder, die nur 12 Jahre kennen, eine nur fachspezifische bzw. eingeschränkte Hochschulreife, zumeist begleitet von einem Aditur, das heißt einer Hochschulzugangsprüfung. In Belgien und Spanien wird zwar formal eine allgemeine Hochschulreife verliehen, tatsächlich wird jedoch auch dort eine eingeschränkte Vergabe der Hochschulreife durch zusätzliche fachspezifische Eingangsprüfungen praktiziert. Frankreich hat 12 Jahre, aufgrund der hohen Repetentenquote von rund 70 Prozent und aufgrund der für viele Studienaspiranten notwendigen „classe préparatoire" de facto zumeist 13 oder 14 Jahre.

2. Das Gymnasium konkret

2.1 Die Bildungsziele des Gymnasiums

Das Gymnasium hat traditionell zwei herausgehobene Bildungsziele: die Vermittlung einer umfassenden Allgemeinbildung und die Vermittlung der Studierfähigkeit. Basis dafür ist ein breiter allgemeinbildender Fächerkanon. Dieser umfaßt in den gymnasialen Eingangsklassen neun bis elf Fächer, er steigert sich im Bereich der gymnasialen Mittelstufe auf bis zu fünfzehn Fächer und reduziert sich in der gymnasialen Oberstufe auf durchschnittlich zehn Fächer. Die Fächer Deutsch, eine Fremdsprache, eine Naturwissenschaft, Mathematik, Religion/Ethik und Sport sind immer mit von der Partie; in den Jahrgangsstufen 6 bzw. 7 bis 10 bzw. 11 sind eine zweite Fremdsprache und das Fach Geschichte Pflichtfach, die Zahl der obligatorischen Naturwissenschaften steigert sich in mehreren Jahrgangsstufen bis auf drei, und auch die Fächer Musik und Kunst sind zumindest in der Unterstufe und Mittelstufe des Gymnasiums verbindlich. Daraus entstehen wöchentlich Unterrichtsumfänge von 28 bis 36 Stunden.

Der Fächerkanon, der der gymnasialen Bildung zugrunde liegt, unterscheidet sich nur teilweise von dem anderer Schulformen. Die Differenz besteht darin, daß Bildungsinhalte breiter, vertiefter, mit höherem Abstraktionsgrad und unter intensiverem Einbezug der historischen Dimension behandelt werden können, Allgemeinbildung mithin auf einer breiteren und tieferen Grundlage angestrebt wird. Als charakteristisch kommt hinzu, daß das Gymnasium eine Schule der Sprachen war und ist. Einschließlich der Muttersprache hat ein Gymnasiast mindestens drei, in bestimmten Fällen können es inkl. Deutsch fünf Sprachen sein, die auf dem Stundenplan stehen. Unter den Fremdsprachen dominieren Englisch, Französisch und Latein; an zahlreichen Gymnasien tauchen aber auch Spanisch, Russisch oder gar Chinesisch auf. Erheblich an Boden verloren hat das (Alt-)Griechische, das über viele Jahrzehnte hinweg zum Kernbestand des Gymnasiums zählte; es wird im Rahmen des altsprachlichen Gymnasiums deutschlandweit von allenfalls nur noch zwei bis drei Prozent der Gymnasiasten erlernt. Der Vorrang der Sprachen sowie die Pflichtfächer Religion/Ethik, Geschichte, Kunst und Musik machen das Gymnasium zu der europäischen Schule par excellence, denn in keiner anderen Schulform Deutschlands und Europas begegnen junge Menschen in so weitem Umfang europäischer Kultur.

Neben der Vermittlung einer breiten Allgemeinbildung ist das maßgebliche Ziel des Gymnasiums die Wissenschaftspropädeutik. Wissenschaftspropädeutik meint nicht, das Gymnasium als Universität im kleinen zu begreifen, es heißt: auf wissenschaftliches Arbeiten vorbereiten. Dies zu tun ist vor allem Anliegen der gymnasialen Oberstufe, wenn die Schüler auch hinsichtlich ihrer kognitiven Fähigkeiten und unter Rückgriff auf das in der Unterstufe und Mittelstufe Gelernte und Erworbene dazu in der Lage sind, fachimmanente Strukturen und Zusammenhänge systematisch herauszuarbeiten, und wenn man von ihnen erwarten kann, daß sie sich Inhalte auf immer höheren Erkenntnis- und Reflexionsebenen (vgl. Spiralcurriculum) vergegenwärtigen.

2.2 Latein als typisch gymnasiales Fach

Zur Pflege dieser historischen Dimension, zur Erweiterung kultureller Kompetenz, als Besonderheit des Gymnasiums im Unterschied zu den anderen allgemeinbildenden Schulformen und gerade in Zeiten eines vornehmlich utilitaristischen Bildungsdenkens muß eine – nur vermeintlich – „tote Sprache" eine Renaissance erleben: das Lateinische. Denn: Bildung hat zu tun mit Reflexion und Nachdenklichkeit, Bildung hat zu tun mit Distanz zum Tagesgeschehen und mit Freiheit im Urteilen. Gerade mit Latein wird man das erwerben können, was in Sonntagsreden gefordert wird: Konzentration, Ausdauer, Sorgfalt, Unterscheidungsvermögen, Prägnanz im Ausdruck. Der „Lateiner" wird eher gewappnet sein gegen eigene Geschwätzigkeit und gegen die Geschwätzigkeit anderer, und er wird gewappnet sein gegen einen Pragmatismus, bei dem das Handeln vor dem Denken kommt. Vor allem hat der Lateinunterricht eine mehrfach propädeutische Funktion. Als europäisches Erbgut führt das Lateinische ein in europäische Geschichte, es wird damit zum Schlüssel für europäisches

Denken. Man könnte sagen: Eine Gegenwart ohne Latein wird provinziell. Sie tauscht römische Weitsicht gegen das Spießertum des Hier und Jetzt ein. Latein ist sodann philosophisch-politische Propädeutik. Unsere Vorstellungen von Staat und Gesellschaft, von Recht und Gerechtigkeit haben sehr viel zu tun mit *libertas, lex, civitas, potestas, auctoritas, officium.* Und Latein ist Schlüssel zur Sprache der Wissenschaft. 75 Prozent der deutschen Fremdwörter stammen aus dem Lateinischen. Wissenschaftliche Neologismen, gerade auch im Englischen, kommen ebenso von dort. Das Lateinlernen demokratisiert damit die Fachterminologie, aus dem unverständlichen Fachchinesisch wird ein verständliches Fachlatein. Das gilt für die Sprache der Technik und der Medien und im besonderen für die medizinische Terminologie. Latein ist schließlich Brücke zu europäischer Mehrsprachigkeit. Das gilt nicht nur für ein leichteres Erlernen der romanischen Sprachen Italienisch, Französisch, Spanisch, Portugiesisch, Rumänisch, sondern es gilt auch für das Englische, das zu fünfzig Prozent des gängigen Wortschatzes und zu mehr als sechzig Prozent des gehobenen Wortschatzes lateinische Wurzeln hat. Selbst slawische Sprachen mit ihren vielfältigen Kasus-Endungen verlieren ihre Schrecken, wenn man Latein mit seinen sechs Fällen erlernte. Kurz: Die Schulpolitik muß wissen, daß mit einem Wegfall des Lateinischen die Idee des Gymnasiums den Bach hinuntergeht; sie muß sich mit Nachdruck dazu bekennen, daß Latein ein typisch gymnasiales Fach ist.

2.3 Das Gymnasium in Zahlen

Das Gymnasium durchlief in den Jahren ab 1965 eine äußerst expansive Entwicklung. Daß diese Entwicklung nicht immer ohne Probleme war – man denke allein an Fragen der Lehrerversorgung –, ist selbstverständlich. Die

Zahl der Gymnasiasten erhöhte sich jedenfalls in der alten Bundesrepublik binnen zwei Jahrzehnten von 1960 auf 1980 auf das Zweieinhalbfache. Verantwortlich dafür waren demographische Schübe, aber auch eine politisch gewollte Politik der Öffnung des Gymnasiums. Die Zahl der Gymnasien selbst wuchs nicht in diesem Umfang, sondern nur um rund ein Drittel. Beides zusammen hat zur Folge, daß die Einzelgymnasien oft eine Verdreifachung ihrer Schülerzahl zu verkraften hatten. Gymnasien mit 1.500 oder 1.800 Schülern waren zumindest in den 80er Jahren keine Seltenheit.

Tab.: Entwicklung der Zahl der Gymnasien und der Gymnasiasten (bis inkl. 1990 altes Bundesgebiet, ab 1995 Deutschland insgesamt)

Jahr	Zahl der Gymnasien	Zahl der Gymnasiasten
1960	1.823	853.400
1965	–	957.900
1970	2.311	1.365.800
1975	–	1.850.300
1980	2.477	2.119.000
1985	2.486	1.748.900
1990	2.567	1.549.700
1995	3.168	2.164.600
2000	3.166	2.256.800

Festzuhalten ist auch: Nicht die Gesamtschule, sondern das Gymnasium bewerkstelligte die Heranführung der sog. Bildungsreserven an das Gymnasium. Das gilt gerade auch für das sprichwörtliche katholische Mädchen vom Lande. Stellten Mädchen noch 1960 nur 41,1 Prozent aller Gymnasiasten, so waren es im Jahr 2000 bereits 54,4 Prozent.

Zur Vollständigkeit dieser Statistik gehören ferner folgende Fakten: Seit den 70er Jahren gibt es neben den reinen Gymnasien die Fachgymnasien bzw. die berufsbezogenen Gymnasien. Sie bilden eine Oberstufe, in die Schüler mit mittlerem Schulabschluß eintreten können. Deutschlandweit gab es vor der Wiedervereinigung ca. 350 dieser Gymnasien, mit der Wiedervereinigung stieg ihre Zahl auf rund 520. Zuletzt – im Jahr 2005 – werden diese Gymnasien von mehr als 100.000 Schülern besucht. Sie haben ihren Schwerpunkt mit 174 Fachgymnasien in Baden-Württemberg, 84 in Niedersachen, 51 in Hessen und 49 in Sachsen. Länder wie Bayern, Nordrhein-Westfalen und das Saarland kennen diesen Schultyp nicht. Gymnasien sind ferner die Abendgymnasien; sie ermöglichen Erwachsenen in einem Zeitraum von mindestens drei Jahren den Erwerb der Allgemeinen Hochschulreife. Voraussetzung für den Zugang sind eine abgeschlossene Berufsausbildung und eine mindestens dreijährige Berufstätigkeit. Schüler der Abendgymnasien müssen während des Schulbesuchs mit Ausnahme der Schlußphase berufstätig sein. Den Abendgymnasien verwandt sind die Kollegs, für die ähnliche Voraussetzungen wie beim Abendgymnasium gelten, allerdings ist hier keine Berufstätigkeit während des Schulbesuchs erlaubt. Abendgymnasien und Kollegs zusammen haben mit Stand 2005 gut 30.000 Schüler.

2.4 Das Gymnasium im Lichte von PISA

Das Gymnasium in Deutschland weist im internationalen und im innerdeutschen Vergleich die mit Abstand besten PISA-Werte aus. Es hat sich zudem von PISA 2000 zu PISA 2003 am meisten verbessert.

Tab.: Deutsche PISA-Werte 2003, gesondert nach Schulformen (in Klammern Punktezuwächse gegenüber PISA 2000)

	Mathematik		Lesen	Naturwissenschaften
	Testbereich Veränderungen/Beziehungen	Testbereich Raum und Form		
Gymnasium	606 (+51)	588 (+40)	587 (+5)	599 (+21)
Realschule	510 (+19)	504 (+13)	501 (+6)	509 (+18)
Gesamtschule	486 (+22)	478 (+14)	478 (+18)	486 (+29)
Hauptschule	411 (–5)	423 (–4)	406 (+11)	418 (+16)

Zum Vergleich

Deutschland insgesamt	507	500	491	502
Finnland	543	539	543	548

Mit diesen Werten ist Deutschlands Gymnasium die erfolgreichste Schulform der Welt. Das deutsche Gymnasialergebnis schlechtrechnen zu wollen, wie es gewisse Zeitgenossen wieder einmal versuchen, indem sie dem Gymnasium Aufgabendrill und Schülerselektion vorhalten, ist jedenfalls Unfug. Denn erstens kann man die PISA-Aufgaben nicht trainieren, zweitens hätten das dann alle Schulen getan, drittens ist der Gymnasiastenanteil deutschlandweit weiter gewachsen.

Tab.: Tab.: PISA-E 2003 – Ergebnisse der Gymnasien der 16 Länder

Bundesland	Mathematik		Lesen		Naturwissensch.		Problemlösen	
	Wert	Rang	Wert	Rang	Wert	Rang	Wert	Rang
Bayern	613	1	593	1	611	2	600	1
Sachsen	604	2	584	4	612	1	597	2
Baden-Wü.	599	3	591	2	599	3	595	4
Thüringen	592	4	580	5	598	4	590	6
Schleswig-H.	591	5	585	3	598	4	596	3
Mecklenburg-V.	590	6	569	12	591	9	585	10
Niedersachsen	588	7	578	7	593	7	589	7
Sachsen-Anhalt	586	8	570	11	593	7	585	10
Rheinland-Pf.	586	8	580	5	591	9	592	5
Hessen	584	10	569	12	576	14	586	9
Saarland	581	11	578	7	594	6	575	15
NRW	578	12	576	9	587	11	587	8
Brandenburg	571	13	561	16	571	16	571	16
Hamburg	570	14	576	9	583	13	584	12
Berlin	567	15	565	14	584	12	581	13
Bremen	562	16	564	15	574	15	578	14

Das Gymnasium in Deutschland liefert jedenfalls ein relativ homogenes Leistungsbild auf hohem Niveau. Es fällt auf, daß das Süd-Nord-Gefälle bei den Gymnasien im Vergleich zum entsprechenden Gefälle bei anderen Schulformen weniger steil ausgeprägt ist. Das Gefälle zwischen den Bundesländern – hier als Bandbreite zwischen dem jeweils besten und schwächsten Bundesland im Subtest Mathematik PISA 2003 – ist am geringsten bei den PISA-Werten der Gymnasiasten (maximal 51 PISA-Punkte) und am größten bei den nichtgymnasialen Schulformen (bei den Realschulen bis 101 PISA-Punkte). Über alle Schulformen hinweg beträgt es 62 PISA-Punkte. Diese unterschiedliche innerdeutsche Gefällelage hat wohl vor allem damit zu tun, daß es in Deutschland keine Schulform gibt, deren Identität und deren Festhalten an traditionellen Standards so ausgeprägt sind wie an den Gymnasien. Letztere haben deutschlandweit offenbar noch am ehesten ein gemeinsames Bildungsziel. Man darf zudem vermuten, daß sich die Gymnasien sogar in sog. Reformländern am erfolgreichsten gegen Nivellierungen zur Wehr gesetzt haben. Umgekehrt haben die „schwachen" Bundesländer mit ihren „Reformen" der letzten drei Jahrzehnte eher die nichtgymnasialen Schulformen „kaputtreformiert".

Tab.: PISA-E-Werte 2003 aller Schulformen (Länder in alphabetischer Reihenfolge; hier Testbereich Mathematik)

	Gymnasium	*Realschule*	*IGS*	*Hauptschule*	*Sonstige*	*Alle Schulformen zusammen*
Baden-Wü.	599	527		436		512
Bayern	613	561		462		533
Berlin	567	483	463	374		488
Brandenburg	571	484	458			492
Bremen	562	460	461	381		471
Hamburg	570	463	456	379	HR 425	481
Hessen	584	488	486	ca. 394		497
Mecklenburg-V.	590	490			HR 467	493
Niedersachsen	588	507		410		494

NRW	578	505	462	401		486
Rhein-land-Pf.	586	514		424	Reg 439	493
Saarland	581	480	480			498
Sachsen	604				MiS 498	523
Sachsen-Anhalt	586				Sek 480	502
Schles-wig-H.	591	517	498	410		497
Thüringen	592				ReS 488	510
Spann-breite	*51*	*101*	*42*	*88*	*73*	*62*

Legende: IGS = Integrierte Gesamtschule; HR = Haupt-/Realschule; Reg = Regionalschule; MiS = Mittelschule; Sek = Sekundarschule; ReS = Regelschule. Mit „Spannbreite" ist die Punkte-Differenz zwischen dem jeweils besten und schwächsten Land gemeint.

Nachdenklich stimmt aber auch, daß etwa die bayerische Realschule das Gymnasialniveau der Stadtstaaten und Brandenburgs und daß die bayerische Hauptschule das IGS-Niveau der Stadtstaaten sowie Brandenburgs und NRWs, ferner das Realschulniveau Hamburgs erreicht; sie übertrifft zudem das Niveau der Regionalschule in Rheinland-Pfalz. Mit anderen Worten: Auch für manches Gymnasium in Deutschland gilt, daß nicht überall, wo Gymnasium auf dem Türschild steht, Gymnasium „d'rin" ist. (Entsprechendes muß in noch stärkerem Maße für die Realschulen festgestellt werden.)

3. *Zukünftige Handlungsfelder der Gymnasialpolitik und der Gymnasialpädagogik*

3.1 Am Primat wissenschaftspropädeutischer Allgemeinbildung festhalten!

Auch das Gymnasium der Zukunft wird sich an den hergebrachten Zielen des Gymnasiums zu orientieren haben: am Ziel der Vermittlung breiter Allgemeinbildung und am Ziel der Vermittlung der Studierreife. Sollte es beide Ziele oder auch nur eines davon über Bord werfen bzw. werfen müssen, verdient es den Namen Gymnasium nicht mehr. Angesichts der vielfach berufenen, aber nicht in allen Wissensbereichen stattfindenden Expansion des Wissens muß das Gymnasium seinen Fächerkanon und seine Inhalte in etwa im Abstand von zwei bis drei Schülergenerationen auf den Prüfstand stellen. Dies ist in der Vergangenheit regelmäßig geschehen; das Ergebnis dieser Überprüfung war und dürfte auch in Zukunft sein: Das Gymnasium muß nicht allen fachlichen Moden folgen, denn das Gymnasium hat Inhalte zu vermitteln, die von Bestand sind; es kann und muß sich auch angesichts kürzerer Halbwertszeiten des Wissens inhaltlich nicht ständig neu erfinden, denn zumindest ein Kernbestand gymnasialer Bildung – der sprachliche und kulturelle Kernbestand – zeichnet sich aus durch ein Wissen, das sehr lange Halbwertszeiten hat. Die Forderung nach regelmäßiger Überprüfung gymnasialer Fächer und Inhalte kann auch nicht heißen, daß das Gymnasium – wie dies im 19. Jahrhundert der Fall war – mit enzyklopädischem Wissen vollgestopft wird. Nein – auch hier gilt das Prinzip: *„multum non multa"*. Mit anderen Worten: Das Gymnasium ist die Schule inhaltlich umfassender Bildung, aber nicht die Schule enzyklopädischer Bauchläden.

Auch hinsichtlich Fächerkanon wird es zukünftig um Kontinuität gehen. Nicht jedes neue Fach der universitären

Forschung und Lehre muß sich auch als Gymnasialfach wiederfinden. Im übrigen ist es längst bekannt, daß die Gleichwertigkeit der Fächer gerade im Kontext mit Fragen der gymnasialen Bildung eine Fiktion ist. Diese Fiktion entstand in den 70er Jahren, als Vertreter bestimmter Fächer meinten, nicht auf die Inhalte komme es bei der Schulung des Geistes allgemein und bei der Vermittlung von Studierfähigkeit konkret an. Es gilt auch zukünftig, was eine Umfrage von Werner Heldmann im Jahr 1984 unter rund 1.300 Professoren (Titel „Studierfähigkeit") zutage förderte: Für alle (!) universitären Fachbereiche werden von den Professoren vier Gymnasialfächer als unentbehrlich oder zumindest als nützlich eingeschätzt, nämlich Deutsch, Englisch und eine weitere Fremdsprache sowie Mathematik. Ferner werden – auch das ein Ergebnis der Heldmann-Studie – folgende Fähigkeiten und Fertigkeiten als unerläßlich für die Studierfähigkeit bewertet: Lern- und Leistungsbereitschaft, Denkvermögen, Selbständigkeit und Motivation, Ausdauer und Belastbarkeit, Auffassungsgabe, Urteilsfähigkeit, intellektuelle Neugier sowie Arbeitsqualität.

Ausgestattet mit Wissen und Können in den genannten Fächern sowie ausgestattet mit diesen acht Fähigkeiten und Fertigkeiten wird sich der angehende Student jeder neuen fachlichen Herausforderung stellen können – auch den Herausforderungen, die sich ihm durch die Ökonomie, durch die Informatik oder durch die Elektronik stellen.

3.2 Den übernützlichen Wert gymnasialer Bildung betonen!

Abseits der Vorbereitung auf wissenschaftliches Arbeiten und auf konkretes Wissen und Können muß es zukünftig vermehrt darum gehen, das Gymnasium als die Schule der Vermittlung von besonders anspruchsvollen kulturellem Wissen und von Orientierungswissen zu definieren. Gerade gymnasiale Schulpolitik muß den Grundsatz verteidigen, daß Bildung einen übernützlichen Wert hat. Hier gilt, was das bildungspolitische Papier der Deutschen Bischofskonferenz (DBK) und der Evangelischen Kirche in Deutschland (EKD) vom November 2000 festhielt. Es trägt den Titel „Tempi – Bildung im Zeitalter der Beschleunigung". Darin wird Kritik geübt an einem „Totalitarismus neuen Typs", nämlich dem „subjektlosen Funktionalismus", der auch die Bildung erobere. Es wird gesagt, die Wirtschaft profitierte vom Sabbat. Mit anderen Worten: Bildung ist nicht „functional fastfood", denn gerade erst das „unnütze" Wissen macht den Menschen zum Menschen.

In Nietzsches Worten hieß das: Bildung kann keine Bildung sein „am Pflock des Augenblicks". (Das ist übrigens ein Gedanke, den Wilhelm Dilthey in anderer Perspektive formulierte, als er urteilte: Zur wissenschaftlichen Erkenntnis gehört die Auflösung der Lebensbindung – die Lösung vom hic et nunc also.) Wie Nietzsches Zeit ist jedoch auch unsere Zeit geprägt von einem Klima, wenn nicht gar einem Primat des Materialismus, des Empirismus, des Ökonomismus und des Utilitarismus. Dementsprechend rechnet er es 1872 im ersten seiner Vorträge „Über die Zukunft der Bildungsanstalten" zu den beliebtesten nationalökonomischen Dogmen, den Nutzen, ja den möglichst großen Geldgewinn als Ziel und Zweck der Bildung auszugeben. Wörtlich: „Dem Menschen wird nur soviel Kultur gestattet, als im Interesse des Erwerbs ist."

Eine solche Reduktion von Bildung auf das Marktgängige bedeutet einen Verlust an kulturellen Optionen, an Denk-Spielräumen und an „bereichernden Fremdheits-Erfahrungen" (Aleida Assmann). Bildung kann ansonsten nicht eigentlich zweckgebunden sein. Denn – so Hans-Georg Gadamer – Bildung kennt, so wenig wie die Natur, keine außerhalb ihrer gelegene Ziele. Darin übersteigt – so Gadamer weiter – der Begriff der Bildung den der bloßen

Kultivierung vorgegebener Anlagen. Deshalb muß es gerade im Gymnasium (wo sonst in diesem Maße?) um einen Grundbestand an Literaturkenntnis gehen, im Fach Musik um einen Grundbestand an Werkkenntnis. Und zwar deshalb, weil kanonisches Wissen eine Kommunikationsgrundlage ist und weil ein zu schmales Wissen (ein Wissen unter aller „Kanone") anspruchsvolle Kommunikation erst gar nicht entstehen ließe. Im Lande eines Bach und Beethoven, eines Kant und Hegel, eines Goethe und Schiller, eines Humboldt und Spranger darf man das nicht vergessen.

Hier sollten wir nicht zu anspruchslos werden. Jedenfalls wäre es eine Horrorvorstellung, was die FAZ Ende 2002 berichtete, nämlich daß eine große Bank für ihre Jungmanager kulturgeschichtliche Crash-Kurse eingerichtet hat. Die jungen Bänker sollen damit so weit fit gemacht werden, daß sie beim Prosecco-Empfang ein kultur-relevantes „name-dropping" praktizieren können – nach dem Motto: „Ach ja, dieser Ludwig van, das war doch der mit der Schicksalsmelodie – oder so!?" Das kann es nicht sein. Unser Land braucht Persönlichkeiten mit kulturellem Hintergrund.

3.3 Zugang zum Gymnasium anspruchsvoll gestalten!

Was den Zugang von Schülern zum Gymnasium betrifft, so gibt es spätestens seit den 70er Jahren zwei Streitfragen: Soll – erstens – das Gymnasium nach einer sechsjährigen Grundschule bzw. einer Orientierungsstufe in den Klassen 5 und 6 erst mit Jahrgangsstufe 7 oder grundständig mit Jahrgangsstufe 5 beginnen. Soll – zweitens – allein das von der Grundschule attestierte Eignungszeugnis über den Zugang zum Gymnasium entscheiden, oder sollen die Eltern unabhängig von einer Grundschulempfehlung entscheiden können?

Beide Fragen sind eindeutig beantwortet. Das Gymnasium braucht keine Orientierungsstufe. Und: Es gibt eindeutige und verläßliche Kriterien für die Eignung eines

Kindes für das Gymnasium. Somit gibt es überhaupt keinen stichhaltigen Grund, die Dauer der Grundschule zu verlängern und die Entscheidung über die weiterführende Schullaufbahn eines Kindes um zwei oder noch mehr Jahre nach hinten zu verlagern. Renommierte Institute liefern darüber hinaus gewichtige Gründe für eine nur vierjährige Grundschule. Auch die Entwicklungspsychologie spricht gegen eine verlängerte Grundschule, denn die Schere in der intellektuellen Entwicklung weitet sich ab der 4. Klasse noch mehr. Bereits im zehnten Lebensjahr hat sich in puncto Intelligenzentwicklung ein so großer Schereneffekt gebildet, daß eine fortgesetzte einheitliche Unterrichtung den Einzelschülern nicht gerecht würde.

Die prognostische Validität einer Eignungsempfehlung ist am Ende der 4. Klasse zudem höher als am Ende der 6. Klasse inmitten der Verwerfungen der Vorpubertät. Eine Verlängerung der Grundschule (als sechsjährige Grundschule oder als integrierte Orientierungs-, Beobachtungs- oder Förderstufe) kann aus entwicklungspsychologischen und pädagogischen Gründen nicht vertreten werden. Dergleichen provoziert massenhaft Unterforderung und Überforderung in der 5. und 6. Jahrgangsstufe. Eine solche Verlängerung läßt außerdem das vor Beginn der Vorpubertät sehr ausgeprägte Lernvermögen Elf- und Zwölfjähriger und deren ausgeprägte Lernbereitschaft brachliegen. Am Ende der 4. Klasse ist vor allem bei differenzierter Betrachtung des Leistungsvermögens der Kinder in Deutsch und Rechnen eine solide Bildungsempfehlung bzw. Eignungsaussage möglich. Eine hohe prognostische Validität haben die Grundschulnoten in Aufsatzschreiben, in Grammatik/Rechtschreiben sowie im Zahlenrechnen und im Textrechnen. Schüler, die am Ende der 4. Klasse hier einen Notendurchschnitt von 2,0 erreichen, kommen mit höchster Wahrscheinlichkeit zum Abitur; Grundschüler, die durchweg mit Note 3 in den genannten Bereichen ans Gymnasium übertreten, finden sich unter Abiturienten kaum wieder. Zugleich muß vermieden werden, daß Grundschüler in eine für sie ungeeignete Bildungslaufbahn gelenkt werden. Dies kann am sichersten dadurch geschehen, daß dem sog. Elternwillen bei der Wahl des weiterführenden Bildungsweges als Korrektiv gleichrangig der Eignungsgrundsatz zur Seite gestellt wird. Die Grundschulempfehlung ist insofern aufzuwerten, zumal es sich hier um ein professionelles Urteil von Lehrern handelt, die ein Kind in der Regel mehr als ein Jahr lang kennen.

Lernforscher wissen dies ebenfalls, bedauerlicherweise aber dringt ihr Expertenwissen nicht in alle Köpfe von Schulpolitikern. Der Psychologe Kurt Heller (Ludwig-Maximilians-Universität München) etwa hat seine Erkenntnis wiederholt zu Papier gebracht und veröffentlicht. In seinem Beitrag „Wissenschaftliche Argumente für eine frühzeitige Schullaufbahnentscheidung" („Schulreport", Heft 3/1999) lautet sein Fazit: „Eine Verlängerung der vierjährigen Grundschule würde keine erkennbaren Vorteile, wohl aber mit Sicherheit Nachteile für viele Grundschüler mit sich bringen. Diese betreffen nicht nur Leistungsaspekte, sondern tangieren die gesamte Persönlichkeitsentwicklung und damit letztendlich die Zukunftschancen der Jugendlichen. Gegenteilige Behauptungen entbehren so lange jeder Grundlage, als hierfür keine empirisch gesicherten Belege vorweisbar sind. Daß gleiche schulische Behandlung ungleicher individueller Lern- und Leistungsvoraussetzungen nachweislich zur Vergrößerung von (unerwünschten oder auch ärgerlichen) Begabungs- und Leistungsunterschieden in der Schule führt, ist inzwischen eine psychologische Binsenweisheit. Die logische Konsequenz kann nur in die Forderung nach Verstärkung und nicht einer Reduzierung unterrichtlicher und schulischer Differenzierungsmaßnahmen münden." In seiner Stellungnahme zur Novellierung des Schulgesetzes von Sachsen-Anhalt vom Dezember

2000 hält Heller fest, daß von einer Verlängerung der schulischen Arbeit mit heterogenen Lerngruppen, d. h. von einem Verzicht auf eine Aufnahme der Kinder in differenzierte Bildungswege nach Klasse 4, „am ehesten noch das mittlere Leistungsdrittel einer Schulklasse profitiert, während in zunehmendem Maße die schwächeren Schüler überfordert und die leistungsstärkeren Schüler unterfordert werden. Beides ist nachteilig für die individuelle Entwicklung der Schülerpersönlichkeit." In seinem Thesenpapier, vorgetragen bei der internen Anhörung „Bildungsqualität" der FDP-Landtagsfraktion in Hannover am 3. November 2004, bekräftigte Heller hinsichtlich Laufbahnempfehlungen für Grundschüler: „Bislang existieren keine Studien, die höhere Trefferquoten nach einer fünf- oder sechsjährigen Grundschulzeit nachweisen konnten."

Ansonsten ist in verschiedenen gymnasialen Lehrplanpräambeln recht gut beschrieben, wie ein angehender Gymnasiast „aussehen" soll. Solche Beschreibungen können Eltern und Grundschullehrern durchaus eine Entscheidungshilfe sein. Siehe dazu die Präambel des Lehrplans für die Gymnasien in Bayern (2005): „Schüler des Gymnasiums sollen geistig besonders beweglich und phantasievoll sein, gern und schnell, zielstrebig und differenziert lernen sowie über ein gutes Gedächtnis verfügen. Sie müssen die Bereitschaft mitbringen, sich ausdauernd und unter verschiedenen Blickwinkeln mit Denk- und Gestaltungsaufgaben auseinander zu setzen und dabei zunehmend die Fähigkeit zu Abstraktion und flexiblem Denken, zu eigenständiger Problemlösung und zur zielgerichteten Zusammenarbeit in der Gruppe entwickeln."

3.4 Oberstufe weiterentwickeln und Studierfähigkeit sichern!

Die Oberstufe des Gymnasiums ist seit ihrer Neugestaltung im Jahr 1972 permanent im Fokus der Gymnasialdiskussion geblieben. Sie war neugestaltet worden, weil man die Studierfähigkeit verbessern, die Wissenschaftspropädeutik stärken und die Freiheiten junger erwachsener Schüler, sich nach Begabung und Neigung ein eigenes Fächertableau zusammenzustellen, stärken wollte. Es dauerte nicht lange, bis das Erreichen dieser Ziele in Zweifel gezogen werden mußte. Vor allem wurde vielfach kritisiert, daß die 11 bzw. 16 Länder den Freiraum zur Gestaltung der Oberstufe überdehnt und die Schüler ihre Freiheiten bei der Fächerwahl im Interesse einer bevorzugten Wahl von leichteren Fächern mißbraucht hätten. Klagen der Hochschulen über die nachlassende Studierfähigkeit kamen hinzu. Tatsache ist auch: Die gymnasiale Oberstufe entwickelte sich in den 70er und 80er Jahren des 20. Jahrhunderts deutschlandweit auseinander, und ein Teil der Schüler mied schwierigere Fächer. So rangieren Fächer wie Latein, Physik und Chemie in der Beliebtheitsskala hinten, während die vermeintlich leichteren Fächer Englisch und Biologie ganz oben stehen.

Die Klagen jedenfalls wurden Legion: Nicht wenige Professoren attestieren ihren Studenten große Defizite in den Kulturtechniken. In manchen Studiengängen möchten die Hochschulen „Liftkurse" in allgemeinbildenden Fächern einrichten, damit schulische Grundlagen nachgeholt werden können. Die Quote an Studienabbrechern ist an den Universitäten auf über 30 Prozent angestiegen. Die durchschnittlichen Verweilzeiten dort haben sich auf über 14 Semester erhöht. Tatsächlich scheinen die Hochschulen die Erfahrung gemacht zu haben, daß viele Abiturienten mit dem Zeugnis der Reife zwar eine Berechtigung, aber nicht immer eine Befähigung attestiert bekommen. Rainer Stephan schrieb in der „Süddeutschen Zeitung" vom 20. September 1991 mit dem Titel „Die Rache der Bildungsreform" somit durchaus treffend: „Wie schlechte Finanzminister, die ihr Kapital durchs schlichte Drucken von Geldscheinen vermehren, haben die Bildungsfunktionäre nicht das allgemeine Bildungsniveau angehoben, sondern bloß den Ausgabefaktor von Abiturzeugnissen und Hochschulexamina. Auf haarsträubend niedrigem Niveau wurde so, rein formal gesehen, in der Tat die Chancengleichheit erhöht."

War Deutschland also auf dem Weg zum Abitur light? Mancherorts gibt es tatsächlich großzügigste Regelungen, so daß Schüler in der Oberstufe und bei der Festlegung der Abiturfächer einen Bogen um zentrale und schwere Fächer machen können. Die Schüler verschiedener Bundesländer können sich regelrechte à-la-carte-Abiturmenüs zusammenstellen; nicht alle verlangen, wie Baden-Württemberg, Bayern oder Sachsen, zwei Kernfächer (das sind: Deutsch, Fremdsprachen, Mathematik, Physik und zum Teil Chemie) in der Abiturprüfung.

Die Kultusministerkonferenz (KMK) ist nicht ganz unschuldig an solchen Entwicklungen. Denn bei aller Verbindlichkeit der KMK-Vereinbarungen von 1995 und 1996 konnten die Ansprüche problemlos „untertunnelt" werden:

– Vier von den zwölf genannten verbindlichen Fächerhalbjahren in den Fächern Deutsch, erste Fremdsprache und Mathematik dürfen im Grundkursbereich, nicht aber im 3. Prüfungsfach, qua „Substitutionsregelung" in „Kursen anderer Fächer" abgedeckt werden. Statt Deutsch also „darstellendes Spiel"!

– Die Fremdsprache beim Abitur darf auch eine spät beginnende, also eine erst in der Oberstufe neu einsetzende sein, wenn sie „auf Oberstufenniveau unterrichtet wird". Statt anspruchsvollen Englischunterrichts also Touristen-Italienisch bzw. eine fremdsprachliche Schnellbleiche mittels Crashkurs?

- In der Fremdsprache ist die Rede vom Ziel eines „verständigen Lesens komplexer fremdsprachlicher Sachtexte". Also keine Literatur und keine Konversationsfähigkeit?
- In der Einführungsphase, das heißt im Schuljahr vor der zweijährigen Kursphase, sollen künftig verstärkt „spezifische Lernarrangements" zum „Ausgleich von Lerndefiziten" angeboten werden. Die 11. Klasse also als Parkplatz für alle, deren Vorbildung defizitär ist? Und man fragt sich weiter: Wie konnten Schüler, die solches für den Ausgleich von Lerndefiziten brauchen, überhaupt in die gymnasiale Oberstufe kommen?

Weitere „Weichmacher"-Regelungen sind nicht ausgeschlossen. Falls der KMK-Schulausschuß „unterrichtet" wird, sind weitere Abweichungen (KMK-Jargon: „Entwicklungsklauseln") möglich. Abenteuerliche Szenarien sind nicht nur denkbar, sondern zugelassen. So ist es möglich, daß ein Abiturient mit folgender Fächerkonstellation in die Abiturprüfung schwebt: erstes Abiturfach: Sport; zweites Abiturfach: Biologie; drittes Abiturfach: Pädagogik; viertes Abiturfach: eine erst mit der Oberstufe einsetzende Fremdsprache.

Problematische Ergebnisse empirischer Untersuchungen kommen hinzu. So kam im März 1998 die Studie TIMSS III an die Öffentlichkeit. (TIMSS III steht für die „Third International Mathematics and Science Study" zur Oberstufe.) Es stellt sich heraus, daß im Leistungskurs Mathematik NRW-Schüler im Test durchschnittlich 113, bayerische Schüler 126 und baden-württembergische Schüler 133 Punkte erreichten. Man geht davon aus, daß eine Differenz von 10 Punkten etwa einem Schuljahr entspricht. (Am Rande sei vermerkt: In Baden-Württemberg ist Mathematik Pflicht-Abiturfach!) Auch das ein bezeichnendes Detail, haben am Ende doch alle ein gleichberechtigtes Abiturzeugnis!

Ein anderer Befund des Jahres 1999 zur „gymnasialen" Oberstufe der NRW-Gesamtschulen: Im Rahmen der Studie „Wege zur Hochschulreife: Offenheit des Systems und Sicherung vergleichbarer Standards – Analysen am Beispiel der Mathematikleistungen von Oberstufenschülern an Integrierten Gesamtschulen und Gymnasien in Nordrhein-Westfalen" (Max-Planck-Institut für Bildungsforschung) gab es eine Untersuchung der Fachleistungen von 991 Schülern aus 19 Gymnasien und von 582 Schülern aus 12 integrierten Gesamtschulen. Getestet wurden die Leistungen in Mathematik, Physik, Biologie, Englisch und in politisch-wirtschaftlicher Grundbildung, ferner kognitive Grundfähigkeiten mittels des Tests „Figurenanalogien". Einzelne Ergebnisse daraus: Die fachlichen Ausgangsleistungen der Schüler der Gesamtschuloberstufe, die zum Abitur führt, entsprechen in allen Fächern einem Niveau, das unter dem mittleren Realschulniveau bleibt. Leistungskursschüler an Gesamtschuloberstufen erreichen in Mathematik in der 12. Jahrgangsstufe mit einem Testwert von durchschnittlich 90,0 Punkten nicht das Leistungsniveau, das in Grundkursen des Gymnasiums erzielt wird (105,9 Punkte). Zum Vergleich: Teilnehmer des Leistungskurses des Gymnasiums erzielen im Schnitt 132,7 Testpunkte, Teilnehmer des Grundkurses einer Gesamtschuloberstufe 75,1 Testpunkte. Eine Angleichung der Leistungsniveaus der beiden Gruppen während der 13. Klasse geschieht nicht. Und ein weiteres hervorzuhebendes Detail: Die beiden Schülergruppen unterscheiden sich – jeweils zu Gunsten der Gymnasiasten – hinsichtlich kognitiver Grundausstattung (hier: Fähigkeit, Analogien zu bilden) um eine halbe Standardabweichung voneinander, in den schulischen Fachleistungen um eine ganze Standardabweichung. Das bedeutet: Die Gesamtschule schöpft nicht einmal das kognitive Potential ihrer Schüler voll aus. Zudem: Oberstufenschüler des Gymnasiums, die als Teilnehmer des Grundkurses Mathematik beispielsweise 80 Testpunkte erzielten, werden mit der Note 5 bewertet; hätten sie dieselbe Leistung in einem Grundkurs der Gesamtschul-Oberstufe erzielt, würden sie mit einer „3" benotet. Teilnehmer des Leistungskurses, die 100 Testpunkte erreichen, erhalten dafür in der gymnasialen Oberstufe eine „5", in der Gesamtschul-Oberstufe eine „3 plus". Das sind Unterschiede von zwei und mehr Notenstufen bei gleicher Leistung.

Zudem: Ende 2004 präzisierten Olaf Köller und Jürgen Baumert dieses Ergebnis des Jahres 1999. In ihrem Beitrag „Öffnung von Bildungswegen in der Sekundarstufe II und die Wahrung von Standards – Analysen am Beispiel der Englischleistungen von Oberstufenschülern an integrierten Gesamtschulen, beruflichen und allgemeinbildenden Gymnasien" (Zeitschrift für Pädagogik, Jahrgang, 2004) nehmen sie im Jahr 2001/2002 Abiturienten in Baden-Württemberg und Nordrhein-Westfalen unter die Lupe – darunter die 21 Prozent, die die Hochschulreife nicht an einem allgemeinbildenden Gymnasium erwarben. Das Testinstrument ist der „Test of English as a Foreign Language" (TOEFL). Letzterer wird vor allem an amerikanischen Universitäten zur Operationalisierung von Leistungserwartungen verwendet; er ist an mehreren US-Universitäten Voraussetzung für die Aufnahme in ein Undergrate Program. Je nach Universität werden zwischen 500 und 600 TOEFL-Punkte verlangt. Der TOEFL umfaßt die Subtests Hörverständnis, Grammatik und Orthographie, Leseverständnis; er hat für Deutschland zwar keine curriculare Validität, läßt aber doch eine standardisierte Bewertung der englischsprachigen Fertigkeiten zu. Das Ergebnis lautet: Die TOEFL-Leistungen an allgemeinbildenden Gymnasien betragen 527,3 Punkte, an wirtschaftswissenschaftlichen Gymnasien 479,3 Punkte, an technischen Gymnasien 487,4 Punkte, an sonstigen beruflichen Gymnasien 479,1 Punkte. So weit, so gut! Untersucht wurden zugleich die Englischleistungen an Oberstufen integrierter Gesamtschulen. Hier nun folgt ein besonders markanter Befund: Die Chance, einen TOEFL-Wert von 500 zu erreichen, ist auf einem allgemeinbildenden Gymnasium 17mal so hoch wie auf einer Gesamtschule. Die Autoren ziehen denn auch eine zwar wissenschaftlich zurückhaltend formulierte, politisch jedoch hochbrisante Schlußfolgerung: „Gerade die längsschnittlichen Befunde in NRW zeigen, daß die Öffnung alternativer Wege zur Hochschulreife langfristig wohl nur durchhaltbar ist, wenn in der Sekundarstufe I Maßnahmen ergriffen werden, um das Auseinanderklaffen der Leistungen zwischen den Schulformen zu reduzieren. Dies gilt insbesondere für Gesamtschulen in NRW." Interessant in diesem Zusammenhang ist: Im Herbst 1998 ergab eine kultusministeriell angeordnete Überprüfung von 3.156 NRW-Abiturarbeiten, daß ein und dieselbe Abiturarbeit an einer Gesamtschule um bis zu zwei Noten besser bewertet wird als an einem Gymnasium.

Das kann nur bedeuten: Die Oberstufe muß weiterentwickelt werden – und zwar im Sinne von mehr Zugangsgerechtigkeit, mehr Einheitlichkeit und mehr Verbindlichkeit. Es geht nicht an, daß der Zugang zur Oberstufe in einzelnen Ländern in liberaler Manier und vor allem mit Rücksicht auf Quereinsteiger geregelt ist, während in anderen Bundesländern für den Zugang zur gymnasialen Oberstufe die erfolgreich abgeschlossene 10. Klasse des Gymnasiums vorausgesetzt wird. Zudem bedarf es einer größeren Verbindlichkeit bei der Belegung und Einbringung von Fächern. Konkret: Es darf zukünftig keinen gymnasialen Oberstufenschüler mehr geben, der nicht die Fächer Deutsch, mindestens eine fortgeführte Fremdsprache, Geschichte, Religion/Ethik, Mathematik, eine Naturwissenschaft sowie Musik oder Kunst bis hinauf zum Abitur als verpflichtende Fächer hat.

Dabei ist die Sicherung der Studierfähigkeit nicht allein eine Aufgabe des Gymnasiums, denn neben dem Gymnasium gibt es in Deutschland an die fünfzig Wege zum Studium. Das Gymnasium ist aber der wichtigste und gefragteste Weg, stellt das Gymnasium doch auch nach dem Jahr 2000 gut Dreiviertel aller späteren Studenten (Universitäten und Fachhochschulen zusammengerechnet). Aber wir bleiben hier beim Gymnasium, denn das Gymnasium ist der Orientierungspunkt für alle Fragen des Hochschulzugangs und damit auch für andere Schulformen, die eine Studierberechtigung vermitteln.

Das Bildungsziel des Gymnasiums – übrigens nicht nur seiner Oberstufe! – ist die Vorbereitung auf die Studierfähigkeit, die den erfolgreichen Absolventen als Allgemeine Hochschulreife und damit als formale Studienberechtigung bestätigt wird. Diese breitangelegte Zielsetzung hat sich bewährt. Eine fundierte universitäre Hochschulreife ist im übrigen auch die beste Prophylaxe gegen hohe Quoten an Studienabbrechern und gegen überlange Studienzeiten.

Die gymnasiale Oberstufe und das Abitur bedürfen also auch und gerade nach den KMK-Beschlüssen von 1995/ 1996 in Mainz/Dresden einer Rückbesinnung darauf, was Studierfähigkeit ausmacht. Basis müssen dabei die folgenden schulischen Fächer sein: Deutsch, zwei Fremdsprachen, Geschichte, Mathematik, zwei Naturwissenschaften. Unter den vier – besser: fünf – Abiturfächern sollten mindestens zwei Kernfächer sein müssen. Nur ein solcher Kanon garantiert akademische Beweglichkeit.

3.5 In allen Ländern ein Zentralabitur etablieren!

Allen gegenteiligen Behauptungen zum Trotz: Die Abiturnote ist der zuverlässigste von allen denkbaren Prädiktoren des späteren Studienerfolges. Die Korrelationskoeffizienten für die Übereinstimmung von Abiturleistung und Studierleistung liegen zwischen 0,35 und 0,50. Höher kann sie nicht sein, da der Studienerfolg auch von vielen Faktoren abhängt, die erst im Studium wirksam werden. Diese Korrelation der Gesamtabiturleistung ist sogar höher als die Korrelation zwischen fachspezifischer Abiturnote (z. B. in Englisch) und fachspezifischer Studierleistung (hier in Anglistik). Es gibt kein Kriterium, das die genannten Korrelationen übertrifft.

Vor diesem Hintergrund ist die Novellierung des Hochschulrahmengesetzes (HRG) vom Sommer 2004 problematisch. Dieses neue HRG sieht beim Hochschulzugang ein 20:20:60-Modell vor, das heißt: 20 Prozent der Studienplätze sollen an die Abiturbesten gehen, 20 Prozent an Wartezeitbewerber, und 60 Prozent sollen von den Hochschulen selbst vergeben werden können. (Am Rande: Von der Hochschulrektorenkonferenz, HRK, waren statt der 60 sogar 90 Prozent gefordert worden; immerhin aber wurden die 60 Prozent von der HRK als „Durchbruch" zu mehr Autonomie der Hochschulen gefeiert.) Denn damit könnte sich eine deutliche Entwertung des Abiturs verbinden. Es ist daher darauf zu achten, daß das Abitur im Zuge von Auswahlverfahren besonders gewichtet wird. Hochschuleingangsprüfungen als „Aditur"-Prüfungen sind punktuelle Prüfungen und weniger valide als ein Abiturzeugnis, das die Leistungsentwicklung über zwei ganze Schuljahre, nämlich die beiden Abschlußjahre, hinweg dokumentiert (die Abiturnote beruht zu fast 70 Prozent auf den Leistungen aus diesen beiden Jahren!); solche Zugangsprüfungen gefährdeten das Prinzip der Allgemeinen Hochschulreife, denn dann wären die Auswahlkriterien zwangsläufig überwiegend fachspezifische. Es muß ansonsten auch bezüglich Hochschulzugang der Grundsatz gelten: Wer lehrt, prüft.

Allerdings muß an die Stelle immer weniger vergleichbarer Abiture, die erst zu dieser Situation geführt haben, eine wieder verbesserte Abitur-Regelung sein. Genau das strebt ein Zentralabitur an.

Gerade nach dem sog. PISA-Schock und nach den Ergebnissen der Landtagswahlen von 1999 bis 2005 (vor allem in Hessen, Niedersachsen, Hamburg, Nordrhein-Westfalen) wird die landeseinheitliche Form schulischer Abschlußprüfung kaum noch aufzuhalten sein. Die Zahl der Länder mit Zentralabitur wird sich damit zwangsläufig erhöhen, so daß zu den Ländern mit traditionellem Zentralabitur (Baden-Württemberg, Bayern, Saarland – auch in SPD-Zeiten, Sachsen, Thüringen, Sachsen-Anhalt und Mecklenburg-Vorpommern – letztere zwei zumindest gleich nach der Wende von 1990 unionsregiert, zugleich aber in einer in diesem Fall guten DDR-Prüfungstradition stehend) weitere kommen werden. Hessen (seit 1999 mit CDU/FDP-Regierung, seit 2003 mit CDU-Regierung) arbeitet an einem „Landesabitur", und zwischenzeitlich planen auch Niedersachsen (seit 2003 mit CDU/FDP-Regierung), Berlin (seit 2002 rot-rot-regiert) und Nordrhein-Westfalen (seit Frühsommer 2005 unter CDU/FDP-Regierung) ein Zentralabitur.

Ein Zentralabitur wird damit Standard in Deutschland. Dies ist sinnvoll, wie die Erfahrungen Nordrhein-Westfalens, das kein Zentralabitur kennt, aus dem Jahr 1998 zeigen. Dort stellte sich bei der Überprüfung von dreitausend Abiturklausuren heraus, daß die Bewertung bei zwanzig Prozent nicht mit den Anforderungen übereinstimmt; bei zehn Prozent war die Notengebung zu gut, denn die Noten lagen um ein bis zwei Stufen über der angemessenen Leistungsbewertung.

International geht der Trend schon lange zu zentralen, oft sogar national einheitlichen schulischen Abschlußprüfungen oder zumindest standardisierten schulischen Leistungstests. Finnland, Japan oder die Niederlande sind Beispiele dafür. Diesem Trend können sich die deutschen Länder nicht auf Dauer verschließen. Durch das gute Abschneiden Bayerns, Baden-Württembergs und Sachsens im innerdeutschen PISA-Vergleich wächst nun zusätzlich der Druck in Richtung Zentralprüfung. Das hat gute Gründe. *Erstens* und vor allem bringt eine Zentralprüfung Schwung in eine ganze Schullaufbahn; denn diese Form des Examens verlangt nach breiter Bildung und nach verbindlichen Kerncurricula. Inhaltliche Beliebigkeit würde sich bei einer Zentralprüfung bitter rächen. *Zweitens* ist ein solches Prüfungsverfahren schlicht und einfach gerecht, weil es an alle Prüflinge eines Bundeslandes die gleichen Anforderungen stellt. *Drittens* sind zentral geregelte Abschlüsse für die „Abnehmer" von Schulabsolventen transparent; man kann sich darauf verlassen, daß die Schulabgänger die Lerninhalte in ihrer Breite beherrschen und nicht nur eine eng geführte Prüfungsvorbereitung hinter sich haben. Ein *vierter* Vorteil kommt hinzu: Zentrale Abschlußprüfungen schweißen Schüler und Lehrer zusammen. Beide wissen ja nicht, was „drankommt"; das mobilisiert gemeinsame Motivationen. Daß Lehrer bei der Zentralprüfung selbst mit auf dem Prüfstand stehen und daß eine solche Prüfung gnadenlos eine schwache unterrichtliche Vorbereitung aufdeckt, halten Lehrer aus. Ganz abgesehen davon, daß eine Zentralprüfung Tausende von Lehrern von der Pflicht entbindet, eigenhändig und höchst zeitaufwendig Aufgaben erstellen zu müssen.

Es bleiben eigentlich nur zwei – letztlich irrige – Annahmen contra Zentralabitur. Annahme eins besagt, daß etwa ein Abiturient aus Bremen mit Haus-Abitur locker das Kafka-Thema des zentralen bayerischen Deutsch-Abiturs bearbeiten könne. Das stimmt – allerdings nur unter der Prämisse, daß Kafka in Bayern gerade dran ist. Das Wahrscheinlichere ist, daß er sich nur auf Kafka spezialisiert hat, daß Kafka dann nicht dran ist, daß der Kandidat vor, hinter und neben Kafka nichts kennt und daß er dann „alt" aussieht. Falsch ist auch die Annahme, daß eine Zentralprüfung den pädagogischen Freiraum der Lehrer als Unterrichtende und als Prüfende einenge. Dagegen steht, daß eine Zentralprüfung den Prüflingen in den meisten Fächern eine gewisse Aufgabenauswahl zugesteht. Und auch die sogenannten Erwartungshorizonte für die Korrektoren sind keine sklavisch einzuhaltenden Vorhaben, vielmehr bieten sie gerade in den geistes- und sozialwissenschaftlichen Fächern vertretbare Spielräume.

Es wird also Zeit, daß die Auseinanderentwicklung von Studierberechtigung und Studierbefähigung gestoppt wird. Zentralprüfungen sind ein Schritt in diese Richtung; sie sind deshalb überfällig, um etwas anderes zu verhindern, was im Endeffekt die Gymnasien schwächen würde, nämlich die Einführung von Hochschulzugangsprüfungen, das Ersetzen des Abiturs also durch ein Aditur. Keine Zugangsprüfung erreicht hinsichtlich Validität die Aussagekraft eines Zentralabiturs. Überfällig ist sodann eine Verpflichtung auf einen Kranz an Prüfungsfächern. Fünf sollten es eigentlich am Gymnasium sein: Deutsch, eine Fremdsprache, Mathematik, eine Naturwissenschaft sowie Geschichte oder ein gesellschaftswissenschaftliches Fach. Mit einem solchen Abitur dürfte sich die hohe Quote von 25 bis 30 Prozent Studienabbrechern sicher deutlich senken lassen!

Zentralprüfungen sind freilich nur möglich, wenn es für die vorausgehende Schullaufbahn halbwegs verbindliche Curricula gibt. Diese brauchen wir (wieder) in allen Bundesländern. Im Zuge der Fiktion der Gleichwertigkeit aller Fächer und aller Inhalte hat man vor allem in SPD-Ländern nur Rahmenpläne vorgegeben und die Inhalte der Beliebigkeit preisgegeben. Auf diesem Trip sind manche Bildungspolitiker nach wie vor, sie wollen im Zuge schulischer „Autonomie" die Inhalte sogar noch mehr freigeben.

3.6 Die Frage nach der Dauer der Gymnasialzeit umsichtig angehen!

Das Gymnasium hatte in seiner Geschichte so manchen Verlust an Schuljahren zu verzeichnen – „unten" in den Eingangsklassen durch die Etablierung einer Orientierungsstufe oder „oben" durch eine politisch wie auch immer motivierte Kappung der neunten bzw. 13. Klasse. Kappungen bei der Schulzeit sind dem Gymnasium aber noch nie gut bekommen.

Aber der Reihe nach: Im Jahr 1837 war in Preußen, im Jahr 1874 in ganz Deutschland eine neunjährige Gymnasialzeit eingeführt worden. Im Interesse der Rekrutierung des Offiziersnachwuchses verkürzten erst die Nationalsozialisten das Gymnasium 1938 um ein Jahr. Die Länder der Bundesrepublik Deutschland stellten im Zuge des Wiederaufbaus ab 1951 wieder auf 13 Jahre um. Die DDR blieb bei zwölf Jahren.

Seit Beginn der 60er Jahre war im Westen Deutschlands die Frage der Dauer der gymnasialen Bildung bis zum Abitur erstmals heftig diskutiert worden. Im Jahr 1981 faßte die CDU auf ihrem Hamburger Parteitag den Beschluß zur Verkürzung des neunjährigen Gymnasiums zu einem achtjährigen Gymnasium (G8). Die Maastricht-Verträge der EU von 1992 und die deutsche Wiedervereinigung gaben der Verkürzungsdebatte neue Nahrung. So kam es, wie es offenbar kommen mußte: Mittlerweile sind fast alle 16 Länder in Deutschland auf den Verkürzungszug aufgesprungen. Einige Länder befinden sich mit den unteren gymnasialen Jahrgängen bereits im sog. G8, andere in der konkreten Vorbereitung dorthin. Die Länder sind hier aufgrund des föderalen Prinzips souverän; das einzige, was sie hier bindet, ist ein Beschluß der KMK von 1995, demzufolge ein Gymnasiast von der Jahrgangsstufe 5 bis zum Abitur aufsummiert 265 Wochenstunden unterrichtet werden muß.

Von Verfechtern einer verkürzten Schulzeit wurden und werden arbeitsmarkt- und sozialpolitische Argumente ins Feld geführt: Deutschlands Hochschulabsolventen seien wegen ihres höheren Berufseintrittsalters international weniger konkurrenzfähig und sie kämen zu spät als Beitragszahler in eine sozialversicherungspflichtige Beschäftigung.

Zudem verweisen die Befürworter einer Verkürzung auf die folgenden Statistiken: In Deutschland werde ein späterer Akademiker als Schüler im Schnitt mit 6,8 Jahren eingeschult. Mit 21,6 Jahren beginne er sein Studium. Dieses schließe er als Absolvent der Universität mit erst 28,8 Jahren ab. Zwischen Einschulung und Studienabschluß lägen – jeweils als Mittelwert – 13,2 Jahre Schulzeit, 7,2 Jahre Studium und 1,6 Jahre Wehrdienst, Zivildienst, Berufsausbildung oder sonstige Übergangsverzögerungen zwischen Abitur und Studienbeginn. Außerdem habe sich eine wachsende Neigung breitgemacht, dem Studium eine Berufsausbildung vorzuschalten.

Diese Fakten und Feststellungen bedürfen indes der Präzisierung: Das im internationalen Vergleich hohe Berufseintrittsalter deutscher Akademiker geht fast ausschließlich zu Lasten einer in Deutschland üblichen, relativ späten Einschulung mit einem Einschulungsalter von 6,8 Lebensjahren, zu Lasten des Wehr- bzw. Ersatzdienstes, zu Lasten langer Gesamt- und Fachstudienzeiten sowie zu Lasten der Praxis, daß die übergroße Mehrzahl der Studiengänge aufgrund der Überlastung der Hochschulen nur im Wintersemester beginnt. Eine Studie des Max-Planck-Instituts für Bildungsforschung bestätigt zudem, daß G8-Abiturienten das gewonnene Jahr nicht für einen Studienbeginn, sondern fürs Reisen und Jobben nutzen.

Darüber hinaus müssen folgende Fakten und Argumente berücksichtigt werden:

– Deutsche Jungakademiker haben eine breitere Qualifikation als etwa französische oder britische.

– Die Feststellung, die meisten EU-Länder hätten bis zum Hochschulzugang nur 12 Schuljahre, ist nur teilweise richtig. Großbritannien und Luxemburg haben ebenfalls 13, die Niederlande und Island 14 Jahre; in Frankreich braucht ein Schulabsolvent bis zum Erwerb der Hochschulreife aufgrund hoher Repetentenquoten und auf-

grund der Vorbereitung auf die Hochschulzugangsprüfung in der Regel 13 oder gar 14 Schuljahre.

– Eine Verkürzung des Gymnasiums ist ohne Kürzungen
im Unterrichtsumfang und im Stoff nicht zu machen.

– Eine Verkürzung des Gymnasiums ist nicht vereinbar
mit der allgemein konsensfähigen Forderung nach mehr
fremdsprachlichem, muttersprachlichem, naturwissen-
schaftlichem, politischem und musischem Unterricht.

– Eine Verkürzung des Gymnasiums und damit einher-
gehend eine Verdichtung des Stoffes überfordert viele
Schüler hinsichtlich Lerntempo. Die Folge kann eine
Steigerung der Versagerquote und/oder eine Reduzierung der Abiturientenquote sein.

– Eine Verdichtung des Stoffes macht mehr Nachmittags-
unterricht erforderlich. Dies schränkt die außerschulische Entfaltung der jungen Menschen ein, und es
belastet die Bereitschaft, sich in schulischen Wahlange-
boten (wie Chor, Orchester, Schultheater, Kleinkunst,
Schülerzeitung usw.) zu engagieren.

– Eine Verkürzung des Gymnasiums belastet das fein abgestimmte Verhältnis der verschiedenen Schulformen,
und es gefährdet beispielsweise den Bildungsgang Real-
schule/Fachoberschule, der nach ebenfalls 12 Schuljahren „nur" mit der Fachhochschulreife abschließt. Damit
geriete das Gleichgewicht der Schulformen untereinander noch mehr ins Schwanken.

Wenn die Politik also G8 machen möchte, dann muß sie
diese Überlegungen und Tatsachen berücksichtigen. Ferner
muß ihr klar sein, daß sie mit einer Verkürzung des Gymnasiums ab dem Jahr 2011 die Hochschulen und den Arbeitsmarkt erheblich belastet. Allein in den Jahren 2011 bis 2013
ist nämlich mit rund 180.000 zusätzlichen Abiturienten und
in der Folge mit etwa 140.000 bis 160.000 zusätzlichen Stu-
dienanfängern zu rechnen. Grund ist, daß es ab 2011 gerade
in bevölkerungsreichen deutschen Ländern doppelte Abitur-

jahrgänge geben wird: im Jahr 2011 in Bayern, Hamburg und Niedersachsen mit in diesem Jahr insgesamt ca. 116.000 Abiturienten (statt sonst in diesen drei Ländern jährlich ca. 58.000); im Jahr 2012 in Baden-Württemberg, Berlin und Bremen mit in diesem Jahr insgesamt ca. 110.000 Abiturienten (statt sonst in diesen drei Ländern jährlich ca. 55.000); im Jahr 2013 in Nordrhein-Westfalen und mit einer ersten hessischen G8-Tranche mit in diesem Jahr insgesamt ca. 135.000 Abiturienten (statt sonst jährlich ca. 68.000).

3.7 Die „Durchlässigkeit" thematisieren und „Begabungsreserven" ausschöpfen!

Wenn von Durchlässigkeit im Schulsystem die Rede ist, dann ist in der Regel von der horizontalen Durchlässigkeit die Rede, also von den Möglichkeiten, in höheren Jahrgangsstufen „quer" zwischen den Schulformen zu wechseln. Im Falle eines Wechsels von Gymnasium zu Realschule ist dies in den Klassen bis Jahrgangsstufe 8 oder auch 9 relativ problemlos möglich. Umgekehrt ist es schwieriger, vor allem wegen der Defizite der Quereinsteiger in das Gymnasium in der zweiten bzw. dritten Fremdsprache. Eine gewisse Brückenfunktion kommt in manchen Bundesländern der 10. bzw. 11. Jahrgangsstufe zu. In deren Anschluß ist unter gewissen Voraussetzungen (Notendurchschnitt, Besuch einer Übergangsklasse) ein Einstieg in die gymnasiale Oberstufe möglich. Zahlenmäßig schlägt dies aber wenig zu Buche, weshalb Bildungstheoretiker und Schulpolitiker immer wieder eine größere Durchlässigkeit zwischen den Schulformen (sie meinen damit Durchlässigkeit in Richtung Gymnasium) fordern.

Diese horizontale Durchlässigkeit steht allerdings in Opposition zu einem anderen Prinzip, nämlich der Klarheit des Schulformprofils des Gymnasiums. Anders ausgedrückt: Je mehr bei der Gestaltung des Schulsystems Rücksicht genommen wird auf die Möglichkeiten des Wechsels zwischen den Schulformen, desto einheitlicher, desto profilloser werden die verschiedenen Schulformen sein müssen, desto weniger werden sich etwa Realschule und Gymnasium hinsichtlich Fächerkanon und Lehrplänen voneinander unterscheiden. Der schulpolitische Grundsatz kann hier also nur heißen: Differenzierung so viel wie möglich, Durchlässigkeit so viel wie nötig. Vorrang muß im Zweifelsfall das Profil der jeweiligen Schulform haben, denn Durchlässigkeit pur bedeutete ja Einheitsschule.

Von den Befürwortern einer weitreichenden Durchlässigkeit wird allerdings einseitig immer nur die horizontale Durchlässigkeit gesehen. Darüber hinaus muß man aber auch die vertikale Durchlässigkeit des Schulwesens sehen, beachten und fördern. Gemeint ist hier die Durchlässigkeit „nach oben", konkret die Möglichkeit für einen Nicht-Gymnasiasten, zur Hochschulreife und zum Studium zu kommen. Hinsichtlich dieser Durchlässigkeit ist es mit dem deutschen Schulwesen nicht eben schlecht bestellt. Über alle sechzehn Bundesländer aufsummiert, gibt es rund 50 Wege zur Hochschulreife. Es gibt also keine schulischen Sackgassen. Im besonderen sollte dabei auch berücksichtigt werden, daß es gerade das hochdifferenzierte berufliche Schulwesen in Deutschland ist, das früheren Haupt- und Realschülern hochqualifizierte Bildungswege zu anspruchsvollen Berufen und auch zur Hochschulreife bietet.

Das Thema Durchlässigkeit wird außerdem vor allem im Kontext mit der sozialen Herkunft der Schüler an Gymnasien diskutiert. Es ist richtig, daß sog. Arbeiterkinder (soweit es diese in dieser Kategorie überhaupt noch in stattlicher Zahl gibt) im Gymnasium unterrepräsentiert und Beamten- sowie Akademikerkinder überrepräsentiert sind. Abgesehen davon, daß es vergleichbare Verteilungen der Schüler nach sozialer Herkunft auch in anderen Ländern der Welt gibt, muß doch auch festgehalten werden, „dass es

an Gymnasien selbst keine Benachteiligung von Arbeiter-
kindern gab" (PISA 2000). Am ausgeprägtesten ist die soziale Selektivität des Bildungswesens ansonsten in Ländern
mit flächendeckendem öffentlichem Einheitsschulsystem
und kostspieligen Privatschulen.

Die Verbesserung der sozialen Durchlässigkeit des
Schulwesens bleibt dennoch eine Herausforderung für das
deutsche Schulwesen. Es muß noch mehr als bisher gelingen, „bildungsferne" Schichten zur Anmeldung ihrer Kinder an höheren Schulen zu motivieren. Dies gilt auch für
den Besuch des Gymnasiums durch Migrantenkinder; nur
3,9 Prozent der Gymnasiasten sind Migrantenkinder, wie-
wohl deren Anteil unter allen Schülern rund 15 Prozent
ausmacht. Hier gibt es also noch gymnasiale Potentiale.
Ansonsten muß es Aufgabe des Gymnasiums sein, die
sog. Durchsteiger-Quote weiter zu steigern. Damit ist der
Anteil der Gymnasialanfänger gemeint, die zum Abitur gelangen. Diesbezüglich hat sich manches getan, im Jahr
1960 betrug die Durchsteigerquote (berechnet von der Jahrgangsstufe 7 bis zum Abitur) 42,3 Prozent, im Jahr 1990
dann 64,3 Prozent; diesbezüglich wäre aber noch mehr
möglich, wenn man den Gymnasien – wie allen Schulformen! – die Möglichkeit böte, sich individueller und in-
tensiver um Problemschüler zu kümmern.

3.8 Die Qualifikation der Gymnasiallehrer sichern!

Anspruchsvolles Gymnasium ist nur mit qualifizierten
und motivierten Gymnasiallehrern machbar. Was die Motivation anbelangt, so ist die gymnasiale Bildungs- und Erziehungsaufgabe eine entscheidende Motivation; zudem ist
es unerläßlich, daß Gymnasiallehrer auch Leistungsan-
reize geboten bekommen. Was die Qualifikation der Gymnasiallehrer betrifft, so müssen folgende Prinzipien und
Strukturen gelten:

- Das Lehramtsstudium ist vom ersten Semester an grundständig auf das Gymnasium bezogen; es umfaßt ca. 170 bis 180 Semesterwochenstunden.
- Die Lehrerbildung ist zweiphasig, d. h. sie findet in der ersten Phase an der Universität und in einer zweijährigen zweiten Phase im Studienseminar statt.
- Die Lehrerausbildung mündet ein in eine kontinuierliche, berufsbegleitende Fortbildung.

Gerade Lehrer des Gymnasiums können im Unterricht nur dann bestehen, wenn sie über ein Fachwissen weit über die Curricula hinaus verfügen. Das setzt ein anspruchsvolles Fachstudium an der Universität voraus, und zwar mit insgesamt ca. 150 Semesterwochenstunden in zwei gleichberechtigten Fächern. Um einer inhaltlichen Beliebigkeit zu begegnen, sollten die fachwissenschaftlichen und die wissenschaftsmethodischen Kompetenzen in den Kernbereichen über die Universitäten hinweg zugleich fachwissenschaftlich wie auch auf das Gymnasium bezogen kanonisiert werden. Ebenfalls kanonisiert werden müssen die erziehungswissenschaftlich-psychologischen Studienanteile. Dabei ist es notwendig, den schulischen Anwendungsbezug stärker herauszuarbeiten.

Im einzelnen heißt das unter anderem: Es sind mehr Veranstaltungen zur Fachdidaktik, zur Instruktionspsychologie und zur Unterrichtsplanung notwendig. Der Umfang der erziehungswissenschaftlich-psychologischen Studienanteile sollte ca. 12 Semesterwochenstunden umfassen. Die praxisbezogenen Anteile der Lehrerbildung an der Universität sind fach-übergreifend zu koordinieren. Zudem ist es erforderlich, daß in dieser praxisbezogenen Lehrerbildung an der Universität Schulpraktiker tätig sind, zum Beispiel im Rahmen von Abordnungen oder Lehraufträgen. Ein zu Lasten des Referendariats etabliertes Praxissemester aber senkt das Niveau der schulpraktischen Ausbildung.

Die Zielsetzungen der sog. Bologna-Vereinbarung (Internationalisierung, Freizügigkeit, Nachwuchsgewinnung usw.) können gerade für den Beruf des Gymnasiallehrers nur mit erheblichen Einschränkungen gelten. Insofern drängt sich hier ein konsekutives Lehrerbildungsmodell zumindest nicht auf. Es droht vielmehr bei gleichzeitig zu erwartender Verlängerung der Gesamtausbildungszeit zu einem Dumping-Modell und zu einer Lehrerbildung „light" zu werden.

Ein Bachelor/Master-Modell (BA-/MA-Modell) gefährdet die Ansprüche an eine moderne Lehrerbildung:

– Ein über die verschiedenen Schulformen und Lehrämter hinweg vereinheitlichtes sechssemestriges BA-Fachstudium bleibt allenfalls rudimentär und damit weit unter den Anforderungen, die sich Lehrern im Unterricht weiterführender Schulen stellen. Es läßt zudem kaum Zeit für praktische Anteile.

– Eine Abkoppelung des Lehramtsstudiums vom Staatsexamensprinzip öffnet einer inhaltlichen Beliebigkeit und damit einer Atomisierung der Lehrerbildung Tür und Tor.

– Die MA-Phase blendet wichtige fachwissenschaftliche Anteile völlig aus, und sie vermag die praxisbezogene Ausbildung in nur erheblich geringerem Maße zu verwirklichen als ein Referendariat vor Ort.

Darüber hinaus ist das BA-/MA-Modell nicht geeignet, die in den kommenden Jahren im Zuge der starken Pensionierungsjahrgänge für die Abdeckung des Lehrerersatzbedarfs notwendigen jungen Leute zu einem Lehramtsstudium zu motivieren. Vor allem fachwissenschaftlich hochmotivierte junge Leute lassen sich damit nicht gewinnen. Die ohnehin bereits mangelnde Attraktivität des Lehrerberufes wird durch ein BA-/MA-Modell weiter gemindert. Letzteres Modell fördert eher den Zulauf unentschlossener Aspiranten.

Vorhandene bzw. in Planung befindliche BA-/MA-Modellprojekte sind daran zu messen, inwieweit sie ohne Verlängerung der bisherigen Studienzeit folgenden Kriterien gerecht werden: intensives Fachstudium, universitäre Verortung des Studiums, grundständige Gymnasialorientierung mit eigenen Lehrstühlen für Gymnasialpädagogik, Zweiphasigkeit.

3.9 Die doppelte Gerechtigkeitslücke schließen!

Unter Deutschlands Schülern, Eltern und Lehrern ist hinreichend bekannt: Es gibt Länder, die hohe Abiturientenquoten „produzieren" und für das Abitur weniger Leistung einfordern. Und es gibt Länder, in denen die Abiturientenquote niedriger und das Abitur erheblich schwerer ist. Viele empfinden das als äußerst ungerecht, vor allem dann, wenn es um die Aussicht auf einen Numerus-clausus-Studienplatz geht. Die Statistik spricht hier eine eindeutige Sprache.

Tab.: Hochschulberechtigte im innerdeutschen Vergleich

Bundesland	Allgemeine Hochschulreife 2000 in Prozent der Gleichaltrigen	Hochschulreife insgesamt 2001 in Prozent der Gleichaltrigen
Bremen	30,5	41,5
Berlin	30,1	36,5
Thüringen	28,6	35,8
Hamburg	28,5	47,4
Brandenburg	28,2	35,9
Nordrhein-Westfalen	27,2	43,3
Sachsen	26,3	33,0
Sachsen-Anhalt	26,2	34,2
Hessen	26,0	41,5
Mecklenburg-V.	23,4	30,5
Rheinland-Pfalz	22,6	31,0
Saarland	22,1	38,4

Baden-Württemberg	21,1	35,4
Schleswig-Holstein	21,0	32,7
Niedersachsen	20,5	37,2
Bayern	19,1	29,5
Deutschland insges.	24,2	36,6

Diese Ungleichheiten und Ungerechtigkeiten bedürfen des Ausgleichs – im Interesse der Schüler aus Ländern mit niedriger Abiturientenquote, aber auch im Interesse der Schüler aus Ländern mit leichterem Abitur: Letztere könnten nämlich auf Studium und Beruf schwächer vorbereitet sein – auch das eine Ungerechtigkeit!

3.10 Mehr empirische Analyse zulassen!

Im Interesse einer Sicherung eines wichtigen gymnasialen Bildungszieles, nämlich der Sicherung der Studierfähigkeit, ist es angezeigt, vor allem die Zusammenhänge zwischen schulischer Vorbildung und Studienerfolg eingehender als bislang zu untersuchen. Dann ließen sich unter anderem die folgenden Hypothesen näher beleuchten: daß Studierende, die bis zum Abitur die Fächer Deutsch, Mathematik, zwei Fremdsprachen, eine Naturwissenschaft und Geschichte belegt oder gar als Prüfungsfächer hatten, erfolgreicher studieren als Studierende ohne diesen Kanon; daß Studierende, die die Allgemeine Hochschulreife über das Zentralabitur erworben haben, erfolgreicher studieren als Studierende, die kein Zentralabitur abgelegt haben; daß Studierende, die die Allgemeine Hochschulreife in einem Bundesland mit einer Abiturientenquote unter oder um 20 Prozent erworben haben, erfolgreicher studieren als Studierende, die die Allgemeine Hochschulreife in einem Bundesland mit einer Abiturientenquote bei oder über 30 Prozent erworben haben. Die Ergebnisse solcher Untersu-

chungen würden vermutlich ähnlich heilsam wirken wie
so manches PISA-Ergebnis.

4. Der erzieherische Charme gymnasialer Bildung

Das Gymnasium erfreut sich einer großen Attraktivität, die
ihm aber auch gefährlich werden kann. Zudem wird das
Gymnasium in bestimmten, auch meinungsbildenden Kreisen ambivalent, um nicht zu sagen: schizophren, beurteilt:
Man wünscht es für seine Kinder, zugleich überzieht man
es mit Witzeleien, Kalauern und Gehässigkeiten. („Geht's
Ihnen gut, oder haben Sie auch ein Kind am Gymnasium?")
Dies und eine unvermindert hyperaktive Reformhektik be-
lasten die Bildungs- und Erziehungsarbeit des Gymnasiums.

Vergessen wird dabei, daß es das Gymnasium ist, das das
überwältigende Gros der zukünftigen Leistungs- und Ver-
antwortungselite in Studium und Beruf bringt, und daß
sich das Gymnasium damit auch gesellschaftlich und
volkswirtschaftlich „rechnet". Vergessen wird gerne auch,
daß das Gymnasium die Konstante des Schulwesens in
Deutschland ist.

Und vergessen wird schließlich, daß keine andere Schulform neben dem Gymnasium eine in so umfassendem
Sinne prägende Bildungs- und Erziehungsarbeit leisten
kann wie das Gymnasium. Immerhin umfaßt das Gymnasium drei Entwicklungsstadien/Lebensalter: das späte
Kindheitsalter, die Früh- und Hochpubertät mit ihren Verwerfungen und zentrifugalen Tendenzen und schließlich
die Adoleszenz und das junge Erwachsenenalter. Dies ist
eine einmalige Chance und der besondere Charme, nicht
nur Leistungselite heranzubilden, sondern junge Menschen auch nachhaltig kulturell und ethisch zu prägen.

Literaturhinweise

Fuchs, Hans-W.: Gymnasialbildung im Widerstreit – Die Entwicklung des Gymnasiums seit 1945 und die Rolle der Kulturminister-Konferenz (2004). – *Führ, Ch. / Furck, C.-L.* (Hg.): Handbuch der deutschen Bildungsgeschichte. Bd. VI: 1945 bis zur Gegenwart; Teilband 1: Bundesrepublik Deutschland (1998). – *Gass-Bolm, T.:* Das Gymnasium 1945–1980. Bildungsreform und gesellschaftlicher Wandel in Westdeutschland (2005). – *Heldmann, W.:* Studierfähigkeit (1984). – *Ders.:* Kultureller und gesellschaftlicher Auftrag von Schule (1990). – *Paulsen, F.:* Geschichte des gelehrten Unterrichts auf den deutschen Schulen und Universitäten vom Ausgang des Mittelalters bis zur Gegenwart (1885). – *Schmidt, A.:* Das Gymnasium im Aufwind (1994).

Der Bildungsgang Realschule: Was sollen Realschüler können?

Konrad Fees / Jürgen Rekus

Die Realschule gilt als eine erfolgreiche Schulart. Weder wird sie mit einem „Restschul-Syndrom" in Verbindung gebracht, noch leidet sie an Identitätskrisen wie das Gymnasium oder wird von Legitimationszwängen wie die Gesamtschule belastet (vgl. Rekus: Positionen). Von vergleichbaren Auseinandersetzungen, wie sie die parallelen Schulformen im Sekundarbereich zu führen haben, ist die Realschule weitgehend verschont geblieben. Worin liegt aber das Geheimnis dieses erfolgreichen Modells, und was sollen ihre Absolventen können?

1. Die Besonderheit der Realschule

1.1 Das historisch gewachsene Konzept

Der pietistische ,Bildungsmanager' und Schulorganisator August Herrmann Francke legt im Jahre 1699 eine Charakterisierung der Realschule vor, welche die Besonderheit dieser Schulart in bis zum heutigen Tage gültiger Weise auf den Punkt bringt. Er bestimmt die Realschule als „Pädagogium für Kinder, die nur im Schreiben, Rechnen, Latein und Französisch und in der Ökonomie unterrichtet werden und die Studia nicht continuieren". Für sie gibt er auch eine bestimmte Berufsverwendung an: Schüler, die „zur Aufwartung bei vornehmen Herren, zur Schreiberei, zur

Kaufmannschaft, Verwaltung der Landgüter und nützlichen Künste gebraucht werden sollen". Die Realschule ist diejenige Schulart, die den Schülern den Zugang zu vertieften theoretischen Kenntnissen ermöglichen soll, die aber zügig in Anwendungskontexte zu überführen sind. Die Schüler werden hernach kein theologisch ausgerichtetes Studium aufnehmen, sind also nicht für die Pastorenlaufbahn, sondern für Leitungsaufgaben in Verwaltung, Handel und technischer Produktion bestimmt. Diese Funktionszuweisung gilt für die Realschule im Grundsatz bis zum heutigen Tage: Sie muß vertiefte theoretische Zugänge und zugleich konkret anwendungsbezogene Kompetenzen ermöglichen. Ihr Spezifikum ist die Synthese von vertiefter Allgemeinbildung mit Berufsorientierung.

Die moderne deutsche Realschule wird in der jungen Bundesrepublik in den 1950er Jahren faktisch neu gegründet und hat in den Zeiten des Wirtschaftswunders die Lücke zwischen der noch vorindustriell ausgerichteten vierjährigen Volksschuloberstufe ohne fremdsprachliches und naturwissenschaftliches Angebot und dem neunjährigen Gymnasium mit Universitätsausrichtung zu schließen. Das neue ‚reale' Angebot kann sich sehr schnell und erfolgreich im dreigliedrigen Sekundarschulsystem etablieren.

1.2 Statistik

Die höchsten Anteile hat die Realschule in den südlichen Bundesländern Baden-Württemberg und Bayern mit etwa 30 Prozent Schüleranteilen; in Bundesländern mit parallelen integrierten Angeboten wie etwa Hamburg oder Nordrhein-Westfalen liegen die Anteile darunter, so daß sie bundesweit seit Jahren einen stabilen Anteil von etwa 25 Prozent behauptet:

Verteilung der Schüler auf die Schularten in Klassenstufe 8 im Bundesdurchschnitt

Schulart	1993	1998	2002
Hauptschulen	24,5 %	22,8 %	22,8 %
Schularten mit mehreren Bildungsgängen	7,0 %	7,1 %	8,7 %
Realschulen	24,9 %	26,3 %	24,5 %
Gymnasien	30,0 %	29,0 %	29,6 %
Integrierte Gesamtschule	8,5 %	9,3 %	8,7 %
Freie Waldorfschule	0,5 %	0,6 %	0,6 %
Sonderschulen	4,5 %	4,8 %	5,2 %
Zusammen	100 %	100 %	100 %

Quelle: Statistische Veröffentlichungen der KMK 2003, X

Tatsächlich weist die Realschule in der Praxis aber deutlich höhere Anteile auf, insofern seit Anfang der 1980er Jahre der größte Anteil der Absolventen der allgemeinbildenden Schule diese mit einem mittleren Abschluß bzw. dem Realschulabschluß verläßt. Die Realschule gibt das Maß für die Organisation der Sekundarstufe I vor, ‚realschulartig' wird in den Oberklassen der Sekundarstufe I auch in den Integrierten Schulformen bzw. den Schularten mit mehreren Bildungsgängen unterrichtet. Seit dem Jahre 1997 erwerben in Deutschland ca. 40 Prozent der Absolventen aus dem allgemeinbildenden Schulwesen den Mittleren Bildungsabschluß gegenüber Absolventen der parallelen Schulformen mit geringeren Anteilen. Seit Jahren stellt somit der Mittlere Bildungsabschluß den Standardabschluß bzw. die Grundqualifikation schulischer Allgemeinbildung in Deutschland und der Realschulbildungsgang deren Maßstab dar (vgl. Fees: Die Realschule). In den meisten Bundesländern erfolgt auch eine förmliche und zentrale Realschulabschlußprüfung analog den Abiturprüfungen.

1.3 Lehrerbildung

Was die Ausbildung der künftigen Realschullehrerinnen und -lehrer angeht, so stehen aktuell zwei Fragen im Vordergrund: die Frage einer eigenständigen Lehrerbildung für das Lehramt an Realschulen und die Frage, in welcher Weise sich die Umstellung der bisherigen durchgängigen Lehramtsstudiengänge auf gestufte zweiphasige BA-/MA-Studiengänge entsprechend den Vorgaben des Bologna-Abkommens auf das Anliegen eines profilierten Realschulkonzeptes auswirkt.

Hatte sich mit der Etablierung der Realschule als eigenständiger Schulform in den späten 1960er Jahren eine eigenständige Realschullehrerbildung parallel zu den übrigen schulartspezifischen Lehrerbildungen etabliert, besteht nun seit etwa 20 Jahren der Trend, dieses Lehramt mit anderen zu kombinieren. Ein eigenständiges Lehramt für Realschulen findet sich noch in Baden-Württemberg, Bayern, Schleswig-Holstein und Rheinland-Pfalz, in den übrigen Bundesländern wird es häufig mit dem Amt des Hauptschullehrers verbunden, in Thüringen als „Regelschullehrer" ausgewiesen, in Sachsen als „Mittelschullehrer". Nordrhein-Westfalen hat kürzlich das Amt des Grund-/Haupt- und Realschullehrers eingeführt, das entweder mit dem Schwerpunkt in der Grundschule oder mit dem in der Sekundarstufe I studiert werden kann.

Vertritt man allerdings die Auffassung, daß die Realschule nicht nur eine aufgewertete Pflichtschule, sondern mit ihrem Ansatz einer besonderen Theorie-Praxis-Verknüpfung und ihres Auftrages, sowohl duale wie auch akademische Anschlußwege zu eröffnen, eine Schulart eigener Dignität darstellt, sind solche Verbundlösungen überaus fragwürdig (vgl. Fees: Reale Lehrerbildung). Diese Problemlage verschärft sich noch durch die aktuelle Umstellung der bisherigen durchgängigen Staatsexamensstudiengänge auf gestufte zweiphasige Studiengänge mit einer etwa sechssemestrigen BA-Phase und einer etwa viersemestrigen vertiefenden MA-Phase. Diese Umstellung befindet sich gegenwärtig noch in einer frühen Phase; ob das Anliegen eines eigenständigen Realschulkonzepts bei diesen Umbrüchen noch aufrechterhalten werden kann, muß als Frage zumindest aufgeworfen werden.

1.4 Weiterentwicklung der Realschule

Wenn die Realschule seit den 1970er Jahren bis zur Gegenwart aber gerade einen wichtigen Anteil besonders motivierter Schüler an die gymnasialen Mitwettbewerber abgeben mußte, genießt ihr pragmatisch ausgerichtetes Konzept mit ihrer schülerorientierten Didaktik bei schulischen wie betrieblichen Abnehmern und Eltern gleichermaßen bis zum heutige Tage eine hohe Akzeptanz.

Eine zeitgemäße strukturelle Weiterentwicklung hätte heute gerade bei der Realschule anzusetzen. Die Erweiterung ihres Bildungsganges um ein 11. Schuljahr mit der Möglichkeit, den schulischen Anteil der Fachhochschulreife bereits in der Sekundarschule zu erwerben, wäre eine logische und konsequente Fortentwicklung ihres Bildungskonzeptes, insofern die Fachhochschule mit ihrem pragmatisch ausgerichteten Bildungskonzept gleichsam die ,natürliche' akademische Verlängerung der Realschule darstellt. Eine solche neu konturierte Realschule mit einer Verlängerung in die Sekundarstufe II hinein böte hinsichtlich des weiteren qualitativen Ausbaus der Realschule neue Perspektiven und würde das bisherige Schulangebot um eine gerade für Eltern profilierte und interessante Alternative ergänzen (vgl. Rekus: Die Realschule u. Die Gesamtschule).

Was haben die Realschüler der Gegenwart nun aber zu lernen?

2. Der ‚orbis realis'

In ihrer voll ausgebauten sechsjährigen Form von Jahrgangsstufe 5 bis Jahrgangsstufe 10 stellt die Realschule einen Bildungs*gang* dar, d. h. einen kompletten Durchlauf durch das *ordinarium* heute geforderter schulischer Allgemeinbildung. Insofern sich die Aufgabe der Schule im Hinblick auf den Bildungsauftrag doppelt bestimmen läßt – aus gesellschaftlicher Sicht die Weitergabe unverzichtbarer kultureller Standards und aus subjektiver Sicht der Erwerb jener Fähigkeiten, Fertigkeiten und Kenntnisse, die einen grundlegenden Zugang zu den maßgeblichen Problemen der Gegenwart ermöglichen –, muß dieser Bildungsgang *vollständig* sein. Er hat die Welt in nichts weniger als gleichsam in Gänze abzu*bilden*, als ein moderner *orbis pictus* den Makrokosmos zur Darstellung zu bringen, um dem Schüler den Aufbau einen subjektiven Mikrokosmos zu ermöglichen. Der Bildungsgang der Realschule beinhaltet damit *alle* sieben Bereiche der kulturellen Praxis, damit in Grundzügen das *Gesamt* jener kulturellen Praxis, deren Bewältigung die für die Herausgabe der Lehrpläne verantwortlichen politischen Gremien als unverzichtbar für die Lebensbewältigung in unserem Kulturkreis bestimmt haben. Die sieben kulturellen Praxisbereiche lauten: *Sinnorientierung, Sprache, formal-zahlhafte Weltdarstellung, Politik und Ökonomie, Naturerfahrung, Kunst und Technik*. Die Bildung in diesen sieben Praxisbereichen berührt alle Schulfächer der Realschule. Sinnorientierung haben etwa auch die Fächer Sport oder Deutsch zu ermöglichen; im folgenden werden aber unter den jeweiligen Überschriften nur diejenigen Lernbereiche bzw. Fächer thematisiert, welche die schulischen Pendants dieser Praxisbereiche darstellen, wie sie im Bildungsgang der Realschule vorgesehen sind. Sämtliche inhaltlichen Aussagen sind entweder den von der Kultusministerkonferenz herausgegebenen Vereinbarungen oder dem baden-württembergischer Lehrplan entnommen, der als bislang einziger Realschullehrplan auf der Grundlage von Bildungsstandards erstellt wurde und somit der einzige aktuelle Realschullehrplan ist. Aus Gründen der besseren Lesbarkeit finden sich im Text keine Literaturverweise.

2.1 Sinnorientierung

Der Praxisbereich *Sinnorientierung* begründet das älteste Schulfach überhaupt, das Fach Religion, das als katholische oder evangelische Religionslehre institutionell gesichert ist. Für diejenigen Schülerinnen und Schüler, die nicht den Religionsunterricht besuchen, wird in der Regel das Fach Ethik angeboten. Das Schulfach Religion ist durch Artikel 7 Absatz 3 des deutschen Grundgesetzes in seiner Existenz gesichert; die grundgesetzlichen Bestimmungen werden in aller Regel durch die jeweiligen Landesverfassungen und die entsprechenden Bestimmungen der jeweiligen Landeskirchen ergänzt und konkretisiert.

Der Religionsunterricht wird in bildender Intention erteilt; das Ziel besteht nicht darin, die Schüler/innen auf die Übernahme eines bestimmten Bekenntnisses hin zu erziehen; vielmehr soll der Religionsunterricht die Schüler bei ihrer Suche nach Orientierung und Lebenssinn im Zusammenhang von Leben und Glauben begleiten: Der christliche Glauben soll als Hilfe zur Deutung und Gestaltung des Lebens zum Ausdruck kommen. Der Religionsunterricht soll die religiöse Dimension des Menschseins deutlich werden lassen; die Schüler sollen die Frage nach Gott stellen und sie aus der Erfahrung der kirchlichen Glaubenstradition erschließen. Die Suche nach eigenem Lebenssinn und nach einer eigenen Identität soll unterstützt werden.

Religiöse Kompetenz wird hier verstanden als Fähigkeit, die Vielgestaltigkeit von Wirklichkeit wahrzunehmen und theologisch zu reflektieren. Die Schüler sollen hierbei lernen, die Frage nach der Wahrheit zu stellen, sich in Freiheit auf religiöse Ausdrucks- und Sprachformen (Symbole und Rituale) einzulassen und diese auch mitzugestalten. Der Unterricht zielt auf überprüfbare Fähigkeiten und Inhalte, wenn sich auch der Glaube selbst einer Überprüfung entziehen muß.

Die Schüler sollen im Unterricht hermeneutische Verfahren erwerben, Texte aus Vergangenheit und Gegenwart sowie insbesondere auch biblische Texte verstehen und in verschiedene Richtungen hin auslegen können. Der Religionsunterricht dient vor allem auch dem Erwerb ethischer Kenntnisse, der Fähigkeit, ethische Fragestellungen erkennen, Handlungsalternativen aufzeigen, ein eigenes Urteil bilden und auf mögliches eigenes Handeln beziehen zu können. Die Schüler setzen sich mit der christlichen Anthropologie auseinander, der zufolge sie als Geschöpfe Gottes „einzigartig geschaffen sind" und „ohne Gegenleistung von Gott geliebt werden". Die Schüler sollen um die Würde aller Lebewesen wissen, um ihre gegenseitige Angewiesenheit. Sie sollen über Gefährdungen der Natur und Möglichkeiten zur Bewahrung der Schöpfung Auskunft geben können. Sie kennen den Aufbau und die Entstehung der Bibel und die christlichen Aussagen über Gott.

2.2 Sprache

Im Fach Deutsch sollen die Schüler die deutsche Sprache als Mittel der Welterfassung und Wirklichkeitsvermittlung erwerben; als Medium der zwischenmenschlichen Verständigung sowie als Medium, sich Welten auszumalen und vorzustellen. Das zentrale Anliegen dieses Faches besteht darin, die sprachlichen Fähigkeiten der Schüler zu fördern und zu sichern, die fortwährend anzustrebende Leitkompetenz dieses Fach lautet *Kommunikationsfähigkeit*. Zu die-

sem Zwecke sollen die Schüler vier Kompetenzbereiche erwerben: „Sprechen und Zuhören", „Schreiben", „Lesen –
mit Texten umgehen" und „Sprache und Sprachgebrauch
untersuchen". Der letzte Bereich ist den ersten drei überge-
ordnet, so daß sich der Deutschunterricht auf drei Bereiche
aufteilt, die aber jeweils wieder reflexiv zu wenden sind.
Hinsichtlich „Sprechen und Zuhören" sollen die Schüler
nichts weniger erlernen, als die Fähigkeit, „kommunikative
Situationen in persönlichen, beruflichen und öffentlichen
Zusammenhängen situationsangemessen und adressatenge-
recht ... bewältigen" zu können. Analog sollen die Schüler
beim schriftlichen Sprachgebrauch die entsprechenden
Möglichkeiten und Verfahrensweisen kennen und adressa-
tengerecht Texte verfassen können. Dies alles soll zudem reflexiv gewendet werden, als die Schüler Erscheinungsbilder
sprachlichen Handelns wie auch die Bedingungen ihres Zu-
standekommens untersuchen und überprüfen sollen mit
dem Ziel, den Ertrag dieser Überlegungen für die eigene
Sprachentwicklung nutzen zu können.

In mündlicher Hinsicht sollen die Schüler lernen, diskursive Gespräche, die Auseinandersetzung um strittige
Fragestellungen, das Führen von Dialogen und Diskussionen, den mit Argumenten geführten Streit unter Einhaltung der entsprechenden Regeln zu führen. Die Schüler sollen lernen, sich mitteilen, individuelle Anliegen mündlich
artikulieren zu können. Ferner sollen die Schüler lernen,
Texte darstellerisch bzw. darbietend vortragen zu können,
eine Rolle übernehmen, ästhetisch oder in darbietender Intention einen Sachverhalt vorstellen zu können. Reflexiv
sollen sie des weiteren lernen, Modalitäten und Varianten
von Sprechsituationen und mögliche Gründe ihrer Störan-
fälligkeit zu erkennen und auch Wege der Beseitigung von
Störungen bzw. der Lösung von Konflikten zu suchen.

Analog sollen die Schüler schriftlich berichten, beschreiben und argumentieren können. Sie sollen kreativ zu Bil-

dern, Texten und Erlebnissen schreiben und ihre persönlichen Gefühle und Stimmungen zum Ausdruck bringen
können. Sie sollen literarische Texte ausgestalten, weitererzählen und umgestalten; Inhalte literarischer Texte zusammenfassen und wiedergeben, Protokolle in standardisierter
Form erstellen. Sie sollen Texte überarbeiten hinsichtlich
des Inhalts, des Stils, der sprachlichen Richtigkeit und auch
der äußeren Form. Sie sollen orthographisch sicher sein,
Rechtschreibfehler in selbst verfaßten Texten erkennen und
verbessern können; Rechtschreibstrategien wie Nachschlagen, Ableiten, Artikel- und Ersatzprobe anwenden können.
In grammatischer Hinsicht sollen sie die traditionellen Gliederungskategorien der deutschen Grammatik kennen und in
sprachproduktiver Hinsicht auch anwenden können.

Der Bildungsgang der Realschule sieht obligatorisch den
Erwerb einer Fremdsprache vor, im überwiegenden Falle
Englisch. Eine zweite Fremdsprache kann im Wahlpflichtbereich ab Klasse sieben im Rang eines Kernfaches erworben werden.

Die Standards der ersten Fremdsprache sind vor allem
auf die Erlangung kommunikativer Fähigkeiten hin ausgerichtet, die Kommunikationsfähigkeit in der Fremdsprache
stellt das höchste Lehrziel dar. Die Schüler sollen „kommunikative Fertigkeiten" und die „Verfügung über die
sprachlichen Mittel" erwerben. Ersteres bezieht sich auf
Fertigkeiten wie „Hör- und Hör-/Sehverstehen", „Leseverstehen", letzteres auf die vorauszusetzenden Mittel wie
„Wortschatz" und „Grammatik". Die Schüler sollen weitgehend zusammenhängend situations-, adressaten- und
wirkungsgerecht erzählen, berichten, beschreiben und präsentieren können. Schriftlich sollen sie Sachverhalte aus
Alltag, Beruf, Politik, Sport strukturiert, formal, weitgehend orthographisch und sprachlich richtig verfassen können. Mündliche und schriftliche Sach-, Gebrauchs- und
fiktionale Texte mittleren Schwierigkeitsgrades sollen sie

in ihrem Sinnzusammenhang verstehen und dieses Verständnis belegen können.

2.3 Formal-zahlhafte Weltdarstellung

Die maßgebliche bildungstheoretische Aufgabenstellung des Faches Mathematik liegt darin, einen formal-zahlhaften Zugang zu den Phänomenen der Welt zu ermöglichen, den Schüler zu befähigen, phänomenale Gegebenheiten mathematisch transformieren zu können. So sehen die kultusministeriellen Vorgaben als Leitvorstellung vor, daß die Schüler lernen sollen, „Probleme mathematisch zu lösen", „mathematisch modellieren", „mathematische Darstellungen verwenden" und „mit symbolischen formalen und technischen Elementen der Mathematik umgehen", „kommunizieren" und „mathematisch argumentieren" können. Die Schüler sollen lernen, in Alltags- oder auch in komplexen Situationen der sozialen Wirklichkeit die sich daraus ergebenden mathematischen Fragestellungen erkennen, angemessen übersetzen und schließlich auch mathematisch lösen zu können. Den Schülern soll ein Zugang geschaffen werden zum Erkennen komplexer Zusammenhänge und Wechselwirkungen. Sie sollen ferner auch mathematisch argumentieren können, die mathematische Symbolsprache zu dekodieren und zu interpretieren.

Die Schüler sollen den Aufbau des Dezimalsystems verstehen, mit Variablen umgehen und arbeiten können, Rechenoperationen im erweiterten Zahlenbereich mit ganzen und rationalen Zahlen, mit Wurzeln und Potenzen sicher ausführen können, unterschiedliche Lösungsstrategien anwenden. Sie sollen die Grundsätze der Längen-, Flächen-, Volumen- und Winkelmessung nutzen, ein Gefühl für Zahlen, Größenordnungen und Zusammenhänge entwickeln und diese Grundsätze auch auf naturwissenschaftliche Fragestellungen hin transferieren können.

2.4 Politik und Ökonomie

Im Geschichtsunterricht sollen sich die Schüler mit den politischen, wirtschaftlichen, rechtlichen, gesellschaftlichen und kulturellen Bedingungen vergangener Zeiten beschäftigen, um von hier aus die Chance zu eröffnen, die Gegenwart aus der Geschichte heraus zu begreifen und zu erklären. Die schulische historische Bildung soll die Grundlage schaffen für ein historisches Fachwissen, das die künftigen Staatsbürger benötigen, um die komplexe moderne Welt verstehen, kritisch betrachten, beurteilen und schließlich auch verantwortungsvoll mitgestalten zu können. Dem Geschichtsunterricht liegt die Annahme zugrunde, daß ein sachbestimmtes historisches Grundwissen unerläßlich für die politische Bildung sei.

Die Schüler sollen über die Befassung mit Erkundungen historischer Zeugnisse aus dem näheren Heimatraum allmählich an Fragestellungen und Arbeitsweisen des Faches Geschichte herangeführt werden. Sie sollen Arbeitsmethoden der Geschichtswissenschaft situationsangemessen anwenden können, lokalgeschichtliche Ereignisse dem historischen Gesamtkontext zuordnen und schließlich die Menschheitsgeschichte entsprechend den in der Geschichtswissenschaft gebräuchlichen Epochen einteilen können, mit genaueren Kenntnissen der jüngeren und jüngsten Geschichte seit dem Jahre 1776. Die Schüler befassen sich mit historischen Lebens-, Wirtschafts- und Herrschaftsformen. Sie kennen etwa die Ständegesellschaft des Mittelalters, können anhand ausgewählter Beispiele das Leben und Arbeiten von Menschen im Mittelalter beschreiben und im Hinblick auf die damaligen Umstände würdigen. Sie sollen nachweisen können, daß Rechtsnormen und Traditionen des Mittelalters bis in die heutige Zeit nachwirken.

Der Geschichtsunterricht der Realschule mit seinen historischen Betrachtungen ist nahtlos verschränkt mit einem

auf die Gegenwart ausgerichteten gesellschaftswissenschaft-
lichen Bereich, der in den verschiedenen Bundesländern
Schulfächern mit wechselnden Bezeichnungen wie Politik,
Gemeinschaftskunde, Wirtschaftskunde und auch Erdkunde
zugewiesen ist. In diesen Fächern, z. T. auch als Fächerver-
bünde organisiert, sollen die Schüler an exemplarischen Beispielen die Lebens- und Umwelt analysieren. Sie sollen die
Wechselwirkungen zwischen Mensch und Raum, die Abhängigkeiten von Naturkräften und von wirtschaftlichen
und politischen Einflußnahmen erfahren. Es sollen auch
Einsichten in die zunehmende Globalisierung wirtschaftlicher und gesellschaftlicher Vorgänge möglich sein. Die
Schüler sollen Chancen und Gefahren erkennen und „Hand-
lungsmöglichkeiten für mündige Bürger" erörtern. Komplexe und heterogene Lebensumstände in unterschiedlichen
Räumen und Gruppen sollen reflektiert werden. Ferner soll
auch „handlungs- und erfahrungsorientiert ein demokratisches, tolerantes, solidarisches und umweltgerechtes Verhalten eingeübt" werden.

Im Zusammenhang des Faches bzw. Arbeitsbereiches
Erdkunde soll eine raumbezogene Handlungskompetenz
erworben werden. Die Schüler sollen an Raumbeispielen
mit regionaler, nationaler, europäischer und globaler Dimension in gesellschaftliche und naturwissenschaftliche
Sicht- und Arbeitsweisen eingeführt werden. Sie sollen
ein „ganzheitliches Verständnis von Lebensräumen" erhalten. In diesem Zusammenhang sollen auch ökonomische
Überlegungen mit einfließen; die Schüler sollen eine
grundlegende wirtschaftliche Handlungskompetenz unter
Berücksichtigung lokaler, nationaler, europäischer und globaler Aspekte erwerben.

Die Schüler sollen sich mit den Rechtsnormen und Werten der freiheitlich-demokratischen Grundordnung auseinandersetzen und von hier aus eine Orientierung auf ihrem
Weg hin zu selbständig denkenden, in ethischer Verantwor-

tung handelnden Weltbürgerinnen und -bürgern erhalten. Sie sollen Einsichten erlangen in das globale Spannungsfeld von Ökonomie, Ökologie, Armut und ein verantwortungsvolles Verständnis für globale Fragestellungen erhalten. Sie kennen verschiedene Stadtmodelle und Begriffe wie Verstädterung, Metropolisierung, Weltstadt, City. Sie sollen verstehen, daß die globalen Schlüsselprobleme nur durch die besondere Verantwortung der Industriestaaten gelöst werden können. Sie sollen aber auch unternehmerisches Denken wie dessen gesellschaftspolitische Verantwortung nachvollziehen und verstehen und die Intentionen der Sozialen Marktwirtschaft in ihren Grenzen „akzeptieren" können. Dazu gehören ökonomische Begriffe wie Wirtschaftsraum, Bruttoinlandsprodukt, internationale Arbeitsteilung, Brutto- und Nettogehalt, Geldanlageformen, Verbraucherberatung und -schutz.

In diesen Fächern sollen sich die Schüler mit Texten aller Art einschließlich Graphiken, Karikaturen, Karten, Statistiken befassen und diese decodieren, versprachlichen, bewerten und auch selbst solche herstellen können. Sie können auch zentrale Medien des Alltags nutzen. Die Schüler sollen Informationen sammeln und ordnen, Texte und Quellen bearbeiten, zunehmend sinnerfassend lesen und solche Verfahren wie Cluster, Schema, Mindmap und Kartenskizzen anwenden können. Sie sollen ein vernetztes topographisches Grundwissen erwerben, sich auf unterschiedlichen Kartentypen, Orientierungs- und Ordnungssystemen unterschiedlicher Maßstabdimensionen zurechtfinden und damit handelnd umgehen können. Sie können Befragungs-, Plan- und Rollenspiele, Geländearbeit und Experimente durchführen und bei Exkursionen fachspezifische Arbeitsweisen anwenden. Sie können multimediale Nachschlagewerke und das Internet zur Informationsbeschaffung einsetzen und auch mit multimedialen Lernprogrammen umgehen.

2.5 Naturerfahrung

Der naturwissenschaftliche Unterricht in den deutschen Realschulen wird zum Teil noch in den traditionellen Fächern Physik, Biologie und Chemie mit Anteilen im Fach Erdkunde oder in verschiedenen Fächerverbünden realisiert. Den von der Kultusministerkonferenz herausgegebenen Standards zufolge soll der Physikunterricht die hergebrachte physikalische fachliche Systematik mit einem handelnden Ansatz verschränken. Die Schüler sollen sich nacheinander mit der Materie, der Wechselwirkung der Körper untereinander, der Verbindung der Körper im System und schließlich als Kraft zwischen Körpern als Energie befassen. Die Schüler sollen die entsprechenden physikalischen Phänomene beschreiben und benennen können, die Grundsätze der physikalischen Erkenntnisgewinnung bzw. die entsprechenden Forschungsmethoden anwenden können und schließlich auch interpersonal sich über diese Fragestellungen diskursiv und bewertend verständigen können.

Der baden-württembergische Lehrplan hat sich von solch einem Konzept einer fachlich gebundenen Naturerfahrung verabschiedet und organisiert diese in einem Fächerverbund. Der Unterricht ist hier induktiv angelegt als Durchgang vom einzelnen zum allgemeinen: von der Primär- zur Sekundärerfahrung, vom Beobachten, Beschreiben und Fragen zum Reflektieren, Verknüpfen und Anwenden. Die Schüler sollen durch eigenes Sichten, Auswerten und Reflektieren zu naturwissenschaftlichen Begriffen und Prinzipien gelangen.

Durch Sammeln, Ordnen und Bestimmen, durch Messungen im Freiland und durch Entdeckungen mit Lupe und Mikroskop sollen die Schüler die Vielfalt, Struktur und die Funktion lebender Systeme verstehen. Sie sollen auch den eigenen Körper als komplexes System verstehen lernen, insbesondere die Struktur und Funktion der Bewegungsorgane, Bau und Funktion der Atmungsorgane und die Wechselwirkung eines Sinnesorgans mit dem Gehirn. Sie sollen die belebte von der unbelebten Natur unterscheiden können, den zellulären Aufbau der Lebewesen kennen, Einblick in deren Stoffwechsel, Wachstum und Entwicklung und auch die Evolution gewinnen. Sie haben den eigenverantwortlichen Umgang mit Gasen, Flüssigkeiten und Feststoffen unter Verwendung einfacher Laborwerkzeuge und Laborgeräte unter Einhaltung entsprechender Sicherheitsmaßnahmen und Verhaltensregeln zu erlernen und Gefahrstoffe sachgerecht anzuwenden. Sie sollen mit Begriffen wie Stoff, Reaktion, Element, Atom, Energie argumentieren können, dem Periodensystem Informationen entnehmen und Tabellen zur Eigenschaftsbeschreibung nutzen können. Sie sollen die Grundzüge eines mechanischen, elektrischen, durch Wärme oder chemischen Energieträgers geprägten Energieversorgungssystems darstellen und auch die Menge und die Kosten transportierter Energie berechnen und die Übertragungseffektivität quantifizieren können. Die erworbenen Kompetenzen sollen an Themen wie etwa Biotechnologie, Regenerative Energien, Halbleitertechnologie, globale Stoffkreisläufe, Mineralogie, Sinnesorgane und Nervensystem nachgewiesen werden.

2.6 Kunst

Das Phänomen Musik wird als ein wesentlicher Bestandteil der menschlichen Kultur und in anthropologischer Hinsicht als eine der „Grundformen menschlicher Äußerung" betrachtet. Der Musikunterricht der Realschule versteht sich als ein kulturkundliches Fach. Es sollen hier im Spannungsfeld zwischen der nationalen und europäischen Tradition, aber auch unter Einbeziehung außereuropäischer Musikkulturen und aktueller musikalischer Trends die verschiedenen Erscheinungsformen von Musik erschlossen werden. Der

Musikunterricht soll Orientierung geben: Im Hinblick auf die Vielfalt des Angebotes sollen die Schüler einen Zugang zu einem bedeutsamen Teil der Kultur finden, um sich innerhalb dieser Vielfalt besser orientieren zu können. In Verbindung mit eigener musikalischer Praxis sollen die Schüler Sachkenntnisse erwerben und sich selbst zu begründeten Urteilen und Wertungen befähigen. Der Musikunterricht verfolgt wesentlich diskursive und reflexive Intentionen: Durch die Beschäftigung mit musikalischen Phänomenen und in der Reflexion und dem diskursiven Austausch darüber sollen sowohl die analytischen Hörfähigkeiten wie die sprachliche Ausdrucksfähigkeit differenziert werden. Dem Musikunterricht kommt auch ein hoher Rang bei der Erlangung einer kritischen Medienkompetenz zu; ferner eröffnet er auch Zugänge zu Ausbildungsberufen (Instrumentenbau, Fachhandel, Jugendeinrichtungen, Erzieherberufe). Die Schüler sollen in praktischer Hinsicht singen, musizieren, arrangieren, improvisieren und komponieren; in analytischer Hinsicht sich mit Epochen, Stilen, Formen und Gattungen befassen.

Der Unterricht der Realschule in Bildender Kunst verfolgt dem Musikunterricht analoge Ziele. Hier sollen die Schüler lernen, sich gestalterisch kreativ auszudrücken. Sie sollen eigene Ideen und Auffassungen entwickeln, realisieren und überprüfen und die Fähigkeit erwerben, eigenständig und eigenverantwortlich zu arbeiten. Sie sollen Kenntnisse über einzelne Bereiche der Bildgestaltung erwerben und die Fähigkeiten, diese in Verbindung mit verschiedenen, auch elektronischen Bildmedien für ihre eigene praktische Arbeit zu nutzen. Sie sollen die vielfältige, kontinuierliche und systematische Herangehensweise künstlerischen Arbeitens, eine Thematik auf verschiedenen Wegen zu erarbeiten, kennen und diese Arbeitsweise auch auf andere Fächer und Lebensbereiche übertragen können. Der Kunstunterricht der Realschule vollzieht sich in den Schritten Wahrnehmen – Gestalten – Reflektieren, die künstlerisch-praktischen Grundkompetenzen stehen hierbei im Mittelpunkt. Die Schüler befassen sich mit Farben in allen Bereichen, mit Grafiken – sollen etwa auch die Kriterien einer Bildkomposition erkennen und bewerten können – und mit Plastiken, Körpern und Räumen.

Der Sportunterricht der Realschule verfolgt wesentlich eine bildende Intention, insofern die Bedeutung eigener Bewegung für das eigene Wohlbefinden und die eigene Gesundheit erfahren werden soll. Die Schüler sollen ihre motorische und konditionelle Leistungsfähigkeit verbessern und einschätzen lernen, ihre Bewegungs- und Körpererfahrungen erweitern und die eigene Wahrnehmungsfähigkeit verbessern. In sozialisatorischer Hinsicht sollen die Schüler bei sportlichen Aktivitäten und Wettkämpfen miteinander kooperieren und hier Fairneß, Rücksichtsnahme und die Bereitschaft, Konflikte zu bewältigen, unter Beweis stellen. Die Schüler sollen sich in allen Individualsportarten – Schwimmen, Turnen, Leichtathletik, Gymnastik und Tanz – und in allen Spielsportarten üben – Fußball, Handball, Basketball und Volleyball.

2.7 Technik

Unter Berücksichtigung einer zunehmend von Technik bestimmten Lebenswelt sollen die Schüler in der Realschule auch eine technische Grundbildung erfahren. Die Schüler sollen hier kein berufliches Spezialwissen oder -können erwerben, sondern fundamentale Einsichten und Handlungsmuster durch eine intensive Auseinandersetzung mit exemplarischen technischen Inhalten. Die Themen stammen aus den fünf Bereichen *Arbeit und Produktion, Information und Kommunikation, Transport und Verkehr, Versorgung und Entsorgung, Bauen und Wohnen*, welche die Verbindung der technikwissenschaftlichen mit den humanen, sozialen und ökologischen Aspekten der Technik spiegeln. In handelnder Intention sollen die Schüler allgemeine Fähigkeiten und Fertigkeiten als Grundlage für die Bewältigung technischer Probleme im Alltag erwerben. Sie sollen in erkennender Intention sich mit Strukturen und Beschaffenheiten der technischen Phänomene befassen sowie in reflexiver Intention sich mit Fragen des Zusammenspiels von gesellschaftlichen Vorgaben, technischen Realisierungen und den daraus möglichen gesellschaftlichen Veränderungen befassen. Der handelnde und reflexive Umgang mit technischen Fragestellungen dient auch der Berufsorientierung der Realschüler.

Ein hoher Rang wird der informationstechnischen Grundbildung in der Realschule zugemessen. Von Klasse fünf aufwärts sollen die Schüler informationstechnische Anwendungen selbständig und zweckorientiert einsetzen. Sie sollen lernen, Informationen in einfachen, größeren Text- und Präsentations-Dokumenten und in umfangreichen digitalen Dokumenten darzustellen. Sie sollen lernen, mit Scanner und Digitalkamera zu arbeiten, Musik mit dem Computer zu gestalten und auch digital mathematische Modellierungsaufgaben zu bearbeiten.

Nach sehr unterschiedlichen bundeslandspezifischen Regelungen wird in der gegenwärtigen Realschule das Fach „Hauswirtschaft und textiles Werken" unter verschiedenen Bezeichnungen angeboten. Ausgehend von Anforderungen des privaten Haushalts werden hier die Themenbereiche Ernährung, Bekleidung, Wohnen, Wirtschaften, Zusammenleben in Familie und Gesellschaft behandelt.

3. Zusammenfassung

Das ‚Geheimnis' der Realschule läßt sich als besondere thematische Ausrichtung des *‚orbis realis'* einerseits, als auch mit der spezifischen Herangehensweise andererseits erklären. Die Realschulbildung konstituiert sich als besonders enge Verzahnung von Theorie und Praxis, der Realschulunterricht ist in besonderer Weise „handlungsorientiert". Damit ist weder eine Einschränkung noch eine Zurichtung des wissenschaftsorientierten Unterrichts gemeint, der auch in der Realschule gefordert ist. Vielmehr geht es darum, das zu erwerbende Wissen mit einer Handlungsperspektive zu verbinden, die auf eine verantwortliche Gestaltung der gegenwärtigen und künftigen Welt gerichtet ist. In dieser Ausrichtung, verbunden mit einem in grundlegender Hinsicht universal angelegten Bildungsgang, wird auch in Zukunft das noch weiter zu schärfende Profil der Realschule liegen.

Literaturhinweise

Fees, K. (Hg.): Realschule und Schulentwicklung. Perspektiven des Mittleren Bildungsweges (2000). – *Ders.:* Die Realschule. Bildungsangebot, Organisationsweisen, Statistik, in: *Rekus, J.* (Hg.): Die Realschule. Alltag, Reform, Geschichte, Theorie (1999), S. 33–49. – *Ders.:* „Reale" Lehrerbildung: Defizite und notwendige Akzentsetzungen, in: Realschule in Deutschland 109 (2001) 5, S. 10–14. – Ministerium für Kultus, Jugend und Sport Baden-Württemberg: Bildungsplan 2004 Realschule. – *Rekus, J.:* Positionen der Parteien und Verbände, in: *Ders.* (Hg.): Die Realschule. Alltag, Reform, Geschichte, Theorie (1999), S. 71–82. – *Ders./Ladenthin, V.* (Hg.): Die Ganztagsschule, Alltag – Geschichte – Theorie – Reform (2005). – Sekretariat der Ständigen Konferenz der Kultusminister der Länder in der Bundesrepublik Deutschland: Vereinbarung über Bildungsstandards für den Mittleren Schulabschluss (Jahrgangsstufe 10). Beschluss der Kultusministerkonferenz vom 4. Dezember 2003: – Bildungsstandards im Fach Deutsch für den Mittleren Schulabschluss (Beschluss der Kultusministerkonferenz vom 4. Dezember 2003). – Bildungsstandards für die erste Fremdsprache (Englisch/Französisch) für den Mittleren Schulabschluss (Beschluss der Kultusministerkonferenz vom 4. Dezember 2003). – Bildungsstandards im Fach Mathematik für den Mittleren Schulabschluss (Beschluss der Kultusministerkonferenz vom 4. Dezember 2003).

– Bildungsstandards im Fach Physik für den Mittleren Schulabschluss (Beschluss der Kultusministerkonferenz vom 16. Dezember 2004).

– Schüler, Klassen, Lehrer und Absolventen der Schulen 1993–2002. Statistische Veröffentlichungen der Kultusministerkonferenz, Dokumentation Nr. 171, Dezember 2003.

Kulturelle Integration und der Lehrplan der Hauptschule

Volker Ladenthin

Integration ist eine Aufgabe von Schule: Eine Schule soll jungen Menschen dabei helfen, sich in der historisch vorgefundenen Gesellschaft verantwortungsvoll zurechtzufinden und sie vernünftig gestalten zu können. Diese Aufgabe hat jede allgemeinbildende Schule, und jede allgemeinbildende Schule muss diese Aufgabe vielfältig angehen. Ein Aspekt ist dabei der Lehrplan. Die folgenden Überlegungen wollen darlegen und begründen, welche Kriterien ein solcher Lehrplan beachten sollte, wenn er der integrativen Aufgabe von Schule gerecht werden will. Dieser Aufgabe kommt vor allem dann eine gesteigerte Bedeutung zu, wenn die kulturellen Voraussetzungen einer Gesellschaft so stark differieren, dass eine Integration in die Kultur durch Sozialisationsprozesse nicht mehr gewährleistet ist.

Die Überlegungen beziehen die Aufgabe der Lehrplangestaltung auf den Bildungsgang der Hauptschule.

Einige Daten zur Hauptschule

Tendenz	2004	=>	2005
Hauptschule:	– 0,7 % bzw.*		– 4,4 %
Realschule:	+ 4,2 %		– 1,0 %
Gymnasium:	+ 3,8 %		+ 1,4 %

* Die zweite Zahl gibt die „bereinigten" Daten an:
In Niedersachsen wurde die Orientierungsstufe aufgelöst.

Absolute Zahlen, bundesweit

Schulart	2001/2	2002/3	2004/5
Hauptschule	5.446	5.387	5.358
Realschule	3.465	3.014	2.980
Gymnasium	3.168	3.154	3.139

Verteilung Jungen und Mädchen

Schulart	Jungen	Mädchen
Sonderschule	63,2 %	36,8 %
Hauptschule	56,4 %	43,6 %
Realschule	–	–
Gymnasium	46,0 %	54,0 %

Ausländische Schülerinnen/Schüler (Bezugseinheit: 1000)

Schulart	2001/2	2002/3	2004/5
Hauptschule	(=17,7 %)	(=18,2 %)	(=18,6 %)
Realschule	(= 6,6 %)	(= 6,8 %)	(= 7,0 %)
Gymnasium	(= 3,9 %)	(= 3,9 %)	(= 4,0 %)

Abschlüsse

Schulart	Insgesamt
ohne Hauptschulabschluss	8,9 %
Hauptschulabschluss	26,0 %
Realschulabschluss	40,5 %
Hochschulreife	23,5 %

(alle Zahlen: Statistisches Bundesamt)

Vor diesem Hintergrund fragen wir nach dem Konzept für eine grundlegende schulische Bildung in einer kulturell hoch ausdifferenzierten Gesellschaft.

Dabei stellen die folgenden Ausführungen nicht etwa einen Lehrplan dar; vielmehr wollen sie Kriterien ausweisen, denen ein Lehrplan genügen sollte. Man kann vorhandene Lehrpläne an diesen Kriterien messen bzw. Lehrpläne mittels der hier genannten und begründeten Kriterien konzipieren.

Der Aufweis von Kriterien für den Entwurf eines Lehrplans ist notwendigerweise theoretisch (d. h. allgemein, abstrakt); dies sollte nicht vergessen machen, dass die Folgen des nach diesen Kriterien entworfenen Lehrplans unmittelbar das Handeln betreffen und sehr konkret sind.

Trotz des Konzepts der „Basiskompetenzen" oder „Schlüsselqualifikationen" und einer Vorstellung vom zeitsparenden „Lernen des Lernen": Lernen kann nicht auf den Erwerb formaler Fähigkeiten reduziert werden; Lernen bedarf immer der Inhalte. Ohne Inhalte ließen sich formale Kompetenzen gar nicht erwerben. Da aber nicht alle Inhalte der Kultur gelernt werden können, muss eine begründete Auswahl stattfinden. Was sind die Kriterien für diese Auswahl?

Vielfach wurden im Umkehrschluss Inhalte als Synonym für Bildung angesehen. Es schien, als „bewirke" die Aneignung bestimmter Inhalte „Bildung", also die Befähigung, das künftige Leben eigenständig und verantwortungsvoll selbst bewältigen zu können. Eine solche Auffassung ist bildungstheoretisch schon deshalb bedenklich, weil sie den Erwerb von Wissen als „kausal bewirkte Folge", nicht als Selbsttätigkeit begreift. Wissen muss aber immer selbst gedacht werden: Es bedarf also der Methode. Jeder Mensch ist letztlich „Produkt seiner selbst". Weder also kann es eine *alleinige formale* noch eine *alleinige inhaltliche* Bildungstheorie geben.

1. Welches Wissen benötigt der Mensch in der Zukunft?

Immer wieder wird gefordert, die Hauptschule müsse besser als bisher auf die Zukunft vorbereiten. Zu fragen ist daher grundsätzlich: Inwiefern trägt ein Lehrplan zur Zukunftssicherung der Hauptschüler bei? Gibt es Konzepte, die die Zukunft in den gegenwärtigen Hauptschulklassenzimmern beginnen lassen? Schulbezogene Didaktik – Didaktik hier verstanden als Theorie der Lehrinhalte – steht vor der Bewältigung des so genannten „didaktischen Zukunftsparadox[es]": Die Schule muss einen Lehrplan konsultieren, der die Schülerinnen und Schüler mit Kenntnissen, Fertigkeiten und Fähigkeiten für eine Zeit ausstattet, die noch niemand kennt.

Um dieses Ziel eines auf die Zukunft ausgerichteten Unterrichts genauer zu bestimmen, muss die grundlegende Fragestellung zurechtgerückt werden. In der Regel wird gefragt: Wie bereiten wir unsere Schülerinnen und Schüler darauf vor, auch in der Zukunft zu bestehen? Wenn man so fragt, gerät man in das Zukunftsparadox, aus dem man sich nicht herauszuwinden vermag. Der Grund für diese Schwierigkeit liegt darin, dass man die Zukunft als etwas ansieht, an das sich unsere Kinder anzupassen hätten.

Genau das aber ist die Zukunft nicht. Die Zukunft ist etwas, was gemacht wird – und zwar von unseren Kindern. Die Zukunft ereignet sich nicht; sie wird so, wie man sie gestaltet. Wir müssen also nicht fragen, was unsere Kinder lernen müssen, um in der Zukunft zu bestehen. Wir müssen fragen, was unsere Kinder lernen müssen, um diese Zukunft aus der Gegenwart heraus gestalten zu können.

Das Bildungsziel der Schule kann also nicht darin liegen, sich an die gegenwärtige oder zu erwartende Situation anzupassen, sondern muss darin liegen, es den Schülerinnen und Schülern zu ermöglichen, selbstständig ein gültiges Verhältnis zur Welt, zu den anderen und zu sich zu finden. Die Schülerinnen und Schüler müssen ihr Verhältnis zur Welt gestalten können, wie sie sich als Kultur und als Natur darbietet. Sie müssen ihr Verhältnis zu anderen und zu sich selbst gestalten können.

Grundbegriff der Schule ist die Bildung. Der regulativen Idee der Bildung hat alles zu dienen, was in der Schule geschieht. Bildung – ein traditionsbeladener Begriff – wird in diesem Zusammenhang als Fähigkeit verstanden, sich sachlich und sittlich angemessen zu den Dingen, zu anderen und zu sich selbst zu verhalten, damit das Leben gelingt.

Damit Bildung zeitgemäß stattfinden kann, müssen bestimmte Bedingungen geschaffen werden: Der Bildungsprozess muss organisiert werden – und die Schüler müssen physisch und psychisch in der Lage sein zu lernen. Und es muss der institutionelle Rahmen bestimmt werden, in dem die Bildungsprozesse sich ereignen.

Unsere heutige Schule ist die staatliche Organisation von Bildungsprozessen. Dieses Konzept soll sichern, dass alle Kinder die Möglichkeit haben, sich unabhängig von den Möglichkeiten der Eltern zu bilden. Leitidee der Schule ist der Gedanke der interessenausgewogenen Bildung, also die Fähigkeit eines einzelnen Menschen, selbstständig ein gültiges Verhältnis zur Welt, zu seinen Mitmenschen und zu sich selbst bestimmen zu können, ohne dass einzelne gesellschaftliche Interessengruppen ihr spezielles Interesse gegenüber anderen Gruppen durchsetzen können.

Selbstbestimmung bedarf eines grundlegenden und abgesicherten Wissens über die Welt, die anderen und sich selbst. Und sie bedarf einer sittlichen Grundhaltung, um gültige Selbstbestimmung zu sein. Die Selbstbestimmung ist immer bezogen auf die vorgefundene Wirklichkeit. Sie ist es, die erkannt werden muss; sie ist es, in der gehandelt werden muss. Schule muss sich also immer mit dem auseinandersetzen, was in einer Gesellschaft bedeutsam ist.

Wissen heute ist abhängig vom Paradigma der Wissenschaften. Sie garantieren die Gewissheit des Gewussten. Das Wissen wird immer noch von und in Fachwissenschaften erarbeitet. Erst dann kann es fachüberschreitend in Techniken verwendet werden. Wenn wir also danach fragen, wo elementares Wissen grundlegend entsteht, dann sind es die Fachwissenschaften mit ihren spezifischen Methoden. In diesen Methoden selbst ist die Zukunft enthalten. Denn das Wissen der Fachwissenschaften beruht auf Falsifikation, also darauf, dass man es stetig verbessern kann. Die Fachwissenschaften selber sind zukunftsoffen, weil sie system-, anwendungs- und umgangsoffen sind. Kein Fachwissenschaftler sieht sein Wissen also als endgültig an, sondern er legt es so an, dass man künftig mit ihm arbeiten und es zugleich verbessern kann. Moderne Wissenschaft war von Beginn an eine Option auf die Zukunft.

Diese wissenschaftsimmanente Option auf Zukunft holen wir in die Schule, wenn wir die Bildungsprozesse an das Wissen der Fachwissenschaften binden, ohne allerdings zu versuchen, diese in der Schule „abzubilden". Schule darf nicht Wissenschaft „kopieren". Der Unterricht soll nicht wissenschaftsorientiert oder wissenschaftsbezogen sein, sondern „wissenschaftsanalog". Damit ist gemeint, dass jeder Lerngegenstand als Lösung eines Problems methodisch gedacht wird. Wissen wird also nicht als Ergebnis gelehrt und eingeübt, sondern als Weg gefunden, verstanden und dann gesichert. Der Gegenstand und die (fachbezogene) Methode seiner Konstitution sind also nicht zu trennen. Nur dann hat der Hauptschüler die Möglichkeit, das in der Schule erworbene Wissen in die Lebenswelt zu transferieren.

Dieses mit methodischem Denken generierte Wissen muss in der Schule zudem zusätzlich auf jene Bedeutung hin befragt werden, die es für die Menschen hat – und es muss in Korrelation zu anderem Wissen und dessen Bedeutung gesetzt werden, um nicht nur die Herausbildung von

Werten, sondern um ein Wertesystem zu ermöglichen, das sich auf seine Sinnhaftigkeit befragen lässt.

Das Lernen folgt also auch in einem wissenschaftsanalogen Unterricht *nicht* der Sachsystematik. Lehren muss immer beim Vorwissen des Lerners anknüpfen und dann von diesem ausgehend zum methodisch-systematischen Erschließen der Welt führen.

Alle Lehrplantheorie hat nur Sinn, wenn sie als (notwendiger, aber nicht hinreichender) Teil der Bildungsaufgabe verstanden wird: Kenntnisse werden erst im Zusammenhang mit Fertigkeiten und Fähigkeiten bildungsbedeutsam, und diese müssen sich auf Wert- und Sinnfragen beziehen lassen. Schließlich gehört die soziale Organisation des Lernens mit in die Konzeption des Lehrplans. Häufig wird dieses Anspruchsprofil unter die Termini „fachliche, methodische, personale und soziale Kompetenz" gefasst. Die hier vorgestellte Konzeption ist aber nur z.T. deckungsgleich mit solchen Vorstellungen.

2. Die Kriterien moderner Wissensrepräsentation (Didaktik) im Kontext Schule

Die Grundfrage für jeden Lehrplan muss lauten: Was leistet ein *bestimmtes* Fach *spezifisch* zur Gestaltung der Aufgabenbereiche der Hauptschule (= Unterricht, Erziehung, Fürsorge, Disziplin und Schulische Gemeinschaft) im Hinblick auf die Bildung des einzelnen Schülers? Wenn ein Fach keine *spezifischen* Antworten oder Leistungen hat, ist es an der Schule lediglich additiv.

2.1. Die Struktur des schulischen Wissens

Über Lehrpläne lässt sich sinnvoll sprechen, wenn vorausgesetzt wird, dass Schulunterricht zum Vollzug methodisch kontrollierter Denkakte auffordert, die der Schüler aber selbstständig ausführen muss. Schulische Bildung in diesem Sinne geht von der Selbsttätigkeit der Schülerinnen und Schüler aus. Lernen wird als Aktivität verstanden, für die der Einzelne letztlich selbst verantwortlich ist.

Diesem Lernbegriff liegt das Menschenbild eines autonomen und zugleich sozial verantwortungsvollen Menschen zu Grunde. Die Konzeption des Lernens, wie sie an Schulen üblich sein sollte, realisiert also immer auch dieses spezifisch neuzeitliche Menschenbild. Vorstellungen vom Lernen als Auswendiglernen, als fraglose Übernahme von Inhalten, als Beeinflussung vertragen sich nicht mit dieser Vorstellung. Es darf also an allgemeinbildenden Schulen keinen Unterricht geben, der diesen veralteten Lernbegriff voraussetzt oder Lernen unter dieser Maßgabe gestaltet.

Methodische Konstruktion heißt, dass Lerninhalte intersubjektiv und nachprüfbar sind. Aussagen gelten nicht, weil jemand sie behauptet, sondern weil jemand die Geltung begründen kann. Inhalte, die lediglich geglaubt werden können, die Meinungen sind, die nur durch die soziale Autorität des Lehrenden verbürgt sind, haben keinen Platz auf einem Lehrplan an allgemeinbildenden Schulen.

Lernen als methodische Konstruktion der Welt im Zeitalter der Wissenschaft heißt nun in allen auf Bildung bezogenen Kontexten:

- Das methodisch erarbeitete Wissen ist systematisch aufgebaut.
- Das methodisch erarbeitete Wissen ist fundamental, exemplarisch und elementar für das Verhältnis zur natürlichen und kulturellen Umwelt, zu anderen und zu sich selbst.
- Das methodisch erarbeitete Wissen ist sich seines methodischen Charakters bewusst.
- Das moderne Wissen ist deshalb
    - systemoffen (es kann ergänzt, revidiert, verbessert werden),

- anwendungsoffen (es ist für mannigfaltige Zwecke
  verwendbar) und
- umgangsoffen (es muss sittlich bewertet werden).

Daraus folgt, dass nicht die Themen über die Zukunftsfähigkeit des Unterrichts entscheiden, sondern die Art
und Weise ihrer Erarbeitung. Der Lehrer sorgt in der Gegenwart für die Zukunft der Schüler, weil er sie auffordert und
anleitet, alles nur Denkbare selbst zu denken. Ich möchte
die einzelnen Aspekte erläutern.

2.2 Das Systematische

Wissensbestände sind dann transferierbar und für die Zukunft zu nutzen, wenn sie systematisch aufgebaut sind.
Man kann also nicht isoliert „kulturelle Highlights" oder
Lebensregeln lehren; sondern Inhalte in einem Lehrplan stehen immer in einem Verweisungszusammenhang. So ist
etwa aller naturwissenschaftlicher Unterricht – soll er gelingen – unlösbar verbunden mit Vorstellungen von Kausali-
tät und Rationalität. Natur wird als vom Menschen zu er-
klärendes und von Menschenhand zu gestaltendes Objekt
verstanden. Sie wird „ent-anthropomorphisiert": Natur hat
gemäß dieser Erkenntnis in den Wissenschaften (Physik,
Biologie, Chemie) keinen eigenen Willen, kein Ziel, sie ereignet sich in eigenen Gesetzmäßigkeiten. Der Mensch
wird selbst als Teil dieser Natur begriffen, der sich mit den
Methoden der Biologie, Physik oder Chemie über sich selbst
aufklären muss, um verantwortungsvoll leben zu können:
Dazu gehören mechanische Vorgänge, aber auch die komplexen Zusammenhänge z. B. in Gruppen und Gemeinschaften,
der Gesundheit oder der Sexualität. Die Naturwissenschaften lehren keine Werte, sondern erfordern Wertungen. Eine
Bewertung – z. B. der Sexualaufklärung – kann also erst
nach Zurkenntnisnahme erfolgen.

Die Kultur wird in nicht mehr ineinander zurückführbare Diskurse differenziert: Historie, Soziologie, Theologie, Philosophie. Es gibt keine sie vorab ordnende lehrbare Wissensform, sondern die Ordnung und Hierarchisierung muss vom Menschen nach der Kenntnisnahme, bezogen auf einen individuellen Sinnentwurf erfolgen. Das Lernen von Einzelheiten dieser Wissenschaften *impliziert* das mit diesen Wissenschaften verbundene Weltbild einer sich über sich selbst und die Natur frei aufklären dürfenden Gesellschaft. Es ist verbunden mit dem Denken, dass der Mensch keine Aufträge aus der Geschichte, der Gesellschaft oder aus der Welt erhält, sondern für sein Handeln selbst verantwortlich ist; dass er frei ist, sich zu entscheiden – ja, dass er sich entscheiden muss.

Ebenso wie das wissenschaftsanaloge Wissen muss auch das Erfahrungswissen in der Schule systematisch geschult werden. Erfahrungen „sind" nicht „einfach da", sondern müssen gemacht und reflektiert werden. Man sollte also den Hauptschulunterricht dadurch verbessern, dass der Rückgriff auf Erfahrungen so erfolgt, dass er von allen Schülerinnen und Schülern auch geleistet werden kann.

Weitere Bedingungen des Lehrplans sind die Prinzipien des Exemplarischen, Elementaren und Fundamentalen.

2.3 Das Exemplarische

Ein Lehrplan muss Inhalte aufweisen, die exemplarisch sind. Etwas Umfassendes, Allgemeines – ein Gesetz, eine grundlegende Einsicht, eine typische Form – wird durch ein Beispiel (Exempel) erarbeitet, an dem sich das Allgemeine besonders klar und besonders einfach erkennen lässt. Der Lehrplan muss also zuerst fragen: Was soll als Allgemeines repräsentiert werden? Und dann muss gefragt werden: Wodurch soll das Allgemeine repräsentiert werden? Aufgrund des systematischen Charakters ist in dem

Exemplarischen einer Fachfrage auch immer das Exemplarische unserer ganzen Gesellschaft vertreten. Wissen und Kultur sind nicht zu trennen.

2.4 Das Elementare

Ein Lehrplan muss Inhalte aufweisen, die elementar sind. Das Elementare ist das, was sich zusammensetzen lässt. Ein Beispiel: Elementar ist die Kenntnis des Präteritums. Elementar ist die Kenntnis, was ein Umlaut ist. Erst wenn die Schüler beides kennen, können sie die Regel der Konjunktivbildung verstehen.

Der Lehrplan muss also das fachbezogene Wissen so zerlegen, dass es sich immer wieder neu zusammensetzen lässt.

2.5 Das Fundamentale

Ein Lehrplan muss Inhalte aufweisen, die fundamental sind. Das Fundamentale bezieht sich auf die Grundlagen eines Faches. Man muss etwa verstehen, was „Zeit" ist, um „Geschichte" überhaupt zu verstehen. Man muss die Differenz zwischen Kunst und Nichtkunst kennen, um einen literarischen Text (oder Film) angemessen zu beurteilen.

– Man kann in jedem Fach das Proprium als Fundamentales bezeichnen: Was ist der Unterschied, wenn man Wasser im Chemieunterricht und im Geographieunterricht betrachtet? Der Lehrplan muss also jene Inhalte enthalten, die das Fundamentum des Faches (die spezifische [methodische] Fragestellung des Faches) deutlich machen: Sicher kann man auch im Biounterricht Gedichte über Blumen lesen – aber an ihnen kann man nicht das Fundamentum des Faches deutlich machen, nämlich das Verstehen natürlich-lebendiger Vorgänge.

- D. h. man muss für jedes Fach die fundamentalen Methoden ausweisen und lehren. Das ist so selbstverständlich, dass man es nicht bedenkt – aber gleichwohl ist es ein Auswahlprinzip. Warum macht man bei Textaufgaben – z. B. in Mathematik – keine Satzanalysen?
- Man muss schließlich für jedes Fach das fundamentale Wissen ausweisen und lehren.

Es geht also darum, einen Kanon unseres Wissens festzulegen: Was muss man – ohne Spezialisierung und Hobbywissen – von der Welt wissen, damit man an ihr teilhaben und in ihr selbstbestimmt agieren kann?

In diesem Bereich sind schulartenspezifische oder lehrgangsartenspezifische Differenzierungen möglich.

3. Altersgemäße Strukturierung

Die Entwicklungspsychologie stellt ein Wissen bereit, menschliche Kenntnisse, Fertigkeiten und Fähigkeiten in allen Bereichen in ihrer Entwicklung darzustellen. Dieses Wissen muss fachspezifisch genutzt werden. Selbstverständlich gilt dies auch für den erzieherischen Bereich: Nach Lawrence Kohlberg z. B. unterscheidet man drei Stufen moralischer Urteilsfähigkeit: die vorkonventionelle Stufe (die Gleiches mit Gleichem vergilt), die konventionelle Stufe (die sich nach dem positiven Recht richtet) und die postkonventionelle Stufe (die nach der Verallgemeinerbarkeit der in den Handlungen realisierten Maximen fragt).

4. Innerfachliche Ansprüche

Die Forderung nach der Vollständigkeit der schulischen Darstellung der Welt kann nicht quantitativ, sondern muss qualitativ eingelöst werden: Nicht möglichst viele

Fächer oder möglichst aktuelle Fächer sichern Zukunftsfähigkeit, sondern die in grundlegenden Fächern aktivierten Grundfähigkeiten: Sprache, Zahlen, Soziales in Raum und Zeit (Vergangenheit und Gegenwart), (Fremd-)Sprachen, Transzendenz, körperliche Gesundheit. Unter diesem Aspekt können nicht Fächer verabsolutiert oder (was viel problematischer ist) ausgelassen werden: So ist etwa der Sportunterricht nicht eine beliebig (oder weltanschaulich) an- oder abzuwählende Freizeitveranstaltung, sondern ein unverzichtbares Element von Bildung, weil nur in ihm ein Verhältnis zum eigenen Körper handelnd gestaltet und ausgebildet wird.

Die Auswahl der Fächer kann dabei aber nicht allein „transzendental" oder formalpsychologisch erfolgen – also etwa nach Wissensformen oder Wahrnehmungsarten. Vielmehr ist die kulturelle Gegenwart Auswahlreservoir und Bewährungsprobe für die Inhalte: Es soll nicht Sprache an sich gelernt werden, sondern die Sprache, die für den momentanen und künftigen Austausch von Deutungen und Interessen bedeutsam ist. Er soll nicht Geschichte an sich gelehrt werden, sondern jene Ereignisse, die zum Verständnis des kulturellen Umfelds, in dem man lebt, bedeutsam sind. Kurz: *Es sollen nicht nur Kulturtechniken gelernt werden, sondern jene Kultur, in der man lebt und von der aus man handelt, soll Anlass zum Lernen sein.*

Für alle Wissensformen gilt, dass die sprachliche Kompetenz die grundlegende, nicht mehr hintergehbare und alles andere bedingende Grundfähigkeit ist. Der Akzent einer grundlegenden, allgemeinbildenden Schule muss also im Spracherwerb – sowohl mündlich wie schriftlich, aktiv wie passiv – liegen. Alle anderen Fähigkeiten sind mit dieser Fähigkeit verbunden. *Die Auswahl der Sprachen richtet sich nach dem kulturellen Umfeld, in dem man lebt.* Deutsch, Englisch, Spanisch, Französisch haben daher didaktisch betrachtet eine größere Bedeutung als andere Sprachen.

Sprache hat einen expressiven (eher individuellen), einen gegenstandsbezeichnenden und einen kommunikativen Charakter. Die Gegenstandsbezeichnungen müssen intersubjektiv und sachangemessen (d. h. methodisch) sein; sie müssen kommunikativ sein, d. h. von den Teilnehmern der Lerngemeinschaft verstanden werden. Konstituens von Unterricht ist daher eine von der Kulturmehrheit festgelegte oder benutzte Verkehrssprache. Sie ist Mittel und Norm für Unterricht an allgemeinbildenden Schulen. Mundartliche oder nationalsprachliche Formulierungen sind ein Additivum, das Sicherheit in der dominierenden Verkehrssprache voraussetzt.

Der *Fächerkanon* (Unterrichtsgegenstände) muss geeignet sein, ein sachlich gültiges Verhältnis zur natürlichen und kulturellen Welt, zu anderen und zu sich selbst unter dem Anspruch eines sinnvoll gelingenden Lebens herauszubilden (*Vollständigkeit des Bildungsangebots*). *Auch hier bestimmt die umgebende Kultur die Inhalte:* Das Naheliegende hat Priorität gegenüber dem Allgemeinen oder Exotischen. Dabei ist zu beachten, *dass sich eine Gesellschaft nur verständigen kann, wenn sie über die gleiche Sprache verfügt* – also über eine stillschweigend vorauszusetzende Gemeinsamkeit in den grammatischen und semantischen Bereichen (gemeinsame Bilder, Geschichten, Ereignisse, Beispiele). Ohne einen vorauszusetzenden (undiskutablen) Bezugspunkt kann Kommunikation prinzipiell nicht gelingen. Deswegen braucht eine Gemeinschaft, um zu funktionieren, gemeinsame Basisgeschichten, auf die man sich voraussetzungslos beziehen kann. *Je größer der gemeinsame Fundus an Vokabeln, Bildern, Geschichten usw., desto größer die Wahrscheinlichkeit einer gelingenden Kommunikation.* Diese Basisgeschichten müssen auch in der Schule thematisiert werden. Insofern die Hauptschule den Grundbestand an Bildung sichern soll, muss sie diese Basisgeschichten auch lehren und als verbindlich sichern. Dies betrifft das Fach Deutsch, ebenso aber die Fremdsprachen, Geschichte und Religion. Zu fragen ist: *Welche Geschichten (Bilder, Begriffe) muss man kennen, um unsere kulturelle Gegenwart angemessen zu verstehen, zu deuten/werten und gestalten zu können?*

Zu beachten ist weiterhin, dass die Unterrichtsgegenstände (Fächer) und -inhalte (Stoffe) universell und allgemein sind. Die kulturellen Inhalte müssen noch einmal unter dem Aspekt von Sittlichkeit und Wahrheit (d. h. universaler Geltung) befragt werden. Aussagen über Wahrheit und Sittlichkeit sind nicht Meinungen, sondern methodisch erstellte, selbstverantwortete Urteile. Sie setzen eine autonome Person voraus. *Diese Voraussetzung ist unverzichtbar und kann nicht noch einmal durch Berücksichtigung kultureller Eigenheiten der Schüler relativiert werden.*

Die Inhalte eines Schulfaches sollen nicht die jeweilige Bezugswissenschaft abbilden; sie sollen aber auch nicht gegen sie verstoßen oder ohne sie formuliert werden: Wenn unser Wirklichkeitsverhältnis wissenschaftsgeneriert ist, dann darf Schule gegen die Inhalte und die Art der Wissensgenerierung nicht verstoßen. Lebensweltlich generierte Aussagen müssen sich vor wissenschaftlichen Ansprüchen rechtfertigen – nicht umgekehrt.

Damit erhalten wir zwei Kriterien für die Auswahl von Inhalten:

– *Unterrichtsinhalte* müssen exemplarisch, elementar und fundamental sein, so dass ein sachlich gültiges Verhältnis zur natürlichen und kulturellen Welt, zu anderen und zu sich selbst unter dem Anspruch eines sinnvoll gelingenden Lebens herausgebildet werden kann (*Allgemeinheit* des Bildungsangebotes).

– Unterrichtsgegenstände und Unterrichtsinhalte müssen so angeordnet sein, dass sie als Ergebnis methodischer Fertigkeiten und kognitiver Fähigkeiten verstanden und gelernt werden (*Selbsttätigkeit* des Lernprozesses).

Die Fachdidaktik – nicht ein zufälliger kultureller Hintergrund – muss also benennen, welche Inhalte geeignet bzw. notwendig sind, um das Grundverhältnis des Faches zur Welt darzustellen. Es geht also nicht darum, den Aufbau des Faches in der Wissenschaft anzubahnen, sondern umgekehrt in der Schule jene Frage erkennbar werden zu lassen, die zu dem Wissenschaftsfach geführt hat.

Dabei sind die Inhalte letztlich sachlogisch begründet, sie stehen in einem Sachzusammenhang: So ist etwa die in der Biologie zu erarbeitende Theorie der Domestizierung (Hunde, Katzen, Kühe, Schweine) an die Ergebnisse der Wissenschaft gebunden; religiöse Vorstellungen dürfen die Logik und den Anspruch der Sache nicht beeinflussen. Allerdings können auch wissenschaftliche Sachverhalte aus religiöser Perspektive betrachtet werden.

5. Individuelle Ansprüche (der Schüler)

Es ist bei jedem Lehrplan zu fragen: Sind die Unterrichtsgegenstände und Unterrichtsinhalte so ausgewählt, dass sie Gelegenheit geben, individuelle Neigungen und Begabungen herauszubilden? (*Differenzierung* des Bildungsangebotes) Und es ist zu fragen: Sind die Inhalte so in den Lebenshorizont der Schüler eingebunden, dass man sie „dort abholen kann, wo sie stehen"? Hier kann es nicht darum gehen, ein Wunschbild vom Schüler als Leitbild zu haben – sondern die Realität.

6. Soziale Ansprüche

Die Inhalte müssen so ausgewählt werden, dass der Schüler, der sie gelernt hat, an den sozialen Kommunikations- und Entscheidungsprozessen unserer heutigen Gesellschaft teilnehmen kann. Es muss also gefragt werden, welchen Beitrag ein Fach zur Befähigung zu dieser Teilnahme leistet. Diese sozialen Ansprüche verändern sich im Laufe der Zeit; also muss sich auch der Stoffplan mit diesen Ansprüchen verändern. Die aktive Teilnahme an den Entscheidungsprozessen einer Gesellschaft kann dabei nicht einfach auf so genannte Basisqualifikationen – wie Schreiben, Lesen und problemlösendes Denken – reduziert werden. Vielmehr beziehen sie sich zugleich und ununterscheidbar auf das, was geschrieben, gelesen und welche Probleme gelöst werden sollen. Die Gesellschaft kann nur gestaltet werden, wenn sie zuvor inhaltlich verstanden wurde. *Die Kulturtechniken müssen also stets zusammen mit der Kultur, für deren Zustandekommen sie Technik (Mittel) sein sollen, gelehrt werden.* So hat bei der Auswahlfrage das Einheimische Vorrang vor dem Fremden, das Typische vor dem Exotischen, das Normale vor dem Auffälligen, die Regel vor der Ausnahme, das Nationale vor dem Internationalen, das Kulturelle vor dem Kulturneutralen usw. Diese Kriterien können auf alle Inhalte angewandt werden.

Zudem unterscheiden sich die sozialen Ansprüche an einen Lehrplan nach der speziellen sozialen Situation der Schüler: *Durch die familiale Situation bis dahin wenig integrierte Schülerinnen und Schüler bedürfen also eines Lehrplans, der es zulässt, die Integration stärker thematisieren zu können, als Schülerinnen und Schüler, die von Herkunft und Bildungsgängen her bereits Teil der Zielkultur sind. Die neuen Lehrpläne müssen dieser Besonderheit der Population in Deutschland gerecht werden.*

7. Fachüberschreitende Aspekte

All unser Wissen über die Welt ist methodisch generiert: Ohne Anwendung einer (Denk-)Methode wüssten wir gar nichts. Unser Sehen ordnet die Sinneseindrücke; wir ordnen die Mannigfaltigkeit in einem kommunizierbaren, historisch fundierten sprachlichen System. Um die komplexen Probleme der Lebenswelt bearbeiten zu können, wurde eine methodische Komplexitätsreduktion betrieben. Sie ermöglicht es, Probleme in Teilprobleme zu zerlegen, diese zu lösen und so die Gesamtlösung anzubahnen. Die Komplexitätsreduktion ermöglicht auch, Welt in Teilen zu lernen: in Jahrgangskursen, in Lektionen, in überschaubaren Aufgaben. Erst wenn die Teilleistungen erbracht sind, kann man sich an der Lösung umfassender Probleme versuchen.

Eine Grundbildung sollte sich einfachen Problemen zuwenden und komplexe Aufgabenstellungen vermeiden. Erst eine solide beherrschte Fachmethodik ermöglicht es, sich an fachübergreifenden Aufgaben zu versuchen. Zwar scheinen fachübergreifende Aufgabenstellungen lebensnäher und daher motivierender zu sein; aber gerade ihre Komplexität kann zur Demotivierung führen. Zudem ist die Aufgabe der Schule nicht die Bewältigung von Problemen, sondern die Befähigung zur Bewältigung von Problemen. Sie wird dieser Aufgabe dann gerecht, wenn sie die Grundbedingungen hierfür bereitstellt.

Umgekehrt genügt Wissen sich nicht selbst. Es steht in Bezug zu anderem Wissen und in Bezug zum Umgang mit Wissen. Insofern muss jeder Lehrplan die Bezüge des fachspezifisch gefestigten Wissens zu anderem, fachspezifisch gefestigtem Wissen aufzeigen und ermöglichen; und er muss das Fachwissen insofern überschreiten, als er die Frage nach dem Sinn von Wissen provoziert – einmal, um die Notwendigkeit neuen Wissenserwerbs aufzuzeigen, und andererseits, um den Nutzen des bisherigen Wissens zu betonen.

Die Lehrstoffe an Schulen sind ausgewählt worden, weil man sie als wertvoll für eine Gesellschaft ansieht. Diese Wertbesetzung muss im Unterricht wieder aktiviert und reflektiert werden. Dreisatz, Konjunktiv oder Umschreibung mit „to do" sind nicht sachnotwendig, sondern wertvoll für den Bildungsprozess des Einzelnen. Diese Wertentscheidung muss beim Lehren thematisiert und beim Lernen verstanden werden. In anderen Worten: Aller Schulunterricht ist Ausdruck einer Werthaltung unserer Kultur; diese Werthaltung muss dann aber auch in der Schule rekonstruiert und zum Lerngegenstand werden.

8. Traditionen

Jede Kommunikationsgemeinschaft braucht gemeinsame Traditionen, um sich verständigen zu können. Dies sind kollektiv vorhandene Bilder, Vorstellungen, Zeichensysteme, identitätsverständigende Geschichten, kurz: Dies ist ein Kanon der kulturellen Kontinuität. Dieser Kanon wird besonders in Krisenzeiten benötigt – er wird gerade benötigt, wenn Individualisierung ernst genommen wird, wenn der andere nicht nur da ist, sondern in seiner Andersartigkeit wahrgenommen und akzeptiert werden soll.

Alle Stoffpläne müssen also Teile haben, die in die überlieferungswürdigen Inhalte unserer Kultur einführen. Die Bildersprache der Literatur, der Volksmärchen, Legenden und lokalen Sagen sowie der Geschichtsschreibung und der Bibel gehören dazu, ebenso wie die Kenntnisse bestimmter geschichtlicher Ereignisse und Personen, geographischer Gegebenheiten und Lokalitäten, musikalischer und bildlicher Vor-Bilder. In jedem Fach müssen diese identitätsstiftenden Themen benannt werden. Sie wurden in letzter Zeit zu wenig berücksichtigt. Hier gibt es einen großen Nachholbedarf.

Die Wissensinhalte der Schule sind mit Werten verbunden, die in den Traditionen verankert sind und wiederum Tradition bilden: Die Schlacht im Teutoburger Wald hat einen emotionalen Wert, so dass dieser historische Stoff nicht mit einem beliebigen anderen Grenzproblem des Römischen Reiches ausgetauscht werden kann. Der Lehrplan muss diese Wertdimension mit beachten. *Die in den Inhalten konkretisierten Werte bilden einen Bezug, aus dem heraus Identität gestiftet und Gemeinsamkeit generiert wird. Bei der Auswahl von Unterrichtsinhalten ist darauf zu achten, dass dieser Bezug zur wertbesetzten Tradition Gegenstand von Unterricht bleibt.*

9. Wissenssoziologische Aspekte

Es gibt Wissensbestände, die für bestimmte Gruppen typisch sind: So gehört der Jahresablauf an Feiertagen zum Wissen der Christen, nicht aber zwingend zum Wissen anderer religiöser Gemeinschaften. *Schülerinnen und Schüler brauchen aber das Wissen über Gruppenwissen. Sie müssen gruppenspezifische Wissensbestände kennen – auch wenn sie selbst nicht zu diesen Gruppierungen gehören.* Sie müssen wissen, über welches Wissen Gruppen sich identifizieren und ihre Identität gewinnen. Und sie müssen wissen, warum Wissen entsteht und welche ethischen Implikationen das Wissen hat.

Politische Parteiungen, religiöse Gruppen, Gemeinschaften aller Art haben ihre eigenen Wissensbestände: Grundbegriffe, Wahrnehmungs- und Wirklichkeitsordnungen, Feiertage, Gedenktage. Dieses Wissen ist mit Kulturen und Subkulturen verbunden: Mit Liedern, Autoren, Ideengeschichten. Wissen schafft Identität. Der Lehrplan muss auch auf diese Identitätsbildung von Gruppen ausgerichtet sein.

Soziale Gruppierungen haben ihre eigenen traditionellen Symbole, Traditionen, Sprachsysteme, Publikationsformen und Publikationsorgane: Bücher, aber auch Zeitschriften, Plakate, audiovisuelle Medien. Schülerinnen und Schüler müssen diese Gruppierungen mit ihren Symbolen kennen lernen, um sich frei zwischen ihnen entscheiden zu können.

Die Gestaltung des Lehrplans muss diese Darbietung von Wissen beschreibend und wertend berücksichtigen. Wissen entsteht nicht einfach so. Vielmehr ist seine Produktion an Interessen gebunden. Diese Interessengebundenheit des Wissens muss thematisiert werden, d. h. als Thema in den Lehrplänen festgeschrieben werden: Im Biologieunterricht darf man nicht nur physiologische Abläufe, etwa im eigenen Körper, lernen. Sondern man muss auch lernen, warum für bestimmte Interessengruppen ein Nutzen entsteht, den menschlichen Körper und seine Gestalt auf diese Art zu thematisieren, Idealvorstellungen immer wieder zu thematisieren usw. Umgekehrt nötigt das Wissen über den eigenen Körper zu einem verantwortungsvollen Umgang mit dem Wissen.

10. Transzendentale Aspekte

Der Lehrplan muss so eingerichtet sein, dass er nicht nur Inhalte bietet, um sie zu wissen, sondern Inhalte, an denen man lernt, dass man etwas weiß und wie die Gewissheit des Wissens begründet ist. (Diese theoretischen Bestimmungen sind nur scheinbar praxisfern; vielmehr setzen wir in der Praxis in jedem Wissen immer die Gewissheit des Gewussten voraus.) Wissen muss in seinen unterschiedlichen Formen und seinen unterschiedlichen Funktionen reflektierbar sein. Wissen muss als Wert reflektiert werden. Die

Frage nach dem Wozu des Wissens hängt mit der Tatsache zusammen, dass Wissen nur eine Beschreibung der Welt ist, nicht sie selbst. Umgekehrt ermöglicht die Frage nach anderen Wissensordnungen die lernpsychologisch motivierende Frage, wozu das jeweils gelernte Wissen nötig ist.

Die Gewissheit des Wissens: Darunter ist die Frage zu verstehen, woher man weiß, dass das, was man weiß, sicheres Wissen ist. Diese Gewissheit ist selbst nicht wieder zu begründen; sie ist vielmehr vorausgesetzt – z. B. in der Gesamtheit der Kultur ("Paradigma"). Warum können wir uns auf die Empirie verlassen? Warum kann man Texte hermeneutisch verstehen? Warum sind logische Schlüsse bedeutsamer als individuelles Meinen? Die Antworten auf diese Fragen setzen voraus, was sie begründen wollen: die Bedeutsamkeit der Vernunft. Sie ist die Grundvoraussetzung unserer Kultur. (Es gibt zahlreiche Kulturen [z. B. alle traditionalen Gesellschaften], die diese Voraussetzung nicht teilen.) So ist etwa eine Voraussetzung, dass Texte weder völlig bedeutungsoffen noch völlig bedeutungsfestgelegt sind. Diese Voraussetzung geht in jeden Umgang mit Texten ein: Deswegen dürfen Texte nicht einfach auswendig gelernt, sondern müssen verstanden werden. Deswegen verlangt unsere Kultur vom Lesen eines literarischen Textes andere hermeneutische Verfahren als vom Lesen eines Fahrplans. Allgemein kann gesagt werden, dass jede Wissenschaft, jeder methodische Zugang zur Welt spezifische, nicht transferierbare Techniken (Kulturtechniken) verlangt, die (wie oben dargelegt) unauflöslich in das Gesamte der Kultur eingebunden sind und ohne Zurkenntnisnahme dieser Gesamtheit der Kultur nicht angemessen verstanden werden können: Lesen in literarischen Fächern impliziert den Gedanken der Autonomie der Kunst und der Autonomie des Lesers; Lesen in den Naturwissenschaften impliziert die Vorstellung einer zieloffenen Natur, die vom Menschen nach seinen Möglichkeiten und Interessen erkannt und gestaltet werden kann;

Lesen in den Sozialwissenschaften impliziert die Vorstellung eines freien, sich vor der Gesellschaft und seinem Gewissen verantwortenden vernunftbegabten Wesens. Lesen im Fach Religion impliziert die freie Person, die sich den auratischen Texten methodisch kontrolliert (hermeneutisch) nähert, sie verstehen kann und sich ihnen gegenüber verantwortungsvoll verhält. Diese „Implikationen" von Kultur (auch in naturwissenschaftlichen oder scheinbar neutralen Kompetenzen) bestimmt das Wissen auch von Einzelheiten *auf jeder Niveaustufe. Wenn also schulische Wissensformen und -inhalte gelehrt werden, dann müssen die genannten Voraussetzungen explizit thematisiert werden, wenn die Adressaten Mitglieder anderer Kulturen sind, die weder mit dem Wissen noch mit den Implikationen („Paradigmen") qua Sozialisation vertraut sind.* Gerade die Hauptschule mit ihrer Klientel aus unterschiedlichen Kulturen muss also thematisieren, welche transzendentalen Voraussetzungen den Wissensinhalten der vorliegenden Lehrpläne implizit sind.

Physik, Biologie oder Chemie produzieren nicht mögliche, neben anderen Meinungen gleichberechtigt stehende Aussagen über die Welt, sondern die Gewissheit, dass quantifizierende Vernunft eine unhintergehbare Möglichkeit der Naturerfassung ist, die zuerst zur Kenntnis zu nehmen ist, bevor man sie bewertet.

Im Biologieunterricht etwa wird Leben letztlich durch die Grundgröße der Zelle erklärt: Eine solche Vorstellung schließt es aus, biologische Vorgänge als rein oder unrein, wertvoll oder wertlos zu bezeichnen. Vielmehr sind sie wertneutral, und erst ihre Verwendung fragt nach einer Werthaltung. Diese Werthaltung kann aber eben nicht *aus* der Natur begründet werden, sondern allein als Verhältnis des Menschen *zur* Natur.

Über Geschichte, Gesellschaft und Kultur insgesamt spricht Unterricht in dem Bewusstsein, dass genau diese vorgestellte Art der Betrachtung jene ist, die vor allen anderen Geltung beanspruchen darf, weil man nur sie „für wahr hält" („Gewissheit").

Über Religion, Sittlichkeit und Lebenssinn spricht man so, dass Geltung und Toleranz sich nicht ausschließen, der Diskurs aber ausschließlich mit Mitteln der argumentativen Vernunft geführt werden darf.

Hauptschulunterricht steht demnach vor der Aufgabe und vor der Schwierigkeit, diese komplizierten Zusammenhänge auf einem elementaren Verstehensniveau zu thematisieren. Verpasst allerdings Hauptschulunterricht diese Aufgabe, dann gelingt ihm, gerade indem er auf Basisqualifikationen abhebt, die Integration der Schüler nicht. Ein Anlernen – ohne ein Verstehen der Zusammenhänge – würde die Integration verfehlen. Hauptschulunterricht muss bedenken, dass selbst in einfachen Sachverhalten alle Implikationen unseres kulturellen Systems enthalten sind. Ein Hauptschullehrplan muss es also nicht nur ermöglichen, sondern geradezu provozieren, dass diese Implikationen zusammen mit relevanten Inhalten gelernt werden. Zu diesen Implikationen gehören wesentlich:

- die autonome, verantwortliche Person (Selbstbestimmung);
- die methodische Subjektunabhängigkeit naturwissenschaftlicher Erklärungen;
- die regelhafte Hermeneutik aller kulturellen Verstehensprozesse;
- die freie, d. h. demokratische Organisation des sozialen Lebens und die radikale Gleichwertigkeit aller Menschen als selbstverantwortliche Menschen;
- die radikale und unhintergehbare sowie unersetzbare Vernunftabhängigkeit aller Geltung beanspruchenden Aussagen über Natur und Kultur;
- Lernen als selbsttätiges Denken.

Schulische Lerninhalte müssen so thematisiert werden, dass sie diesen Voraussetzungen immer genügen.

11. Was leistet ein Fach spezifisch zur Gestaltung der Erziehung?

Inhalte sind erziehungsbedeutsam, weil sie Themen für die Reflexion aufgeben und das Wissen bereitstellen, das man benötigt, um sich in der Umwelt angemessen zu verhalten. Der *Fächerkanon* muss ein sachlich gültiges Verhältnis zur natürlichen und kulturellen Welt, zu anderen und zu sich entstehen lassen und so *unterschiedliche Sinnfindungen und Wertungen unter dem Anspruch eines selbstbestimmten, sinnvoll gelingenden Lebens ermöglichen.* Dabei unterliegen die Wertungen und Sinnfindungen den Paradigmen der Kultur, wie sie im vorhergehenden Abschnitt formuliert wurden.

Unterricht darf keine Fixierung auf einen Beruf oder auf soziale oder politische Optionen nahe legen. Er muss die Mannigfaltigkeit der Welt anbieten. Man kann dieses allgemeine Kriterium auch noch auf das einzelne Fach hin auslegen und fragen: Sind die *Unterrichtsinhalte* exemplarisch, elementar und fundamental, so dass ein sachlich gültiges Verhältnis zur natürlichen und kulturellen Welt, zu anderen und zu sich entstehen kann und so unterschiedliche Sinnfindungen und Wertungen unter dem Anspruch eines selbstbestimmten, sinnvoll gelingenden Lebens ermöglicht werden?

Jedes Fach hat so erzieherische Bedeutung. Aber zugleich stellt jedes Fach einen eigenen unverzichtbaren Zugang zur Erziehung dar. Diese Beziehung muss in den Fachdidaktiken ausdrücklich reflektiert werden.

12. Was leistet das Fach spezifisch zur Gestaltung der Disziplin?

Jedes Fach bietet ein Wissen, das für das Zusammenleben der Menschen bedeutsam ist. So verbessert der Sprachunterricht die Möglichkeit, die eigenen Bedürfnisse gegenüber anderen besser zu artikulieren, d. h. besser verstehbar und akzeptiert zu werden. Kommunikationsfähigkeit erleichtert die Organisation von Gruppen. Die Kenntnis von Geschichte und Politik ermöglicht es, die Genese von Ansprüchen verstehbar werden zu lassen und sie vielfältig dimensioniert auf ihre Berechtigung zu überprüfen. Die Mathematik hilft, Güter quantitativ gerecht zu ordnen und zu verteilen usw.

Immer also müssen Inhalte so ausgewählt werden, dass sie auch zur Organisation der Situation beitragen, in der die Schüler diese Inhalte lernen.

Zum Lernstoff gehört allerdings auch diese Organisation selbst. Diszipliniertes Verhalten kann nicht nur vorausgesetzt, es muss auch gelernt werden. Dies kann in fachspezifischer Dimensionierung (wie eben angedeutet) geschehen, aber auch in Ausdrücklichkeit.

Zu den Inhalten eines Lehrplanes gehört auch das Wissen über die soziale Verfasstheit der Gemeinschaft, in der man lebt. Die Regeln dieser Gemeinschaft müssen so lange als selbstverständlich und selbstverständlich einzuhalten vorausgesetzt werden, bis sich begründete Zweifel kundtun. Kulturelle Differenzen setzen die Gültigkeit dieser Regeln keinesfalls außer Kraft. So gehören in einen Lehrplan positive und konkrete Aussagen zu folgenden Fragen:

– Welche Disziplin erfordert das Zusammenleben in unserer Gesellschaft in der Öffentlichkeit?
– Welche Disziplin fordern die Lehrenden an ihrer Schule?
– Wie teilen sie diese beiden Arten von Regeln den Lernenden mit?

– Können die Regeln ausdrücklich thematisiert werden und in ihrem Sinn und Zweck verständlich gemacht werden?
– Wie wird für die Einübung und Einhaltung der Regeln gesorgt?

Disziplin erleichtert den Umgang der Menschen miteinander. Sie entlastet von Routinen, regelt lebensweltliche Hierarchien institutionsunterstützend und persönlichkeitsschützend. Körperlich schwache sowie leise, sensible Schüler bekommen einen Freiraum, in dem sie sich ohne Belastung durch die Macht der anderen, der lauten, dominanten, herrschsüchtigen Schüler entfalten können. Die Arbeit der Schule kann sich stärker auf das Lernen konzentrieren. Disziplin macht den Alltag weniger konfliktreich. Aber sie ersetzt die Erziehung nicht und ebenso wenig guten Unterricht. Sie macht beides nur möglich.

13. Was leistet ein Fach spezifisch zur Gestaltung der Fürsorge?

Kinder werden betreut, weil sie sich noch nicht in allen Bereichen selbst betreuen können. Die Fächer müssen diese Betreuungsaufgaben mitbedenken, also so, dass die Schüler in ihnen lernen, sich selbst zu betreuen, d. h. wirklich selbstständig zu werden. So kommt etwa dem Sportunterricht eine hohe fürsorgliche Funktion zu: Er unterstützt die körperliche Gesundheit, die eine Bedingung oder Hilfe für kognitives und emotionales Lernen ist. Von daher ist Sportunterricht eine für alle Schüler verbindliche Veranstaltung an allgemeinbildenden staatlichen Schulen.

Der Stoffplan eines Faches muss diese grundständige Lebensbewältigung als Aufgabe mit berücksichtigen: Welche fürsorglichen Aufgaben kann der Schüler selbst schon übernehmen, zu welchen muss er als nächstes angeleitet werden, welche müssen für den Schüler übernommen werden?

Damit sind natürlich vordergründig Maßnahmen zur Organisation der Lernarbeit gemeint: die sorgfältige Konzeption von Übungen und Hausaufgaben, die Kontrolle und die Bemühung, Lernprozesse in Gang zu halten. Die Zusammenfassung dieser Aufgaben bräuchte ein eigenes Kapitel. Bezogen auf die Didaktik, also die Konzeption der Fachinhalte, lässt sich aber auch (fachspezifisch) einiges festlegen:

So gehört es zu den fürsorglichen Aufgaben des Deutschunterrichts, den Schülern bei der Bewältigung des altersgemäßen außerschulischen sozialen Lebens auch dann zu helfen, wenn sie dies „eigentlich" schon können müssten, aber aus sozialen und kognitiven Gründen faktisch nicht können. Schüler könnten lernen, wie man zu Festen einlädt, wie man Briefe schreibt, wann und wozu man Postkarten verschickt, kurz: Es wäre eine Phänomenologie des zu bewältigenden Schüleralltags zu erstellen, dem sich der Unterricht an der Hauptschule in fürsorglicher Hinsicht zuwenden müsste. Es ist zu erwarten, dass dieser Bereich an einer Hauptschule größer und umfangreicher ausfallen wird und mehr Betreuung braucht als an anderen Schularten.

Zur Fürsorge gehört es auch, Inhalte zu thematisieren, die von Schülern oder Schülereltern nicht als bedeutsam erkannt werden, für das Zusammenleben in unserer Gesellschaft aber bedeutsam sind. Die Freiheit bei der Wahl von Kursen/Themen darf diesen fürsorglichen Aspekt von Schule keinesfalls außer Acht lassen. *Als Regel gilt: Je größer der Abstand eines Schülers zur Zielkultur, desto umfassender muss die fürsorgliche Leitung zu eben jener Zielkultur sein.*

14. Was leistet ein Fach spezifisch zur Gestaltung der Schulischen Gemeinschaft?

Ein Lehrplan liegt nicht nur in dem, was ausdrücklich gelehrt und gelernt wird, sondern auch in dem, wie eine Institution sich gestaltet. Gedanken über den Lehrplan der Hauptschule müssen sich also auch auf das intergenerationelle Miteinander richten. Auch hier ereignet sich ein Lehrplan. Neueste Forschungen zeigen sogar, dass dieser implizite Lehrplan bedeutsamer ist als der explizite. Wer einen Lehrplan der Hauptschule schreibt, muss also diese Aspekte benennen. Wie sollte eine Hauptschule organisiert sein, damit auch ihre Organisation vernünftige Inhalte hat?

Alle Bildungsprozesse finden immer schon in Lebensvollzügen, in wertbezogenen Handlungsvollzügen statt. Die Schüler befinden sich vor dem Lernen und beim Lernen in einer Situation, über die sie nicht entschieden haben. Anders geht es gar nicht. Niemand kann sich in allen Dingen erst entscheiden und dann leben. Er lebt immer schon.

Lebensweltliche Bedingtheiten sind vor jedem Unterricht und vor aller Erziehung da. Sie sind das Milieu von Unterricht und Erziehung. Kein Unterricht, keine Erziehung beginnt am kognitiven Nullpunkt oder im situativen Niemandsland – obwohl der Sinn allen Unterrichts und aller Erziehung die Fähigkeit zur Selbstbestimmung ist, die eigentlich keine Vorentscheidungen zulassen dürfte.

Obwohl es um Erkennen und Wertenlernen, um das Lernen gültiger Selbstbestimmung geht, ist alles Lernen in einem traditionellen und kulturellen Kontext platziert und vollzieht sich untrennbar gemischt mit ihm. Dieser Kontext ist – bildungstheoretisch betrachtet – immer Anlass zur Reflexion, zur Bildung der eigenen Entscheidungsfähigkeit. Jedes Kind findet eine kulturelle Ordnung vor, bevor es sich und seine Welt zu ordnen beginnt, indem es nach gültiger Ordnung sucht. Und selbst wenn es alles neu zu

ordnen begänne, würde niemand je alles neu ordnen kön-
nen – weil die Art und Weise des Ordnens selbst Teil der
Kultur ist, die man ordnen will. Niemand kann der eigenen
Geschichte entkommen.

Hauptschulen müssen deshalb die Lernumgebung als
gemeinschaftliches Bemühen um eine Lebenswelt gestalten, in der Sinnoptionen möglich sind. Sie wollen die Lern-
umwelt als tätiges Beispiel für gelungenes Leben gestalten:
Welche Inhalte sind nun bedeutsam?

Tradition und Kultur zeigen sich im Umgang mit Natur
und Landschaft, im Gebäude, in den Räumen und Grünanla-
gen, in Ausstattung und Gestaltung, in der Dekoration, dem
jahreszeitlichen Schmuck, in Ritualen, Umgangsformen,
alltäglichen Üblichkeiten und in der Zeiteinteilung. Tradition und Kultur wollen eben nicht stupide als Sozialisations-
faktoren wirken, sondern als Sinnoptionen wahrgenommen
werden. Es geht nicht einfach um pragmatischen Lebensvoll-
zug, sondern um das jederzeit sinnvoll gelebte Leben als tätige Option, die hofft, andere an der eigenen Sinnerfahrung
teilhaben zu lassen – nicht um sie zu prägen, sondern um
sie mit einer Erfahrung zu konfrontieren.

Die Schulkultur einer Hauptschule kann nicht von der
zufälligen Zusammensetzung der jeweiligen Schülerpopulation abhängen, sondern muss ausgerichtet sein an der
Aufgabe, Menschen zum richtigen Leben in der sie umgebenden Kultur zu befähigen. Schulkultur ist also Teil der
die Schule umgebenden Gesamtkultur. Diese ist getragen
von Riten und Ritualen, Üblichkeiten, Traditionen, Sitten,
Lebensformen, Normen, Werten, Haltungen usw. Diese Riten und Rituale, Üblichkeiten, Traditionen, Sitten, Lebensformen, Normen, Werte, Haltungen der Umgebungs- (oder
Ziel-)Kultur müssen sich in der Kultur der jeweiligen
Schule wiederfinden lassen, auch dann, wenn die Schülerpopulation nicht durch Sozialisation mit dieser Kultur vertraut ist. Schule darf also nicht einfach die Kultur ihrer

Schülerpopulation spiegeln; *Schule muss vielmehr Kultur, Schule muss ihre eigene Schulkultur im Hinblick auf die Zielkultur gestalten.*

Alle Fragen treffen sich in der einen Frage: Welchen Sinn haben die Inhalte für das Gelingen des einzelnen Lebens? Der Lehrplan muss das Wissen nicht als Ansammlung fachlich oder lebensweltlich „selbstverständlicher" Informationen (als moderne Version einer „volkstümlichen Bildung") gestalten, sondern als materiale Seite der Versuche, heute in dieser Welt die Grundlagen dafür zu erwerben, in der Gestaltung der Welt sein Leben gelingen zu lassen.

Der Lehrplan darf kein ontologischer Stoffplan sein, sondern ein Hinweis auf Inhalte, um deren Verstehen und Gestalten wir uns bemühen müssen, wenn wir ein gelungenes Verhältnis zu uns selbst, zu den Mitmenschen und zur Welt haben wollen. Damit ein Lehrplan diese Aufgabe leisten kann, müssen die oben stehenden Aspekte mitbedacht werden.

Noch einmal: Die vorstehenden Überlegungen stellen keinen Lehrplan dar; aber sie weisen die Kriterien aus, an denen sich die Aufstellung eines Lehrplans zu orientieren hätte. Die weitere Arbeit bedarf nun der Mitarbeit der Fachdidaktiker, die die gestellten Fragen aus ihrer Perspektive beantworten; sie bedarf der Mitarbeit der Entwicklungspsychologen, die den Stoff gemäß der zu erwartenden kognitiven, emotionalen und feinmotorischen Kompetenzen gliedern. Sie bedarf schließlich der Lehrer vor Ort, die gemäß der Population ihrer Schule Lehrstoff und Schüler methodisch zusammenbringen. Erst diese weiteren Schritte schaffen Bedingungen, die Unterricht gelingen lassen. Die Abstraktheit einiger Formulierungen und Forderungen darf nicht die Illusion erwecken, hier würde es nicht um alltägliche Probleme der Hauptschulpraxis gehen.

Literaturhinweise

Axnix, K.: Lehrplan aus Lehrersicht. Ergebnisse einer Befragung von Hauptschullehrern in Bayern (2001). – *Balk, H.:* Fit für den Quali 2006. Eine Lernhilfe für den qualifizierten Hauptschulabschluss (2005). – *Bergmann, M./Selka, R.:* Berufsstart für Hauptschüler (2005). – *Bleher, W.:* Das Methodenrepertoire von Lehrerinnen und Lehrern des Faches Technik. Eine empirische Untersuchung an Hauptschulen in Baden-Württemberg. (2001). – *Bohl, Th. u. a.:* Lernende in der Hauptschule. Ein Blick auf die Hauptschule nach Pisa (2003). – *Christoph, M.:* Einstellungen von Grund- und Hauptschulleitern zu Kooperation (2000). – *Duncker, L.* (Hg.): Konzepte für die Hauptschule. Ein Bildungsgang zwischen Konstruktion und Kritik (2003). – *Emsbach, M.* (Hg.): Coaching für Kinder. Ein Handlungsansatz für die Betreuung von Schülerinnen und Schülern beim Übergang von der Grundschule auf die Hauptschule (2004). – *Engelhardt, H.:* Die Hauptschule. Standortbestimmung und Perspektiven (2000). – *Hahn, M.:* Leseerziehung in der Hauptschule (2003). – *Hansel, T.* (Hg.): Hauptschule. Auslaufmodell oder Herausforderung? (2000). – *Haugwitz, S. u. a.:* Mehr aus dem Lehrplan machen. Handreichung zur Gestaltung eines lebenspraktischen Unterrichts an Haupt- und Förderschulen (2002). – *Ipfling, H.-J./Lorenz, U.:* Die Hauptschule. Materialien – Entwicklungen – Konzepte (2002). – *Merz-Abt, Th.:* Medienbildung in der Volksschule. Grundlagen und konkrete Umsetzung (2005). – *Möckel, A.:* Geschichte der besonderen Grund- und Hauptschule (2001). – *Pfeufer, M.:* Ein unbequemes Fach. Ethikunterricht an bayrischen Hauptschulen (2005). – *Pieper, I. u. a.:* Lesesozialisation in schriftfremden Lebenswelten. Lektüre und Mediengebrauch von Hauptschülern (2004). – *Pix, H. D.:* Dialogische Schulentwicklung in der Hauptschule. Gesamtkonzeption und Auswirkungen (2003). – *Schmitz, A. D.:* Kreatives Schreiben in der Hauptschule. Psychologische Hilfe und pädagogische Chance bei der Erziehungsarbeit in der Hauptschule (2005). – *Spanhel, D.:* Integrative Medienerziehung in der Hauptschule. Ein Entwicklungsprojekt auf der Grundlage responsiver Evaluation (1999). – *Späth, M.:* Kontextbedingungen für den Physikunterricht an der Hauptschule – Möglichkeiten und Ansatzpunkte für einen fachübergreifenden, handlungsorientierten und berufsorientierten Unterricht (2005). – *Wagner, P./Spiel, C.:* Zeitinvestment und Lerneffektivität: Eine Analyse in Hauptschule und Gymnasium hinsichtlich Persönlichkeitsvariablen, Arbeitshaltung und Bedingungsfaktoren, in: Zeitschrift für Empirische Pädagogik. 16 (2002), S. 357–381. – *Zenke, K.* (Hg.): Handbuch Hauptschulbildungsgang. Bd. 1: Grundlegung (1998). – *Ders.*, (Hg.): Handbuch Hauptschulbildungsgang. Bd. 2: Praxisberichte (2000). – *Ders.* (Hg.): Handbuch Hauptschulbildungsgang. Bd. 3: Länderberichte (2004).

Frühkindliche Bildung als Herausforderung

Christine Henry-Huthmacher

1. Die OECD-Studie „Starting Strong II"

Die aktuelle Bildungsdebatte wird durch die Ergebnisse der OECD, die „Kindergarten-PISA"-Studie, um die Frage nach der Qualität frühkindlicher Bildung und Erziehung in Deutschland bereichert. In dem von der OECD am 30.11.2004 vorgestellten Länderbericht Starting Strong II liegt erstmals eine internationale Beurteilung des Angebots frühkindlicher Bildung, Erziehung und Betreuung in Deutschland vor. Der deutsche Kindergarten, dessen Schöpfer Friedrich August Fröbel im Jahr 1840 den ersten Kindergarten der Welt eröffnete, ist demnach reformbedürftig. Fröbels ganzheitlicher Ansatz, Bildung und Erziehung zu verbinden, wird von den Gutachtern als weiterhin aktuell gelobt. Die lange Tradition mit gehaltvollen Konzepten einschließlich des sozialpädagogischen Ansatzes mit seinem Verständnis von Bildung, Erziehung und Betreuung als untrennbar miteinander verbundenen Merkmalen frühkindlicher Förderung wird dabei ausdrücklich gewürdigt. Weiterhin ist das deutsche System vor allem in den neuen Bundesländern gut ausgebaut. Deren Versorgungslage zählt zu den besten unter den OECD-Ländern und wird nur von einigen skandinavischen Ländern übertroffen. In fast allen anderen Punkten zeigt der Bericht jedoch, wie weit Deutschland trotz aller Bemühungen vom internationalen Standard frühkindlicher Pädagogik noch entfernt ist.

Die OECD empfiehlt dringend eine „radikale Expansion"
der Betreuungsangebote für unter Dreijährige und für Schul-
kinder zwischen sechs und zehn Jahren. Außerdem plädiert
sie für mehr Vorschulinvestitionen. Vor allem aber fehlten
auch Betreuungskonzepte und Anstrengungen für Kinder
aus sozialen Randgruppen mit besonderem Betreuungs-
bedarf. Denn ein Drittel aller Kinder aus den niedrigsten
Einkommensgruppen besuchen überhaupt keinen Kindergarten – unter ihnen viele aus Migrantenfamilien. Um eine
gezielte Förderung der Kinder zu ermöglichen und sie so effektiv auf die Schule vorzubereiten, ist nach Ansicht der
OECD-Experten ein mindestens zweijähriger Besuch der
Kita nötig. Gerade hier hat Deutschland großen Nachholbedarf, wie die PISA-Studien der letzten Jahre zeigen. Ohne
frühzeitige Sprachförderung werden die Deutschdefizite
von einer Klasse in die nächste Klasse übertragen, bis sie
schließlich zur Gruppe der so genannten Risikoschüler führen. Das Fazit der OECD-Experten, die im Juni 2004 die Kin-
derbetreuungssysteme in Baden-Württemberg, Nordrhein-
Westfalen, Rheinland-Pfalz und Thüringen besuchten, ist
ernüchternd. Gemessen an den internationalen Standards
seien die Qualitätsanforderungen der deutschen Kitas zu
niedrig oder genauer gesagt zu anspruchslos. Eng zusammen
damit hängen – nach Ansicht der Experten – die erforderli-
chen höheren Ausbildungsstandards für die Erzieherinnen,
die in Deutschland im internationalen Vergleich auf einem
niedrigen Niveau seien. Mit der Ausbildung der Erzieherinnen an so genannten Fachschulen, für die ein Realschulabschluss ausreicht, hat sich Deutschland international isoliert. In allen anderen Ländern Westeuropas – mit
Ausnahme von Österreich – gibt es zumindest für die Führungskräfte ein Studienangebot, in einigen Ländern sogar
für alle Erzieherinnen. Der Kindergarten-Report bemängelt
deshalb nicht nur die schlechte Bezahlung deutscher Erzieherinnen, sondern auch ihre unzureichende Ausbildung.

Bislang bietet Bremen als einziges Bundesland eine akademische Ausbildung für Erzieherinnen an einer Universität an. Vier weitere Bundesländer haben eine Ausbildung an Fachhochschulen eingerichtet. Eine Folge hochschulferner Erzieherausbildung ist der gravierende Mangel an Forschung und Datensammlung über frühkindliche Bildung und Betreuung. Die OECD-Experten vermerken in ihrem Bericht, dass es weniger Professorenstellen für die frühkindliche Bildung gibt als für die japanische Sprache. Daher ist es auch nicht verwunderlich, dass wissenschaftliche Fachzeitschriften völlig fehlen.

Ein wesentlicher Grund gegen eine Akademisierung des Erzieherberufs sind die aufzuweisenden finanziellen Mittel. Denn gut ausgebildete Erzieherinnen benötigen höhere Gehälter. Doch dieses Argument will die OECD nicht gelten lassen, da Deutschland nur 0,4 Prozent des BIP für die vorschulische Erziehung und Bildung ausgibt. Das ist wenig, verglichen mit dem vom European Commission Childcare Network empfohlenen Mindestanteil von einem Prozent des BIP, und weniger als in allen anderen europäischen Ländern, in denen Betreuung der Drei- bis Sechsjährigen häufig kostenlos ist. Die OECD-Experten verweisen auf internationale Studien, die den sozialen, bildungspolitischen und finanziellen Profit einer guten Bildung und Erziehung gerade für Kinder aus bedürftigen Familien belegen. So gibt es Berechnungen des Washingtoner Economic Policy Institut, dass für jeden Dollar, der in ein Bildungsprogramm für Drei- bis Vierjährige investiert wird, drei Dollar zurückfließen: durch Steuereinnahmen, geringere Sozialhilfeausgaben, abnehmende Kriminalität – und bessere Integration von Ausländern. Eine ähnliche Berechnung mit ähnlichem Ergebnis hat die Stadt Zürich vorgelegt und für Deutschland das Deutsche Institut für Wirtschaftsforschung.

2. Wandel des Aufwachsens – Das veränderte Verständnis von Kindheit, Erziehung und Bildung

Ob die Kinder von heute den Ansprüchen, Herausforderungen und Belastungen der Welt von morgen gewachsen sein werden, wird weitgehend von Bildung und Erziehung abhängen. Die neuen Anforderungen, die aus dem Strukturwandel von Wirtschaft, Arbeitswelt und der Familie resultieren, das veränderte gesellschaftliche Umfeld des Aufwachsens, die zunehmende Kinderarmut, die erhöhte Mobilität und die wachsende Disparität sowie die zunehmenden Brüche im Leben von Kindern haben Auswirkungen auf ihre Entwicklung. Wir haben Kinder auf eine Welt hin zu bilden und zu erziehen, die in hohem Maße kulturell divers und sozial komplex geworden ist. Dabei nehmen Unsicherheit und Subjektivität zu. In einer Gesellschaft, in der die institutionellen „Geländer der Lebensführung" immer weniger verlässlich biografische Planungen stützen können und Verläufe in die mögliche Zukunft tendenziell unkalkulierbar werden, ist Bildung die entscheidende und grundlegende Ressource der alltäglichen Lebensbewältigung. Der „Schonraum" Kindheit und Jugend zerbröckelt, der „Ernst des Lebens", die gesellschaftlichen Probleme (von Hartz IV bis Tsunami) reichen mit ihren Folgen in den Alltag junger Menschen und Kinder hinein. Das Durchbrechen der traditionellen Grenzen zwischen Kinderalltag (Schonraum) und Erwachsenenalltag (Ernst des Lebens) wird noch verstärkt durch die selbstverständliche Mediennutzung im Alltag. Nach der von manchen Pädagogen befürworteten Trennung in Kinderalltag und Erwachsenenalltag als zwei voneinander getrennte Erfahrungs- und Erlebnisbereiche sollte die kindliche Seele vor den realen Gefahren des Erwachsenenalltags behütet und beschützt werden. Doch durch die Verbreitung von Fernsehen, Video und Computer im Alltag der Familie ist diese Trennung der Wirklichkeitsbereiche tendenziell aufgelöst worden. Die Angleichung der Kinder- und Erwachsenenwelt wird durch die veränderten Erziehungsstile unterstützt.

Während nur noch fünf Prozent der Bevölkerung „Gehorsam und Unterordnung" als wichtiges Erziehungsziel ansehen, wird die Erziehung zu „Selbstständigkeit und freiem Willen" von 80 Prozent der Bevölkerung befürwortet.

Kinder wachsen heute sehr selbstbewusst auf. Sie lernen früh, Entscheidungen zu treffen und ihre Interessen zu verfolgen. Hinter diesem Wertewandel steht die Enttraditionalisierung der Muster unserer Lebensführung, die für den Einzelnen ein Verlust an Sicherheit, aber auch eine größere Freisetzung aus traditioneller Bindung und Kontrolle bedeutet. Bildung ist deshalb viel mehr als nur Ausbildung und Qualifikationserwerb. Sie ist eine Voraussetzung dafür, sich in einer komplexer gewordenen Welt zu verorten und zu behaupten. Moderne Pädagogik spricht mit Bezug auf Bildung nicht von einem eng definierten Begriff der Qualifikation, sondern immer mehr von Daseinskompetenz.

Kinder wachsen heute vorwiegend in kleineren Familienhaushalten auf, d. h. in einer sozial begrenzten Erfahrungswelt. Zwar wächst die große Mehrheit der Kinder mit ihren Eltern auf, doch gehören zur sozialen Wirklichkeit auch Einelternfamilien, Lebensformen wie nicht eheliche Gemeinschaften, Patchworkfamilien und der Wechsel von einer zur anderen Familienform. Sie lernen früh, sich in unserer Gesellschaft als Konsumenten zu bewegen und entwickeln daraus aufwändige Konsumgewohnheiten. Kinder leben heute in einer Vielfalt ethnischer Zugehörigkeiten und unterschiedlicher Lebensstile. Typisch für Kinder heute ist, dass sie im vorschulischen Alter kaum auf Straßen, Plätzen, Wäldern oder Stadtvierteln in Erscheinung treten. Die fehlende Sicherheit auf den Straßen, aber auch die fehlenden Kinder als Spielkameraden führen zu einer veränderten Art des Aufwachsens. Kinder leben in einer alternden Gesellschaft. Ihr Anteil an der Bevölkerung sinkt. Daher ist es nur konsequent, dass Kindheit heute von Spielort zu Spielort stattfindet und meist organisiert werden muss. Der Kinderalltag unterliegt zunehmend einer Verhäuslichung und einer Verinselung. Das bedeutet, dass Kinder sich der Logik und den Regeln der Inseln unterwerfen und sich in unterschiedlichen sozialen Kontexten jeweils situationsadäquat verhalten müssen. Tendenziell müssen Kinder die gleiche Menge an Sozialbeziehungen bewältigen wie Erwachsene.

Im Kinder- und Jugendalter ist Bildung als „eigensinniger" Prozess des Subjektes von grundlegender Bedeutung für deren Entwicklung und Hineinwachsen in die Gesellschaft und Kultur. Bildung ist zu verstehen als Ressource der Lebensführung, als Empowerment, als Aneignung von Selbstbildungsmöglichkeiten und als Gelegenheitsstruktur zur eigenbestimmten Lebensführung. Bildung meint zwar auch Wissenserwerb, geht aber nicht darin auf. Lernen findet im Kontext statt. Lernen wird als sozialer Prozess definiert, an dessen Konstruktion das Kind selbst, die Fachkräfte, die Eltern und andere beteiligt sind.

Kinder machen sich von Anfang an durch ihre Sinneserfahrungen und ihr Handeln ein Bild von der Welt und entwickeln dabei innere Strukturen, die alle weiteren Wahrnehmungen und Erfahrungen einordnen. Bildungsprozesse in den ersten Jahren bauen aufeinander auf und lassen sich nicht als zufällige Anhäufungen gespeicherter Informationen, sondern als organisiertes Erfahrungswissen charakterisieren. Die Kinder sind in jedem Alter damit befasst, ihre Welt als handelnde und deutende Personen zu begreifen und sich anzueignen. Grundlegende Lernprozesse erfahren sie in der Familie und in ihrem unmittelbaren Lebensumfeld. Dabei sind sie auf ein anregungsreiches Umfeld angewiesen, in dem sie sich vielfältig bewegen können und von Erwachsenen Unterstützung einfordern.

Das Kindheitsbild im Sinne einer wissensfreien Kindheit, in der Kindern unterstellt wird, sie hätten es gerne anspruchslos, und Kindheit als Freizeitparadies idealisiert wird, wird abgelöst durch ein Verständnis, wonach Kinder heute ernst genommen werden in ihrem Wissensdurst, ihrer Neugierde und ihrer Aufgewecktheit. Gerade vor dem Hintergrund neuerer Erkenntnisse der Neurowissenschaften, der Bildungsforschung und der Entwicklungspsychologie, die die zentrale Bedeutung der ersten sechs Jahre für das lebenslange Lernen herausstellen, wird deutlich, in welchem Maße man derzeit die Entwicklungschancen dieses frühen Lebens- und Lernabschnitts ungenutzt verstreichen lässt. Denn gerade zum Zeitpunkt größter Neugier und des mühelosesten Lernens werden Kinder häufig den Kindergärten überlassen, die das Potenzial ihrer kleinen Kunden meist sträflich vernachlässigen. Wie das Deutsche Jugendinstitut zu Starting Strong II „Kindergarten-PISA" mitteilte, wirkt sich eine rechtzeitige Förderung positiv auf die Schulkarriere vor allem von Kindern aus benachteiligten Familien aus. Was zunächst nicht überraschend klingt, aber ernst genommen werden sollte. Wie ernst, das zeigen Untersuchungen aus verschiedenen Bundesländern. So hat das Gesundheitsamt Bonn ausführliche Ergebnisse über den Gesundheitszustand der Schulanfänger bei der Einschulung im Jahr 2001 vorgelegt. Von den 2.749 Kindern verfügt jedes dritte Kind nicht über ausreichende Sprachkenntnisse. Etwa 15 Prozent der Kinder benötigen spezielle pädagogische Hilfen, wenn sie später Lesen lernen sollen, 11 Prozent können sich nicht altersentsprechend bewegen, das beeinträchtigt nicht nur das Schreiben, sondern auch das Erfassen mathematischer Prozesse.

21 Prozent der Kinder haben Übergewicht; eine erhebliche Beeinträchtigung der altersgemäßen Sprachfähigkeiten stellten Schulärzte bei 34,8 Prozent der Kinder fest. Das bedeutet, dass sich im untersuchten Einschulungsjahr 986

Kinder nicht ausdrücken konnten. Dabei handelt es sich überwiegend um Kinder, deren Muttersprache nicht Deutsch ist. Aber auch in deutschen Familien macht sich Sprachlosigkeit breit. So zeigte eine Erhebung in Hessen vom Herbst 2004, dass 20 Prozent der vierjährigen deutschsprachigen Kinder eklatante Sprachdefizite aufweisen. Zu einem ähnlichen Ergebnis kommt auch die Untersuchung von 1.395 Vorschulkindern der Stadt Bielefeld. Mit Hilfe eines „Sprachscreenings für das Vorschulalter" ermittelte sie, dass 40,1 Prozent der Vorschulkinder große Sprachdefizite aufwiesen.

Was ist die Konsequenz aus den exemplarisch hier vorgestellten neueren Untersuchungen? Angesichts der aus den Sprachdefiziten entstandenen Folgeproblemen in der Bildungslandschaft und der bekannten, sich in späteren Jahren weiter verschärfenden Defizitentwicklung Jugendlicher und später Erwachsener ist eine massive Investition in den Bereich frühkindliche Bildung dringend notwendig – und zwar aus einer kostenbezogenen Perspektive und individuellen Fördermotivation heraus. Damit werden nicht nur die zu befürchteten Folgekosten im weiteren Verlauf vermieden, sondern auch Perspektiven eröffnet für eine aktive Entwicklung von Fähigkeiten und Potenzialen.

3. Was bedeutet Bildung im Vorschulalter?

Sowohl die Ergebnisse der PISA-Studie als auch die Ergebnisse der OECD-Studie Starting Strong II „Kindergarten-PISA" haben dazu geführt, dass die vorschulische Bildung in den Blickpunkt der öffentlichen Diskussion über Bildung gerückt ist. Eine große Mehrheit der deutschen Bevölkerung sieht in der frühkindlichen Bildung erheblichen politischen Handlungsbedarf: 84 Prozent der Bundesbürger vertreten die Auffassung, Kinder hätten schon vor der Einschulung ein

Recht auf Bildung. Eine zentrale Rolle der Kindergärten und Kindertagesstätten für frühkindliche Bildung sahen 87 Prozent aller Bundesbürger als von großer Bedeutung für die Entwicklung der Kinder an. Kindheitsforscher, Entwicklungspsychologen und die Ergebnisse der Hirnforschung verdeutlichen, dass die intensive Lernzeit vor dem sechsten Lebensjahr in Deutschland viel zu wenig genutzt wird. Oder anders ausgedrückt: Die Entscheidung über die Schulkarriere fällt zwischen dem vierten und siebten Lebensjahr, so ein Fazit der OECD-Studie „Bildung neu denken" von Oktober 2004. Statt einer gezielten Förderung frühkindlicher Kompetenzen erfahren Kinder im Kindergarten in vielen Fällen eine Betreuung, die sich nicht genügend an den Lebenslagen und Realitäten der Kinder ausrichtet. „Wo aber in Kindergärten Gemütlichkeit verordnet wird in überdekorierten Räumen, wo der Blick in die Außenwelt behindert wird durch Schablonenschmetterlinge und Bilderbuchwolken an den Fenstern – da sind Kinder weniger unterfordert als gelangweilt und in ihrem Potenzial unterschätzt. Noch wird in vielen deutschen Kindergärten den Kleinen unterstellt, sie hätten es möglichst anspruchslos" (D. Elschenbroich, in: Wehrmann, 2004). Die Defizite deutscher Kinderbetreuungseinrichtungen hat der zweite Weltbericht „Bildung für alle" der Weltorganisation UNESCO in seinem Bericht 2004 zusammengefasst: Da es in Deutschland keine geregelte Vorschulbildung gibt, wirkt sich dies nachhaltig für Kinder aus sozialen Problemlagen und mit Migrationshintergrund aus. So nimmt in Westdeutschland die Wahrscheinlichkeit des Besuches einer Kindertageseinrichtung mit sinkendem Einkommen ab. 78 Prozent der Vierjährigen besuchen einen Kindergarten und 95 Prozent der Fünf- und Sechsjährigen. Der Kindergarten ist deshalb eine ideale Bildungsinstitution für die frühen Jahre, weil es hier Zeit und Gelegenheit für das Lernen im Alltag gibt. Bereits im Kinder- und Jugendhilfegesetz in § 22 wird dies zum Ausdruck gebracht: In Kindergärten soll „die Entwicklung des Kindes zu einer eigenverantwortlichen und gemeinschaftsfähigen Persönlichkeit gefördert werden". Diese Aufgabe umfasst, so Absatz 2, „die Betreuung, Bildung und Erziehung des Kindes". Hierbei geht es nicht um schulische Bildung, die im Kern auf Wissensvermittlung und auf überprüfbare Wissensbestände zugespitzt wird, vielmehr liegt der zentrale Nutzen der Bildungsleistung öffentlicher Tageseinrichtungen im Kleinkindalter in der unendlich großen Variabilität und Möglichkeit, Kindern ein breites und vielfältiges, ein kognitives, emotionales und soziales Anregungsmilieu für neue alternative Erfahrungen zu bieten, das in der Regel herkömmliche Elternhäuser so in dieser Vielfalt nicht ohne weiteres bieten können. In diesem Zugewinn an Bildungs- und Lernerfahrungen liegt für viele Kinder eine Entwicklungschance, die sie im familialen Umfeld nicht unbedingt hätten: etwas lernen zu können, das es zu Hause nicht gibt, soziale Erfahrungen mit anderen Kindern zu machen, die sie in den eigenen vier Wänden so nicht haben, mit neuen Dingen konfrontiert zu werden, denen sie ansonsten nie begegnet wären. Kindergärten und Kindertageseinrichtungen sind, sehr viel grundlegender als bislang wahrgenommen wurde, Orte des Aufwachsens, an denen Kinder so viele Dinge lernen und erleben können, die ihnen in den durchschnittlichen Alltagserfahrungen des eigenen Familienlebens ansonsten versagt bleiben oder nicht für alle Kinder und für alle Bereiche des kindlichen Lernens selbstverständlich wären. Auch das Elternhaus ist wichtig für die frühkindliche Bildung. Doch wissen viele Eltern nicht, welche Entwicklungsschritte ihr Kind macht und welche Unterstützung und Förderung ihr Kind braucht. Erst allmählich setzt sich die Erkenntnis der Hirn- und Säuglingsforschung durch: Lernen funktioniert am besten, wenn es auf Fragen des Kindes bezogen ist, auf die von ihm selbst gestellten Probleme. Dabei brauchen Kinder die anderen, die Anreger und Begleiter, Menschen, die etwas von Kindern erwarten und sich immer wieder von ihnen überraschen lassen.

Kinder können mit dem Lernen bereits mit vier Jahren anfangen. In der Neuropsychologie ist es inzwischen unumstritten, dass es zwei große Lernfenster gibt. Das eine schließt sich mit etwa fünfeinhalb Jahren, das andere liegt in der Pubertät. Auch die Entwicklungspsychologie hat diese „kognitiven" Fenster im dritten, vierten und fünften Lebensjahr entdeckt. Das sind optimale Zeitpunkte für die Aneignung von Akzenten und Basisprogrammatik einer zweiten Sprache, für die Orientierung im Raum, für elementares mathematisches Denken oder für die Steigerung der in jedem Menschen angelegten Musikalität. Sprachliche, motorische, kommunikative und musische Fähigkeiten können sich in diesem Lebensalter sehr gut entfalten. Was in den ersten fünf Lebensjahren nicht gespeichert ist (z. B. sprachliche Präzisierung, Handmotorik), kann nur sehr schwer später nachgeholt werden. Lernvoraussetzungen von Kindern werden entscheidend von Familie und Institutionen in den ersten Lebensjahren geprägt.

Wie wichtig die ersten Lebensjahre für die weitere schulische Entwicklung der Kinder sind, zeigte die Untersuchung des Max-Planck-Instituts für psychologische Forschung. In dieser Untersuchung wurde die Entwicklung von bis zu 220 Kindern vom Ende der Kindergartenzeit bis zur fünften Klasse verfolgt. Wie sich in der Untersuchung zeigte, bleiben die Leistungsunterschiede der Lernenden über alle Schuljahre nahezu konstant. Aus verschiedenen Längsschnittuntersuchungen wissen wir nicht nur, dass die vorschulischen Einflüsse von entscheidender Bedeutung für die schulische Entwicklung ist. Der spätere Schulerfolg hängt in hohem Maße davon ab, wie viel spezifisches Vorwissen (Mengen, Zählen, phonetisches Bewusstsein etc.) Kinder schon im Vorschulalter ausbilden. In der European Child Care and Education Study von 1999 wurde untersucht, welchen Einfluss das Umfeld der Vierjährigen auf den späteren Schulerfolg hat. Dabei erwies sich die Qualität häuslicher Förderung und Betreuung als wichtigste Vorhersagenvariable.

4. Die neue Bildungsdebatte

Die aktuelle Bildungsdebatte, die in Deutschland zurzeit geführt wird, hatte bereits mit Pestalozzi (1746–1827) und Fröbel (1782–1852) eine lange Tradition. Mit Maria Montessori im 20. Jahrhundert wurde die Bedeutung frühkindlicher Bildung nachhaltig hervorgehoben und in spezielle Programme in Kindergärten und Schulen umgesetzt. Während die OECD-Studie (Kindergarten-PISA I) im Sommer 2001, in der die frühkindlichen Bildungs- und Erziehungssysteme in zehn europäischen und zwei außereuropäischen Ländern (USA und Australien) miteinander verglichen wurden, weitgehend ohne politische Resonanz in Deutschland verlief, hat die Folgestudie, die im Oktober 2004 als Starting Strong II vorgestellt wurde, die neue Bildungsdebatte verstärkt. Was auch damit zusammenhängt, dass sich Deutschland erst an der zweiten Welle beteiligte.

Die neue Qualität der aktuellen Bildungsdebatte ist die Tatsache, dass nicht mehr ausschließlich Pädagogen diese Debatte geführt und inhaltlich gefüllt haben. Neben Entwicklungspsychologen, Neurologen und Sozialwissenschaftlern prägen auch Wirtschaftswissenschaftler die Diskussion in Deutschland mit. Es gibt also zurzeit voneinander unabhängige Argumentationslinien mit unterschiedlichen wissenschaftlichen und auch politischen Akteuren, die auch mit unterschiedlichen Vorstellungen und Zielen von Lernen und Bildung argumentieren.

1. Das pädagogische Argument: Dieses Argument stellt die Modernisierung kindlicher Lernprozesse in den Mittelpunkt und plädiert für eine Stärkung frühkindlicher Bildung. Auf der Grundlage neuerer Erkenntnisse der Bedeutung von Lernprozessen in den ersten sechs Jahren wird die Entwicklungsstufe des Vorschulalters als die wichtigste im Bildungssystem angesehen und dabei ein Schwerpunkt auf frühe kindliche Lernprozesse sowie auf eine entwicklungsangemessene Stärkung kindlicher Kompetenzen gesetzt. Im Vordergrund steht die Modernisierung kindlicher Lernprozesse, die Vermittlung lernmethodischer Kompetenz und schließlich die Stärkung kindlicher Meta-Kompetenz. Dies ist das eigentlich „Neue" an der aktuellen Bildungsdebatte.

2. Das wirtschaftliche Argument: Die Veränderung der Berufs- und Arbeitswelt und die Folgen der Globalisierung stellen heute andere Erwartungen an den Einzelnen und das Bildungssystem. Teamfähigkeit, Kommunikationskompetenz, ein hohes Maß an logisch-analytischem Denken in komplexen Zusammenhängen, Problemlösungskompetenz und Orientierungsfähigkeiten sowie lebenslanges Lernen, Veränderungsbereitschaft, Lern- und Leistungsbereitschaft sind gefragte Metakompetenzen, die im Bildungssystem nur unzureichend vermittelt werden.

3. Das gesellschaftliche Argument: Dieses Argument stellt die tief greifendenden Veränderungen in den gesellschaftlichen Rahmenbedingungen des Aufwachsens in den Mittelpunkt. Die zunehmende Ungewissheit, Komplexität, kulturelle Verschiedenheit und die räumliche und zeitliche Situationsbezogenheit eröffnet eine neue Diskussion in der sozialwissenschaftlichen und pädagogischen Theorie und Praxis.

4. Das familiale Argument: Der Wandel familialer Strukturen und Beziehungen mit diskontinuierlich verlaufen-

den beruflichen und familialen Biografien, von denen immer mehr Kinder betroffen sind, bewirkt neue Erwartung an Bildung und Bildungssysteme, Kompetenzen zur Bewältigung von Diskontinuitäten und Brüchen zu vermitteln.

Aus diesen unterschiedlichen Perspektiven folgt eine Neukonzeptionalisierung von Bildung im Vorschulbereich. Bislang herrschte die Auffassung vor, wonach Kinder sich selbst durch Eigeninitiative die Welt aneignen. Ein Teil der deutschsprachigen Diskussion um pädagogische Ansätze zur Förderung früher Lern- und Bildungsprozesse greift vorrangig auf die Bedeutung von Bildung für die Persönlichkeitsentwicklung zurück und versucht, sie auf Frühpädagogik anzuwenden. Das Konzept Bildung als Selbstaneignung der Welt durch das Kind und somit als ein individuenzentrierter Ansatz wird zumindest durch den Ansatz frühkindlicher Bildung als sozialer Prozess ergänzt. Stattdessen wird versucht, frühkindliche Bildung als einen sozialen Prozess zu verstehen, der in einen sozialen Kontext eingebettet ist und von dem Kind, von Eltern, Fachkräften und anderen Beteiligten mitgestaltet wird. Die PISA-Ergebnisse spiegeln diesen Ansatz deutlich wider. Bildung ist nicht reduzierbar auf individuelle Leistung. Vielmehr sind Lernleistungen abhängig von der Qualität des Aufwachsens und der sozialen Umwelt. Bildung ist auch mehr als Wissenserwerb und somit nicht zu verengen auf Qualifikationserwerb, auf eine bestimmte Zweckmäßigkeit und Verwertbarkeit hin. Bildung ist die Ressource der Lebensführung und Lebensbewältigung, der Persönlichkeitsentwicklung und somit Grundlage für die Teilhabe an Gesellschaft und Kultur. Bildung im Kindesalter bedarf der Anregung aller Kräfte. Sowohl die kognitiven als auch die sozialen, emotionalen und ästhetischen Kräfte müssen einbezogen werden. Bildung bedeutet einen aktiven, subjektiven Prozess, in dem das Fremde zu eigen gemacht wird. Es geht dabei darum, dass sich Individualität herausbildet als Entfaltungsprozess des Subjektes. Dem Bildungsprozess kommt insofern eine besondere Bedeutung zu, als er das Subjekt befähigen soll, vor dem Hintergrund sich ändernder Lebensaufgaben im Lebenslauf und im gesellschaftlichen Wandel zu bestehen. Dies wird in den Bildungs- und Erziehungsplänen der Länder als verbindlicher Rahmen für die in den Tageseinrichtungen zu leistende pädagogische Arbeit zu berücksichtigen sein.

5. Konsequenzen für die Bildungskonzepte

In Deutschland verbringen Vorschulkinder rund 4.000 Stunden im Kindergarten. Seit PISA, aber verstärkt durch Starting Strong II der OECD, steht damit auch die Qualität der Erziehungs- und Bildungsleistung dieser Institution auf dem Prüfstand. Die Welt, in der die Kinder heute aufwachsen, stellt eine große Herausforderung für die Frühpädagogik dar. In einer veränderten Landschaft früher Kindheit gibt es weniger Sicherheit und mehr Auseinandersetzungen über angemessene Richtungen für Curricula und Pädagogik. Neue Erkenntnisse aus der Hirnforschung und weit reichende Bildungsreformen haben die Debatte über Curricula für die frühe Kindheit neu belebt, und neue Positionen werden in die Diskussion eingebracht. Dies alles hat dazu beigetragen, dass Curricula zu einem umkämpften Terrain geworden sind, auf dem es zahlreiche Perspektiven und teilweise auch widersprüchliche Vorstellungen gibt.

Den bisherigen Bildungscurricula lag implizit das Bild vom „armen Kind" zugrunde. Dieses schwache, defizitäre, passive, abhängige und zu belehrende Kind ist ein Ansatz, der international kaum noch vertreten wird. Stattdessen gehen neuere Bildungspläne vom „kompetenten Kind" aus, das an den Vorgängen um es herum teilhat und auch sein Leben mitgestaltet. Allerdings nicht alleine aus sich selbst heraus, sondern in einer Kooperation mit Eltern, Pädagogen und seiner Umwelt. Das Kind ist kein leeres Gefäß, das mit Wissen gefüllt werden muss. Kindern sollten daher Ermutigung und die nötige Führung für ihre kreativen und problemlösenden Prozesse angeboten werden. Übergreifendes Ziel ist die Entwicklung von Kompetenzen und die Bereitschaft zu beständigem Lernen.

In allen Ländern entstehen gegenwärtig Bildungspläne zur Förderung frühkindlichen Lernens in Tageseinrichtungen. Gemeinsam ist ihnen die besondere Förderung der Schlüsselkompetenz Sprache. In vielen Landesregierungen ist nun das Bildungsministerium für die frühkindliche Förderung zuständig (Berlin, Brandenburg, Niedersachsen, Nordrhein-Westfalen, Rheinland-Pfalz, Saarland, Schleswig-Holstein und Thüringen). Die Bildungspläne der einzelnen Bundesländer bzw. deren Entwürfe formulieren übereinstimmend die Wichtigkeit des frühen Lernens im Vorschulalter. In einigen Bundesländern werden die Bildungspläne gerade in der Praxis getestet, wie z. B. in Baden-Württemberg, Hessen, dem Saarland und in Bayern. Bayern und Hessen entwickelten bundesweit den ersten Bildungsplan für Kinder von null bis zehn Jahren, damit jeweils landesweit das Lernpotenzial junger Menschen von Geburt an gefördert wird. Der bayerische Bildungs- und Erziehungsplan für Kinder zwischen null und zehn Jahren befindet sich zurzeit in über 100 Kitas als Modellversuch in der Testphase und wird wissenschaftlich begleitet. Die Bildungspläne von Bayern und Baden-Württemberg (der auf dem bayerischen aufbaut) enthält nicht nur Bildungs- und Erziehungsziele, sondern auch Anregungen und konkrete Beispiele zur pädagogischen Umsetzung. Das entscheidende pädagogische Grundprinzip ist das spielerische Lernen. Bei der Umsetzung der Bildungspläne gehen die Länder unterschiedliche Wege. So reichen die Umsetzungen von Bildungsprogrammen als rechtsverbindlicher hoheitlicher Akt (z. B. Bayern) über Vereinbarungen der Länder mit den Trägern (z. B. Schleswig-Holstein) bis hin zu Empfehlungen (z. B. Rheinland-Pfalz). Die Effektivität der Bildungspläne wird davon abhängen, inwieweit die Zielsetzungen in den Einrichtungen durch ein qualifiziertes Personal auch umgesetzt werden.

6. Was können wir von anderen Ländern lernen?

Die OECD-Studien haben (unter anderem) auch den Blick im Bereich frühkindliche Bildung geschärft, um internationale Vergleiche anzustellen. So definieren Länder wie Frankreich, Belgien, Italien, Großbritannien und die USA, was Kinder nach Beendigung der Vorschulzeit können sollten – etwa zählen und lesen. Während in Deutschland lange Zeit das Spielen als wissensfreie Freizeit verstanden wurde und die Einschulung frühestens mit sechs Jahren erfolgte, kommen Kinder in Dänemark und Großbritannien regulär mit fünf Jahren in die Schule, in den Niederlanden und Frankreich bereits mit vier bzw. fünf Jahren.

Die britische Regierung hat Kindergartenerziehung zur nationalen Aufgabe erklärt; Finnland unterrichtet seine Erzieher gemeinsam mit Grundschullehrern auf einer Hochschule. In vielen europäischen Ländern wurde vorschulische Erziehung und Bildung in das Bildungssystem integriert: in Belgien, Frankreich, Italien, Irland, Schweden, Luxemburg, Niederlande und Spanien. Dies gilt mit Einschränkungen auch für Griechenland, Großbritannien und Portugal. In anderen Ländern ist die Organisation vorschulischer Erziehung ein Teil des Wohlfahrtssystems: Dänemark, Deutschland, Finnland, Österreich. Die zum Bildungssystem gehörende Vorschule ist ein gebührenfreies

Angebot mit einer hundertprozentigen Versorgungsquote in Frankreich, Belgien, Luxemburg, Italien und Schweden.

Als eines der international innovativsten Konzepte frühkindlicher Bildung gelten die „Early Excellence Center" in Großbritannien, die seit 1998 auf 500 Kinderhäuser angewachsen sind und sich bis 2008 auf 2.500 vergrößern sollen. Hierbei liegt der Schwerpunkt auf Kinderbetreuung in sozialen Brennpunkten. Neben musikalischer Früherziehung werden auch naturwissenschaftliche Lektionen vermittelt. Für jedes Kind werden Entwicklungsbögen angelegt, die die kognitive emotionale Entwicklung des Kindes festhalten. Viermal im Jahr gehen Erzieher mit den Eltern die Diagnosebögen durch.

Early Excellence Center haben zum Ziel, Elternbildung, Erziehung und Forschung besser zu verzahnen. Mit erheblichen finanziellen Mitteln ausgestattet, haben sie nun die Aufgabe der Verbreitung höherer Qualitätsstandards in ganz England übernommen. Für den Ausbau der Early Excellence Center als Innovationszentren für die Bildung und Erziehung der frühen Jahre hat die englische Regierung im Mai 1998 einen Etat von 300 Mio engl. Pfund bereitgestellt. Mit einem neueren Ansatz zur Frühpädagogik, der moderne Formen der Zusammenarbeit zwischen Familien und öffentlichen Einrichtungen sucht, soll auch die Bildungsqualität in den Jahren vor der Einschulung gesteigert werden. Die Devise lautet: Die Eltern können die Kinder auf dem Weg in die Wissensgesellschaft nur begleiten, wenn sie sich selbst auf diesen Weg begeben. Dieser Gedanke war maßgeblich für die Familienzentren, die nach dem Vorbild der Early Excellence Center in England die Chancengleichheit aller Familien hinsichtlich Bildung, Betreuung und Erziehung ihrer Kinder verbessern wollten.

Früh anfangen, individuell fördern und mehrere Jahre dranbleiben, ist der Leitgedanke der niederländischen Schule, die bereits mit vier Jahren beginnt. Dabei stand hinter dem Lehrplan der Ansatz, Lerndefizite rechtzeitig zu entdecken und die Kinder frühzeitig mit der holländischen Sprache zu konfrontieren. Schulen mit hohem Ausländeranteil haben fast doppelt so viele Pädagogen wie die in gut situierten Stadtteilschulen. Teile der Kindergärten und Vorschulen wurden Ende der 80er Jahre aufgelöst und in die Schulen integriert. Erzieherinnen wurden nachgeschult und besser bezahlt. Die Ausbildung der Grundschullehrer wurde um das frühkindliche Lernen erweitert. Die PISA-Studie für den Primärbereich bescheinigt niederländischen Schülern eine Spitzenstellung.

Mit dem gesellschaftlich hohen Anspruch gegenüber Kindern nimmt Frankreich in Europa eine Vorreiterstellung ein. Die französischen Vorschulen (écoles maternelles) für zweieinhalb- bis sechsjährige Kinder erfreuen sich großer gesellschaftlicher Wertschätzung. Die Qualität dieser Einrichtung wird maßgeblich durch die berufliche Qualifikation der Erzieherinnen geprägt, die als ausgebildete Grundschullehrerinnen mit dem Schwerpunkt auf Vorschulpädagogik ausgebildet sind. Obwohl ihr Besuch freiwillig ist, wird die école maternelle von 99 Prozent der Kinder zwischen zweieinhalb und sechs Jahren in Anspruch genommen. Die école maternelle unterliegt einem Curriculum, das nach Richtlinien des nationalen Bildungsrates festgelegt wird. Es ist zwar kein verbindliches Programm, trägt aber wesentlich dazu bei, dass die école maternelle als vorbereitende Institution auf die Grundschule angesehen werden kann. Während die psycho-kognitiven Ansätze, die die Eigenaktivität der Kinder fördern, immer mehr in den Hintergrund treten, steigt die Zahl der Leistungsüberprüfungen in Form einer mündlichen Befragung der älteren Kinder.

Seit dem Inkrafttreten des Bildungsplans im Jahr 1989 ist die Arbeit von Lehrern und Schülern in Lernzyklen organisiert. Der erste Zyklus definiert sich als Phase des Erwerbs erster Grundqualifikationen in der Altersspanne zwischen zwei und vier Jahren, aber zum Teil auch der Fünfjährigen der école maternelle. In der zweiten Phase sollen bei den fünf- bis siebenjährigen Kindern Grundkenntnisse angeeignet werden. Die Vertiefung erworbener Kenntnisse findet zwischen dem achten bis elften Lebensjahr in der dritten Phase statt. Diese Organisation wurde geschaffen, um die Kinder in ihrer Entwicklung besser begleiten zu können. Das Besondere an dieser Struktur ist das Überlappen des zweiten Zyklus als nahtloser Übergang von école maternelle in die Grundschule durch den Vorbereitungskurs des ersten Grundschuljahres und die grande section der école maternelle.

Angesichts der Fülle von Modellen und neuen Ansätzen in der Frühpädagogik in fast allen europäischen Ländern stellt sich die Frage: „Warum gibt es Auslandspraktika nur für Studenten, warum nicht für Erzieherfachschüler? Warum schickt man Kindergartenteams im Rahmen von Städtepartnerschaften nicht als Botschafter und Beobachter von Bildung in früher Kindheit nicht anderswohin? Warum gibt es keine öffentlichen Preise für Kindergärten, die etwas Neues wagen und zeigen, was Bildung in diesem Alter heißen kann?" (Donata Elschenbroich, Interview in „Die Zeit").

Literaturhinweise

Alt, C.: Kinderpanel. Wie wachsen Kinder auf? Deutsches Jugendinstitut (2004). – Bertelsmann-Stiftung: Repräsentative Bevölkerungsbefragung: Frühkindliche Bildung (Sept. 2004). – Bundesministerium für Familie, Senioren, Frauen und Jugend (Hg.): Auf den Anfang kommt es an! Perspektiven zur Weiterentwicklung des Systems der Tageseinrichtungen für Kinder in Deutschland (2003). – *Elschenbroich, D.:* Weltwissen der Siebenjährigen (2001). – *Fthenakis, W. E.* (Hg.): Elementarpädagogik nach PISA (2003). – *Ders.:* Kindergarten: Eine Institution im Wandel (2002). – *Ders./ Oberhuemer, P.:* Ausbildungsqualität: Strategiekonzept zur Weiterentwicklung der Ausbildung von Erzieherinnen und Erziehern

(2002). – *Dies.:* Frühpädagogik international (2004). – *Helmke, A.:* Das Stereotyp des schlechten Schülers. Ergebnisse aus dem SCHO-LASTIK-Projekt, in: *Weinert, F.* (Hg.): Entwicklung im Grundschulalter (1997), S. 269–279. – *Henry-Huthmacher, C.* (Hg.): Jedes Kind zählt: Neue Wege der frühkindlichen Bildung, Erziehung und Betreuung (2004). – *Jansen, H./Mannhaupt, G./Marx, H./Skowronek, H.:* Bielefelder Screening zur Früherkennung von Lese- und Rechtschreibschwierigkeiten (BISC) (1999). – *Krumm, V./Welzel, G. u. a.:* European Child Care and Education Study: School-age Assessment of Child Development: Long-term Impact of Pre-School Experiences on School Success, and Family-School-Relationship. Final Report for Work Package 2 (1999). – *Oberhuemer, P./Ulrich, M.:* Kinderbetreuung in Europa (1997). – OECD: Die Politik der frühkindlichen Betreuung, Bildung und Erziehung in der Bundesrepublik Deutschland (26. November 2004). – *Wehrmann, I.* (Hg.): Kindergärten und ihre Zukunft (2004).

Anhang

Hessisches Sozialministerium/Hessisches Kultusministerium: Bildung von Anfang an. Bildungs- und Erziehungsplan für Kinder von 0 bis 10 Jahren in Hessen (Stand März 2005; Entwurf; Auswahl)

Naturwissenschaften

Leitgedanken

Naturwissenschaften und Technik prägen in ganz besonderer Weise unser tägliches Leben in einer hochtechnisierten Gesellschaft und üben großen Einfluss auf unsere gesellschaftliche und wirtschaftliche Entwicklung aus.

Erkenntnisse aus Bereichen der Naturwissenschaften liefern ein grundlegendes Wissen über Vorgänge der belebten und unbelebten Natur und tragen dazu bei, sich ein Bild von der Welt zu machen, sie zu erforschen und ihr einen Sinn zu geben.

Entgegen der lang gehegten Annahme, das kognitive Entwicklungsniveau von Vorschulkindern erlaube keine differenzierte Auseinandersetzung mit naturwissenschaftlichen Themen, eröffnet die Forschung der letzten Jahre neue Perspektiven und zeigt, dass bereits Drei- bis Fünfjährige die entwicklungspsychologischen Voraussetzungen dafür haben. Lange vor Schuleintritt verfügt das Kind über differenzierte Denkstrukturen, die ihm ermöglichen, Zusammenhänge aus der Biologie, Chemie oder Physik zu verstehen. So sind Kinder beispielsweise bereits im Vorschulalter in der Lage, grundlegende Wenn-Dann-Beziehungen herzustellen und verfügen schon sehr früh über einen intuitiven Zugang zu Fragestellungen aus der Physik, Chemie oder Biologie. Darüber hinaus sprechen neuere Erkenntnisse aus der Entwicklungspsychologie dafür, dass auch das Grundschulkind hinsichtlich der Fähigkeit, logisch zu denken, Zusammenhänge herzustellen und sich Inhalte anzueignen, unterschätzt wurde. Das Verständnis für naturwissenschaftliche Fragestellungen im Vorschul- wie auch im Schulbereich scheint weitaus größer zu sein als bislang angenommen.

Frühe naturwissenschaftliche Lernerfahrungen nehmen im subjektiven Erleben des Kindes einen besonderen Stellenwert ein und üben, unabhängig von der sozialen Herkunft, eine nachhaltige Wirkung auf sie aus: Befragt man beispielsweise jüngere Kinder über Versuchsreihen, die in ihrer Tageseinrichtung durchgeführt worden sind, so ist ihre Erinnerungsfähigkeit an die einzelnen Experimente selbst nach einem halben Jahr überraschend hoch. Der frühe Zugang zu Naturwissenschaften im familiären Umfeld, in der Tagespflege und in Tageseinrichtungen ist Basis für den späteren Umgang mit und das Interesse für Naturwissenschaften.

Bildungs- und Erziehungsziele

Vergleichbar mit der Bildung im mathematischen Bereich, herrscht auch bezüglich naturwissenschaftlicher Themen teilweise die Meinung vor, Bereiche wie Physik, Chemie oder Biologie seien eher für Jungen als für Mädchen zugänglich. Entgegen diesem Vorurteil muss betont werden, dass die Auseinandersetzung mit diesen Themenbereichen für beide Geschlechter in gleicher Weise von Interesse und Bedeutung ist.

Das Kind erwirbt Zugang zu naturwissenschaftlichen Themen und hat Freude am Experimentieren und Beobachten von Phänomenen der belebten und unbelebten Natur. Es lernt Gesetzmäßigkeiten und Eigenschaften biologischer, chemischer und physikalischer Erscheinungen kennen und setzt sich mit Zusammenhängen in diesen Bereichen auseinander. Es entwickelt ein Grundverständnis darüber, dass es noch nicht alles, was es gerne wissen möchte, schon verstehen kann, sondern dass man sich mit manchen Dingen lange auseinander setzen muss, um sie zu begreifen. Insbesondere beinhaltet dies folgende Bereiche:

277

– Eigenschaften von verschiedenen Stoffen kennen: Dichte und Aggregatzustand (feste Körper, Flüssigkeiten, Gase)
– Erfahrungen mit physikalischen Gesetzmäßigkeiten sammeln (z. B. Mechanik, Optik, Magnetismus, Elektrizität)
– Vorgänge in der Umwelt (z. B. Licht und Schatten, Sonnenstand, Wetter) genau beobachten und daraus Fragen ableiten
– Größen-, Längen-, Gewichts-, Temperatur- und Zeitmessungen verstehen
– unterschiedliche Energieformen kennen lernen (z. B. mechanische Energie, magnetische Energie, Wärmeenergie)
– Phänomene aus der Welt der Akustik sowie der Optik erfahren
– mittels Experimenten naturwissenschaftliche Vorgänge bewusst wahrnehmen und sich die Welt erschließen
– systematisches Beobachten, Vergleichen, Beschreiben und Bewerten
– Informationen methodisch zu sammeln und zu ordnen
– klare Hypothesen aufstellen und diese mittels entsprechender Methoden überprüfen
– sich in Zeit und Raum orientieren (z. B. Uhr, Kalender, Himmelsrichtungen)

Wie und wo fördern die Länder vorschulische Bildung und Erziehung?

Bundesland	*Bildungsplan (Umfang), Stand* Im Bildungsplan legen die Länder allgemeine Aufgaben und Bildungsziele der Kindergärten fest	*Wer ist zuständig?* Fällt die Zuständigkeit für die Kindergärten ins Bildungsressort, macht dies die Zusammenarbeit mit der Grundschule einfacher	*Gibt es ein Studium für Erzieher?* Das Studium für Erzieher gilt als eine wichtige Aufwertung für den Beruf
Baden-Württemberg	in Arbeit, Testphase bis Sept. 2005	Sozialministerium	Ev. FH Freiburg
Bayern	liegt vor (323 Seiten), Testphase bis Ende 2004	Sozialministerium	Studium nicht möglich
Berlin	liegt vor (90 Seiten), verpflichtend für die Kitas	Bildungsbehörde	Alice-Salomon-FH
Brandenburg	liegt vor (67 Seiten), verpflichtend für die Kitas	Bildungs- und Jugendministerium	Studium nicht möglich
Bremen	liegt vor (33 Seiten), Umsetzung steht kurz bevor	Sozialbehörde	Universität Bremen
Hamburg	in Arbeit, Entwurf wird noch erarbeitet	Sozialbehörde	Studium nicht möglich
Hessen	in Arbeit, einjährige Testphase bis Sept. 2005	Sozialministerium	Studium nicht möglich
Mecklenburg-Vorpommern	liegt vor (76 Seiten), verpflichtend für die Kitas	Sozialministerium	FH Neubrandenburg

	Orientierungsplan liegt seit 2005 vor		Ev. FH Hannover u. FH Emden
Niedersachsen		Bildungsministerium	
Nordrhein-Westfalen	liegt vor (16 Seiten), verpflichtend für die Kitas	Bildungs- und Jugendministerium	Studium nicht möglich
Rheinland-Pfalz	liegt vor (120 Seiten), verpflichtend für die Kitas	Bildungs- und Jugendministerium	FH Koblenz, zum SS 2005
Saarland	Liegt vor (138 Seiten), Testphase bis Sommer 2005	Bildungsministerium	Studium nicht möglich
Sachsen	der sächsische Bildungsplan liegt seit 2006 vor	Sozialministerium	Studium nicht möglich
Sachsen-Anhalt	liegt vor (100 Seiten), verpflichtend für die Kitas	Sozialministerium	Studium nicht möglich
Schleswig-Holstein	liegt vor (31 Seiten), Testphase bis Sommer 2005	Bildungsministerium	Studium nicht möglich
Thüringen	liegt vor (12 Seiten), als freiwillige Empfehlung	Bildungsministerium	Studium nicht möglich

ZEIT-Grafik/Quellen: OECD-Hintergrundbericht Deutschland, GEW, Kommission Kindertagesstätten der AGOLJB, Deutscher Bildungsserver, zuständige Ministerien

Fremdsprache Englisch angesichts der Globalisierung

Ulrich Bliesener

1. Im Anforderungsspagat

Kein Schulfach ist so sehr einem Anforderungsspagat ausgesetzt wie das Fach Englisch.

Es soll einerseits zur Persönlichkeitsbildung beitragen
durch die Auseinandersetzung mit einer fremden Sprache
und Kultur, vor allem der anglo-amerikanischen Sprache
und Kultur, und andererseits auf vielfältige Verwendungs-
zusammenhänge im beruflichen und öffentlichen, aber
auch im privaten Leben, bei denen Englisch das Medium
der Verständigung ist, vorbereiten.

Die Vorgaben der Bildungsverwaltung – Lehrpläne, Rahmenlehrpläne, Curricula – geben sich oft den Anschein,
beide Aufgabenbereiche im Blick zu haben. De facto aber
ist der Englischunterricht (übrigens auch jeder andere Unterricht in den modernen Sprachen) immer noch überwiegend auf Persönlichkeitsbildung durch Auseinandersetzung mit der englischsprachigen Kultur, vor allem der
Literatur, ausgerichtet und vernachlässigt, bis zu einem gewissen Grade, den zweiten Aufgabenbereich.

Das hat seine Wurzeln in einer langen Tradition, der
sich die Lehrer nur schwer entziehen können. Sie haben
in ihrer eigenen Schulzeit Unterricht so erfahren, was
dann durch die Ausbildung an der Universität und im Studienseminar bestätigt wurde. Die englische Sprache wurde
weniger als Mittel der Verständigung, dafür eher als Gegen-

stand der Betrachtung und zugleich Schlüssel zum Verständnis der fremden Kultur vermittelt. Fremdsprachlicher Unterricht wurde zugleich als Vorbereitung auf ein entsprechendes Philologiestudium verstanden. Der Autor hat selber als Pennäler noch die formale Bildung erfahren anhand der Grammatik von *Hirt, Velhagen und Klasing, Englisches Unterrichtswerk – Sprachlehre für Oberschulen, Gymnasien und Oberschulen in Aufbauform aus dem Jahre 1938*, wo konjugiert und dekliniert wurde. Die Ausbildung im Studienseminar war relativ modern (es wurde schon von Funktionaler Grammatik gesprochen), aber doch im Ganzen traditionell gymnasial auf die Literaturbetrachtung (Shakespeare et al.) hin orientiert. Das entsprach durchaus seiner universitären Ausbildung, die Phonetik zum Beispiel mehr theoretisch als praktisch übend betrieb, wo die Sprachpraxis eine nachgeordnete Rolle spielte und Vorlesungen und Übungen nie in der fremden Sprache abgehalten wurden. Man studierte das Fach auch als angehender Lehrer unter dem Gesichtspunkt der Fachwissenschaft; Fragen nach einer möglichen didaktischen und unterrichtspraktischen Relevanz von Themen und Stoffen wurden nicht gestellt.

Vieles hat sich seither geändert; was einst *good practice* war, geht heute an den Anforderungen an einen modernen Fremdsprachenunterricht vorbei. Kommunikative Kompetenz, interkulturelles Können, *language awareness*, verstärkte Mündlichkeit, Methodenbewusstsein im Umgang mit mündlichen und schriftlichen Texten bestimmen heute die Zielrichtung des Unterrichts, um nur einige der Grundsätze zu nennen; zumindest kann man das auf Grund der jüngeren Generation von Lehrplänen annehmen. Der Gemeinsame europäische Referenzrahmen für Sprachen: *lernen, lehren, beurteilen* hat einen wesentlichen Beitrag zur Bewusstseinsänderung geleistet. Gleichwohl wirkt die Tradition nach.

Um nicht missverstanden zu werden: Das, was einst Fremdsprachenunterricht ausmachte, war zu seiner Zeit stimmig. Das Studium vermittelte das fachwissenschaftliche Wissen, den Bezug zum Beruf als Lehrer stellte das Studienseminar her. Allerdings ist anzumerken, dass die Ausbilder im Seminar die gleiche fachwissenschaftliche Ausbildung an der Universität absolviert hatten und durch sie vorgeprägt waren. Entsprechend war die Didaktik und Methodik, die sie den Referendaren beizubringen suchten (s. Hübner, 1933; Schubel, 1969; Mihm 1972), ausgerichtet. In diesen Zusammenhang gehört auch, dass man Fachleiter und Fachseminarleiter wesentlich auf Grund von Unterrichtsbesuchen bestellte, was wiederum durch Leute geschah, meist Vertreter der Schulaufsicht, die den gleichen Bildungsweg durchlaufen hatten. Eine spezielle, strukturierte Ausbildung für die Tätigkeit als Fachleiter oder Fachseminarleiter gab es nicht und gibt es auch heute noch nicht. Es ist daher nicht verwunderlich, wenn die fachwissenschaftliche Ausbildung an der Universität und indirekt auch im Seminar auch heute noch bis in den Unterricht wirksam ist, trotz aller unbestrittenen Weiterentwicklung des Fremdsprachenunterrichts.

Gleichzeitig aber gilt es festzuhalten, dass es keineswegs schlechte Lehrer waren, die aus dieser Ausbildung hervorgingen. Sie waren fachwissenschaftlich gut ausgebildet, besaßen das notwendige didaktische und methodische Rüstzeug und vertraten ihr Fach mit Engagement. Ihre Lehrerfolge sind unbestritten. Das wurde von den Schülerinnen und Schülern auch honoriert; deren Erwartungshaltung entsprach dem Verständnis vom Fremdsprachenunterricht und den Zielen, die er anstrebte, vertreten durch den Lehrer. Dies gilt aber eben nur für die damalige Zeit und für die Anforderungen, die damals an das Sprachkönnen von Schulabgängern gestellt wurden.

2. Englisch als weltweites Kommunikationsmedium

Heute muss sich der Fremdsprachenunterricht einer deutlich erweiterten Aufgabenpalette stellen. Fremdsprachenkenntnisse sind heute eine Grundvoraussetzung für berufliche und persönliche Chancen; sie gehören zum Grundbestand einer jeden Bildungsbiographie, ebenso wie die traditionellen Kulturtechniken. Fremdsprachenkenntnisse sind nicht mehr einer bestimmten Gruppe mit einer bestimmten Bildungserwartung vorbehalten. Wer nicht zurückfallen will, muss Sprachkönnen in mindestens einer fremden Sprache neben der Muttersprache vorweisen, das es ihm ermöglicht, sich in beruflichen und privaten Zusammenhängen angemessen und zielgerecht in dieser Sprache mitzuteilen.

Dies trifft in besonderem Maße für Englisch zu, weil Englisch ohne Frage heute das meist verbreitete Medium der Kommunikation in fast allen Bereichen der modernen Lebenswirklichkeit ist. Nach einer Studie des *British Council* werden in etwa zehn Jahren ca. drei Milliarden Menschen sich auf Englisch verständigen können. Daher gehört vor allem Englisch zu einer jeden Ausbildung, unabhängig von der individuellen, beruflichen und privaten Lebensplanung. Die Globalisierung zwingt jeden Menschen, sich wenigstens Grundkenntnisse des Englisch anzueignen, will er nicht hinter die allgemeine Entwicklung zurückfallen. Entsprechend hat sich die Erwartungshaltung der Lerner an den Fremdsprachenunterricht, vor allem den Englischunterricht geändert. Dem muss der schulische Fremdsprachenunterricht, vor allem der Englischunterricht Rechnung tragen.

Allerdings, so einfach ist das nicht. Die Vorstellung, eine solide Kenntnis von einigen Shakespearedramen (um diesen immer wieder als Kernbestand des Englischunterrichts genannten Autor zu nennen) reiche aus, um allen Anforderungen an das Sprachkönnen im nachschulischen Bereich zu genügen, ist ehrenwert, aber naiv. In der Realität des Berufsalltags, im öffentlichen und auch im privaten Umgehen der Menschen miteinander spielen andere Kompetenzen eine Rolle: die Fähigkeit, sich in unterschiedlichen Sachbereichen, nicht nur literarischen, mündlich und schriftlich situativ angemessen mitzuteilen, eine ausreichende Beherrschung der Register und Intensitätsgrade, die Fähigkeit, Mitteilungen des Partners nicht nur zu verstehen, sondern auch richtig einzuschätzen, die Fähigkeit auch solche englischsprachigen Äußerungen zu verstehen, die von Partnern gemacht werden, die Englisch als Fremd- oder Zweitsprache benutzen, also nicht Muttersprachler sind, die Fähigkeit die kulturelle Bedingtheit einer Aussage zu erkennen und richtig einzuschätzen, auch eigene, ebenso kulturell geprägte Standpunkte in der englischen Sprache für einen Kommunikationspartner verständlich und nachvollziehbar zu fassen – und manches mehr. Das sind andere und sehr komplexe Anforderungen gegenüber den bisherigen Zielvorgaben, die sich nicht von selbst einstellen, sondern in einem langen Lern- und Übungsprozess angeeignet werden müssen.

3. Was soll Schule vermitteln?

Hinzu kommt, dass es Veränderungen auch hinsichtlich des zu vermittelnden Englisch gibt. Wie schon gesagt, die Bedeutung des Englischen ist in der zwischenmenschlichen Kommunikation in allen Leben- und Sachbereichen weltweit unbestritten. Damit aber stellt sich die Frage, unter welchem Aspekt Englisch angesichts seiner weltweiten Bedeutung in der Schule unterrichtet werden soll oder muss. Was genau soll die Schule vermitteln? Wenn Absolventen der Schule sich der englischen Sprache als globales Kommunikationsmedium bedienen können sollen, dann hat das Konsequenzen für die Unterrichtsinhalte, d. h. für die Themen und die Art des Sprachkönnens. Die Wende von den traditionellen Inhalten (Sprache als Gegenstand der Betrachtung, Sprache als Mittler von Kultur, daher die Beschäftigung mit Literatur) hin zum Funktionalen wird zunehmend deutlicher: Sprache als Mittel der Kommunikation; Befassung mit der Sprache an sich nur insoweit, als es für das Gelingen der Kommunikation notwendig und sinnvoll ist. Diese Tendenz wird etwa an den Kongressangeboten, den Zeitschriftenartikeln und den Publikationen der großen Verbände und Verlage deutlich, in unserem Land z. B. an den „Standards für den mittleren Schulabschluss" und den „Standards für eine Fremdsprache für die Hauptschule". Beide sind auf *performance* (*can do*) hin orientiert, auf Sprache als Mittel zum Zweck. Der ästhetische Aspekt, der bisher eine wichtige Rolle im Sprachunterricht gespielt hat, erscheint in den „Standards für den mittleren Schulabschluss" nur in einem Halbsatz. Diese Wendung vom traditionellen Unterricht hin zu einer funktional ausgerichteten Sprachvermittlung ist von vielen Kollegen unbemerkt erfolgt. Ob diese Wendung nun Sinn macht oder nicht, soll nicht diskutiert werden. Ohne Frage kann man gute Gründe dafür anbieten, die sich vor allem aus der Verwendung des Englischen im nachschulischen und im globalen Zusammenhang erklären. Bis zu einem gewissen Grade trifft die Wendung zum Funktionalen auch auf andere Sprachen zu. Viel gravierender und bis heute unbeantwortet ist die Frage, was denn in der Schule unterrichtet werden soll, wenn die Sprache wesentlich als Mittel der Kommunikation dienen soll. Dabei ist das entscheidende Kriterium, dass der Austausch von Mitteilungen gelingt. Das aber hat ganz einschneidende Folgen: Falsch ist dann nicht gleich falsch. Das falsche Tempus (*Yesterday I have been to the cinema.*) ist dann zwar ärgerlich, aber es hindert die Verständlichkeit nicht, ist also weniger falsch oder weniger unklar als Sätze wie diese *There are many pictures of painters who have lived in the city on the walls. Though in bad condition the hospital would not admit the old lady.* Und ferner: Muss man die Schülerinnen und Schüler mit der richtigen Aussprache des *th* und des *r* quälen, wenn dadurch das Verständnis der Aussage nicht behindert wird? Das hat zu einer Reihe von Arbeiten geführt, die sich mit der Frage befassen, was unbedingt vermittelt werden muss und was vernachlässigt werden kann. Barbara Seidlhofer von der Universität Wien hat für den Europarat eine Arbeit vorgelegt, der sie den aufschlussreichen Titel *A Concept of International English and Related Issues: From ‚Real' English to ‚Realistic' English* gegeben hat. Sie bezieht sich u. a. auf Brumfits Buch *Individual Freedom in Language Teaching – Helping Learners to Develop a Dialect of their Own*, in dem er einleitend feststellt, dass die *Ownership of English* und damit das Recht, die Sprache zu verändern und fortzuentwickeln, nicht mehr allein bei der numerisch kleinen Zahl von *native speakers* liegt, sondern auch bei denen, die die Sprache benutzen. Das sind ganz allgemein diejenigen, die Englisch als Fremdsprache gelernt haben und als Fremdsprache benutzen. Das führt, wie sich angesichts der übergroßen Zahl von Sprechern des Englischen als Fremdsprache leicht einsehen lässt, zu einer Vielzahl von adaptierten *kinds of English* oder, wie es jetzt häufiger heißt, zu *World Englishes.* Barbara Seidlhofer macht in ihrer Arbeit Vorschläge, worauf man bei der Vermittlung eines realistischen Englisch getrost verzichten könnte. Zum Beispiel auf das *-s* in der 3. Person Einzahl, auf die Unterscheidung von *who* und *which* und die Unterscheidung von bestimmtem und unbestimmtem Artikel. Auch idiomatische Wendungen und bestimmte *phrasal verbs*, die leicht missverstanden werden, könnte man aussparen. Sie bezieht in ihre Überlegungen Untersuchungen von *Jennifer Jenkins* von der London University ein, die sich mit der Frage nach den Normen für die Phonologie des Englischen als internationale Sprache beschäftigt hat. Danach kann man auf eine Reihe von Spezifika, die schwer zu vermitteln sind und die bei der Produktion Schwierigkeiten bereiten, schlicht verzichten: stimmhaftes/stimmloses *s*, *th*, *r*, *w* und *v* etc. Es gibt inzwischen eine beachtliche Zahl von Arbeiten zu diesem Bereich. Welche Konsequenzen ergeben sich daraus für den Englischunterricht (und für den Unterricht der anderen Sprachen, wenn auch dort in geringerem Maße)? Was ist noch zulässig und was nicht? Das heißt, es geht um die Frage nach der Norm des *global English*. Diese Frage ist noch nicht beantwortet.

Es gibt Ansätze, aber sie sind keineswegs endgültig. Gibt man sich mit Varianten des Englischen – *kinds/varieties of English* – zufrieden, entstanden dadurch, dass Sprecher mit unterschiedlicher Muttersprache und unterschiedlichem kulturellen Hintergrund sie benutzen und anreichern (s. o. Brumfit: ... *dialects of their own*), dann sind verbindliche Normen und ihre Festsetzung eigentlich unnötig. Die Norm ist dann die Verständlichkeit einer Äußerung. Ist diese in einer der *varieties of English* gegeben, dann ist die Norm erfüllt, unabhängig davon, ob mit oder ohne Verstöße gegen die Sprachrichtigkeit. Wird English aber als *global language* verstanden, einer einheitlichen Sprache für alle, wie offensichtlich von David Crystal, dann stellt sich die Frage der *ownership* etwas anders. Wenn z. B. auf der europäischen Ebene vorrangig Englisch die Arbeitssprache und generell das Medium der Kommunikation sein soll, dann ist absehbar, wer bestimmen will, was korrekt und akzeptabel ist und was nicht.

Global English klingt so einfach und ist als Konzept so überzeugend. Wir benutzen alle die eine Sprache und jeder versteht jeden. Und damit möglichst viele Menschen miteinander kommunizieren können, vereinfachen wir die Sprache, um den Zugang für möglichst viele leicht zu machen. Abgesehen von der Frage, wie sich dann die jeweilige kulturelle Identität ausdrücken und mitteilen kann, und auch abgesehen von der Frage, wie das Verhältnis dieser *global language* zu den anderen Sprachen, die dann weitgehend Sprachen nach Feierabend sein werden, aussehen wird – abgesehen von diesen sehr grundsätzlichen Fragen, herrscht Verunsicherung. Die Forderung nach *near nativeness*, die jahrelang Lehrziele bestimmt hat, ist längst Vergangenheit. Aber können wir uns stattdessen mit einer reduzierten *global version of English* begnügen? Muss man nicht doch mehr von der Sprache vermitteln, so dass Nuancierungen möglich werden, dass über Haltungen, Gedanken, Emotionen, über komplexe Sachverhalte und Zusammenhänge so gesprochen werden kann, dass der Partner versteht, was gemeint ist? Genügt es, wenn der Lehrer sich damit zufrieden gibt, wenn sich der Lerner mitteilen kann, egal wie, Hauptsache er ‚kommt rüber'? Ist das grundsätzlich verwerflich und der Schule und ihrem Auftrag unangemessen?

4. Welches Englisch im Unterricht?

Und wie geht das konkret im Unterricht? Von welchem Modell der Sprache soll ausgegangen werden? Und werden Fehler im Unterricht dann noch korrigiert oder werden sie einfach übersehen, solange die Mitteilung verständlich ist? Gibt es möglicherweise eine stufenspezifische Sprachrichtigkeit: Großzügigkeit weiter unten, mehr Strenge weiter oben in der Stufenhierarchie? Und vor allem: Wird den Schülerinnen und Schülern damit tatsächlich ein Dienst geleistet oder wird ihnen nicht eher geschadet, indem sie nicht ausreichend befähigt werden, komplexen Sprachanforderungen im beruflichen Alltag zu genügen? Andererseits könnte man argumentieren, dass das Lernen und die

Bereitschaft zum Lernen durch ein Beharren auf Sprachrichtigkeit behindert werden, zumal wenn die Realität in der Sprachwirklichkeit sehr oft dies Insistieren ad absurdum führt. Wo ist die Grenze zu ziehen, nicht nur im engeren Bereich der formalen Sprachrichtigkeit, sondern darüber hinaus im Bereich der Verwendung (Register, Strategien, Grade der Intensität etc.), zwischen richtig und falsch, akzeptabel und nicht mehr akzeptabel. Kann man sich mit *treasures of the soil* (statt *mineral resources*), *chips and fish, small breakfast* oder mit *popsong jargon* und falschem Register zufrieden geben? Es würde manche Mühe der Vermittlung ersparen.

Schließlich: Allenthalben wird die Notwendigkeit der Mehrsprachigkeit für die Europabürger betont. Der Europarat bemüht sich in vielfältigster Weise, Mehrsprachigkeit (*multilinguisme* und *plurilinguisme*) als wichtige Voraussetzung für die *European Citizenship* (*citoyenneté européenne*) zu propagieren. Die Europäische Union hat als wichtiges allgemeines Bildungsziel gefordert, dass möglichst viele Europabürger neben der Muttersprache über Kenntnisse in zwei weiteren fremden Sprachen verfügen sollten. Das ist eher gefordert als tatsächlich umgesetzt. Für viele Lerner ist nicht ohne weiteres einsehbar, warum sie sich der Mühe und dem Risiko, angesichts des Bewertungssystems in unserem Lande, unterziehen sollen, wo doch alle Welt Englisch spricht. Entsprechend unverblümt hat einer der jungen Leute auf dem Podium während der Grazer Vorbereitungskonferenz des Europarats (Mai 2000) auf das Europäische Jahr der Sprachen 2001 zum Unbehagen der auf Mehrsprachigkeit hin orientierten Teilnehmern mitgeteilt, dass ihm Englisch genüge, da alle Welt Englisch spreche und man sich mit jedem verständigen könne.

Englisch ist in allen Ländern der Europäischen Union und darüber hinaus die erste Fremdsprache, die im Bildungssystem angeboten wird. Das hängt zum einen mit der globalen Bedeutung des Englischen als Kommunikationsmedium zusammen, zum anderen mit den Wünschen der Eltern, die Englisch als Voraussetzung für eine erfolgreiche Karriere ihrer Kinder verstehen. In fast allen Vorgaben für den Fremdsprachenunterricht in der Grundschule und in einschlägigen Publikationen wird davon gesprochen, dass der Sprachunterricht in der Grundschule auf Mehrsprachigkeit, d. h. das Lernen weiterer Sprachen vorbereiten soll. Aber wie kann das geschehen, wo doch die überwiegende Zahl der heute tätigen Grundschullehrer keine entsprechende Sprachlehrerausbildung erhalten hat und einer Umfrage in Niedersachsen zufolge *ohne fachdidaktische Kenntnisse in das Fach reingeschubst* wurde. Gleichwohl wird erwartet, dass die Lehrer auf das Lernen weiterer Fremdsprachen vorbereiten und den Englischunterricht so anlegen, dass Lernerfahrungen mit dem Englischen auf das Lernen weiterer Sprachen übertragen und dabei Verwandtschaften zwischen Sprachen genutzt werden (laterales Lernen): Englisch als *lead-in* Sprache für den Erwerb weiterer Sprachen. Hier ist auf entsprechende Arbeiten für die romanischen Sprachen zu verweisen, z. B. auf Horst G. Klein; Tilbert D. Stegmann. Nur: Sehr viele Lehrer, auch die der Sekundarstufen, sind heute monolingual, d. h. sie beherrschen nur die eine Sprache (=Englisch) und können nur diese unterrichten. Zumindest müssten diese monolingualen Lehrer eine entsprechende Vorbereitung im Studium und im Seminar erhalten, was aber nicht geschieht. Die Forderung, im Englischunterricht auf das Lernen weiterer Sprachen vorzubereiten, wird aber gleichwohl erhoben.

5. Vielfache Kritik am Englischunterricht

Die Kritik am Fremdsprachenunterricht, hier vor allem am Englischunterricht, ist vielfältig. Die Auseinandersetzung mit der angloamerikanischen Literatur ist ungeachtet der notwendigen Beschränkung angesichts ihres Volumens eher zufällig und keineswegs von dem Wunsch, Qualität (sprachlich, inhaltlich, künstlerisch) zu vermitteln, bestimmt. Sie genügt den in den Rahmenrichtlinien niedergelegten hohen Ansprüchen nur selten (man vergleiche hierzu das Kapitel *Anforderungen des Faches* in den Einheitlichen Prüfungsanforderungen Englisch). Die Begegnung mit der englischsprachigen Literatur beschränkt sich auf wenige Beispiele, die entweder schon immer gelesen wurden, den Lehrern noch aus der eigenen Schulzeit bekannt sind, oder die irgend jemand empfohlen hat. Ganze Bereiche bleiben unberücksichtigt. Dies bezieht sich sowohl auf Werke historischer Epochen als auch auf bestimmte Gattungen: Gedichte werden nur selten gelesen, nicht zuletzt weil sie auch den Lehrern fremd sind. Romane werden wegen ihrer Länge gemieden. Leselisten zum selbständigen Erlesen von Literatur sind nicht sehr beliebt. Dafür spielt die Kurzgeschichte, überhaupt der kurze Text (so auch der zusammengeschnittene Roman, etwa Golding, *Lord of the Flies*) eine unverhältnismäßig große Rolle. Werke der Moderne – von Kurzgeschichten abgesehen – haben ebenfalls nicht den erwarteten Platz, vielleicht auch deswegen, weil Lehrer selber möglicherweise nicht in dem Maße neugierige Leser sind, wie es wünschenswert wäre.

Für diese begrenzte Begegnung mit englischsprachiger Literatur, von der es natürlich Ausnahmen gibt, sind eine Reihe von Gründen zu nennen: Die zur Verfügung stehende Zeit für eine einigermaßen systematische und gründliche Einführung in die englischsprachige Literatur ist knapp, gemessen an dem Umfang des stets wachsenden

Angebots. Der landeskundliche (jetzt fast durchweg und fälschlich als *interkulturell* bezeichnete) Aspekt beansprucht seinen Teil der Unterrichtszeit. Hier wirkt möglicherweise noch der Gedanke der 50er und 60er Jahre nach, wo in den Richtlinien solche englischen und amerikanischen Themen und Texte empfohlen wurden, die geeignet schienen, das Verständnis für Demokratie und für eine demokratische Gesinnung bei den jungen Menschen zu fördern. Schließlich: Das Sprachkönnen und die Bereitschaft der Schüler zum selbständigen Lesen und Weiterlesen sind unzureichend. Sie werden in der Regel auch nicht dazu angehalten. Dennoch wird dieser Teil des Englischunterrichts für unverzichtbar gehalten.

Mit Recht, denn unbeschadet der berechtigten Kritik an dem Literatur- und Landeskundeunterricht ist festzuhalten, dass die Befassung mit den kulturellen Leistungen einer Gesellschaft in ihrer Sprache einen Perspektivwechsel ermöglicht, der zur Vergewisserung der eigenen kulturellen Fundamente und zum Bewusstwerden der eigenen kulturellen Identität und damit zur Persönlichkeitsbildung unverzichtbar ist. Sprache ist eben mehr als nur die grammatisch richtige und strategisch geschickte Kombination von Wörtern und Strukturen.

Andere Kritiker von schulischem Englischunterricht, vor allem solche aus den Bereichen Wirtschaft und Industrie, beklagen dagegen vor allem den Mangel an Sprachkönnen. Schüler würden zu sehr auf ein zukünftiges Anglistikstudium vorbereitet, zu sehr auf die Auseinandersetzung mit der Literatur hin unterrichtet und zu wenig auf die Anforderungen vorbereitet, die sich aus unterschiedlichen Kontexten im beruflichen und öffentlichen Leben ergeben. Sie seien auch zu sehr auf das typische Frage-Antwortspiel im Unterricht eingeübt, nicht aber auf Kommunikationssituationen, bei denen es für das eigene sprachliche Handeln auf Einsicht in die Absichten, Strategien und kulturelle Eigenheiten des Partners und auf das erfolgreiche Vertreten eigener Standpunkte ankomme. Es fehle ferner an soliden landeskundlichen Kenntnissen und einem ausreichenden interkulturellen Können, und zwar nicht nur bezogen auf den muttersprachlichen Partner, sondern auch und vor allem auf den Partner, der sich des Englischen als Verkehrssprache bediene.

In der Tat ist das Sprachkönnen der Absolventen gemessen an der Länge des Lehrgangs eher als unzureichend denn als angemessen zu bezeichnen. Das liegt zum nicht geringen Teil an der gegebenen Künstlichkeit des Fremdsprachenunterrichts im Klassenzimmer, die die Erfahrung der konkreten Kommunikationssituation nicht zulässt, und der zu seltenen Möglichkeit, etwa durch Auslandsfahrten das eigene Können in realen Situationen zu erproben. Es liegt ferner am üblichen Unterrichtsablauf, vor allem am Unterrichtsgespräch, das zwar als freier Gedankenaustausch zwischen Schülern und zwischen Lehrer und Schüler deklariert wird, in Wirklichkeit aber ein vom Lehrer gesteuertes Frage- und Antwortspiel ist, das nur eine begrenzte Anzahl von Elementen einer realen Kommunikation zum Tragen kommen lässt. Schüler geben in der Regel die Antworten, von denen sie vermuten, dass sie erwartet werden. Sie werden kaum angehalten, dem Gespräch eine eigenständige Richtung zu geben. Eine Rolle spielen natürlich auch das Sprachkönnen des Lehrers und seine Fähigkeit, das unterrichtliche Tun durch geeignete Unterrichtsvorhaben für die Schüler relevant zu machen (*Damit kann man etwas anfangen*).

Schließlich wird bemängelt, dass bestimmte Bereiche, die für einen modernen Englischunterricht relevant sind, nicht berücksichtigt werden. Zum Beispiel spielen die verschiedenen Elemente einer Kommunikation, vor allem diejenigen, die für den Erfolg oder Nichterfolg der Kommunikation bestimmend sind, keine Rolle; es werden keine

Strategien eingeübt, die zum Vertreten eigener Standpunkte wichtig sind; in der schriftlichen und mündlichen Kommunikation fehlt das Einüben von Intensitätsgraden, vor allem aber wird das Phänomen G*lobal English* unberücksichtigt gelassen. Global English ist eben nicht mit dem S*tandard British* oder *American English* vergleichbar, es ist vielfach *culturally void*, bezogen auf die englische und amerikanische Gesellschaft, stattdessen aber oft angereichert durch die Kulturalität des nicht-muttersprachlichen Sprechers. Zu kurz kommen Informationsweitergabe, das Dolmetschen und der so schwierige, aber für die zwischenmenschliche Kontaktaufnahme wichtige *small talk.*

Besonders kritisiert wird die fehlende Vermittlung von interkulturellem Können, das sich eben nicht, wie manche meinen, dann von selber einstellt, wenn man die Grammatik beherrscht und über ein ausreichendes Vokabular verfügt. Auch ein nur bi-lateral orientiertes interkulturelles Können (z. B. Deutschland – United Kingdom) reicht nicht angesichts der Tatsache, dass in den meisten Kommunikationssituationen, in denen Englisch das Medium der Verständigung ist, der *native speaker*, wenn überhaupt anwesend, in der Regel in der Minderheit ist.

Die Kritik ist, zumindest in Teilen, sicher nicht unberechtigt. Die Ursachen dafür sind vielfältig. Eine ist darin zu suchen, dass den meisten Lehrern Verwendungssituationen in Wirtschaft, Industrie, Politik nur bedingt vertraut sind. Das kann man ihnen auch nicht vorwerfen; die Gründe sind in der Ausbildung durch die Fachwissenschaft zu suchen, aber auch in den verbreiteten Bildungsvorstellungen, wie sie noch immer unter Bildungsverwaltern und Richtlinienautoren und in weiten Teilen der Lehrerschaft anzutreffen sind. Das spiegelt sich dann wider in den Unterrichtsthemen, den verwendeten Materialien und in den didaktischen Entscheidungen, vor allem für die gymnasiale Oberstufe.

Der Unterricht, wie er seit langer Zeit für die Schule charakteristisch ist, entsprechend den Schulstufen unterschiedlich deutlich ausgeprägt, ist trotz aller Innovationen nicht
mehr zeitgemäß. Man mag das bedauern und den Verfall beklagen. Aber die Verhältnisse und die Anforderungen an das
Sprachkönnen haben sich verändert; auch die Vorstellungen
der Lerner und Abnehmer. Eine junge Auszubildende mit
Abitur, in der Fa. Degussa, formulierte das so: *Ich hätte mir
mehr an Sprache und mehr andere Sprachen gewünscht.* Ihr
war die Beschränkung der einen Sprache auf die Betrachtung
der Literatur und die einschlägige Diskussion zu wenig; sie
vermisste Vorbereitung auf die Anforderungen des Berufs,
und sie hätte gern mehrere Sprachen jenseits des üblichen
Angebots gelernt. Der Autor, noch aus der alten Schule, be-
dauert die Veränderungen sehr, zumal er selber, wie er
glaubt, mit nicht geringem Erfolg (er mag sich täuschen)
Englischunterricht in der traditionellen Form als auf die
Auseinandersetzung mit der englischsprachigen Literatur
hin orientiert verstanden hat. Aber es wäre ungut, die Augen
vor den veränderten und erweiterten Anforderungen der
heutigen Zeit zu verschließen. Was heute an sprachlichem
Können und Sprachwissen für eine gelungene Kommunikation in der fremden Sprache verlangt wird, steht den Zielvorgaben früherer Jahre in keiner Weise nach; die Anforderungen sind zum guten Teil erheblich höher und komplexer als
früher, in keinem Falle aber weniger ‚wert', nur weil nützlich und praktisch verwendbar.

6. Die Schwierigkeiten des gegenwärtigen Englisch-
unterrichts

Die Schwierigkeiten des gegenwärtigen Englischunterrichts
liegen in der Vielfalt der Aufgaben, in der unzureichenden
Vorbereitung der Lehrer auf die Bewältigung dieser Aufgaben

auf der Universität (mit der noch immer sehr stark literarisch orientierten inhaltlichen Ausrichtung) und in der zweiten Phase, aber auch in der Unklarheit der Zielbestimmung:

– Fremdsprachenunterricht als Persönlichkeitsbildung mit
  Sprache als Gegenstand der Betrachtung (man vergleiche
  dazu die allgemein gängigen Begründungen für den Lateinunterricht; der Englischunterricht hat sich seit seiner
  Aufnahme in den Kanon der gymnasialen Schulfächer
  immer bemüht, seine Bildungsträchtigkeit gegenüber
  den klassischen, den alten Sprachen zu beweisen, daher
  die teilweise noch heute nachwirkende Betonung der formalen, d. h. der grammatischen Bildung).
– Oder: Fremdsprachenunterricht unter dem Gesichtspunkt
  der Funktionalität, d. h. der praktischen Verwertbarkeit;
  also Vermittlung eines Sprachkönnens auf (hoffentlich)
  hohem Niveau, was die Beherrschung kommunikativer
  Strategien (mündlich/schriftlich) einschließt, gekoppelt
  mit sicherem, nicht nur bi-lateralem, sondern multi-late-
  ral orientiertem interkulturellem Können.
– Oder: Eine Kombination aus beidem, d. h. Ausbildung
  eines Sprachkönnens auf hohem Niveau mit dem Ziel
  praktischer Verwertbarkeit an Gegenständen, die zugleich der Persönlichkeitsbildung und der Bildung ganz
  allgemein dienen.

7. Klare Zielbestimmung notwendig

Was wäre zu tun? Notwendig wäre zunächst eine klare
Zielbestimmung dessen, was der Englischunterricht (und
der Sprachunterricht ganz allgemein) bewirken soll, in welchem Verhältnis die großen Teilaufgaben – Sprachunterricht zur Einführung in die fremde Kultur und damit Persönlichkeitsbildung und Sprachunterricht zur Vermittlung

eines vorwiegend auf praktische Verwertbarkeit orientierten Sprachkönnens – zueinander gewichtet werden sollen. Es wäre fatal, wenn der Bildungsaspekt ausgeblendet oder dem funktionalen Aspekt nachgeordnet werden würde. Dies käme einer bedenklichen Verarmung des Angebots gleich und würde die jungen Menschen eben nicht auf die Anforderungen der neuen europäischen Wirklichkeit und die Globalisierung ausreichend vorbereiten. Ohne Bezugsrahmen, den nur eine auf Bildung hin ausgerichtete Schule vermitteln kann, wäre die Orientierung in der sich entwickelnden neuen Welt nur schwer möglich. Die Schule muss nicht nur die Bandbreite menschlichen Wissens und menschlicher Erfahrungen und Erkenntnisse vorstellen und Möglichkeiten für eine begründete persönliche Zukunftswahl aufzeigen, sie muss auch Orientierungshilfen in Form von – modern gesprochen – *benchmarks* vermitteln, mit Hilfe derer der eigene Standort ermittelt und die persönliche Wegerichtung ausgemacht werden kann. Die Kenntnis von Sachverhalten und Zusammenhängen ermöglicht erst das Verstehen der Folge von Handlungen und macht begründete Entscheidungen möglich. Darum ist die Befassung mit Literatur, in der die Grundfragen des Lebens abgehandelt werden, unverzichtbar. Die jungen Menschen erhalten dadurch die Gelegenheit, auf neutralem Boden sozusagen, über sich selbst und sie bewegende Fragen nachzudenken und zu sprechen. Fremdsprachliche Literatur bietet zudem die Erfahrung, dass die Welt und das menschliche Zusammenleben auch anders beschrieben und dargestellt werden können, als man es aus der eigenen kulturellen Bedingtheit und Prägung heraus gewohnt ist und für richtig hält. Dieser Perspektivwechsel, den Lernern bewusst gemacht, ist für ihre Persönlichkeitsbildung von unschätzbarem, formenden Wert.

Diese grundsätzliche Entscheidung für Bildung gegen eine Entwicklung, die ausschließlich auf verwertbares Wissen und anwendbare Fertigkeiten ausgerichtet ist, besagt noch nichts über den Kanon dessen, was aus den großen Bereichen Literatur, Landeskunde und dem Fundus an Wissen und Erfahrungen der Englisch sprechenden Länder weitergegeben werden sollte oder muss. Shakespeare muss nicht notwendig immer zentrales Angebot sein, zumal Shakespeare oft auch im Deutschunterricht gelesen wird. Möglicherweise genügen Ausschnitte (z. B. die Reden, in denen Sprache wirksam eingesetzt wird, um Dinge zu erreichen, zu argumentieren etc.), um neugierig zu machen und zu eigener Erkundung anzuregen. Ob überhaupt ein Kanon sinnvoll ist (etwa à la Schwanitz, der im Wesentlichen nicht einen sprachspezifischen Kanon aufstellt, sondern einen allgemeinen Bildungskanon) oder nicht, setzt Abstimmung zwischen den Sprachfächern und den sprachabhängigen Fächern voraus und hängt letztendlich davon ab, was denn ganz allgemein mit schulischer Bildung erreicht werden soll. Letztendlich ist jeder Lektürekanon auch immer eine sehr subjektive Auswahl desjenigen, der diesen Kanon zusammenstellt, und ist daher nur bedingt als objektive Größe verbindlich. Grundsätzlich sollte mit der Bandbreite der kulturellen Äußerungen exemplarisch, d. h. an herausragenden Beispielen, bekannt gemacht werden. Davon ausgehend muss selbständiges Weiterlesen verpflichtend gemacht werden.

Gleichzeitig aber ist es nur billig, vom schulischen Fremdsprachenunterricht auch eine angemessene Vorbereitung auf die sprachlichen Anforderungen, denen junge Leute in Zukunft mehr als bisher ausgesetzt sein werden, zu verlangen. Schließlich ist die Schule auch eine Serviceeinrichtung für die Gesellschaft, in deren Rahmen der Fremdsprachenunterricht seinen Beitrag zu leisten hat. Fremdsprachenkenntnisse sind heute ein wesentliches Auswahlkriterium bei der Vergabe von Chancen auf dem Arbeitsmarkt, wobei Englisch als *conditio sine qua non* vorausgesetzt wird, allerdings spielt die weitere Fremdsprache, über die man verfügt, oftmals die ausschlaggebende Rolle. Ferner: Firmen begnügen sich heute nicht mit der Behauptung in einer Bewerbung, dass man des Englischen (oder einer anderen fremden Sprache) in Wort und Schrift mächtig sei; man prüft nach. Aus der Erfahrung bei diesen Nachprüfungen erklärt sich die Kritik an dem begrenzten Sprachkönnen von Schulabgängern, auch von Abiturienten. Man könne zwar die Charakteristika einer Kurzgeschichte benennen, aber keinen Geschäftsbrief verfassen, könne einem Kunden die eigene Fabrikation nicht erklären oder in Verhandlungen effektiv Interessen der Firma vertreten oder gar eine Sitzung moderieren.

Es geht also darum, beide Aufgabenbereiche – nämlich den Umgang mit der Literatur und Kultur des fremden Landes und die sprachliche Vorbereitung auf die Anforderungen der Berufswelt, auf eine angemessene Teilhabe am öffentlichen Leben (*European Citizenship*) – miteinander zu verbinden. Das ist möglich, setzt aber eine andere Umgangsweise mit den traditionellen Inhalten einerseits und darüber hinaus eine thematische Öffnung voraus. Es geht heute nicht mehr nur um die Vorbereitung auf ein Anglistikstudium (oder ein anderes Sprachstudium), weswegen manche liebgewordenen Dinge (Gattungsprobleme, literaturhistorische Aspekte) durchaus weniger gewichtig als bisher oder gar nachrangig sein können. Es geht auch um einen Sprachunterricht für diejenigen Schülerinnen und Schüler, die Jura, Maschinenbau, Wirtschaftswissenschaften oder Medizin studieren oder eine Lehre in einer Großbank machen wollen und für die gesicherte Kenntnisse und Sicherheit in der angemessenen Verwendung der fremden Sprache entscheidend für den Eintritt in die Berufswelt und den beruflichen Erfolg sind. Sie müssen befähigt werden, intelligent mit der Sprache umzugehen. Das können sie an sprachlichen Vorbildern, unter anderem solchen aus der Literatur lernen, an Beispielen, die zeigen, wie man argumentiert, interveniert, eine Meinung vertritt, für etwas wirbt, auch wie man Meinungen umdrehen und beeinflussen kann. Gleichzeitig bietet die Auseinandersetzung mit Literatur in der Schule ausreichend Gelegenheiten, die erworbene Sprachkompetenz (so begrenzt sie zum jeweiligen Zeitpunkt auch sein mag) im genannten Anforderungssinne zu erproben und die Tauglichkeit des Gelernten zu testen.

Das setzt aber, wie gesagt, einen anderen Umgang mit den traditionellen Inhalten voraus. Der Unterricht muss Anlässe schaffen, die zur Sprachverwendung herausfordern. Nicht das Frage- und Antwortspiel, vom Lehrer gesteuert, ist gefragt, sondern der Impuls, der herausfordert, sich zu äußern, zu widersprechen, zu begründen, nachzufragen. Dazu gehören auch die äußeren Formen eines solchen sachbezogenen Diskurses, z. B. die Moderation mit den dazu gehörenden sprachlichen, z. T. standardisierten Vorgehensweisen. Hierher gehören alle Formen der Erprobung des erreichten Sprachkönnens, wie Rollenspiel, Dialogschulung, *debating* etc. Das gibt es leider viel zu wenig.

In diesem Zusammenhang sei darauf hingewiesen, dass die Standards, die für die Fremdsprachen in der Hauptschule und für den Mittleren Schulabschluss entwickelt wurden, nicht nur einen Normierungseffekt haben, der möglicherweise wünschenswert ist, der aber gleichzeitig wegen der Output-Orientierung der Standards und dem daraus resultierenden Zwang zur Nachprüfung auch zu einer Verengung des Unterrichts auf die Erreichung der Standards hin führt und damit wenig oder kaum Zeit für Aktivitäten der angedeuteten Art lässt.

8. Neubestimmung der Lehrerrolle

Es versteht sich von selbst, dass die Rolle des Lehrers neu bestimmt werden muss. Er sorgt für die Anlässe und Impulse, er organisiert die äußeren Formen der Diskussion und Auseinandersetzung mit den Texten. Dabei hat er sowohl die inhaltliche Auseinandersetzung als auch die sprachliche Förderung der Lerner im Auge. Ohne eine entsprechende Vorbereitung auf der Universität und in der zweiten Phase kann das allerdings nicht gelingen. Offen bleibt natürlich die Frage, ob die angestrebten Bachelor- und Masterstudiengänge überhaupt eine angemessene Vorbereitung auf das umfassende Aufgabenfeld eines Fremdsprachenkurses vermitteln können, zumal noch immer nicht eindeutig klar ist, ob es eine selbständige zweite Phase geben wird und wie sie inhaltlich ausgefüllt sein soll. Nach einem Beschluss der KMK soll der Bachelor bereits die Berufsfähigkeit, auch für den Lehrberuf, verleihen.

Und eine weitere Voraussetzung muss gegeben sein. Der schulische Sprachlehrgang muss von Anfang an wesentlich darauf angelegt sein, die Sprache in der Anwendung zu vermitteln. Das bedeutet, dass die Organisation des Lehrgangs nach grammatischen Kriterien zugunsten einer Progression, die sich aus Sprechanlässen und Sprachaufgaben ergibt, geändert oder doch wenigstens relativiert wird. Die Anlässe und Sprachaufgaben sind in den Anforderungen spiralförmig aufsteigend angeordnet; das (schon) Gelernte wird bei jeder neuen Sprachaufgabe angewendet und gesichert, gleichzeitig aber angereichert durch neue Sprachelemente, die für die Bewältigung der nächsten Sprachaufgabe notwendig sind. Sprache wird durch ihre Anwendung erworben.

Ein solcher Ansatz wirkt zweifach motivierend: Der Lerner erfährt, dass Lexis und Grammatik nicht abstrakte Größen sind, sondern dass man damit etwas anfangen, nämlich anderen etwas mitteilen, also Inhalte übermitteln kann. Gleichzeitig aber erfährt er, dass ohne die Beherrschung bestimmter Formalia (*grammar, usage, lexis*) seinen Mitteilungswünschen Grenzen gesetzt sind, dass es darum sinnvoll ist, sich diese anzueignen. Hier wird deutlich, worauf es ankommt. Es ist wichtig zu wissen, wie man Sprache einsetzt: Was leisten Strukturen in Hinsicht auf meine Mitteilungsabsicht, wie setzt man sie strategisch ein, wozu dienen die einzelnen Strukturen und Wendungen bis hin zu den *gambits*? Dazu gehört *language awareness*, die Einsicht in das Funktionieren von Sprache. Gleichzeitig wird Sprachbetrachtung (einstmals die sog. formale Erziehung) nicht ausgeklammert; sie bekommt nur einen anderen Stellenwert und eine andere Ausrichtung und wird so für den Lerner einsichtig und relevant. Die Wahl der richtigen Struktur, der angemessenen Register und Intensitätsgrade, die passende Wortwahl werden als wichtig erkannt, um sich effektiv mitzuteilen. Dieser Ansatz ist für Lehrer einsichtiger als die reine, nicht primär anwendungsbezogene formale Sprachvermittlung. Dabei sind Kontakte mit anderen Nutzern der englischen Sprache (z. B. in europäischen Projekten im Rahmen von *Comenius*, einem der Sprachenförderprogramme im Rahmen der SOKRATES-Aktion der Europäischen Union für verschiedene Adressatengruppen) und mit Muttersprachlern von Nutzen. Fremdsprachenunterricht muss von der Grundschule an in diesem Sinne konzipiert werden. Erste Ansätze gibt es bereits, etwa in den Vorgaben für den Fremdsprachenunterricht in der Grundschule in Baden-Württemberg oder in den gemeinsamen Lehrplänen einiger junger Bundesländer. In diesem Zusammenhang sei auch auf die Überlegungen zu einer Neufassung der Ausbildung von Grundschullehrern zum Fremdsprachenlehrer hingewiesen, z. B. in Baden-Württemberg und anderswo.

9. Interkulturelles Können vermitteln

Die beschriebene Sprachkompetenz wäre nur bedingt realitätstauglich, wenn sie nicht gleichzeitig mit einer interkulturellen Kompetenz verbunden wäre. Die interkulturelle Kompetenz, besser das interkulturelle Können, stellt sich nicht von selbst ein, es muss vermittelt werden. Angesichts der globalen Verwendung des Englischen als Verkehrssprache genügt die bilaterale Ausrichtung auf Großbritannien oder die USA nicht; sie muss allgemeiner Natur sein, weil in den meisten Kommunikationssituationen die Partner oftmals keine *native speakers* sind. Um in solchen Situationen bestehen zu können, sind neben Offenheit und Sensibilität für andere kulturelle Prägungen als die eigene Kenntnisse des Landes der Gesprächspartner notwendig und hilfreich. Der Begriff Landeskunde ist aus uneinsichtigen Gründen durch interkulturelle Kompetenz ersetzt worden; um landeskundliche Kenntnisse geht es aber.

Vor allem aber sind sprachliche Fähigkeiten gefragt, um die Regeln der Kommunikation, des Miteinander-Umgehens und der Kooperation auszuhandeln. Das ist eine wesentliche Kompetenz in allen Bereichen des Berufslebens. Von besonderer Bedeutung ist die Tatsache, dass Englisch überwiegend als Fremdsprache (EFL) verwendet wird, weitgehend *void of British* und *American culture*, dafür fast immer angereichert durch die Kultur des nicht-muttersprachlichen Nutzers. Daraus ergeben sich leicht Missverständnisse, die den Erfolg einer Kooperation oder Verhandlung ernsthaft gefährden können. Darauf müssen Schüler zumindest aufmerksam gemacht und auf ein entsprechendes sprachliches Krisenmanagement vorbereitet werden. Diese Aufgabe eines modernen Englischunterrichts ist bisher wesentlich vernachlässigt worden.

10. Erwerb weiterer Sprachen

Ein letzter Aspekt: Die Meinung, mit Englisch allein könne man sich auf dem Arbeitsmarkt und ganz allgemein im nachschulischen Leben behaupten, ist relativ weit verbreitet, vor allem unter den jungen Menschen, die sich der Mühe des Sprachenlernens (vor allem Spracherwerb nach den traditionellen Methoden) nur ungern unterwerfen. Das hat einmal zu tun mit der für die Lernenden geringen Relevanz dessen, was die Schule vermittelt und wie sie es vermittelt. Es hat auch mit einem Korrektur- und Bewertungssystem zu tun, das eher abschreckt als motiviert. Man will sich die Gesamtzensur nicht verderben. Gleichwohl ist der Erwerb weiterer Sprachen neben Englisch von großer Bedeutung für die persönlichen Chancen auf dem Arbeitsmarkt, für die Teilhabe am öffentlichen Leben in Europa und für die persönliche Lebensgestaltung (s. o.). Da Englisch in der Regel die erste Fremdsprache ist, die angeboten wird, kommt dem Englischunterricht eine besondere Rolle zu: Er muss auf das Lernen weiterer Sprachen vorbereiten, indem er den Prozess des Spracherwerbs bewusst macht und Methoden des Lernens für den Erwerb weiterer Sprachen bereitstellt. Dies gilt grundsätzlich auch für andere erste Sprachen (z. B. Französisch in den Grenzgebieten zu Frankreich).

Hierher gehört ganz allgemein die Entwicklung eines Sprachbewusstseins (*language awareness*), was allerdings Aufgabe auch der anderen sprachlichen Fächer ist. Im Fremdsprachenunterricht geht es vor allem darum, das in der einen Sprache Gelernte für das Lernern weiterer Sprachen fruchtbar zu machen. Für dieses sog. laterale Lernen ist Englisch in aller Regel die *lead-in* Sprache. Das muss in der Didaktik des Englischunterrichts und in den Vermittlungsmethoden berücksichtigt werden. Neben der Vermittlung der englischen Sprache im engeren Sinne muss es also auch um die Vermittlung von Lernstrategien, Metho-

den und Kenntnissen, Ähnlichkeiten und Verwandtschaften zwischen Sprachen gehen, die das Lernen weiterer
Sprachen erleichtern. Von den Lernenden ist ein solcher
Transfer nur in Ausnahmefällen zu erwarten. Der Lehrer
muss auf diesen Transfer gezielt in seinem Unterricht aufmerksam machen, wo immer es sich anbietet. Voraussetzung ist allerdings, dass er auf diese Aufgabe in seiner Ausbildung vorbereitet wird. Da die meisten Lehrer heutzutage
monolingual sind, d. h. nur die eine Sprache, nämlich Englisch (oder Französisch etc.), unterrichten, sind sie für diese
Art von Transfer nicht ausreichend sensibilisiert. Zu fordern wäre daher, dass jeder Sprachlehrer, egal welche Sprache er später unterrichtet, eine weitere Sprache während
seiner Ausbildung erwirbt, um anhand eigener Lernerfahrungen und durch die gewonnene Einsicht in Beziehungen
zwischen Sprachen diesen Transfer selber leisten zu können und ihn für seinen Sprachunterricht gezielt zu nutzen.
Laterales Lernen ist eine wichtige Hilfe für den Erwerb
weiterer Sprachen und wirkt deshalb bei Lernenden motivierend.

11. Kooperationen verbessern

Diese schulinterne Kooperation zwischen den verschiedenen Sprachen ist bei gutem Willen leicht zu organisieren.
Ebenso wichtig ist aber die vertikale Kooperation zwischen
den verschiedenen Schulstufen und Schulformen. Noch
immer bestehen zwischen den verschiedenen Schulstufen
und -formen Brüche. Fremdsprachenunterricht in unserem
Bildungssystem ist aber als ein Kontinuum zu verstehen,
das in der Grundschule – oder früher – beginnt und über
die Schule hinaus andauert. Jede Stufe muss sich als Teil
dieses Kontinuums verstehen. Dazu gehört, dass die jeweiligen Teilabschnitte im Fremdsprachenlehrgang miteinan-

der korrespondieren und sich nicht als Einzelveranstaltung verstehen. Solche Brüche sind unökonomisch, weil sie den Lernfortschritt behindern und demotivieren. Jede Stufe muss das vorher Gelernte aufnehmen und darauf aufbauen. Auf diese Weise sind die noch bestehenden Brüche im System zwischen Schulstufen und Schulformen zu heilen und Übergänge angstfrei zu gestalten. Das verlangt einen Lehrer, der in seiner Ausbildung an der Universität und im Seminar die spezifischen Aufgaben, Ziele und Verfahren der jeweils anderen Schulstufen und -formen möglichst durch eigene Anschauung und Praktika kennen- und anzuerkennen gelernt hat.

12. Probleme der „Bildungsstandards"

Eine abschließende Bemerkung. Die Diskussion in der Folge von PISA hat zur Forderung nach verbindlichen Standards für die verschiedenen Schulstufen geführt. Inzwischen liegen Standards für den Fremdsprachenunterricht für den mittleren Schulabschluss (10. Jahrgangsstufe) und für den Hauptschulabschluss vor. Ohne auf die Diskussion über die Standards im Einzelnen einzugehen, soll auf wichtige Aspekte hingewiesen werden.

Die Setzung der Standards ist wesentlich eine administrative Aktion. Sie sollen der Feststellung, d. h. der Überprüfung des erreichten Leistungsstandes dienen, sie sollen die Vergleichbarkeit zwischen Schulen, Regionen und Bundesländern sicherstellen, den Unterricht verbessern und sie sollen Anhaltspunkte dafür liefern, inwieweit Schulen ihrer Aufgabe gerecht werden. Damit werden Standards ganz wesentlich zum Instrument der administrativen Kontrolle. Dem entspricht auch die angestrebte interne und externe Evaluation. Die Standards sind so angelegt, dass ihr Erreichen überprüft werden kann, nach Klieme möglichst

durch standardisierte Tests, die allerdings erst noch aus-
gearbeitet werden müssen.

Auch die Standards sind noch nicht endgültig; die vorliegenden basieren auf der Erfahrung von Lehrern der einzelnen Schulstufen und Schulformen.

In diesem Zusammenhang sind die Erfahrungen mit
Standards in anderen Ländern interessant. In England zum
Beispiel gibt es eine zentrale Stelle, beim Bildungsministerium angesiedelt, die das Erreichen der Standards überprüfen und die Testergebnisse der Schulen vergleichen soll.
Bei Lehrern gibt es zunehmend Vorbehalte. Der Spruch
Standards lead to testing, testing leads to stress stammt
aus Großbritannien. In Wales wurden Standards als verbindliche Vorgaben nicht zuletzt deswegen wieder abgeschafft. Hinter dem Testen und den Schulvergleichen steht
der etwas naive Glaube, dass es eine objektive Beurteilung
von Sprachleistungen geben kann. Deren Beurteilung ist
aber wesentlich vom Sprachkönnen des Lehrers und von
seiner pädagogischen Einstellung zu seinen Lernern abhängig. Die den vorliegenden Standards beigefügten Muster-
aufgaben lassen eine Bandbreite von Lösungen zu, die
ganz unterschiedlichen Anforderungsniveaus zugeordnet
werden können. Diese Zuordnung muss aber der Lehrer
vollziehen, was zu einer Bandbreite von Urteilen führt.

Ferner: Standards beschreiben auch nicht den Unterricht, nicht den *in-put*, sondern das Ergebnis, die erwartete
Leistung. Es steht dem Lehrer, der Schule oder den Ländern
frei, auf welchem Weg sie die gesetzten Standards erreichen wollen. Die Länder können das zum Beispiel durch
Richtlinien tun. Wenn aber das Erreichen der Standards
per Testverfahren überprüft wird, dann liegt es nahe, dass
solche Unterrichtsmethoden und -verfahren zum Zuge
kommen, die auf die Anforderungen am ehesten vorbereiten. Das kann sehr erfolgreich durch Frontalunterricht,
durch Einschleifen von sprachlichen Items erfolgen, wie

durch die PISA-Studie belegt wird. Damit ist aber eine kommunikative und interkulturelle Sprachkompetenz und mit den Mitteln eines innovativen Ansatzes, wie weiter oben beschrieben, nur bedingt erreichbar. Jeder Lehrer wird bemüht sein, die Standards zu erreichen, vielleicht begnügt er sich auch damit, und er wird auf Methoden zurückgreifen, die besonders erfolgversprechend sind. Rollenspiel, *debating*, unterschiedliche Sprachaufgaben, die individuelle Lösungen zulassen, ja sogar herausfordern, werden in den Hintergrund treten. Standards wirken so gesehen eher einengend als befördernd.

Wenn Sprachunterricht und Spracherwerb ein Kontinuum darstellen, das möglichst früh, spätestens in der Grundschule beginnt und über die verschiedenen Schulstufen und Abschlüssen und darüber hinaus reicht, dann sollte in den Standards dieses Kontinuum sichtbar werden. Das trifft für die Standards für den mittleren Schulabschluss (immerhin Jahrgangsstufe 10) nicht zu. Sie lassen einen Bezug zu den Anforderungen des Faches, formuliert im ersten Kapitel der Einheitlichen Prüfungsanforderungen (EPA), nicht erkennen. Ähnliches gilt auch für die zuletzt vorgelegten Standards für die Grundschule (Deutsch, Mathematik; Standards für die Fremdsprache liegen noch nicht vor) und die Hauptschule (Fremdsprachen). Auch bei ihnen fehlt der Zusammenhang mit der voraufgegangenen Schulstufe. Es wird an keiner Stelle erwähnt, dass die vorliegenden Standards für die Grundschule Ausgangsbasis für die folgenden Schulstufen sind. Sie stehen isoliert ohne erkennbare Verknüpfung nach oben und unten.

Besonders gravierend ist die Tatsache, dass die vorliegenden Standards sich ausschließlich auf den verwendungspraktischen Aspekt der Sprachkompetenz beschränken. Der ästhetische Bereich ist fast völlig ausgeklammert. Damit ist die Beschäftigung mit Literatur für die Jahrgänge bis zum Mittleren Schulabschluss nur schwer vorstellbar, schon allein deswegen, weil man die Schüler auf die Tests zum Nachweis des Erreichens der Standards intensiv vorbereiten muss. Fazit: Die Standards, wie sie in der bisherigen Form vorliegen, sind wenig geeignet, den Gedanken der Persönlichkeitsbildung durch eine Auseinandersetzung mit Literatur und durch Landeskunde zu erreichen.

Schließlich: Die Standards geben kaum Hinweise auf den konkreten Unterricht. Die Konkretisierung wird, wie bereits angedeutet, den Ländern oder dem einzelnen Lehrer oder den Fachkollegen an der Schule überlassen. Im Abschnitt 1 der Standards mit dem Titel *Der Beitrag der ersten Fremdsprache zur Bildung* heißt es, dass sich die Standards auf den Gemeinsamen europäischen Referenzrahmen für Sprachen beziehen, der „ausgehend von Verwendungssituationen der Sprache Niveaustufen des Sprachkönnens benennt und beschreibt. Dies lässt Traditionen des schulischen Fremdsprachenlernens, die von Lexik, Grammatik und Textstrukturen ausgingen, in der Darstellung der Standards in den Hintergrund treten." Das bedeutet doch aber nichts anderes, als dass man mit den Standards einen anderen Fremdsprachenunterricht als bisher initiieren will. Wenn dem so ist, dann ist es sinnvoll, den Standards eine Beschreibung des erwarteten neuen Ansatzes für die Vermittlung von Fremdsprachen anzufügen. Das ist die Kommission schuldig geblieben. Die Länder werden entsprechende Richtlinien oder Handreichungen herausgeben, z. T. schon geschehen, weil man den Lehrern Hinweise für die Gestaltung des Unterrichts geben muss. In einem Bundesland hat man die dort geltenden Richtlinien mit den Standards für den Mittleren Schulabschluss verglichen und festgestellt, dass eigentlich nichts zu ändern sei, da die Richtlinien ein Mehr gegenüber den Standards aufweisen. Das wird wahrscheinlich für andere Bundesländer ebenso gelten, was letztlich bedeutet, dass man so weitermachen kann wie bisher. Hier wäre eine Beschreibung des ‚neuen'

Unterrichts dringend erforderlich gewesen. Unberücksichtigt bleiben auch die Variablen, die den Unterricht bestimmen: Zahl der Schüler, Anzahl der Wochenstunden, Sprachkönnen des Lehrers, Motivation der Schüler etc., und vor allem die Anerkennung, dass scheinbar ‚unprofitable' Aktivitäten im Sprachunterricht, wie weiter oben beschrieben, den Lernerfolg signifikant befördern können. Studien zu Standards in den USA, Australien, United Kingdom und Kanada lassen die Einengung des unterrichtlichen Geschehens auf die Vorbereitung auf die Überprüfungstests erkennen. Standards in der bisherigen Form verbessern nicht den Fremdsprachenunterricht an unseren Schulen; sie sind, so wie sie jetzt konzipiert sind, primär ein Instrument administrativer Kontrolle.

13. Fazit

Es ist unbestritten, dass der Fremdsprachenunterricht sich mehr als bisher geschehen öffnen muss, nicht nur für andere Themen, sondern auch für erweiterte Zielsetzungen, die sich aus den erhöhten und veränderten Anforderungen an das Sprachkönnen in allen Lebensbereichen ergeben.

Das setzt eine andere als eine wesentlich formal-grammatische Unterrichtsorganisation voraus: Ausgehend von konkreten Kommunikationsaufgaben wird Sprache in der Anwendung erworben, Lexik und Grammatik werden entsprechend den jeweils aufgabenorientierten Notwendigkeiten vermittelt. Die Progression ergibt sich aus den Anlässen für die schriftliche oder mündliche Kommunikation. Der formale Aspekt des Spracherwerbs wird dadurch nicht entwertet; er geht der Anwendung nur nicht voraus, sondern wird in einem zweiten Schritt vermittelt, und zwar dann, wenn die beabsichtigte Mitteilung dies zwingend verlangt.

Fremdsprachenunterricht ist als ein Kontinuum zu begreifen, das in der Grundschule – besser früher – beginnt und über die Schule hinaus andauert. Die jeweiligen Abschnitte in diesem Kontinuum müssen aufeinander aufbauen, miteinander korrespondieren, da Brüche unökonomisch sind und demotivierend wirken. Das Zusammenwirken der Schulformen und Schulstufen ist zwingend geboten.

Der Englischunterricht muss sich mit dem Phänomen *Global English* und den vielfältigen Varianten des Englischen (*World Englishes*) und den daraus resultierenden Konsequenzen befassen.

Gleichfalls ist die Vermittlung kultureller Kompetenz und kulturellen Könnens zu überdenken; sie darf nicht mehr nur auf Großbritannien und die USA begrenzt bleiben, sie muss auf Kommunikationssituationen vorbereiten, in denen die Partner keine Muttersprachler sind. Diese Situationen sind zunehmend mehr die Regel in dem Maße, wie Englisch global als Kommunikationsmedium genutzt wird.

Erklärtes Ziel der Bildungspolitik ist die Mehrsprachigkeit. Da Englisch in der Regel die erste Fremdsprache ist, die im System angeboten wird, kommt dem Unterricht eine besondere Aufgabe zu: er muss auf weiteres Sprachenlernen vorbereiten, indem er Lernerfahrungen bewusst macht, Sprachlernstrategien vermittelt und auf ihre Anwendung bei weiterem Sprachenlernen hinweist. Er wird dabei gleichzeitig auf Sprachverwandtschaften aufmerksam machen. Diese Vorleistung des Englischunterrichts, Einführung in laterales Sprachenlernen, ist integraler Bestandteil eines modernen Englischunterrichts.

Der Bildungsauftrag der Schule – Persönlichkeitsbildung und Transfer von solchen Strategien und Bereitstellung von Einsichten und Kenntnissen, die zur Gewinnung eines eigenen Standpunktes beitragen und zu begründeten Entscheidungen befähigen – bleibt trotz stärkerer Ausrichtung auf die Verwendbarkeit der gelernten Sprache weiterhin gültig. Die Schule ist in aller Regel die letzte Möglichkeit, die ganze Bandbreite von kulturellen Leistungen, Wertvorstellungen, Überzeugungen und Haltungen zu erfahren und daran den eigenen Standpunkt zu gewinnen. Das bedeutet nicht eine Abkehr von traditionellen Themen, sondern eher eine andere Umgangsweise mit diesen Themen, die sich an Anforderungen der Arbeitswelt und der Teilhabe am öffentlichen Leben orientiert. Unbeschadet der berechtigten Erwartungen der Abnehmer von schulischem Fremdsprachenunterricht muss weiterhin gelten, dass schulischer Fremdsprachenunterricht mehr ist als eine lineare Vorbereitung auf betriebliche oder sonstige Anforderungen an das Sprachkönnen.

Standards als Kontrollinstrument wirken sich einengend auf die Gestaltung des Unterrichts aus. Sie befördern nicht einen Unterricht, der für unterschiedliche Möglichkeiten des Spracherwerbs offen ist, sondern verlangen die zielgerichtete Einübung von überprüfbaren Fertigkeiten und Kompetenzen, die abtestbar sind.

Das schließt wichtige Bereiche aus. So fehlt den vorliegenden Standards nicht nur die ästhetische Komponente, sondern es fehlen auch präzise, über Allgemeinheiten hinausgehende Aussagen zur interkulturellen Kompetenz und vor allem zum interkulturellen Können, die, weil nicht testbar, in den Aufgabenbeispielen nicht vorkommen.

Die Vorstellung, das Erreichen von Standards objektiv feststellen zu können, ist irrig. Sprachkönnen und seine Bewertung unterliegen einer Reihe von Variablen, die sich einer objektiven Beurteilung weitgehend entziehen.

Es ist unstrittig, dass sich die Rolle des Lehrers ändern muss; Unterricht muss stärker lernerorientiert angelegt sein. Der Lerner muss als Partner im Prozess des Spracherwerbs verstanden werden. Der Lehrer ist weniger Dirigent in diesem Prozess als Organisator von Lernmöglichkeiten, in dem er Anlässe für die Anwendung der

Zielsprache bereitstellt. Er ist damit nicht aus der Verantwortung für den Lernfortschritt entlassen, sondern wirkt dadurch am Lernfortschritt mit, dass er den Spracherwerb unterstützend und durch Bereitstellung von Sprachdaten und Informationen befördert.

Es ist sicher notwendig, dass sich die Lehrerbildung wandelt. Eine nur fachwissenschaftliche Ausbildung mit Einführung in die Praxis im Seminar reicht nicht mehr aus. Die Ausbildung muss sich an den veränderten Anforderungen an das Sprachkönnen der Schulabsolventen orientieren und muss den erweiterten Erwartungen der Lernenden Rechnung tragen. Hierzu gehört die Ausweitung der thematischen Angebote in den Lehramtsstudiengängen, die über die reine Literaturwissenschaft und Literaturbetrachtung hinausführen. Das entspricht den Erwartungen der Lerner, die sich nicht auf ein Sprachstudium vorbereiten wollen, sondern andere Studiengänge und Ausbildungswege planen. Gleichzeitig muss auf die veränderte Rolle des Lehrers als Vermittler der fremden Sprache vorbereitet werden.

Literaturhinweise

Brumfit, C. J. (Hg.): Individual Freedom in Language Teaching: Helping Learners to Develop a Dialect of their Own (2001). – Bundesministerium für Bildung und Forschung (Hg.). *Klieme, E. u. a.:* Zur Entwicklung nationaler Standards – Eine Expertise (2003). – *Crystal, D.:* English as a Global Language (^{2}2003). – Goetheinstitut-Inter Nationes/Ständige Konferenz der Kultusminister der Länder in der Bundesrepublik Deutschland (KMK), Schweizerische Konferenz der Kantonalen Erziehungsdirektoren (EDK), Österreichisches Bundesministerium für Bildung, Wissenschaft und Kultur (BMBWK) (Hg.):. Gemeinsamer europäischer Referenzrahmen für Sprachen: lernen, lehren, beurteilen (2001)/Europarat Rat für kulturelle Zusammenarbeit. 2000. Straßburg: für die englisch- und französischsprachige Fassung (2000). – *Hübner, W:* Didaktik der Neueren Sprachen (^{2}1933; ND 1965). – *Jenkins, J.:* Which Pronunciation Norms and Models for English as an International Language? ELT Journal 52 (1998), S. 119–126. – *Dies.:* The Phonology of English as an International Language (2000). – *Klein, H. G./Stegmann, T.D.:* EuroComRom – Die sieben Siebe: Romanische Sprachen sofort lesen können (2000). – *Leisinger, F.:* Elemente des neusprachlichen Unterrichts (1966). – *Mihm, E.:* Die Krise der neusprachlichen Didaktik – eine systeminterne Ortsbestimmung (1972). – *Schubel, F.:* Methodik des Englischunterrichts für höhere Schulen (1996). – Sekretariat der Ständigen Konferenz der Kultusminister der Länder in der Bundesrepublik Deutschland: Bildungsstandards für die erste Fremdsprache (Englisch/Französisch) für den Mittleren Schulabschluss (2003). – Dass., Bildungsstandards für die erste Fremdsprache (Englisch/Französisch) für den Hauptschulabschluss (2004 Entwurf. Stand 23. April 2004). – *Seidlhofer, B.:* A Concept of International English and related Issues: From ,Real English' to ,Realistic English'. Provisional Version, Council of Europe Strasbourg (2002).

Anhang: Kerncurricula

Vorbemerkung

Die folgenden Kerncurricula sollen exemplarisch zentrale Aufgabenfelder moderner Schulbildung abdecken: das Fach Deutsch, Mathematik und Naturwissenschaften (hier das Beispiel der Physik), das Fach Geschichte und damit in enger Verbindung die politische Bildung (gesellschaftskundliches Aufgabenfeld) und schließlich die kulturelle Bildung (hier am Beispiel der Musk). Für die modernen Fremdsprachen sei auf die grundsätzlichen Überlegungen von Ulrich Bliesener zum Englisch-Unterricht verwiesen. Außerdem sei darauf aufmerksam gemacht, dass die Konrad-Adenauer-Stiftung im April 2001 ein Kerncurriculum ökonomische Bildung vorgelegt hat: „Die Soziale Marktwirtschaft stärken", das als Heft 26 der Reihe „Zukunftsforum Politik" erschienen und im Internet über die Homepage der Stiftung (Suchbegriff: „Bildung der Persönlichkeit") zugänglich ist.

Bildungsoffensive durch Stärkung des Deutschunterrichts*

Vorbemerkung

Im Juni 2000 hat die Konrad-Adenauer-Stiftung zur „Bildung der Persönlichkeit" ein Grundsatzpapier veröffentlicht (s. S. 12 ff.), das auf breite Presseresonanz stieß. Zugleich wurde das Papier an führende Bildungspolitiker und Erziehungswissenschaftler versandt; aus deren Rückmeldungen wurden zahlreiche Anregungen eingearbeitet. In einem zweiten Schritt hat sich die Stiftung an eine Definition von verbindlichen Bildungs- und Unterrichtsinhalten, die Persönlichkeitsbildung fördern, gemacht. Damit stellt die Konrad-Adenauer-Stiftung im Rahmen dieser Initiative konkrete inhaltliche Anforderungen an die schulische Grundbildung zur Diskussion. Das Fach Deutsch nimmt dabei eine zentrale Stellung ein.

Denn: So wie das sprachliche Vermögen eines jeden einzelnen Menschen Ausdruck individueller Reife ist, so ist die bewusste Pflege von Sprache und Literatur bezogen auf das Gemeinwesen Ausdruck seines kulturellen Niveaus. Das sprachliche Vermögen ist damit für die Bildung und für die Sozialisation jedes Einzelnen wie auch für unser Selbstverständnis als Kulturnation die wesentliche Grundlage. Der Schule als systematisch vorgehender und die gesamte junge Generation erfassender Bildungsinstitution kommt dabei eine zentrale Rolle zu. Das heißt: Ein Bildungswesen, das die junge Generation zukunftsfähig in Leben, Ausbildung und Beruf entlassen und zugleich seinen kulturellen und all-

---

* *Federführung Josef Kraus (veröffentlicht Mai 2001)*

gemein bildenden Auftrag erfüllen soll, muss der sprachlichen Schulung größte Bedeutung beimessen.

Ein Bildungssystem dagegen, das die sprachliche Bildung vernachlässigt, verschlechtert für viele junge Menschen die Entwicklungschancen in der persönlichen Lebensgestaltung und im Beruf und leistet damit einer allgemeinen Dekultivierung Vorschub.

Deshalb ist es dringend notwendig, dass sich die Schule gerade in der sprachlichen Bildung von einigen grundlegenden Fehlentwicklungen der letzten dreißig Jahre verabschiedet. Dazu gehören vor allem:

- die vernachlässigte Spracherziehung (hinsichtlich Vielfalt und Genauigkeit des Ausdrucks, grammatischer Korrektheit, Abwehr eines „Slangs" und einer primitiven Sprache);
- das vernachlässigte Einüben sprachlicher Gestaltungsformen (Nacherzählung, Beschreibung, Schilderung, Zusammenfassung);
- die Abschaffung eines Lektürekanons und die damit verbundene Aufgabe kultureller und geistiger Tradition.

Gerade die Schule muss der sprachlichen und literarischen „Schulung" wieder mehr Aufmerksamkeit widmen. Sie darf dabei nicht allein gelassen werden, sie braucht die Unterstützung durch Öffentlichkeit und Medien, die auf sprachliches Niveau bedacht sind. Und sie braucht die Unterstützung durch die Elternhäuser und Kindergärten, die die für den Spracherwerb sensiblen Phasen intensiv für sprachliches Lernen nutzen.

Bei der Aufgabe, muttersprachliche Kompetenz zu entwickeln, hat der Deutschunterricht von der Grundschule bis zur gymnasialen Oberstufe eine Schlüsselstellung. Zudem tragen die berufsbildenden Schulen in allen Fächern zur Schulung der Sprachanwendung bei. Der Unterricht in der Muttersprache fördert in umfassender Weise die Bildung der Persönlichkeit, die kulturelle Grundbildung, die Kommunikationsfähigkeit und damit die gesellschaftliche Integration sowie die Berufs- bzw. Studierreife.

1. Beitrag des Deutschunterrichts zur Bildung der Persönlichkeit

„Die Grenzen meiner Sprache sind die Grenzen meiner Welt" (Wittgenstein). Das heißt: Wahrnehmen, Denken und Sprache befähigen zur Aneignung von, zur Teilhabe an und prägen die Einstellung zur Welt. Welt ist nur über Sprache erreichbar und erfassbar, daher sind Wahrnehmung, Denken und Weltinterpretation untrennbar mit Sprache verbunden, wobei wiederum die besondere sprachliche Ausprägung der Muttersprache auch die jeweils besondere Form des Umgangs eines Volkes mit Welt charakterisiert.

Differenzierte Sprachbeherrschung ist daher ein grundlegendes Element der Persönlichkeitsbildung:
- Sprache ist Medium für die Vergegenwärtigung und für die Entfaltung von Innerlichkeit, für Gefühle, Emotionen und damit Ausdruck der Gesamtpersönlichkeit.
- Sprache ist Chance zur Entlastung: Nur wenn man Bedrängendes auch verbal zum Ausdruck bringen kann, kann man sich davon entlasten.
- Sprache ist das wichtigste und das einzige humane Instrument der Konfliktlösung: Nur aus Verstehen erwächst Verständnis.
- Über die Sprache begreife ich meine Welt, erlebe sie, nehme sie wahr; ein sprachunfähiges Erleben reduziert Welt auf die Flüchtigkeit bloßer Eindrücke, verhindert ihre gedankliche Erfassung.
- Die Sprache ermöglicht die Distanzierung zur Welt, die wiederum Voraussetzung für das Verfügen über Welt ist.

Sprachbeherrschung ist insgesamt Grundlage für das Erleben und das Verantworten von Freiheit, ist Voraussetzung von Selbstbewusstsein, auch im Bewusstsein anderer: Erst über die Sprache verwirklicht sich der Mensch, daher ist Sprache der „Grund des Menschseins" (Martin Heidegger), und der Mensch ist „nur Mensch durch Sprache" (Wilhelm von Humboldt). Erst mit Sprache sind Humanität und Kultur denkbar, in die sich das Individuum eingliedert, auf die es aber zugleich Einfluss nimmt, eben über „seine" Sprache. Erst mit Sprache ist die Teilhabe an der politischen Öffentlichkeit möglich. Wer die Sprache beherrscht, durchschaut leichter den Missbrauch von Sprache in der Reklame und in der politischen Propaganda. Sprachliches Unvermögen dagegen hemmt das Selbstvertrauen, die Welterschließung, das Verstehen des anderen und erschwert es, sich selbst verständlich zu machen.

Dabei spielt das Lesen eine herausragende Rolle. Menschen reifen durch Lektüre – nicht nur weil sie damit Anteil nehmen am kulturellen Reichtum in Vergangenheit und Gegenwart, sondern weil das Lesen dabei hilft, über sich selbst nachzudenken und das eigene Sprechen bzw. Schreiben vielfältiger zu gestalten.

2. Beitrag des Deutschunterrichts zur kulturellen Grundbildung

Sprache ist Grundvoraussetzung des zwischenmenschlichen Verstehens und des sozialen Handelns. Erst die Alphabetisierung erlaubt eine Teilhabe an zivilisatorischen Errungenschaften (Nutzung von Wissenschaft und Technik usw.); erst das Beherrschen der Sprache erlaubt eine Teilhabe an der kulturellen Fülle.

Sprache und Literatur führen zu kulturellem Gedächtnis und kultureller Identität. Sprache ist das wichtigste

Werkzeug des Menschen, um Kultur zu schaffen und diese kommenden Generationen zugänglich zu machen. Breite Teilhabe an Kultur lässt sich aber nur dann verwirklichen, wenn die Grundlagen für kulturelle Kommunikation gemeinsame sind; den sich heute immer weiter individualisierenden Kommunikationsformen muss die Schule daher das Allgemein-Verbindliche entgegensetzen. Das kann nur die Hochsprache. Das führt zum Grundgedanken einer verbindlichen Literaturauswahl: Was wollen wir jungen Menschen nahe bringen und wie soll es vermittelt werden, um dauerhaftes Interesse an eigener Lektüre auch außerhalb der Schule zu wecken?

3. Beitrag des Deutschunterrichts zur Förderung der Berufs- bzw. Studierreife

Das Verstehen und das Beherrschen der Sprache in Wort und Schrift ist unter allen sog. Schlüsselqualifikationen die zentrale, denn nahezu alle sog. Schlüsselqualifikationen haben mit Sprachverständnis, Sprachbeherrschung und Sprachanwendung in einem kommunikativen Umfeld zu tun. Insofern hat der Deutschunterricht wie kein anderer Unterricht eine herausgehobene Bedeutung bei der Vorbereitung auf Ausbildung, Studium und Beruf.

Die Beschäftigung mit Sprache hat vielfach unterschätzte Transferwirkungen. Zum Beispiel fördern die Lektüre und das Durcharbeiten schwieriger oder umfassender Texte zugleich die Ausdauer und das Konzentrationsvermögen; sprachliche Exaktheit erleichtert den disziplinierten Umgang mit Wissen jeder Art, und sie erleichtert es, Informationen und Ideen zu strukturieren und zu verknüpfen. Das Verstehen und das Beherrschen der Sprache in Wort und Schrift hilft ferner dabei, die neuen Medien sinnvoll zu nutzen.

Angesichts dieser zentralen Bedeutung der sprachlichen Bildung sollte es auch in Deutschland zukünftig keinen Schulabschluss mehr ohne eine Prüfung im Fach Deutsch geben.

4. *Gegenstände und Ziele des Deutschunterrichts*

Die möglichen Inhalte des Deutschunterrichts sind unerschöpflich: Alle Gegenstände der Geisteswissenschaften, der Gesellschaftswissenschaften und der Naturwissenschaften können Gegenstände des Deutschunterrichts sein. Insofern muss der Deutschunterricht einerseits in die Lage versetzen, alle Lebens- und Wissensbereiche zu erschließen. Er darf andererseits inhaltlich nicht beliebig werden, sonst verfehlte er die angestrebte gemeinsame kulturelle Kommunikationsgrundlage. Daher muss er sich in schulformspezifischer Ausprägung auf seine maßgeblichen Aufgaben konzentrieren.

a) Sprachlich-formale Grundbildung

Es geht gerade im Schulfach Deutsch, aber auch in jedem anderen Fach um die Vermittlung, Einübung und Pflege einer Sprache, deren Wortschatz erstens die Achtung vor dem anderen wahrt und die zweitens in ihrer Vielfalt intellektuelle Differenzierungen zulässt. Dies gilt vor allem in einem medialen Umfeld, das eine sprachliche Verarmung bereits bei Kindern im Vorschul- und Grundschulalter maßgeblich mit verursacht.

Parallel dazu ist – im Interesse einer verständlichen Kommunikation sowie im Interesse der genannten Transferwirkungen – beginnend mit der Grundschule eine intensive und mehr einübende Unterrichtung in Orthographie, Grammatik, Syntax und Interpunktion notwendig; dazu gehört auch das „mit der Hand schreiben können", nicht nur zugunsten der Motorik; es hat auch im Zeitalter von Rechtschreib- und Diktierprogrammen die eine Sprache erfassende und einübende Bedeutung. Im Rahmen der Produktion eigener „Texte" müssen Schüler sodann ebenso intensiv geschult werden im Erzählen, Beschreiben, Berichten, Protokollieren, Analysieren und Erörtern. Wie kein zweites Fach ist das Schulfach Deutsch auch in der Lage und verpflichtet, Arbeitstechniken (Mitschreiben, Exzerpieren, Nutzung von Fachliteratur, Bibliographieren), Mnemotechniken (Auswendiglernen) sowie Rhetorik (Stilistik, Vortrag) zu vermitteln; diese Fertigkeiten reichen weit über das Fach Deutsch hinaus und sind ein Leben lang von Bedeutung.

Ein vielseitiger und abwechslungsreicher Deutschunterricht stellt dabei – altersgemäß ausgerichtet – immer Bezüge zu anderen Sprachen her. Zugleich bleibt das Fach Deutsch maßgebliche Grundlage für einen erfolgreichen Fremdsprachenunterricht. Der sich jetzt mehr und mehr etablierende Fremdsprachenunterricht in der Grundschule darf dort nicht zu Lasten des Deutschunterrichts gehen. Vielmehr müssen ein umfassender aktiver muttersprachlicher Wortschatz sowie solide orthographische und grammatische Kenntnisse vermittelt werden, die auch in anderen Fächern außerhalb des Deutschunterrichts zu überprüfen sind. Grundschüler, die muttersprachliche Defizite haben, sollen in der Grundschule im Fach Deutsch zusätzlich gefördert werden. Im Interesse ihrer Integration müssen auch ausländische oder Aussiedlerkinder eine besondere Förderung im Deutschen erfahren.

b) Lese- und Medienerziehung

Das Lesen bleibt auch in Zeiten neuer Informationstechniken und in Zeiten einer fortschreitenden Verbildlichung von Informationen die wichtigste Kulturtechnik. Die Leseerziehung und der Umgang der Schüler mit Bibliotheken ist damit immer auch Medienerziehung. Darüber hinaus ist es Aufgabe gerade des Deutschunterrichts, Schüler mit den Chancen, Grenzen und Risiken neuer Medien vertraut zu machen und sie zu einem reflektierten Medienkonsum anzuleiten.

c) Ästhetische Erziehung

Ein Gespür für besondere künstlerische Leistung zu entwickeln, Freude an ihr zu empfinden sowie ihre Ursachen und Wirkungen beschreiben zu können, ist berechtigtes Bedürfnis menschlicher Existenz; die Förderung dieser Fähigkeiten gehört deshalb zu den maßgeblichen Aufgaben des Deutschunterrichts. Solche Fähigkeiten bei jungen Menschen zu entwickeln, sollte zunächst durchaus Selbstzweck sein, denn eine zweckfreie Beschäftigung mit Literatur und Kunst bereichert das Leben. Ästhetische Schulung fördert aber darüber hinaus die sprachliche Ausdrucksfähigkeit und damit die Bildung der Persönlichkeit. Auch hier wird der Weg über die Sprachbetrachtung von geeigneten – und das bedeutet erneut – qualitativ ausgewiesenen Gegenständen zu einem anspruchsvollen, eigenständigen Umgang mit Sprache hinführen, der zugleich der Kreativität des Einzelnen einen wichtigen Platz einräumt. Schließlich hat neben dem Elternhaus nur die Schule die Chance, systematisch zur Geschmacksbildung beizutragen, indem sie Kriterien zur Kritik („Unterscheidung") von anspruchsvoller und anspruchsloser Sprache und Literatur vermittelt.

Zu den Charakteristika des Deutschunterrichts gehört es, dass er neben der sprachlich-formalen Genauigkeit auch die kreativen Fähigkeiten zu fördern vermag. Die Möglichkeiten des Deutschunterrichts reichen hier vom Rezitieren, Sprachspiel und Stegreifspiel über das kreative Schreiben bis hin zum Theaterbesuch und zum großen Schulspiel.

d) Literarische Grundbildung

Die Fähigkeit der Mitglieder eines Gemeinwesens zu einer anspruchsvollen Verständigung untereinander setzt gemeinsame kulturelle Erfahrungen voraus. Literaturkenntnis ist dafür eine wichtige Basis. In der Schule geht es bei der literarischen Grundbildung daher um die Begegnung junger Menschen mit großen Werken der deutschen Literatur, die exemplarisch und fundamental für eine Epoche sind, deren Wirkung zugleich über den deutschsprachigen Raum, über die jeweilige Epoche und über die Literatur selbst hinausging bzw. nach wie vor hinausgeht und über deren Geltung immer noch ein weitgehender Konsens besteht, wie Umfragen belegen. Epochenunabhängig geht es um die Vermittlung poetologischen Wissens; epochenspezifisch auch um die Vermittlung von entsprechendem historischem und philosophischem Grundwissen. Im Rahmen der Werteerziehung geht es darum, Literatur als Reservoir von Antworten auf ethische Fragen fruchtbar zu machen (z. B. Michael Kohlhaas, Antigone).

Dabei soll durch die begleitende Lektüre einer prägnanten Literaturgeschichte sowie durch das Lernen von „Merkzahlen", Sprichwörtern, Sentenzen o. ä. ein chronologisches Gerüst herausgebildet werden, das epochale Zuordnung von Geschichte, Kunst usf. ermöglicht. Daher ist ein chronologisches Vorgehen zu bevorzugen, denn die heute beliebten, epochenunabhängigen „Querschnitts-" oder „Längsschnittsthemen" tragen eher zur Verwirrung als zur Orientierung bei.

5. Die Bedeutung des Deutschunterrichts für die deutsche Sprache

Für den Schulunterricht in der Muttersprache sehen die Deutschen so wenige Stunden vor wie kaum eine andere Kulturnation. Dies korrespondiert in auffallender Weise mit einer generellen Verarmung der deutschen Sprache. Wenn die Schule „Seismograph" für Gesellschaft ist, so zeigt dies an, dass die Deutschen – wie keine zweite Nation – auch in Sprache und Literatur dem Prinzip gleichgültiger Beliebigkeit, des „alles geht" huldigen: Wir sehen tatenlos, teilweise wohlwollend einer fortschreitenden Simplifizierung und Anglifizierung des Deutschen zu, wir entledigen uns unserer großen Literaturtradition.

Manche Benutzer der Sprache sind allein durch die Beherrschung eines entsprechenden Jargons bzw. einer entsprechenden Imponiersprache als „Insider" und damit als Vertreter eines neuen Expertentums ausgewiesen; sie können auf diese Weise eine bislang eher unübliche Art von inhaltsunabhängiger Kompetenz demonstrieren. Dies gilt für die Jugendsprache ebenso wie für die Mode, den Freizeitsport, die Freizeitgestaltung insgesamt, aber natürlich auch für die neuen Medien, für „Computering", „Tele-Banking", „Knowledge-Management".

Die konsequente Übernahme von Anglizismen soll offenbar Globalität, Aktualität und damit Autorität signalisieren, und sie lässt kritische Fragen nach den präzisen Inhalten des schlagwortartig Benannten und vor allem nach der sachlichen Seriosität des damit Gemeinten nicht aufkommen. Dies geschieht in der Jugendsprache und im Freizeitjargon auf ähnliche Weise aus dem schlichten Bedürfnis, sich innerhalb der kurzlebigen Trends immer wieder als „in" zu erweisen. Doch diese Trends enthalten nicht selten eine Primitivierung, die sich auch in der Gossensprache ausdrückt. Insofern spiegelt die Sprache heute die innere Verfassung der Gesellschaft: Sie lebt aus dem Tag, sie lebt in den Tag, und sie lebt vor allem in der Selbstgewissheit derer, die nichts anderes mehr kennen. Denn mit der Ausbreitung neuer Sprachgewohnheiten verschwinden die alten Inhalte.

Über diese Gegenwartsverhaftung aus Unwissenheit kann auch das vehemente Bekenntnis zur Zukunftsorientiertheit nicht hinwegtäuschen: Denn eine Gesellschaft, die sich von allen sprachlichen und damit den ideellen Maßstäben außerhalb ihrer selbst verabschiedet, setzt sich selbst absolut. Der Vergleich mit der Entlehnung lateinischer und griechischer Fremdwörter in die deutsche Sprache im Laufe ihrer Entwicklung ist deplatziert. Hier handelt es sich um Bildungsgut der Hochsprache, das durch Kulturbegegnung bewusst rezipiert und tradiert wurde. Vom Pidgin-Englisch unserer Tage kann man das nicht behaupten.

Die aktuellen Diskussionen greifen daher zu kurz. Denn es geht nicht nur um Anglizismen: Die rapide abnehmende sprachliche Ausdrucksfähigkeit, die inhaltsleere Sprechblasenrhetorik, die Ikonisierung der Kommunikation, der Verlust gedanklicher Klarheit, die Fähigkeit zu nur noch einfachster Sprachführung, die Reduktion des Satzbaus, die zunehmend auf Laute und Gestik reduzierte Kommunikation, die fehlende Präsenz von früher selbstverständlichen literarischen Reminiszenzen, von Sentenzen, von Signalwörtern – all diese Erscheinungen spiegeln den Verlust der Maßstäbe. Daran zeigt sich erneut das grundsätzliche Problem des deutschen Umgangs mit der eigenen Kultur und Tradition.

6. Literarische Mindestkanones

Eine Verständigung über kulturelles Gedächtnis und kulturelle Identität ist nur möglich, wenn die Grundlagen für die Kommunikation gemeinsame sind. Damit stellt sich für eine Schulbildung, die zugleich Persönlichkeitsbildung und kulturelle Grundbildung sein soll, die Frage: Welche Literatur ist jungen Menschen nahe zu bringen, um die eigene Lektüre über die Schule hinaus zu wecken?

Die nachfolgenden „Kanones" verstehen sich als Empfehlungen. Wert zu legen ist jedoch darauf, dass alle jeweils genannten Epochen mit dafür charakteristischen Autoren bzw. Werken behandelt werden. Die Werkempfehlungen selbst sind fakultativ gemeint; sie sind austauschbar durch andere, hier nicht genannte Werke der jeweiligen Epoche bzw. des jeweiligen Autors.

Entscheidend bleibt, dass möglichst viel gelesen wird. Das Lektürevolumen soll Vorrang haben vor einer „mikrochirurgischen" Analyse von Textauszügen.

a) Lektüreempfehlungen für die Hauptschule

Die nachfolgenden Lektüreempfehlungen orientieren sich an einer Schülerschaft, die nach wie vor in Bundesländern mit hohem Hauptschüleranteil Realität ist. Der Lektürekanon muss selbstverständlich modifiziert werden in Hauptschulen, die sich hinsichtlich der kulturellen und sozialen Herkunft ihrer Schülerschaft als äußerst heterogen erweisen; hier wird es häufig allenfalls gelingen, Schreib- und Leseangst ab- und einfaches Textverständnis aufzubauen. Das sollte freilich nicht daran hindern, auch weiterhin kulturelle und allgemein bildende Ansprüche zu formulieren.

Mittelalter	Auszüge aus Nibelungenlied, Parzival (Nacherzählung mit Textauszügen)
Barock	Lyrik: ausgewählte Beispiele
Aufklärung	„Ringparabel" aus Lessings „Nathan der Weise"
Klassik	Goethe, Schiller: Balladen
Romantik	Lyrik
Realismus, Naturalismus	Novelle (z. B. Keller, Droste)
Übergang 19./ 20. Jahrhundert	Rilke: Lyrik (z. B. „Panther")
Moderne	Böll: Erzählungen Brecht: Kalendergeschichten, Lyrik
epochenunabhängige Lektüre	(Heimat-)Sagen, Märchen, Fabeln, Schwänke, Lügengeschichten, Kalendergeschichten, Anekdoten, Hörspiele ausgewählte Dialekt- und Heimatdichtung
Jugendliteratur	ausgewählte Jugendbücher zu aktuellen und jugendspezifischen Themen; Abenteuerliteratur; „Klassiker" der Jugendliteratur: E. Kästner, A. Lindgren

b) Lektüreempfehlungen für die Realschule

Die nachfolgenden Lektüreempfehlungen orientieren sich an einer Schülerschaft, die dem Bildungsauftrag der Realschule in vollem Umfang entspricht.

Mittelalter	Auszüge aus Nibelungenlied, Parzival
Spätmittelalter, frühe Neuzeit	Luther „An die Ratsherren deutscher Städte" (Auszüge)
Barock	Lyrik: ausgewählte Beispiele, Auszüge aus Grimmelshausens „Simplicissimus"
Aufklärung	„Ringparabel" aus Lessings „Nathan der Weise"

Sturm und Drang	Goethe: Lyrik Auszüge aus „Räuber" und „Götz"
Klassik	Auszüge aus „Maria Stuart" und „Wilhelm Tell"
Romantik	ausgewählte Lyrik und Novellen
Junges Deutschland	Heine: Lyrik
Realismus, Naturalismus	Novellen, z. B. von Keller, Storm, Droste, Stifter
Übergang 19./ 20. Jahrhundert	Erzählungen, z. B. von Hofmannsthal, Kafka, Rilke: Erzählungen und Lyrik
Moderne	Böll: Erzählungen Brecht: Kalendergeschichten, Lyrik Th. Mann: Novelle
„Weltliteratur"	in Abstimmung mit dem Geschichts- und Fremdsprachenunterricht Auszüge aus: Dante („Göttliche Komödie"), Shakespeare („Julius Caesar"), Cervantes („Don Quijote"), Molière („Der eingebildete Kranke"), Poe, Hemingway, Tolstoi, Solschenizyn
epochenunabhängige Lektüre	(Heimat-)Sagen, Märchen, Fabeln, Schwänke, Lügengeschichten, Kalendergeschichten, Anekdoten, Hörspiele ausgewählte Dialekt- und Heimatdichtung
Jugendliteratur	ausgewählte Jugendbücher zu aktuellen und jugendspezifischen Themen; Abenteuerliteratur; „Klassiker" der Jugendliteratur: E. Kästner, A. Lindgren

c) Lektüreempfehlungen für das Gymnasium

Die nachfolgenden Lektüreempfehlungen orientieren sich an einer Schülerschaft, die dem Bildungsauftrag des Gymnasiums in vollem Umfang entspricht.

Mittelalterliche Blüte	Auswahl aus: Nibelungenlied, Minnesang, politische Lyrik, Parzival
Spätmittelalter/ frühe Neuzeit	Auswahl aus: Luther: Streitschriften, Fabeln, Kirchenlieder Johannes von Tepl: Der Ackermann aus Böhmen
Barock	Gryphius: Lyrik Auszüge aus Grimmelshausen (Simplicissimus)
Aufklärung	Lessing: Nathan der Weise
Sturm und Drang	Goethe, Schiller: Lyrik, je ein dramatisches oder episches Werk
Klassik	Goethe: Iphigenie, Faust, Wahlverwandtschaften, Lyrik Schiller: Wallenstein, Maria Stuart, Lyrik, theoretische Schriften
Übergang 18./19. Jahrhundert	Kleist: Über das Marionettentheater, Michael Kohlhaas, Prinz von Homburg Hölderlin: Lyrik Büchner: Woyzeck
Romantik	Novalis, Eichendorff: Märchen, Epik, Lyrik
Junges Deutschland	Heine: Lyrik
Realismus	Erzählungen von Keller, Storm, Droste, Stifter
Naturalismus	Fontane: Effi Briest Hauptmann: z. B. Bahnwärter Thiel, Die Weber, Vor Sonnenuntergang
Übergang 19./20. Jahrhundert	Kafka: Erzählungen Trakl: Lyrik Benn: Lyrik Heym: Lyrik v. Hofmannsthal: Jedermann Rilke: Lyrik George: Lyrik

Moderne	Th. Mann Brecht: Lyrik, Stücke, Kalendergeschichten Döblin: Berlin Alexanderplatz (Auszüge) Musil: Erzählungen Roth: Kapuzinergruft (Auszüge) Schnitzler: Der Reigen, Leutnant Gustl St. Zweig: Schachnovelle, Sternstunden Tucholsky: Satiren Jünger: Die Zwille Bachmann: Lyrik, Hörspiele Böll: Erzählungen, Romane Frisch: z. B. Biedermann, Stiller, Homo faber Dürrenmatt: Physiker, Besuch der alten Dame Grass: Blechtrommel H. Kant: Die Aula Kunze: Lyrik
„Weltliteratur"	in Abstimmung mit dem Geschichts- und Fremdsprachenunterricht in Auszügen: Antike, Dante, Cervantes, Shakespeare, Dickens, Wilde, Poe, Hemingway, Molière, Zola, Dostojewski, Tolstoi; darüber hinaus Akzentuierung großer literarischer Leitfiguren (z. B. Antigone bei Sophokles und Anouilh, Faust bei Marlowe, Goethe, Th. Mann, Gounod) unter dem Aspekt „Vielfalt in der Einheit der europäischen Literatur"
epochenunabhängige Lektüre	(Heimat-)Sagen, Märchen, Fabeln, Schwänke, Lügengeschichten, Kalendergeschichten, Anekdoten, Hörspiele ausgewählte Dialekt- und Heimatdichtung
Jugendliteratur	ausgewählte Jugendbücher zu aktuellen und jugendspezifischen Themen; Abenteuerliteratur; „Klassiker" der Jugendliteratur: E. Kästner, A. Lindgren

Bildungsoffensive durch Neuorientierung des Geschichtsunterrichts*

Es besteht in unserer Gesellschaft ein hohes Interesse an Geschichte. Dieses Interesse bezieht sich keineswegs nur auf die Zeitgeschichte, es gilt gleichermaßen auch für fernere Epochen. Das Weiterleben antiker Motive und Vorbilder auf allen Ebenen öffentlicher Kommunikation bis hin zur Werbung belegt dies ebenso wie die Mittelalterrezeption, die sich beispielsweise im historischen Roman widerspiegelt. Geschichte stellt daher in allen ihren Epochen ein zentrales Kommunikations-, Argumentations-, Symbol- und Vergleichspotential bereit. Es ist daher sachlich nicht zu rechtfertigen, aus falsch verstandener „Aktualität" und verkürzt verstandenem „Gegenwartsbezug" ferner liegende historische Epochen in den Lehrplänen immer mehr zurückzudrängen. Das betrifft nicht nur das Fach Geschichte im engeren Sinne, das betrifft grundsätzlich die Tendenz, die historische Dimension auch in benachbarten Fächern zu vernachlässigen. Daher kann die Aufgabe, Sinn für Geschichte zu entwickeln, nicht allein von diesem Fach geleistet werden. Das bleibt vielmehr eine überfachliche Aufgabe, bei der freilich dem Fach Geschichte eine zentrale und grundlegende Bedeutung zukommt.

Verschiedene empirische Studien weisen deutlich darauf hin, dass es mit dem historischen Wissen der Bevölkerung im Allgemeinen und der Schulabsolventen im Besonderen nicht zum Besten steht. Das betrifft nicht nur die in den Lehrplänen sehr ausführlich vorgesehene NS-Zeit; das be-

---

* *Federführung Jörg-Dieter Gauger (veröffentlicht August 2001)*

trifft die Zeitgeschichte nach 1945 ebenso wie die „Fernerinnerung" vor 1933. Bis zu 80 Prozent unserer jungen Leute können weder mit 1848 noch 1789 oder dem 17. Juni 1953 etwas anfangen; würde man nach konkreten Themen aus der frühen Neuzeit, dem Mittelalter oder gar der Antike zurückfragen, so erwiese sich das verfügbare Wissenspotential als noch weiter reduziert. Das ist sicher auch das Ergebnis eines Geschichtsunterrichts, der in den vergangenen drei Jahrzehnten immer mehr geschwächt wurde. Eine Neubesinnung auf den eigenen „übernützlichen" „Bildungswert" des Faches Geschichte ist insofern überfällig.

Geschichte als eigenständiges Schulfach

Die Notwendigkeit und die Bedeutung der historischen Bildung im Rahmen des allgemeinen kulturellen sowie staatsbürgerlichen Bildungsauftrags der Schule erfordert ein eigenständiges Fach Geschichte, das spätestens mit der sechsten Jahrgangsstufe einsetzen und bis zur Abschlussklasse aller Schulformen verbindlich sein soll. Beim Abitur wäre es zudem wünschenswert, wenn Geschichte zu den verbindlichen Prüfungsfächern gehörte.

Das in die 70er Jahre zurückreichende Bemühen einiger Bundesländer, Geschichte als eigenständiges Schulfach zu beseitigen und einem „Lernbereich"/Fach Gesellschaftslehre unterzuordnen, war und bleibt ein Irrweg, auch wenn er nach wie vor und sogar von einer zunehmenden Zahl von Bundesländern weiter beschritten wird. Das Fach Geschichte hat seinen eigenen Wert, der weit über die Grenzen des Faches hinausweist: Maßgebliche Teile des Sprach-, Literatur-, Religions-, Politik-, Musik-, Kunst- und Philosophieunterrichts sind nicht hinreichend verstehbar ohne solide historische Grundkenntnisse; das gilt gleichermaßen für die geistesgeschichtlichen Bezüge in den Naturwissenschaften. Integriert in „Gesellschaftslehre" o. ä. besteht dagegen die Gefahr, dass Geschichte verfremdet und gesellschaftspolitisch instrumentalisiert wird. Die Versuchung dazu ist groß, denn schließlich steht die „Objektivität der Historie ... unter dem Verdacht, Apologie des Bestehenden und Gewordenen zu sein. Das, was Beschäftigung mit der Geschichte auch vermitteln kann, das Eindringen in eine fremde Welt, bei dem die eigenen Wertungen eingeklammert werden, die Reflexion der eigenen Herkunft, das Gewinnen der eigenen Identität in Kenntnis wie Auseinandersetzung mit der Tradition, Erfahrung von Realität und von Diskrepanz zwischen Absichten und Wirkungen, Realitätsbezogenheit des politischen Handelns – das alles kommt nicht zum Tragen, wird abgeschafft im Namen der kritischen Selbstbestimmung, die sich am Geschichtlichen nur noch gleichsam abstößt" (Thomas Nipperdey).

Die Leistungen des Faches Geschichte

1. Der Beitrag das Faches Geschichte zur Persönlichkeitsbildung

Der Mensch ist ein historisches Wesen. Geschichtlich zu sein macht seine Eigenheit aus, gehört zum Wesen seiner Existenz. Er ist in eine aktuelle Geschichte hineingeboren, deren Teil er ist, die selbst wiederum geschichtlich geworden ist und die zur Geschichte wird. Man kann Geschichte vernachlässigen, vergessen, verdrängen. Man kann sich aber nicht von ihr befreien, ihr entrinnen. Die Einsicht in dieses Kontinuum, in Werden und Vergehen, in die Verknüpfung von Grund, Anlass und Entwicklung, in Erfolg und Scheitern, in Fortschritt und Rückschritt, in die Grenzen und die Legitimation des historischen Vergleichs lässt

Geschichte zu einem wesentlichen Element der Persönlichkeitsbildung werden und erschließt Sinnpotentiale, die über ihre heute übliche Bestimmung hinausweisen.

Das Fach Geschichte
- vermittelt die *Einsicht in die Endlichkeit* der Person. Denn: sich als historisches Wesen zu begreifen heißt, sich als endlich zu begreifen;
- vermittelt das *Gefühl für Zeit und Dauer* von Veränderungsprozessen;
- vermittelt einerseits *Skepsis*, Misstrauen und Vorsicht gegenüber Zukunftsprognosen, Großideologien, Utopien, „ewigem Fortschritt", Machbarkeitswahn, Geschichtsmythen, Manipulation und Missbrauch von Geschichte;
- ermuntert andererseits, *Chancen für Veränderung* abzuwägen und wahrzunehmen;
- fördert vernetztes Denken und erweitert den *geistigen Horizont* und das Denkvermögen durch Parallele, Wiedererkennung, Gegenbild, Signalkommunikation;
- schärft das *moralische Urteil*;
- schafft *Selbstvertrauen* durch Teilhabe am historisch-kulturellen Diskurs der Gesellschaft;
- ist ein Angebot zur eigenen *Ortsbestimmung* und Selbstorientierung;
- ordnet und *strukturiert* das immer schon vorgegebene Interesse an Geschichte.

2. Der Beitrag des Faches Geschichte zur Vermittlung kultureller Identität

Das Fach Geschichte leistet einen wichtigen Beitrag zur kulturellen Identität junger Menschen. Historisch reflektiertes Wissen und Urteilen schaffen kulturelle Identität, ideelle Zugehörigkeit, Wertebewusstsein und Wir-Gefühl. Denn Identität ist Teilhabe am kulturellen Gedächtnis, zu denen auch Bräuche und Riten gehören. Identität, eine individuelle ebenso wie eine kulturelle oder kollektive, definiert sich nicht aus modisch definierten „skills", sondern nur aus der „Er-Innerung" des historisch-kulturellen Erbes. Das ist auch der Grund, warum totalitäre Systeme auf die verkürzende und instrumentalisierende Umdeutung von Geschichte angewiesen sind und auf diese Weise Geschichte und Gegenwart in eins setzen. Er-Innern ist nämlich Chance des Widerstands und der befreienden Kraft gegen Indoktrination und „Zeitgeist". Daher ist erst eine Erinnerung schaffende Bildung Grundlage für Freiheit und deren Vollzug.

Bildung und Erziehung ohne Traditionsbezug bedeutete daher, Identität zu verweigern. Mit Pflege der Tradition ist nichts Folkloristisches oder Museales gemeint. Vielmehr ermöglicht erst Rückbesinnung auf Tradition Distanz im hektischen hic et nunc, inspiriert zur Neugestaltung und ist zugleich Voraussetzung für die Fähigkeit, Neues zu erleben. Ohne ein Wissen um die Vergangenheit können kein Verstehen von Gegenwart und kein Bewusstwerden des Wandels zustande kommen.

Dies gilt im Besonderen für die geschichtlich gewachsenen politischen, rechtlichen und wirtschaftlichen „Architektur"-Prinzipien unseres Gemeinwesens, nämlich die Prinzipien der politischen Freiheit, der Eigenverantwortung, der Demokratie, der Rechtsstaatlichkeit und der Sozialen Marktwirtschaft. Daher ist Geschichte immer wesentliches Element einer jeden staatsbürgerlichen Bildung und eine notwendige kulturelle Voraussetzung für die Integration aus anderen Kulturkreisen. Man muss diese Prinzipien – aus staatsbürgerlichen Gründen – kennen und sie zum Maßstab eigenen Urteilens und Handelns machen. Das gilt insbesondere für die moralische Beurteilung der beiden diktatorischen Unrechtssysteme in Deutschland nach 1933, wobei es bei der DDR immer dringlicher wird, der heute grassierenden und politisch gewollten Geschichtsvergessenheit, Verniedlichung und Umdeutung entgegenzuwirken.

Eine zukunftsfähige Schule leistet daher über historische Grundbildung gerade in Zeiten der Globalisierung Identitätsstiftung und Orientierung. Zukunft ist Herkunft (Martin Heidegger). Das bedeutet: Wer die Zukunft gestalten will, der muss wissen, woher er kommt.

Schon im Kleinen begegnet uns Geschichte auf Schritt und Tritt: in Umgebung und Alltag, in Ort und Region, in Politik und Medien; sie ist elementarer Bestandteil von Kultur, Zivilisation, öffentlicher Diskurse und ihrer Genese. Um daran urteilend und aktiv teilzuhaben, ist die Kenntnis zentraler Personen, Fakten, Verläufe, Signalwörter und die damit verbundene Fähigkeit notwendig, Literatur, Musik, Kunst, Philosophie historisch zuzuordnen. An dieser kulturellen Aufgabe müssen sich auch die Inhalte des Geschichtsunterrichts orientieren. Sie hat zudem für viele Berufe eine politische Integrationsfunktion. Denn nahezu alle Studienfächer, zumindest im geistes-, kultur- und sozialwissenschaftlichen Bereich einschließlich Jura, sind europäisch-historisch fundiert (das betrifft auch die Kenntnis der alten Sprachen!); aber auch die Wissenschaftsgeschichte in den naturwissenschaftlichen Fächern setzt entsprechende allgemeinhistorische Kenntnisse voraus.

3. Der Beitrag des Faches Geschichte zur europäischen
   Grundbildung

Nach wie vor ist die Wirtschaftspolitik die treibende Kraft im europäischen Einigungsprozess. Die dominierende Ausrichtung der europäischen Frage auf das Währungs- und Wirtschaftspolitische lässt jedoch vergessen, dass Europa als Idee und Wirklichkeit sich nicht primär aus ökonomischen Überlegungen ableiten lässt, sondern als geistige Dimension und daher als Idee kulturstiftend wirkte. Nur diese historisch gewachsene Kultur ermöglicht es uns, die Besonderheit des „Europäischen" und seinen Auftrag zu definieren und in und über Europa hinaus zu verwirklichen. Bislang hat das Thema „Europa" trotz der Empfehlung der Ständigen Konferenz der Europäischen Erziehungsminister „Die europäische Dimension im Bildungswesen" vom 17. Oktober 1991 aber immer noch zu wenig Eingang in Bildungspläne gefunden. Zwar weisen die Fächer Geschichte, Politik/Sozialkunde, Erdkunde/Geographie oder Ökonomie/Wirtschaft das Thema „Europa" aus; es überwiegt dabei aber die europäische Einigung nach 1945. Die Kulturgeschichte der Nachbarländer sowie die Behandlung der historisch-kulturellen Dimension sind viel zu wenig berücksichtigt.

Daher ist eine stärkere europäische Ausrichtung des Geschichtsunterrichts erforderlich, ist eine historisch-politische europäische Bildung, mit der Antike beginnend, überfällig, die auch durch die Formulierung der Themeneinheiten verdeutlicht werden muss. Denn nur ein europäisches Geschichtsverständnis, das die geistigen Wurzeln in Athen, Rom und Jerusalem ebenso einbezieht wie die kulturelle Zugehörigkeit der vormals unter sowjetischer Herrschaft stehenden Staaten und Völker Mittel- und Osteuropas sowie die leidvollen Erfahrungen mit dem kommunistischen Totalitarismus und dessen Überwindung, kann – in Achtung aller nationalen Besonderheiten – die Basis für ein modernes europäisches Selbstbewusstsein und damit für eine europäische Mentalität sein. Dabei muss in der Präsentation gerade der deutschen Geschichte diese grenzüberschreitende Verbindung zu unseren östlichen Nachbarn nicht nur bezogen auf die Brüche der jüngsten Vergangenheit, sondern auch bezogen auf die sehr viel weiter zurückreichenden Gemeinsamkeiten akzentuiert werden.

Auch wenn das inzwischen in 23 Sprachen übersetzte „Europäische Geschichtsbuch" (deutsche Fassung erschienen 1992 im Klett-Verlag) Maßgebliches geleistet hat, ist das Thema „Europa" im Geschichtsunterricht nach wie vor überwiegend nationalgeschichtlich, zeitgeschichtlich, geografisch und zuletzt teilweise zu sehr auf Spezialthemen wie Technik-, Sozial- und Wirtschaftsgeschichte verengt worden. Eine solche Betrachtung aber fördert geistigen Provinzialismus und Partikularismus.

Als Konstanten unseres gewachsenen „geistigen Besitzes" als Europäer sind dagegen hervorzuheben:

– das klassische Erbe (Philosophie, Rationalität, Recht, Begrifflichkeit des Lateinischen),
– das Christentum und das Judentum,
– die europäische Sprachfamilie,
– die Würde des Menschen als Individuum und als Person,
– ein mehrfacher Dualismus, nämlich von Freiheit und Verantwortung, Rechten und Pflichten, Recht und Gerechtigkeit,
– eine überindividuelle Rechtsordnung,
– die Bürger- und Menschenrechte,
– die Gleichheit vor dem Gesetz,
– die vielfältigen Formen der Machtkontrolle,
– eine demokratische Willensbildung.

Historisches Grundwissen als Grundlage für „Geschichtsbewusstsein"

In den Lehrplänen nach 1970 wird „Geschichtsbewusstsein" zur zentralen didaktischen Kategorie, wobei man sich deren „Aufbau" dadurch versprach, dass Geschichte nicht als „Stoff" vorgegeben wird, sondern verstanden wird als „Orientierungsversuche in der Zeit, Deutung von prozessualen Lebenszusammenhängen, Bestandteil von gegenwärtigem Selbstverständnis, das sich rückblickend seiner Identität und Kontinuität versichert" (Karl Ernst Jeismann). Zweifellos ist der Begriff außerordentlich unscharf und randlos, aber drei – sich verschränkende – Elemente bleiben dafür konstitutiv:

– Geschichte muss „*Gedächtnisstütze*" sein: Was aus der Geschichtsvermittlung eliminiert wird, fällt auch aus dem kollektiven Gedächtnis heraus; dagegen ist das bildungspolitisch-didaktische Argument beliebig, etwas trage nicht zum „gegenwärtigen Selbstverständnis" bei, erkläre keine „Schlüsselprobleme".

– Geschichte muss zur *Identitätsstiftung* beitragen, zu jenem „Mit-Sich-Eins-Fühlen" (E. H. Erikson), das zugleich emotionale Bindungen auch zu übergreifenden Zielen begründet (Volk, Nation, Staat, Patriotismus). Das bedeutet konkret, die deutsche Geschichte nicht allein als Vorgeschichte zur NS-Zeit zu begreifen und damit als Gipfel der deutschen Tradition, sondern den Nationalsozialismus als bewusste Zerstörung der europäischen, auch der deutschen Tradition zu verstehen (Hannah Arendt).

– Geschichte muss *Wiedererkennung* leisten: Wer die Geschichte ignoriert, muss damit rechnen, sie zu wiederholen, und zwar vor allem ihre Irrtümer und Fehler (George Santayana). Nur die Kenntnis der Vergangenheit vermag ihre Wiederkehr in anderem Gewand zu verhindern, zumal dann, wenn diese Vergangenheit wie in Deutschland in nicht vergleichbarer Weise in die Gegenwart und Zukunft hineinragt: Wenn historisches Wissen schwindet, besteht immer die Gefahr bewusster oder unbewusster Missachtung historischer Erfahrung. Wer die Geschichte also nicht kennt, versteht die Gegenwart nicht, er hat für die Zukunft keinen Kompass. Denn nur sie bietet einen unübertrefflichen Einblick in die *conditio humana*. Wer lernen will, was der Mensch und wozu er fähig ist, ist auf Geschichte angewiesen, im Positiven wie im Negativen. Das heißt freilich, dass Geschichte in ihrer ganzen Breite zu vermitteln ist: Altertum, Mittelalter, Neuzeit, Zeitgeschichte;

keine dieser Epochen ist ohne die ihr vorangehende in Ausgleich, Spannung und Rezeption zu verstehen.

Geschichte bliebe zudem blutleer-abstrakt, wenn das Biographisch-Narrative und die spannende Erzählung entfielen; dies erst weckt gerade in den ersten Schuljahren des Geschichtsunterrichts Faszination und Interesse. Es verschwinden sonst das konkrete Geschichtswissen, das Wissen über ein chronologisches Vor- und Nacheinander („Zeitleiste") und über Kausalitäten, welche die immanente Systematik des Geschichtsunterrichts bilden. Zur Unterstützung der damit verbundenen Gedächtnisschulung sind Merkzahlen unabdingbar; diese fördern die Zuordnungsfähigkeit.

Wir müssen daher

– ganz konkrete, chronologisch angeordnete Inhalte vorgeben, die für historische Abläufe zentral, die zugleich kulturerschließend und kulturerklärend sind für die jeweilige Epoche, die sie charakterisieren und die bis heute zum Kommunikationsgerüst unserer Gesellschaft gehören;

– das erzählerische (Geschichte durch Geschichten), auch an großen Personen orientierte Potential der Geschichte wiedergewinnen;

– anstelle unterrichtsmethodischer Beliebigkeit das Methodenprofil schärfen;

– eine engere, veranschaulichende und Interesse weckende Verbindung zwischen Geschichtsunterricht und außerschulischer Geschichtskultur herstellen (Ort, Region, Museum, Ausgrabung etc. bis hin zur Anregung entsprechender ehrenamtlicher Betätigung).

Richtlinien sind von Bundesland zu Bundesland unterschiedlich konstruiert, insofern konnte man schon für die 80er Jahre bundesweit nur noch höchst begrenzte Übereinstimmungen konstatieren. Es ist daher unumgänglich, zugunsten überprüfbarer Vergleichbarkeit, Transparenz, Qualität und gemeinsamer Kommunikationsgrundlagen allgemein verbindliche Standardinhalte in Lehrplänen zu formulieren. Dazu gehört zunächst ein obligatorischer chronologischer „Durchgang" von den Frühformen der menschlichen Gesellschaft bis 1990 in den Jahrgangsstufen 6 bis 9 bzw. 10, der die Zeitgeschichte nicht nur vorsieht, sondern auch wirklich behandelt, der ein Gefühl für Kontinuität von Geschichte entwickeln hilft und mit zentralen Abläufen, Personen, Daten vertraut macht (durch Wiederholen, Einüben, Auswendiglernen). Die heute so beliebten, aber offenbar nur verwirrenden „Quer- und Längsschnitte" sollten deutlich zurücktreten. In der gymnasialen Oberstufe sollen sodann Schwerpunktthemen aus der neueren Geschichte erneut aufgenommen werden und noch einmal in chronologische Abfolgen eingebettet werden (Aufstieg und Niedergang von Großreichen, attische Demokratie, Rom, universale Reichsidee und Recht, Kirche und Staat im Mittelalter, Reformation, Deutsche und ihre östlichen Nachbarn); dabei soll es vertiefend vor allem um die kulturellen Eigenheiten von Epochen und ihre Wechselwirkungen mit den Bereichen Literatur, Philosophie, Kunst, Musik usw. gehen. Um die Verbindung zur modernen Kommunikation herzustellen, sind charakteristische, bis heute gebräuchliche Signal- und Sprichwörter sowie Redensarten zuzuordnen, die sich zugleich mit „Geschichten" verbinden lassen.

Grundwissen im Fach „Geschichte"

Es ist aus Platzgründen hier nicht möglich, jeweils Lehrpläne für die einzelnen Schulformen (Hauptschule, Realschule, Gymnasium) nebeneinander zu stellen, zumal sich dauernd Überschneidungen und Wiederholungen ergäben. Schulformen unterscheiden sich nach Tiefe, Breite und Abstraktion des zu Behandelnden, insofern ist nicht so sehr eine grundsätzliche Differenzierung nach Inhalten und Zielen vorzunehmen, sie sind vielmehr gleichermaßen – orientiert an einer Schülerschaft, wie sie sich nach wie vor in den Bundesländern zu je einem Drittel in der Hauptschule, in der Realschule und im Gymnasium findet – anzustreben; dass zentrale Epochen einfach gestrichen werden, entspricht nicht dem hier vertretenen Ansatz von „Zeitleiste" und „Mindestkanon". Daher wird es an der Hauptschule eher auf die großen Linien, die biographisch-narrative Präsentation und den engeren veranschaulichenden Regionalbezug ankommen, und es wird der auswählenden und darstellend-lenkenden Rolle des Lehrers größte Bedeutung zukommen. Hingegen wird sich die Arbeit mit Quellen und mit historische Erkenntnis strukturierenden Kategorien weitgehend auf das Gymnasium zu beschränken haben.

Zudem müssen die Empfehlungen modifiziert werden in Schulen, die sich hinsichtlich der kulturellen und sozialen Herkunft ihrer Schülerschaft als äußerst heterogen erweisen; hier wird es häufig nur gelingen, rudimentäre Geschichtskenntnisse aufzubauen. Das sollte freilich nicht daran hindern, auch weiterhin kulturelle und allgemein bildende Ansprüche zu formulieren.

Zum Aufbau

Die Hinweise auf „Kultur und Technik" sind fächerübergreifend und daher als „Merkposten" zu verstehen; hinsichtlich der genannten Autoren sei auf unsere „Bildungsoffensive durch Stärkung des Deutschunterrichts" verwiesen (s.o. S. 318ff.).

0. Methodisches Grundgerüst: Kenntnis von Geschichts-
   quellen:

Arbeit mit geschichtlichen Quellen: Bodenfunde, Boden-
denkmäler, Gerätschaften, nichtschriftliche und schriftliche Quellen, Museumsbesuch, Denkmälern, Straßen- und
Flurnamen, Burgen, Kirchen, Sagen, Archäologie, Fotos,
Mode, Chroniken

1. Die Anfänge menschlicher Kulturentwicklung
   (mit Regionalbezug)

Übergang von nomadisierenden Horden der Jäger und
Sammler (Höhlen, Feuer, Faustkeil, Höhlenmalerei, Jagd-
zauber) zur agrarischen Revolution (sesshafte Pflanzer und
Tierhalter, Ackerbauern, Vorratswirtschaft)
Steinzeit – Bronzezeit – Eisenzeit –
Namen/Begriffe/Redensarten:
Neandertaler

2. Frühe Flusskulturen als Kontrast (Auswahl)

europäische Dimension:
– fremde Kulturen in ihrer Eigenheit und als Kontrast
– die Bedeutung der Religionen für die Gestaltung historischer Formationen
– der enge Zusammenhang von Natur und Kultur

Ägypten
– Nil als Lebensader
– Soziale Gliederung und ihr Beziehungsgefüge: Pharao
  als König und Gott, Priester, Beamte, Bauern und Sklaven, Organisation der Gemeinschaftsarbeit und des Gemeinwesens
– Unvergänglichkeit

Namen/Begriffe/Redensarten:
Echnaton, Tut-Ench-Amun, Nofretete, Polytheismus, Pyramiden, Mumifizierung, Hieroglyphen, Papyrus

Mesopotamien
– Landnahme an Euphrat und Tigris
Stadtstaaten/Großreiche (Hammurabi)
Namen/Begriffe/Redensarten:
Tempelwirtschaft, Priesterschaft, Theokratie, Beamte, Codex Hammurabi, Gilgamesch-Epos

3. Das Erbe Israels

europäische Dimension:
– das Judentum als monotheistische Religion
– der unauflösliche Zusammenhang von Altem und Neuem Testament
– das Judentum als Element der europäischen Kultur
Land und Volk des Alten Testaments, Abraham, Moses, die 10 Gebote, David
Staatenbildung und Ende des Alten Israel
Namen/Begriffe/Redensarten:
Altes Testament, Thora, Monotheismus, Sintflut, Mosaisches Gesetz, Babylonische Gefangenschaft, Tempel, Diaspora

4. Der Beitrag der Griechen zum europäischen Bewusstsein

europäische Dimension:
– die Bedeutung Griechenlands für ein Verständnis vom Menschen als gemeinschaftsbezogenes Wesen (*zoon politikon*), für die Entdeckung der Demokratie und der modernen Wissenschaft
– der seit der europäischen Antike feststellbare Erkenntnis- und Erfahrungsdrang mit dem Ziel einer Welterklä-

rung im Logos anstelle einer Weltdeutung im Mythos
- geographische Besonderheiten und Lebensbedingungen: Sprache, Religion und Kultur als Bindeglied

Die Götterwelt/Mythologie der Griechen (Überblick)
Namen/Begriffe/Redensarten:
Herkulesarbeit, Muse, Pandorabüchse, Sisyphos-Arbeit, Zerberus, Tantalusqualen, Damoklesschwert, Kassandrarufe

Die Kulturen von Kreta und Mykene/Der Trojanische Krieg
Namen/Begriffe/Redensarten:
Mykene, minoisch, Knossos, Labyrinth, Minotaurus, Ariadnefaden, Achillesferse, Odyssee, zwischen Skylla und Charybdis

Die griechische Kolonisation
Olympia/Olympische Spiele
Orakel von Delphi
Die Ursprünge des Politischen und der Demokratie in der griechischen Antike:
Entwicklung der attischen Demokratie, Solon, Kleisthenes, Perikles, Bedeutung von Seemacht, Peloponnesischer Krieg
Namen/Begriffe/Redensarten:
Tyrannis, drakonische Maßnahmen, Begriff der Demokratie, Polis-Politik, (attischer) Seebund, Leichenrede des Perikles

Der Kriegerstaat Sparta
Namen/Begriffe/Redensarten:
Thermopylen, „spartanisch leben", „lakonische Kürze", „auf dem Schild oder mit dem Schild", „Wanderer kommst du nach Sparta"

Griechen und Perser
Namen/Begriffe/Redensarten:
Marathon und Salamis, Themistokles, Barbaren

fortwirkende Kulturleistungen: Epos, Lyrik, Tragödie, Komödie, Medizin, Philosophie, Kunst.
Namen/Begriffe/Redensarten:
Homer: Ilias, Odyssee; homerisches Gelächter; Aischylos, Sophokles, Euripides, Hippokrates/hippokratischer Eid, Vorsokratiker, Thales, Sokrates, Platon, platonische Liebe, Aristoteles; Akropolis

Alexander der Große: die erste historische Universalmonarchie
Namen/Begriffe/Redensarten:
gordischer Knoten, „dreidreidrei-bei Issos Keilerei", „Weltherrschaft", Hellenismus, Diadochen, Herrscherkult, Kosmopolitismus, Stoa, stoische Ruhe, Epikuräer

5. Vom Stadtstaat zum Weltreich: der europäische Beitrag Roms

europäische Dimension:
– die universale Rechtsidee als römisches Erbe
– die Bedeutung von Recht und Verwaltung seit der römischen Antike
– die ordnungspolitische Vorstellung der *Pax Romana* mit dem befriedeten, rechtlich gesicherten Raum

Gründungssage Roms
Namen/Begriffe/Redensarten:
Romulus und Remus

Vom Stadtstaat zum Weltreich
Die Punischen Kriege und die Expansion nach Osten
Namen/Begriffe/Redensarten:
Pyrrhus-Sieg, Hannibal, Archimedes: „Störe meine Kreise nicht", *ceterum censeo,* der ältere Cato
Caesar; der Eintritt der Germanen in die Geschichte

Namen/Begriffe/Redensarten:
catilinarische Existenz, Gallier, Vercingetorix, Helvetier, Pompeius, *veni, vidi, vici*, „der Würfel ist gefallen", Iden des März
Soziales Gefüge und Bedeutung des römischen Bürgerrechts – Leben, Arbeit und Aufbegehren der Sklaven
Namen/Begriffe/Redensarten:
Nobilität, Patrizier, Spartacus, Paulus: *civis Romanus sum*

Rom in der Kaiserzeit
Augustus/Geburt Jesu Christi
Namen/Begriffe/Redensarten:
„Bei Philippi sehen wir uns wieder", Kleopatra, Kaiserkult, „Friedenskaiser", „Vierkaiserjahr", jüdischer Aufstand, Masada, „Adoptivkaiser", Vergil, Aeneis, Horaz, Maecenatentum, Ovid, Nero: erste Christenverfolgung, Circus, „Brot und Spiele"
Leistungen in Handwerk, Handel, Verkehrswesen, Technik, Kunst, Kultur, Architektur
Beispiele: Rechtsgedanke, Pompeji, Aquädukte, Straßenbau, Romanisierung

Römer und Germanen
Krieg, Handel und Kulturaustausch (mit Regionalbezug)
Namen/Begriffe/Redensarten:
Schlacht im Teutoburger Wald, Hermann der Cherusker, Limes, Tacitus: Germania, Lehnwörter

6. Das Christentum und die Herausbildung des mittelalterlichen Europa

europäische Dimension:
– Menschenbild und Werte des Christentums, die Kirchen als Bildungs- und Kulturträger und als karitative Einrichtungen

- die Verschmelzung von Elementen aus griechisch-römischer Antike, Christentum, Judentum und Germanentum
- das immer wieder erstarkte europäische Bewusstsein in Phasen äußerer Bedrohung (beginnend bereits in den Perserkriegen 480/490 v. Ch.; sodann n. Chr. die Abwehr der Araber 732, der Ungarn 955, der Mongolen 1241, der Türken 1529 und 1683)

Entstehung und Ausbreitung des Christentums:
Namen/Begriffe/Redensarten:
Christenverfolgung, Konzil, Märtyrer, Diözese, Konstantin der Große, Toleranzedikt, Staatsreligion, Augustinus

Der Zerfall des Römischen Reiches: Hunnenzug, Schlacht auf den Katalaunischen Feldern, Völkerwanderung; Ostgoten in Italien/Vandalen in Afrika
Namen/Begriffe/Redensarten:
Attila, Theoderich d. Gr., Vandalismus, Nibelungenlied

Das Ende des Weströmischen Reiches und der Fortbestand Ostroms, Byzanz
Namen/Begriffe/Redensarten:
byzantinisch, Codex Justinianus

Entstehung des Frankenreiches
Die Taufe Chlodwigs: die Folgen für Europa
Namen/Begriffe/Redensarten:
Merowinger

Entstehung und Ausbreitung des Islam: Glaubenswelt und wissenschaftliche Leistungen
Namen/Begriffe/Redensarten:
Allah, Mohammed, Koran, Mekka, Sure, Karl Martell, Rolandslied

Missionierung durch Bonifatius
Das Reich Karls des Großen

Kaiserkrönung in Rom 800
– Die Ausbreitung, Festigung und Zerfall des Reiches
Namen/Begriffe/Redensarten:
Karolingische Renaissance, Pfalzen, Klosterkultur, *ora et labora*, der Begriff „deutsch"
Merseburger Zaubersprüche

Reichsteilung (Frankenreich – Frankreich)
Kaiserabfolge bis zu den Staufern
Namen/Begriffe/Redensarten:
Feudalismus, Lehnswesen, Rittertum, Otto d. Gr., Heinrich IV., Zölibat, Dualismus Staat-Kirche, Investiturstreit, „in Acht und Bann", Canossa-Gang, Friedrich Barbarossa, Heiliges Römisches Reich deutscher Nation, Kurfürsten, Ritter-Ideal, Reichsstädte, Ständegesellschaft, „Mittelalterliches Weltbild", Walther von der Vogelweide, Minnesang

Kreuzzugsbewegung – Christen und Moslems, Pilgertum, Ordensstaaten

Ostsiedlung – Deutsche und Slawen – Landesausbau und die historischen deutschen Ostgebiete, Städtegründungen, deutsche Besiedlung in Ungarn, Böhmen und Mähren und Siebenbürgen, Gründung der Universität Prag, Hanse-hanseatisch
Namen/Begriffe/Redensarten:
Pruzzen, Kopernikanisches Weltbild, Deutscher Orden, magdeburgisches und lübisches Stadtrecht

Lebensformen im Mittelalter, darunter auch die Stellung des Judentums (Pogrom, Ausblick auf Zusammenleben und Beitrag zur deutschen/europäischen Kultur)

Herausbildung von Nationalstaaten
- England (1215 Magna Charta)
- Frankreich (Hundertjähriger Krieg/„Jungfrau von Orleans")

7. Humanismus, Renaissance, Reformation als europäische Bewegungen – Die Entdeckung der außereuropäischen Welt

europäische Dimension:
- die Bedeutung der Bekenntnisse zur Individualität und Rationalität sowie der Autoritätskritik in Humanismus und Renaissance
- die fortwirkende kulturelle Bedeutung von Reformation und Gegenreformation und ihre Auswirkungen auf das Bildungswesen und politische, religiöse und soziale Freiheits-, Reform- bzw. Erneuerungsbestrebungen
- die Bedeutung ökumenischen Denkens für den Frieden in Europa
- die Folgen der „Europäisierung" der Erde seit dem Zeitalter der Entdeckungen in Verbindung mit ihrer „grenzüberschreitenden Rationalität" und als Beginn der heute so bezeichneten „Globalisierung"

Fall von Byzanz 1453

Wissenschaftliche Leistungen und technische Erfindungen (Buchdruck, Feuerwaffen, Neuerungen in der Seefahrt)

Das Zeitalter der Entdeckungen
Die großen geographischen Entdeckungen
Christoph Kolumbus, Azteken, Maya, Inka, span. bzw. portug. Kolonialreich

Kirche und Gesellschaft in der Krise
Namen/Begriffe/Redensarten:
Ketzer, Hexen, Inquisition, Ablass

Reformation in Deutschland und Europa
Namen/Begriffe/Redensarten:
Habsburger, Karl V. („In meinem Reich geht die Sonne nicht unter"), Luther („Hier stehe ich, ich kann nicht anders"), *sola fide, sola gratia, sola scriptura*, Bibelübersetzung, Schulreform, Müntzer, Bauernkrieg, Calvin, Schisma, Gegenreformation, Augsburger Religionsfrieden, Landeskirche, *cuius regio, eius religio*, Konfessionskriege

Der Dreißigjährige Krieg, der Westfälische Frieden als erste europäische Friedensordnung
Namen/Begriffe/Redensarten:
Wallenstein, „Ich kenne meine Pappenheimer", Gustav Adolf von Schweden, böhmische Dörfer, schwedische Gardinen

8. Absolutismus und Aufklärung: Die Bedeutung von Individuum und Vernunft

europäische Dimension:
- die Aufklärung mit dem Postulat der Säkularität und einem schrittweisen Verzicht des Staates auf transzendente Kompetenz, mit dem Vernunftglauben, der Staatslegitimation, der Gewaltenteilung, dem Völkerrecht, der Volkssouveränität, den Bürger- und Menschenrechten sowie mit der Entstehung der ersten modernen Demokratie in den USA
- die führende Rolle von Stadt und Bürgern seit dem Mittelalter
- die hohe Wertschätzung von Arbeit, Leistung und Wettbewerb als Grundlagen des staatlichen und gesellschaftlichen Lebens

– die Beherrschung von Naturgewalten, die Gestaltung von Materie sowie
– die Idee des gesellschaftlichen Fortschritts in sozialer Gerechtigkeit
– die gemeinsamen Traditionen in bildender Kunst, Architektur, Musik, Literatur und Philosophie und ihre Wechselwirkungen

Der Aufstieg Preußens
Namen/Begriffe/Redensarten:
Der große Kurfürst

Das Zeitalter des Absolutismus
– Absolutismus in Frankreich/Frankreich als europäisches Vorbild
Namen/Begriffe/Redensarten:
Ludwig XIV., „Sonnenkönig", Versailles, „l'état c'est moi", Merkantilismus, Verwaltung; stehendes Heer

Grundideen der Aufklärung
Namen/Begriffe/Redensarten:
Immanuel Kant, Was ist Aufklärung?, Sittengesetz

Aufgeklärter Absolutismus in Preußen und Österreich
Das Preußen Friedrichs des Großen
Namen/Begriffe/Redensarten:
Erster Diener des Staates, Jeder soll nach seiner Façon selig werden, Toleranz, Hugenotten, die polnischen Teilungen, der Alte Fritz

Die Entwicklungen in England und Nordamerika
– England
Versuche zur Errichtung einer absolutistischen Herrschaft und der Widerstand des Parlaments, Bürgerkrieg, Glorious Revolution, Oliver Cromwell

– Nordamerika
Unabhängigkeitskrieg, Deklaration der Menschenrechte

9. Freiheit, Gleichheit, Brüderlichkeit: Die französische
Revolution und das napoleonische Zeitalter

europäische Dimension:
– Europas politische und technisch-industrielle Revolutionen
– die Etablierung des Bürgertums als politischer Faktor im
18./19. Jahrhundert

Französische Revolution
Menschen- und Bürgerrechte und ihre gesetzliche Fixierung, Frankreich wird Republik, Radikalisierung in der Jakobinerdiktatur, Revolutionskriege
Namen/Begriffe/Redensarten:
Rousseau, Montesquieu („Gewaltenteilung"), „Freiheit –
Gleichheit – Brüderlichkeit", Jakobiner, Guillotine

Aufstieg Napoleons und der Kampf Frankreichs um die
Vorherrschaft in Europa
Reichsdeputationshauptschluss, Ende des Heiligen Römischen Reiches Deutscher Nation, Rheinbund, Zusammenbruch Preußens, Preußische Reformen, Code Civil
Namen/Begriffe/Redensarten:
Waterloo, Humboldtsche Universitätsreformen, Freiherr
vom Stein, Bauernbefreiung, Städteordnung

10. Restauration und Revolution in Europa: das „europäische Jahrhundert"

europäische Dimension:
– die Ablehnung politischer und geistiger Despotie sowie
  der gemeinsame europäische Widerstand gegen Hege-

moniebestrebungen aus dem Kreis der europäischen
Staaten („europäisches Gleichgewicht"), der nur vorübergehend Vormächte, aber nie eine Einheitsmacht zu-
ließ (zum Beispiel gegen Napoleons Versuch einer revo-
lutionär-zivilisatorischen Einigung von 1806 bis 1812,
gegen Hitlers Versuch einer geopolitischen und rassisti-
schen Neuordnung von 1939 bis 1945, gegen die sowjetische Hegemonialpolitik unter dem Vorzeichen des
Kommunismus)
- die demokratischen Traditionen in Deutschland
- der Gedanke des Fortschritts durch die naturwissenschaftliche und technische Entwicklung

Der Wiener Kongress
Territoriale Veränderungen
Nationale, liberale und restaurative Bestrebungen in
Deutschland
Namen/Begriffe/Redensarten:
Metternich, Karlsbader Beschlüsse, „Der Kongress tanzt",
Wartburgfest, Hambacher Fest, Biedermeier

Revolution 1848/49
Namen/Begriffe/Redensarten:
Paulskirchenparlament, Nation, Hoffmann von Fallersleben

Preußisch-österreichischer Dualismus (bis 1866)
Otto von Bismarck
Norddeutscher Bund
Namen/Begriffe/Redensarten:
Eiserner Kanzler

Industrialisierung und soziale Frage
Demographische Entwicklung, soziale Folgen der Industrialisierung und Lösungsversuche der sozialen Frage

Namen/Begriffe/Redensarten:
Marx, Wichern, Bodelschwingh, Kolping, Pauperismus, Sozialdemokratie, Gewerkschaften, Sozialgesetzgebung, Sozialistengesetze, Proletariat.

11. Bis zum Ende des Ersten Weltkriegs: auf dem Weg zum „europäischen Bürgerkrieg"

europäische Dimension:
– der Nationalstaat als Erbe des 19. Jahrhunderts
– Patriotismus und Nationalismus: die Auswirkungen des Nationalismus auf das Zuammenleben der Völker

Reichseinigung 1871
Das politische System des Kaiserreiches
(Vormachtstellung Preußens, Reichsverfassung)
Innen- und Außenpolitik
Namen/Begriffe:
„kleindeutsche Lösung", „Blut und Eisen", „Der Lotse geht von Bord", „Wilhelminismus", Nationalismus, Imperialismus, „Platz an der Sonne", Kolonialismus, „Kanonenbootpolitik", „Hunnen", „Sonderweg"

Der Erste Weltkrieg und der Beginn des „europäischen Bürgerkrieges"
Namen/Begriffe/Redensarten:
Mehrfrontenkrieg, Hindenburg, Tannenberg, Verdun, Materialschlachten

1917: Die Revolution in Russland
Der Eintritt der USA in den Kreis der Weltmächte

12. Das Scheitern einer europäischen Demokratie: die Weimarer Republik

europäische Dimension:
- die ersten Versuche staatenübergreifender Regelsysteme
- die Bedeutung demokratischer Einstellungen in Eliten und Bevölkerung
- die Bedeutung einer auf Gerechtigkeit und Ausgleich angelegten Vertragspolitik
- die Bedeutung der Wirtschafts- und Währungsstabilität für die innere Stabilität von Staaten

Namen/Begriffe/Redensarten:
die „Goldenen Zwanziger", die Weimarer Reichsverfassung als erste demokratische Verfassung, Frauenwahlrecht, Republik ohne Republikaner, Inflation, Friedrich Ebert, Stresemann, Rapallo-Komplex, der „schwarze Freitag"

Die Nachkriegsordnung (inkl.: Staatsgründungen: Polen/Tschechoslowakei/Jugoslawien)
Namen/Begriffe/Redensarten:
Versailles, Dolchstoßlegende, Völkerbund, Wilsons 14 Punkte, Selbstbestimmungsrecht, Minderheitenschutz

13. Der totalitäre Abschied von Europa: Nationalsozialismus, „Drittes Reich", Zweiter Weltkrieg

europäische Dimension:
- Begriff des Totalitären und die aktuelle Bedeutung des antitotalitären Konsenses
- Verführungskraft von Großideologien/„politischen Religionen"
- Menschenwürde als europäischer Auftrag

Politische und wirtschaftliche Veränderungen in Sowjetrussland

Namen/Begriffe/Redensarten:
Lenin, Stalin, Stalinisierung, totalitär, Schauprozesse

NS-Zeit
Namen/Begriffe/Redensarten:
Nationalsozialismus, Hitler, Himmler, Goebbels, Propaganda, Volksgemeinschaft, Führerprinzip, „Du bist nichts, Dein Volk ist alles", „Kanonen statt Butter", Gleichschaltung, Propaganda, SS, SA, Biologismus, Rassen- und Lebensraumtheorie, Antikommunismus, KZ, „Judenfrage", rassischer Antisemitismus

Aggression nach außen: Annexion Österreichs, Münchner Abkommen, Annexion der Tschechoslowakei, Hitler-Stalin-Pakt
Namen/Begriffe/Redensarten:
Faschismus-Antifaschismus, Appeasement-Politik

Deutschland, Europa und die Welt in der Zeit des Zweiten Weltkrieges
Der Weg in den Zweiten Weltkrieg: Eroberung Polens, Eroberung Frankreichs, „großdeutsches Europa", Angriff auf die Sowjetunion, Stalingrad, Pearl Harbour, Terror in den besetzten Gebieten (v. a. Polen, UdSSR), die Vernichtung des europäischen Judentums
Namen/Begriffe/Redensarten:
„Blitzkrieg", „Germanisierung des Ostens", „Totaler Krieg", Vernichtungslager, Holocaust – „Endlösung der Judenfrage", Shoa, Auschwitz, Achsenmächte, Bombenkrieg (Dresden)

Widerstand gegen das NS-Regime
Namen/Begriffe/Redensarten:
Geschwister Scholl, Kreisauer Kreis, Stauffenberg, „20. Juli 1944", „Die Rote Kapelle", Volksgerichtshof, Ghetto-Aufstand, Warschauer Aufstand

Kriegsende in Europa und Asien
Militärische Niederlagen und bedingungslose Kapitulation
Deutschlands und Japans: der erste Einsatz der Atombombe

14. Zurück zu Europa: Deutschland und Europa vom Ende
    des Zweiten Weltkrieges bis 1990

europäische Dimension:
– die „Lehren der Vergangenheit": Menschenwürde, Friede, Sicherheit als europäischer Auftrag
– von der Erfahrung der doppelten Diktatur zur Überwindung der Ost-West-Blockbildung und der Teilung der Welt von 1945 bis 1989 durch das „Zurück nach Europa" der Länder des ehemaligen Ostblocks seit 1989
– Verständnis Europas nicht als eines homogenen politischen, sondern als eines Raums, der verschiedene nationale Ausprägungen des „Europäischen" vereint und der vor allem das Gemeinsame, das Wesentliche der europäischen Geistestradition als Orientierung hat, als ein Synonym für die „freie Welt" und für die Idee der Freiheit
– europäischer „Patriotismus" mit Blick auf mehr als 2000 Jahre europäischer Kultur
– Herausforderung durch den internationalen Terrorismus: „Kampf der Kulturen"?

Weltpolitische Veränderungen nach 1945:
Gründung der UNO, Potsdamer Konferenz, Sowjetisierung, Truman-Doktrin, Marshall-Plan
„Kalter Krieg" , Entkolonialisierung

Kriegsende in Deutschland
das „dreigeteilte Deutschland": Flucht und Vertreibung, Pommern, Schlesien und Ostpreußen unter fremder „Verwaltung", „Westverschiebung" Polens

Namen/Begriffe/Redensarten:
Besatzungszonen, Zweistaatlichkeit, Entnazifizierung, Währungsreform, Blockade Berlins, Grundgesetz; Stalinismus in SBZ/DDR

Die beiden Staaten in Deutschland

Bundesrepublik Deutschland von ihrer Gründung bis zum Ende der großen Koalition
Namen/Begriffe/Redensarten:
Konrad Adenauer, Ludwig Erhard, Westbindung, Soziale Marktwirtschaft – „Wirtschaftswunder", Stalinnote und Wiederbewaffnung, „Einheit in Freiheit", NATO, Montanunion, EWG-EG-EU, Römische Verträge, 1968 und außerparlamentarische Opposition

Die sozial-liberale Koalition
Namen/Begriffe/Redensarten:
Willy Brandt, Helmut Schmidt, Neue Ostpolitik, Ostverträge als Gewaltverzichtsverträge, Viermächteabkommen, Grundlagenvertrag, NATO-Doppelbeschluss

Die christlich-liberale Koalition
Namen/Begriffe/Redensarten:
Helmut Kohl, „Kanzler der Einheit", Europäische Union

Das Ende der DDR:
Namen/Begriffe/Redensarten:
SED, MfS, realer Sozialismus, Totalitarismus, Aufstand am 17. Juni 1953, Bau der Berliner Mauer am 13. August 1961, „Abstimmung mit den Füßen", friedliche Revolution, Zwei-plus-Vier-Vertrag und Anerkennung der polnischen Westgrenze, 3. Oktober 1990.

Grundlegende Merkzahlen

Allgemeine Geschichte *vor Christus*		*Kultur und Technik* *(fächerübergreifend)*	
um 2700	Bau der Pyramiden		
um 1700	Hammurabi von Babylon		
um 1200	Moses		
um 1000	Königtum Davids und Solomons		
2000–1400	Die Minoer auf Kreta/	*Archaik*	
1600–ca. 1180	die Mykener in Griechenland	Um 800/750	Beginn der griechischen Literatur: Homer:
ca. 1200	„Dorische Wanderung"?		Ilias und Odyssee;
776	die ersten Olympischen Spiele	nach 750	griechische Lyrik, Elegie
753	mythische Gründung Roms	Um 525	Beginn der griech. Mathematik:
750–550	die griech. Kolonisation		„Satz des Pythagoras"
594	Solons Gesetzgebung in Athen		
509	Begründung der griech. Demokratie durch Kleisthenes		
539	Eroberung Babylons durch Kyros; Ende der Babylonischen Gefangenschaft	ca. 500	Beginn der griech. Philosophie: Vorsokratiker
490	Sieg der Athener bei Marathon	*Die griechische Klassik* Beginn der griech. Tragödie:	
		472	Aischylos: Die Perser

480	Sieg der Griechen bei Salamis	Ca. 480 479	Tod Buddhas und Beginn des Buddhismus Tod des Konfuzius und Beginn des Konfuzianismus
450 510 ca. 450	Blütezeit Athens unter Perikles/ Beginn der röm. Republik das Zwölftafelgesetz in Rom	Ca. 450 447	Beginn der griechischen Geschichtsschreibung: Herodot, Thukydides Baubeginn des Parthenon
um 431–40	der Peloponnesische Krieg	422 399	Sophokles: Antigone, Tod des Sokrates; Platon, Aristoteles
336–323 nach 323	Regierungszeit Alexanders des Großen; Nachfolgereiche: Antigoniden, Seleukiden, Ptolemäer (31 v. Chr.)	*Hellenismus:* Hellenistische Philosophie: 308 306	 Stoa (Zenon), Epikur
216	Hannibals Sieg bei Cannae	Beginn der röm. (lat.) Literatur 212	 Tod des Archimedes
202	Scipios Sieg bei Zama: Ausschaltung Karthagos. Spanien röm.		
189 168 146	röm. Sieg über die Sekeukiden röm. Sieg über Makedonien Griechenland und Afrika röm. (Zerstörung von Korinth und Karthago)		

133ff.	Kleinasien römisch		
102–101	Erste Germaneneinfälle: Vernichtung der Kimbern und Teutonen durch Marius		
58–51	Caesar erobert Gallien	Beginn der röm. (lat.) Philosophie: 45/44	Ciceros Philosophische Schriften
15.3. 44	Caesars Ermordung		
31	(Actium; Ägypten röm.) – 27 Begründung des Prinzipats durch Oktavian. *Beginn der römischen Kaiserzeit*	*Römische Klassik:* Vergil, Horaz, Ovid, Livius	
nach Christus			
9	Schlacht im Teutoburger Wald Germanien bis zur Rheingrenze röm.	4 (?) v. Chr. – 30 n. Chr. 64–100	Leben Jesu Christi; Entstehung der Evangelien
43	Britannien röm.	nach 70	Kolosseum
70	Zerstörung des Tempels von Jerusalem	um 100	Höhepunkt der röm. Geschichtsschreibung: Tacitus
79	Vesuvausbruch: Pompeji		
107	der nördl. Donauraum röm.	nach 200	Maya-Kultur
313	Bekehrung zum Christentum und Toleranzedikt Konstantins des Großen	325 um 350	Konzil von Nicäa Übersetzung der Bibel ins Gotische durch Wulfila
375	Hunneneinfall in Europa		

410	Eroberung Roms durch Alarich	*Die Kirchenväter* 413–426	Augustinus, Gottesstaat
451	Schlacht auf den Katalaunischen Feldern		
um 500–529	Reichsgründungen Theoderichs und Chlodwigs	Christianisierung des Westens: 496 Um 500	Taufe Chlodwigs Christianisierung Irlands
		529 534	Klostergründung auf dem Monte Cassino durch Benedikt von Nursia Codex Justinianus
632	Tod Mohammeds und Beginn des Islam		
732	Sieg Karl Martells bei Tours und Poitiers über die Araber		
751	Pippins Salbung durch Bonifatius	756	Beginn des Kirchenstaates
Das Zeitalter der Karolinger 751–911: 768–814	Regierungszeit Karls des Großen	Karolingische Renaissance 786	Erste Erwähnung des Begriffes „deutsch"
800	Kaiserkrönung Karls des Großen	786	Baubeginn des Aachener Doms
843	Reichsteilung zu Verdun: Zerfall des Karolingerreiches		
919–1024 Die sächsischen Kaiser 955	Schlacht auf dem Lechfeld		

962	Kaiserkrönung Ottos des Großen	Anfänge der *Romanik*
um 1000	Begründung der Erzbistümer Gnesen und Gran	Annahme des röm. Christentums durch Polen und Ungarn
		988 Annahme des orthodoxen Christentums durch Russland
1024–1125 Die salischen Kaiser		nach 1025 Baubeginn des Speyrer Doms
1075–1122	Investiturstreit	
1077	Heinrich IV. in Canossa	1078 Der Tower in London
1099	Eroberung Jerusalems auf dem 1. Kreuzzug	
1122	Wormser Konkordat	
1138–1254 Die Hohenstaufen		Um 1150 Beginn der Kremlbauten
1180	Sturz Heinrichs des Löwen	1158 Älteste europ. Universität in Bologna
1190	Tod Friedrich Barbarossas auf dem 3. Kreuzzug	*Ab 1200:* Die deutschen Epiker und Minnesänger: Nibelungenlied, Walther von der Vogelweide, Wolfram von Eschenbach: Parzival; Gottfried von Straßburg: Tristan und Isolde, Dante *Die Scholastik:* Thomas von Aquin

1215	Magna Charta	Anfänge der *Gotik* Beginn der Hradschin-Bauten	
		1258	Baubeginn des heutigen Kölner Doms
1231	Anfänge des Deutschordens-staates		
1241	Schlesien, Polen, Deutscher Orden gegen den Mongolensturm (Schlacht bei Liegnitz)		
1339–1453	„Hundertjähriger Krieg" zw. England und Frankreich	1348	Gründung der Universität Prag durch Kaiser Karl IV.
1356	„Goldene Bulle"		
1410	Schlacht bei Tannenberg		
1429	Die „Jungfrau von Orleans"	*Humanismus, Renaissance und Reformation*	
1453	Eroberung von Byzanz	Ab 1400:	Johann von Tepl
		Nach 1450:	Dürer, Leonardo da Vinci, Erasmus von Rotterdam, Machiavelli, Kopernikus, Michelangelo, Bosch, Botticelli
		Nach 1500:	Dürer
		Ca. 1450:	Johannes Gutenberg, Buchdruckerkunst
		1483	Geburt Luthers Krakauer Schloss
		1506	Baubeginn des heutigen Petersdoms

1492	Entdeckung Amerikas, danach Südamerika teilw. span., teilw. port. Span. Eroberung Granadas und Vertreibung der Araber und Juden von der iberischen Halbinsel		
Das Zeitalter der Reformation 1517	Thesenanschlag Martin Luthers		
Nach 1525	Reformation in Skandinavien und England; nach 1532: Calvinistische Reformation: Schweiz, Niederlande, Frankreich (Hugenotten)	nach 1522 1529	Übersetzung der Bibel der Große und der Kleine Katechismus
1524–1525 1529	Bauernkrieg Türken vor Wien		
1552 1555	Beginn der russ. Eroberung Sibiriens Augsburger Religionsfriede	1563	Baubeginn des Escorial
1618–1648 1626	Dreißigjähriger Krieg Gründung von New York	*nach 1620 – ca. 1740: Barock* Niederlande: Spinoza, Rubens, Rembrandt Spanien: El Greco, Velasquez, Cervantes, Calderon Frankreich: Descartes, Corneille, Racine England: William Shakespeare, Hobbes, Locke, Newton Deutschland: Gryphius, Grimmelshausen, Händel, Bach 1633 Verurteilung Galileis	

369

1649	Hinrichtung Karls I. von England, Cromwell	1661	Baubeginn des heutigen Versailles
1679	Habeas corpus-Akte		
1661–1715	Ludwig der XIV.		
1683	Belagerung Wiens durch die Türken	1687	Gravitationsgesetz Newtons
1685	Edikt von Nantes, Vertreibung der Hugenotten		
1689	Bill of Rights		
1701	Preußische Königskrönung	1700	Gründung der Preußischen Akademie der Wissenschaften durch Leibniz
		1703	Gründung von St. Petersburg
1740	Regierungsantritt Friedrichs des Großen und Maria Theresias	*nach 1740: Aufklärung und Rokoko* Frankreich: Voltaire, Montesquieu: „Vom Geist der Gesetze" Rousseau: „Der Gesellschaftsvertrag" Deutschland: Kant, Lessing, Gluck, Haydn, Mozart	
1701–1713/4	Spanischer Erbfolgekrieg Siebenjähriger Krieg	1768	Watts erste Dampfmaschine
Nach 1763:	Nordamerika brit.		
1776	Unabhängigkeitserklärung der USA	1778	Tod Voltaires
1789	Verfassung der Vereinigten Staaten	1781	Kants „Kritik der reinen Vernunft"
1789–1797	George Washington Erster Präsident der Vereinigten Staaten	1793	Allgemeines Preußisches Landrecht
Nach 1788:	Australien brit.		

1789	Sturm auf die Bastille, Beginn der franz. Revolution	*nach 1770: Deutsche Klassik/ Deutscher Idealismus:* Weimars „Klassische Zeit": Goethe, Schiller, Kleist, Hölderlin, Beethoven, Hegel	
1795	3. Teilung Polens, wiederbegründet erst 1918	1781/83	Mechan. Webstuhl u. Spinnmaschine in England Beginn der industriellen Revolution
		1788	Brandenburger Tor
1803	Reichsdeputationshauptschluss	Konservatismus: Edmund Burke	
		1804	Tod Kants
		1805	Tod Schillers
1806	Ende des Heiligen Römischen Reiches	1806	Goethes „Faust I"
nach 1810:	Unabhängigkeitsbew. in Lateinamerika	Fultons erstes Dampfschiff	
		1810	Gründung der Berliner Universität durch Wilhelm von Humboldt
1812	Napoleons Russ–landfeldzug scheitert	1814	Stevensons erste Lokomotive
1813	Völkerschlacht bei Leipzig		
1815	Wiener Kongress	1831	Tod Hegels
1832	Hambacher Fest	1832	Tod Goethes
		nach 1810: Romantik Frankreich: Hugo England: Turner Deutschland/Österreich: Novalis, Eichendorff, Schubert, Weber, Mendelssohn-Bartholdy, Schumann, Smetana, Dvorak, Friedrich, Heine	

		1821	Baubeginn des Capitol
		1841	Das Deutschland-lied von Hoffmann von Fallersleben
1848	Kommunistisches Manifest		
1848	Revolution in europäischen Hauptstädten Das Parlament der Paulskirche Öffnung Japans zum Westen	*Nach 1830* Frankreich: Balzac, Flaubert, Chopin Italien: Verdi Russland: Tschaikowsky Deutschland: Keller, Storm, Droste, Stifter,	
1858	Indien brit.	Wagner, Liszt, Brahms	
		1859	Charles Darwin, „Über die Entstehung der Arten"/ Darwinismus
1861–1865	Amerikanischer Bürgerkrieg	1869 Suez-Kanal	
1861	Proklamation des Königreiches Italien		
1866	Schlacht bei Königgrätz		
1869	Gründung der SPD	1870	Erstes Vatikanisches Konzil
		Malerei nach 1850: *Impressionismus* Frankreich: Monet, Renoir	
1870	deutsch-französischer Krieg		
1871	Gründung des deutschen Kaiserreiches, Otto von Bismarck Reichskanzler bis 1890		

1883–1889	Bismarcksche Sozialgesetz- gebung	*Malerei nach 1880: Nach-Impressionismus:* Frankreich/Niederlande: Cézanne, van Gogh Norwegen: Munch
		1883 Nietzsche: „Zarathustra"
		1886 Carl Friedrich Benz baut das erste Automobil
		1889 Eiffelturm in Paris
Die erste Hälfte des 20. Jahrhunderts: 1912	Sturz des 2000-jährigen chin. Kaisertums	*Malerei nach 1900: Expressionismus/Abstrakte Malerei, Symbolismus, Surrealismus:* Picasso, Kokoschka, Beckmann, Marc, Macke, Mondrian, De Chirico Musik: Richard Strauss *Literatur Übergang 19./20. Jh.:* Kafka, Trakl, Benn, von Hofmannsthal, Rilke, Th. Mann, Brecht, Döblin, Musil, Roth, Schnitzler, St. Zweig, Tucholsky, Jünger *Musik:* Richard Strauss, Debussy
		1900 Sigmund Freud, „Traumdeutung" Max Planck begründet die Quantenphysik
		1903 Flug der Gebrüder Wright
1914–1918	Erster Weltkrieg	1916 Einsteins „Allg. Relativitäts- theorie"
1917	Russische Revolution	Erster Panzerwagen

1919	Versailler Vertrag/ Gründung des Völkerbundes Gründung der Weimarer Republik	1922	Erfindung des Tonfilms
1922	Beginn des italie- nischen Faschismus (Mussolini)		
1929	Beginn der Weltwirtschafts- krise	1927	Martin Heidegger „Sein und Zeit"
		1930	Erste Fernseh- übertragung
1933	Hitler Reichs- kanzler, Ermächtigungs- gesetz		
1936–1939	Spanischer Bürgerkrieg	1938	Erste Kernspaltung
1938	Münchener Ab- kommen/Novem- ber-Pogrom		
1939	Beginn des Zwei- ten Weltkrieges		
1943	Stalingrad		
20.6.1944	Attentat auf Hitler		Erfindung des Düsenflugzeugs und der Rakete
8.5.1945	Ende des Zweiten Weltkrieges	1945	Erste Atombombe
1945	Gründung der Vereinten Nationen Potsdamer Konferenz	*Literatur nach 1945:* Frankreich: Sartre, Camus Deutschspr. Raum: Böll, Frisch, Dürrenmatt, Grass, Jünger	
1947	Unabhängigkeit Indiens		
1948	Staatsgründung Israels		

1949	Gründung der Bundesrepublik Deutschland, Konrad Adenauer erster Bundeskanzler Gründung der DDR China kommunistisch		
1949	NATO-Pakt		
17.6.1953	Aufstand in der sowjetischen Besatzungszone		
1955 1956	Die Bundesrepublik Mitglied der NATO Ungarn-Aufstand		
1957 1960	Gründung der EWG „Jahr Afrikas" (Entkolonialisierung)	1957	Sputnik 1 – der Beginn der Raumfahrt
13.08.1961	Errichtung der Mauer in Berlin		
1968	68er Bewegung Niederschlagung des Prager Frühlings	1969	Erste Landung auf dem Mond
1970 1975	Ostverträge Ende des Vietnamkrieges	Seit 1980	Personalcomputer
9.11.1989	Fall der Mauer		
3.10.1990	Vereinigung Deutschlands		
11.9.2001	Anschlag auf das WTC als erster Höhepunkt des globalen Terrorismus		

Offensive für politische Bildung in der Schule *

1. Vorbemerkung

Die schulische politische Bildung (PB) in Deutschland leidet daran, dass man sie in der Politik und in der Öffentlichkeit höchstens sporadisch wahr- und zum Teil nicht so recht ernst nimmt. Bei gegebenem Anlass (Gewalttaten, Extremismus usw.) wird allenfalls eine „Feuerwehr"-Funktion der PB beschworen; das wirkt freilich eher als appellative Pflichtübung denn als Diskussion mit konkreten Folgen. Diese Einschätzung belegt nicht nur die innerhalb der PB selbst intensiv fortgeführte Diskussion über Sinn, Zweck, Auftrag, „Ansehensverlust", „Krise", „Konzeptionslosigkeit" der PB; das belegen auch „Manifeste" namhafter Vertreter der PB bzw. von Bildungseinrichtungen, die von der Notwendigkeit politischer Bildung überzeugen wollen. Zugleich gibt es bei keinem anderen Schulfach eine so große Diskrepanz zwischen einer „Übertheoretisierung", der Realität des Faches und seiner offensichtlich geringen Wirkung hinsichtlich des Zuwachses an Wissen, Einstellungen und Engagement. Die 2. internationale IEA-Civic Education Study („Politische Bildung im internationalen Vergleich" 1999) belegt dieses Dilemma, wenn sie das politische Verständnis deutscher Schüler gerade eben im Mittelfeld ansiedelt. Eine solche Bilanz hat wiederum Rückwirkungen auf die Stellung der PB überhaupt, auch auf den Stellenwert der PB innerhalb der Erwachsenenbildung. Beide – schulische und außerschulische politische

---

* *Federführung: Jörg-Dieter Gauger/Josef Kraus (veröffentlicht Juni 2002)*

Bildung – stehen jedenfalls unter zunehmendem Rechtfertigungsdruck. Dieser Druck erhöht sich auch dadurch, dass die fortschreitende Ökonomisierung aller Bildungsbereiche alle Weiterbildungsformen (kulturelle, allgemein bildende, persönlichkeitsbildende) außerhalb der beruflichen Weiterbildung im engeren Sinne als gesellschaftlich irrelevant erscheinen lässt und eine wirksame Lobby fehlt.

Die Gründe für diese Entwicklung liegen in einem teilweise hybriden Selbstverständnis der Fachdidaktik und der permanenten theoretischen Überforderung des Schulfaches Politik/Sozialkunde. Über lange Jahre ist nicht deutlich geworden, inwieweit PB eine positive staatsbürgerliche Funktion erfüllt. Ab Mitte der 60er Jahre „politisiert" wurde sie im Gefolge von 1968 und während der 70er Jahre zum Symbol für „Antipädagogik" schlechthin: „Systemkritik" und „Antiautoritarismus" wurden zu pädagogischen Leitbildern, angestrebt wurde die Befreiung von einer Gesellschaftsordnung, die angeblich und überwiegend von „Konflikten", von „struktureller Gewalt", von reaktionär-repressiven Binnenstrukturen (Familie, Schule, Hochschule) und von „spätkapitalistischen" Besitzverhältnissen geprägt sei. „Emanzipation" wurde zum zentralen Lernziel. Gegenläufige Vorstellungen, die als „affirmative Anpassung" diffamiert wurden, konnten sich nur mit Mühe und auch nur vereinzelt artikulieren. Ihren konkreten Niederschlag fanden diese Vorstellungen vor allem in Hessen und Nordrhein-Westfalen in den zu Beginn der 70er Jahre erarbeiteten Rahmenrichtlinien für die Fächer Deutsch, Geschichte und/ oder Gesellschaftslehre, die für diese Ziele instrumentalisiert wurden. Dieser 68er-Effekt macht der PB bis heute zu schaffen; er schlägt sich nieder in Betroffenheitspädagogik, pädagogischem Alarmismus und Aktionismus (zum Beispiel gegen Imperialismus, gegen Kinderarbeit, gegen Krieg, gegen Ausbeutung, gegen Atomkraft, gegen „Castortransporte").

Parallel dazu zeichnet sich eine „Flucht aus den Inhalten" zugunsten methodischer Erörterungen ab; auch der immer wieder zitierte Beutelsbacher Konsens (1977) war ein rein methodischer Konsens: über Kontroversität und Handlungsorientierung, reales oder simulatives Handeln, Schülerzentrierung statt Lehrerzentrierung, Rollen- und Planspiele usf. Es ist unbestreitbar, dass solche methodischen Fragen über die gängigen, auch in anderen Unterrichtsfächern üblichen Verfahren (Lehrer-Schüler-Gepräch, Lehrervortrag, Einzel- und Gruppenarbeit, Schülerreferate, Projektarbeit, Studientag, Demonstrationen usw.) hinaus für die Begegnung mit Politik ein höheres Gewicht haben. Gleichwohl kommen hier spezifische Methoden hinzu, zum Beispiel: Besuche in Parlamenten, in Einrichtungen der Bundes-, Landes- und Kommunalverwaltung, Lehr- und Studienfahrten, internationaler und innerdeutscher Schüleraustausch, Experten-Gastreferate (z. B. Jugendoffiziere), Wettbewerbe, Medienanalyse. Zu empfehlen ist ferner, dass die Lehrer politisch relevanter Fächer anlässlich besonderer politischer Ereignisse oder besonderer Jahrestage die Gelegenheit nutzen, eine so genannte Aktuelle Stunde zu halten. Und darüber hinaus liegt es sicher auch im besonderen Interesse der politischen Grundbildung, wenn Schüler frühzeitig und mit Nachdruck dazu angehalten werden, regelmäßig Tageszeitungen zu lesen.

Aber all das ist sekundär gegenüber der Frage nach dem Sinn, den Zielen, den Inhalten und den notwendigen Leistungen der PB, die ihr die ebenfalls notwendige politische und öffentliche Reputation sichern.

2. Politische Bildung als kulturelle und Allgemeinbildung

Menschliches Leben ist nur in der Sozialität und einer sie gestaltenden politischen Ordnung denkbar; darin begründet sich die alte Anschauung des Menschen als eines *zoon politikon*, als eines Wesens, das der Gemeinschaft und ihrer politischen Ordnung bedarf, um sich entfalten zu können. Jeder bildungspolitische Ansatz, der zur Entfaltung der anthropologischen Dimensionen beitragen will, muss auch die politische würdigen.

Die Ordnungsaufgabe, die sich im Staat konkretisiert, ist das Wesen der Politik, die Ordnungsformen selbst unterlagen dem historischen und kulturellen Wandel bis hin zum „Zeitalter der Demokratie" unserer Tage; es bedarf nur eines Blicks in das jüngst vergangene Jahrhundert, um einzusehen, dass es sich dabei um keine Selbstverständlichkeit handelt. Daher mahnen die historische Erfahrung wie auch ein Vergleich zu anderen, nicht „westlichen" Kulturkreisen, dass die freiheitlich-demokratische Ordnung keine Naturgegebenheit ist, sondern sie ihre Wertgrundlagen immer wieder selbst klären und verdeutlichen muss; dazu gehört v. a. der politische Wille, ein emotional-affektives Verhältnis zu dieser Demokratie mit einem aufgeklärten Patriotismus verbinden zu wollen. Daher können auch normative Entscheidungen sowie das Setzen von Zielen der PB und die Bestimmung ihrer Funktion nicht den damit primär befassten Wissenschaften Soziologie, Politologie und Pädagogik überlassen bleiben. Die Politik selbst, konkret die Länderparlamente, ist aufgefordert, sich der PB besonders anzunehmen.

Zugunsten ihrer Stabilität und Weiterentwicklung ist die freiheitliche Demokratie primär auf Bildungsmaßnahmen auf vielfältigen Ebenen, darunter auch die PB, angewiesen. Schließlich leben freiheitliche Demokratie und Rechtsstaat von Voraussetzungen, die sie selbst nicht schaffen können

(Ernst-Wolfgang Böckenförde). Und dabei kommt der Schule als alle jungen Menschen erfassende und somit als das Allgemeine repräsentierende Institution eine besondere Bedeutung zu, ohne sie gerade hier überschätzen zu wollen oder zu dürfen. Aber es ist nach dem 11. September 2001 mehr denn je ein Gebot der politischen Vernunft und Verantwortung, sich verstärkt um politische Bildung und Erziehung zu kümmern. Das gebieten schon die steigende Komplexität der modernen Welt, die fortschreitende öffentliche Verniedlichung und Uminterpretation der totalitären SED-Vergangenheit, die Rückkehr fundamentalistischen und voraufklärerischen Politikverständnisses, die um sich greifende „Politik-, Staats- oder Parteienverdrossenheit", die sich oft paart mit einem Konsumismus und damit immer die Gefahr von Instabilität gerade dann in sich birgt, wenn sich der ökonomische Erfolg als Identitätselement abschwächt.

Die freiheitliche Demokratie bedarf wie keine andere Staatsform aufgrund des Rechts zur aktiven Teilnahme am politischen Entscheidungsprozess des gebildeten und aufgeklärten Bürgers. Diktaturen welcher Art auch immer können sich auf Indoktrination beschränken. Politische Bildung ist ein Instrument der demokratischen Gesellschaft. Sie muss sich dessen bedienen, zumal in einer Zeit, die angesichts der globalen Revitalisierung vorrationaler, fundamentalistischer Glaubensformen auch im Sinne geistiger Verteidigung einer Neubesinnung auf die eigenen Wertgrundlagen und des Bekenntnisses zu kultureller bzw. nationaler Identität bedarf. Denn die Demokratie lebt von der freiwilligen Zustimmung, dafür müssen ihre Bürger verstehen und verinnerlichen, dass und warum sie in einer Gemeinschaft leben, der gegenüber sie verantwortlich sind, welches die Quellen ihres Selbstverständnisses sind, was sich in ihrer Geschichte bewährt und nicht bewährt hat und welchen allgemeinen sittlichen Regeln und Grundwerten sie verpflichtet ist. Es kann daher nicht das Ziel Politischer Bildung sein, die demokratische Ordnung als fragwürdig hinzustellen, wie dies in der sog. Konfliktpädagogik verschiedentlich geschehen ist. Diese staatliche Ordnung ist vielmehr eine existentielle Voraussetzung menschenwürdigen Zusammenlebens, ohne deren Leistungen und Regeln modernes Leben undenkbar wäre. Identifikation, Konsensfähigkeit und Konsensbereitschaft, das Wissen über den Sinn und die Aufgaben demokratischer Institutionen müssen daher als Lernziele in den politischen Unterricht ebenso eingebracht werden wie konkrete, historisch fundierte Kenntnisse über die zentralen Unterschiede zwischen demokratischen und totalitären Herrschaftsformen.

3. Politische Bildung als Werteerziehung und als Vermittlung politischer Identität

Im Unterschied zu anderen Bildungsbereichen liegt die Besonderheit der PB darin, dass eher individuell zu beziehende, persönlichkeitsbildende Ziele nicht von Funktionen getrennt werden können, die sich auf eben diese Ordnung und daher auf Gesellschaft und Staat beziehen. Daher ist es einleuchtend, die notwendigen Leistungen der schulischen politischen Bildung so zu definieren, dass sie die Persönlichkeitsbildung mit dem Ziel verbindet, die Stabilität und Weiterentwicklung unserer freiheitlich-demokratischen Ordnung zu fördern.

Dabei beabsichtigt PB, den Menschen als bildungs- und orientierungsbedürftiges Wesen zu denken. In diesem Sinne kann sich schulpolitisches oder pädagogisches Handeln nicht allein auf das richten, was der Mensch von Natur aus mitbringt, sondern es muss vor allem das in den Blick nehmen, was der Mensch aus sich in Kultur, Gemeinschaft und Staat machen kann. Daher ist auch die lange beliebte Alternative „Anpassungs- bzw. Bindungsdidaktik" versus „kritische Didaktik" falsch. Jede Form von Bildung und Erziehung, die sich als Hilfe zum Leben in freier Selbstbestimmung versteht, setzt „Anpassung" an Vorgegebenheiten und die dahinter stehende Tradition voraus. So verstanden ist eine umfassende und in der Bildungsbiographie frühzeitig vor der Wahlreife einsetzende politische Bildung wesentliche Voraussetzung für den Fortbestand und für die Weiterentwicklung einer jeden freien und humanen Zivilgesellschaft.

Dabei soll der Adressat der PB die Rechte und Pflichten des Menschen in der Gemeinschaft kennen, die freiheitlich-demokratische Grundordnung durch Einsicht in ihre anthropologischen und wertebezogenen Voraussetzungen als humane Ordnung verstehen lernen, den Problemen der gesellschaftlich-politischen Wirklichkeit mit Tatsachensinn und Phantasie begegnen. Nur eine schulische politische Bildung, die sich dieser Gesellschaftsordnung verpflichtet fühlt, kann auch emotionale Bindungen fördern. Eine Gesellschaft muss auch überlebensfähig sein, was jetzt wieder deutlicher ins Bewusstsein getreten ist, Engagement in Krisenzeiten etwa, auch geistige „Wehrhaftigkeit" wird man durch eine „objektivierte" kühle oder distanzierte Vermittlungspraxis kaum erreichen können.

Politische Bildung ist daher zugleich immer Werteerziehung und Vermittlung politischer Identität. Ideelle Grundlagen hierfür müssen die Prinzipien sein, die das westliche Menschenbild ausmachen, damit die Verfassungen freiheitlicher und demokratischen Rechtsstaaten konstituieren und die nicht verhandelbar sind.

4. Zum Menschenbild des freiheitlichen und demokratischen Rechtsstaates

Das abendländisch geprägte Menschenbild und die geistesgeschichtlichen Fundamente der Demokratie müssen auch
die Grundlage für die PB sein. Dieses Menschenbild beruht
auf den Prinzipien der Freiheit, der Personalität, der Gleichheit, der Gerechtigkeit, der Verantwortung und der Gemeinwohlverpflichtung des Menschen. Es gründet letztlich in
Christentum und Aufklärung. Politische Bildung in diesem
Sinne ist in der Mehrzahl der Bundesländer ein Verfassungs-
gebot, etwa die Erziehung zu „politischer Verantwortlichkeit" (Baden-Württemberg), zu „politischer Verantwortung" (Bremen, Hessen), im „Geiste der Menschlichkeit,
der Demokratie und der Freiheit" (Nordrhein-Westfalen),
zu „politischem Verantwortungsbewusstsein" (Sachsen).

a) Freiheit und Verantwortung

Eine politische Bildung, der das Prinzip der Freiheit zu
Grunde liegt, muss sich auf ein Menschenbild einlassen,
das kein geschlossenes System ist, sondern das offen ist für
die Vielfalt der Erscheinungsformen des Menschseins. Im
Zentrum eines solchen Menschenbildes stehen die Würde
der Person sowie deren Ganzheitlichkeit, die Verankerung
von Bildung im abendländisch-christlich-humanistischen
Denken sowie die Skepsis gegen politische Heilslehren.

Freiheit und Verantwortung sind somit die höchsten
Wertmaßstäbe demokratischen Handelns und damit politischer Bildung in einem freien Gemeinwesen. Pädagogische
Institutionen sind daran zu messen, wie sie den Freiheitsvollzug jedes einzelnen Menschen ermöglichen bzw. anbah-
nen, das heißt, ihm die Chance geben, durch eigene Leistung
über seine Natur hinauszuwachsen sowie Gemeinwesen
und Kultur mitzuprägen; und sie sind daran zu messen, wie

sie die Bereitschaft jedes einzelnen Menschen fördern, für sein eigenes Handeln und für die Freiheit des anderen Verantwortung zu übernehmen. Aus dieser Selbsttranszendenz erst erwächst das Prinzip der Sittlichkeit.

Freiheit kann also nicht atomistische Bindungslosigkeit sein, sondern sie ist immer Freiheit in Bindung, immer Freiheit in Verantwortung und immer zugleich Freiheit des anderen.

b) Freiheit und Gleichheit

Vor allem die Bildungspolitik einiger Bundesländern hat sich eine verengte Betrachtung dieses Grundsatzes zu eigen gemacht und gibt – indem sie das schulische Leistungs- und Eignungsprinzip teilweise außer Kraft gesetzt hat – der Gleichheit vor der Freiheit den Vorrang. Freiheit aber schließt totale Gleichheit der Menschen aus. Freiheit erliegt gleichwohl gerne der Gleichheit, weil Gleichheit als greifbarer erfahren wird, weil Freiheit mit Opfern erkauft werden muss und weil Gleichheit ihre Genüsse von selbst darbietet (so schon die Analyse bei Alexis de Tocqueville). Die Segnungen der Gleichheit sind schließlich bequem zu nutzen, weil Leistung, Initiative und Risiko ausgeschaltet werden, Freiheit dagegen Anstrengung verlangt. Am Ende ist vielen Menschen Gleichheit in Knechtschaft lieber als Ungleichheit in Freiheit.

Im Rahmen politischer Bildung ist zu vermitteln, dass im Zweifel das Prinzip Freiheit Vorrang vor dem Prinzip Gleichheit haben muss und dass auch das Grundgesetz laut Rechtsprechung des Bundesverfassungsgerichts im Konfliktfall der Freiheit Vorrang vor der Gleichheit einräumt. Das Grundgesetz hat ansonsten Vorkehrung getroffen für einen Ausgleich, nicht nur in Artikel 3 Absatz 1 („Alle Menschen sind vor dem Gesetz gleich."), sondern auch manche der nachfolgenden Grundgesetz-Artikel wollen nur Ungleichheiten ausgleichen: die für alle unveräußerlichen Menschen- und Bürgerrechte; die Gewährleistung staatsbürgerlicher Rechte und Pflichten für alle Deutschen; die Gleichberechtigung von Mann und Frau; die Gleichberechtigung der Glaubensbekenntnisse; der für alle freie Zugang zur Meinungsbildung und zur Meinungsäußerung; das Verbot der Diskriminierung und Benachteiligung aufgrund von Abstammung, Rasse, Sprache, Heimat, Herkunft, Glauben, religiöser oder politischer Anschauung; die Gleichstellung der unehelichen Kinder; das Recht des gleichen Zugangs zu öffentlichen Ämtern für alle Deutschen; das gleiche Wahlrecht. All dies sind als Sockelrechte Voraussetzung für die Akzeptanz des Rechts durch die Bevölkerung und für den Rechtsfrieden.

c) Gleichheit und Gerechtigkeit

Es gibt sehr unterschiedliche Leitbilder, Maßstäbe bzw. Arten von Gerechtigkeit, etwa die Grundsätze: Jedem das Gleiche; jedem gemäß seinem Rang; jedem gemäß seinen Bedürfnissen; jedem gemäß seinen Werken; jedem gemäß dem ihm durch Gesetz Zustehenden. Jedes dieser Gerechtigkeitsleitbilder weist – mehr oder weniger gravierende – Schwächen auf.

Gerechtigkeit mit absolutem Anspruch als gänzliche Gleichheit gefordert, würde den Menschen nicht gerecht. (Irdische) Gerechtigkeit kann es nur näherungsweise in Form einzelner Gerechtigkei*ten* (Plural!) geben, z. B. als Lohngerechtigkeit, Rentengerechtigkeit, Steuergerechtigkeit, Wehr- und Dienstgerechtigkeit, Chancengerechtigkeit in der Ausbildung, Gerechtigkeit in der Rechtsprechung und im Strafrecht usw.

Die Macht des Staates, Gerechtigkeit herzustellen, ist begrenzt. Die Unsicherheit und die Pluralität der Vorstellungen von Gerechtigkeit sind der Preis, der für die Freiheitlichkeit der Lebensentwürfe zu zahlen ist. Nur in totalitären Organisationen gibt es die eine, zeitlose Gerechtigkeit als Ausdruck einer – totalitären – Glückverheißung.

Für die politische Bildung ist wichtig: Was „gerecht" ist, lässt sich nicht aus dem Grundgesetz oder aus anderen Gesetzen ablesen; es ist immer Ergebnis eines demokratischen Prozesses der Willens- und Mehrheitsbildung – oder eben eines Wertekonsenses. Als europäischer Wertekonsens besagt dieser, dass gerecht ist, was zugleich dem Gebot der Nächstenliebe (Solidarität) und dem Gebot der Eigenverantwortlichkeit des eigenen Tuns entspricht und dass Eingriffe im Sinne ausgleichender oder austeilender Gerechtigkeit dann angezeigt sind, wenn jemand unverschuldet in Not geraten ist und sich aus eigener Kraft nicht daraus befreien kann.

d) Pluralismus und Gemeinwohl

Die Grundsätze der Freiheit und der Personalität bedingen eine unendliche und zugleich legitime Vielfalt an individuellen Biographien, Leitbildern und Haltungen. Diese Vielfalt wiederum bedingt eine permanente Spannung zwischen Individualität und Sozialität. Eine freie und offene Gesellschaft vermag mit diesen Spannungen umzugehen, indem sie alle die Würde des Menschen achtenden Leitbilder toleriert und eine gleichfalls die Würde des Menschen achtende Kritik zulässt. Das Nebeneinander und Gegeneinander kann damit zu einem Miteinander und Füreinander werden. Gleichwohl ist es Aufgabe der Politik bzw. der politischen Bildung, einer Anarchie der Werte entgegen- und für verbindliche Werthaltungen einzutreten – auch über die grundlegenden Verfassungsnormen hinaus.

e) Freiheit und Sicherheit

Freiheit ist nur in Frieden möglich. Daher gehört die Sicherung des Friedens nach innen wie außen zu den zentralen Aufgaben der Politik. Die Sicherung des inneren Friedens v. a. durch die Rechtsordnung und das Gewaltmonopol des Staates setzt die gesetzliche Einschränkung von Freiheitsrechten voraus. Die Fähigkeit zur Friedenssicherung nach außen als zentrales Element der modernen Staatsidee lässt sich heute nur mehr realisieren durch die Integration in transnationale Sicherheitssysteme, und es gehört zu den Lehren nicht erst des ausgehenden 20. Jahrhunderts, dass sich das Bekenntnis zu Frieden und Sicherheit nicht ablösen lässt von der Fähigkeit und der Bereitschaft zu militärischem Eingreifen.

5. Probleme des heutigen Staatsverständnisses

Vielen Erwachsenen ist das Verständnis für das komplexe Gefüge von Freiheit, Gleichheit, Gerechtigkeit, Verantwortung und Gemeinwohlverpflichtung abhanden gekommen, viele haben dieses Verständnis nicht erworben, und viele Heranwachsende erwerben dieses Verständnis nie. Darin liegt einer der Gründe, warum sich das Werteempfinden in Teilen der Bevölkerung gewandelt hat, warum Pflicht- und Akzeptanzwerte (z. B. Disziplin, Gehorsam, Pflichterfüllung, Treue) in den vergangenen Jahrzehnten durch Selbstentfaltungswerte (z. B. Emanzipation, Individualismus, Autonomie) zurückgedrängt wurden. Die Folgen dieses Wandels sind ein radikal auftretender Anspruch auf eine höchstindividuelle, nicht rechenschaftspflichtige Lebensgestaltung. Die Beschränkung individueller Freiheit durch Normen, Hierarchien oder Autoritäten wird immer weniger akzeptiert; tradierte Tugenden im Umgang miteinander (wie z. B. Höflichkeit, Pünktlichkeit, Ordnungssinn) und in der Einstellung zur Leistung verlieren an Bedeutung; die bürgerliche Leistungsethik weicht einer zunehmenden Freizeitorientierung; Gemeinschaftssinn und Bindungsfähigkeit nehmen ab. Das wirkt sich auch auf die Schule aus. Dem entspricht ein Verständnis vom Staat, das ihn vorwiegend als omnipotenten Lieferanten und Dienstleister versteht, als hypertrophen Versorgungsstaat, als Garant für die Erfüllung von Ansprüchen. Damit hat zunehmend eine Entkoppelung zwischen sozialpolitischen Ansprüchen und sozialem bzw. staatsbürgerlichem Ethos stattgefunden; die Neigung steigt immer mehr, Aufgaben an den Staat zu delegieren (bis hin zu ureigenen erzieherischen Aufgaben). Diese Entwicklungen hin zu immer mehr Individualismus wurde von einer Erziehung mit befördert, die sich Grundsätzen und Grenzziehungen verweigerte.

Es folgen daraus der Glaube an die Machbarkeit aller Ansprüche und Forderungen durch den Staat; eine Mentalität des „Vollkasko ohne Eigenbeteiligung"; eine Staatsverdrossenheit, wenn der Staat nicht fähig ist, alle Ansprüche zu erfüllen; eine basisdemokratisch-oppositionelle Ersatzpartizipation mit ihrem Betroffenheitskult und mit ihrem Fundamentalwiderstand gegen alle Projekte, die den „status quo" verändern. Auch für den Einzelnen sind die Folgen dieser an den Staat gerichteten Allmachts- oder Statusquo-Erwartungen gravierend: nämlich eine fürsorgliche Entmündigung; ein Verlust an Freiheit durch hohe Abgabenlasten; ein Verführen zur Bequemlichkeit; ein Unterminieren von Eigeninitiative und Eigenverantwortung oder eine zunehmende Distanz zum Rechtsstaat.

Aus diesen prinzipiellen Erwägungen ergeben sich folgende grundlegenden Einsichten in gesellschaftlich-politische Sinnzusammenhänge (a) und persönlichkeitsbildende Verhaltensziele (b), auf die PB in der Schule hinzuarbeiten hat:

(a) PB vermittelt grundlegende Einsichten in gesellschaftlich-politische Sinnzusammenhänge.
Dazu gehören im Einzelnen die
- Einsicht in die unauflösbare Spannung von Gesellschaft und Individuum; hier muss der Ordnungscharakter jeder Gesellschaftsform deutlich gemacht und als unumgänglich erkannt werden, denn erst Gesellschaft ermöglicht Freiheit;
- Einsicht in die Tatsache, dass die demokratische Ordnung von allen anderen Ordnungsformen die besten Ansätze zur Verwirklichung von Freiheit, Gleichheit und Gerechtigkeit besitzt;
- Einsicht in das dialektische Verhältnis zwischen Freiheit und Gleichheit; Ziel demokratischer Politik ist die größtmögliche Freiheit bei größtmöglicher Gleichheit, wobei die Freiheit im Zweifelsfall Priorität haben muss;
- Einsicht, dass extremes Freiheitsstreben die Freiheit der anderen beeinträchtigt, dem Gemeinwohl entgegenwirkt, zur politischen Atomisierung führt und damit asozial ist;
- Einsicht, dass extremes Gleichheitsstreben die Freiheit des Einzelnen in Frage stellt;
- Einsicht, dass Politik Ordnungsfunktion hat, die zum Nutzen des Ganzen (Gemeinwohlprinzip) von Repräsentanten ausgeübt wird, die auf demokratischem Wege legitimiert sind;
- Einsicht, dass in einer Gesellschaft wie der unseren um die Frage, wie Politik zum Nutzen des Ganzen ausgeübt werden soll, Auseinandersetzungen existieren (Konflikt-Pluralismus);
- Einsicht, dass diese Auseinandersetzungen (Interessengegensätze) nicht zu einem Punkt führen dürfen, an dem das Funktionieren des Ganzen in Frage gestellt ist; Pluralismus ist schließlich auf einen vorgängigen Grundkonsens angewiesen.

(b) Politisches Verhalten meint die Fähigkeit und Bereitschaft zu politischer Beteiligung durch unvoreingenommene Information, gewissenhafte Urteilsbildung und verantwortliche Entscheidung.

Politisches Verhalten gegenüber dem Gemeinwesen im Ganzen und seinen politischen Strukturen muss in einer rechtsstaatlich-demokratischen Ordnung umschrieben werden durch kritische Sympathie. Dazu gehört im Einzelnen die Vermittlung der folgenden Grundsätze:

– Politisches Verhalten hält die Spannung zwischen Utopie und Realität aus, bekennt sich zur politischen Teilhabe an Stelle eines Abgleitens in Zynismus oder Resignation.

– Es legt sich nicht ohne gewissenhafte Prüfung eines Sachverhaltes auf Kritik oder Zustimmung an konkreter Politik fest.

– Es bemüht sich um Erkenntnis und Ausnutzung der Möglichkeiten der Beteiligung an politischer Meinungs- und Willensbildung.

– Es erweist sich in Wachsamkeit gegenüber Formen von Machtmissbrauch und Verletzung eigener und fremder Rechte, in Zivilcourage und Bereitschaft zur Opposition, aber immer unter Beachtung des Rechts.

– Es ist ideologiekritisch mit dem dazugehörenden Maß an Selbstkritik, verbindet Solidarität zum Gemeinwesen mit kritischer Würdigung konkreter Politik.

– Es bemüht sich – bezogen auf die internationale Politik –, dazu beizutragen, Vorurteile zu überwinden, fremde Völker aus ihrer Geschichte und Gegenwart zu verstehen, Konflikte gewaltlos zu schlichten, eigene Interessen gegenüber anderen abzuwägen, Frieden zu erhalten und mehr Gerechtigkeit durchzusetzen. Dafür kann auch der militärische Einsatz legitim sein.

6. Jugend und Politik

Die Heranwachsenden bleiben vom Wandel des Werteempfindens nicht unberührt. „Die" Jugend gibt es gleichwohl nicht, auch wenn die Jugendforschung und die „veröffentlichte" Meinung oft ein in sich geschlossenes Bild der Jugend vermitteln. In beiden Fällen herrscht häufig ein sehr pauschales, undifferenziertes, klischeehaftes, stereotypes Bild von Jugend vor. Einseitig gebündelt ist das „wissenschaftliche" Bild von der Jugend seit Jahrzehnten. Man nehme nur die „skeptische" Generation (1957), die „übertriebene" Generation (1967), die „überflüssige" Generation (1979), die „weinerliche" Generation (1983), die „verlorene" Generation (1989). Derzeit wird unvermindert die „Event"-Jugend in einer „Event-Kultur" gehandelt, schließlich wurde das Ende der Spaßgesellschaft nach dem 11. September 2001 nur vorübergehend ausgerufen. Ein auf griffige Schlagwörter reduziertes, generalisiertes Bild der jeweiligen „Jugend von heute" verbietet sich aber, denn die Jugend ist mehr als je zuvor keine einheitliche Gruppe mehr. Die Frage ist daher, welche politischen und welche Folgerungen für die politische Bildung aus den vorliegenden Jugendstudien zu ziehen sind, die freilich immer nur eine geringe Halbwertzeit zu haben scheinen.

Aus den vielen Jugendstudien der neunziger Jahre lässt sich generell nur ableiten, dass nicht ein „entweder oder", sondern ein „sowohl als auch" gelebt wird, so dass das Bild nur auf den ersten Blick widersprüchlich wirkt; das Bild wäre vielmehr vor allem geschlechtsspezifisch und nach Bildungsniveau zu differenzieren:

Feststellbar ist einerseits ein deutlich konsumistisch orientiertes Bild (Lebensattraktivität macht sich weniger an Werten denn an Waren fest [B.A.T, Freizeit-Forschungsinstitut, 1999]; Spaß, sich vergnügen, amüsieren hat sich an die erste Stelle geschoben [B.A.T, 2001 mit Vergleich zu 1990];

ein Charakteristikum scheint der Ersatz personaler Orientierung (Vorbild) durch fortschreitend individualisierte, an jugendlichen Gruppenstilen bzw. vorgegebenen Lebenszielen (Erfolg, Schönheit, Jugendlichkeit) orientierte Lebensmuster zu sein. Zugleich entfernt sich die Jugend mehr und mehr von Illusionen, Visionen und Utopien. Ganz oben (Opaschowski, 1999) rangieren private Werte wie Freundschaft, Liebe und Freundlichkeit, im Mittelfeld gesellschaftsbezogene Wertevorstellungen wie soziale Gerechtigkeit, soziale Verantwortung, Freiheit, im unteren Feld sind Pflichtbewusstsein und soziale Verpflichtung angesiedelt. Dem widerspricht nicht, dass im privaten Umfeld die Zustimmung zu Pflicht- und Akzeptanzwerten wieder zunimmt (B.A.T, 2001 im Vergleich zu 1989): Familie und Kinder, Leistungs- und Lernbereitschaft in der Ausbildung und Einsatzbereitschaft im Berufs- und Arbeitsleben sind mehrheitliche Orientierungsmuster (13. Shell-Studie). Insgesamt scheint am Ende der 90er Jahre ein größer werdender Teil der Jugend wieder mehr zu bürgerlichen Wertvorstellungen zu tendieren. Die Zukunft wird generell eher als problematisch eingeschätzt, die eigene, persönliche Zukunft aber als recht hoffnungsvoll.

Zwar betätigen sich mit 37 Prozent überdurchschnittlich viele 14- bis 24-Jährige ehrenamtlich (Freiwilligensurvey, 1999; www.freiwillig.de/left/engagement/freiwilligensurvey); aber dabei liegen die Schwerpunkte im Bereich sportlicher und geselliger Aktivitäten und mit den Bereichen Feuerwehr und Rettungsdiensten deutlich im sozialen Umfeld. Der internationale Vergleich (die schon genannte IEA-Studie von 1999 bezogen auf 14/15-Jährige) zeigt jedoch, dass die deutschen Jugendlichen nur unterdurchschnittlich bereit sind, konventionell politisch zu handeln, etwa in eine Partei einzutreten oder für etwas zu kandidieren; sie stehen an unterster Stelle, wenn es um demokratisches Engagement in der Schule geht. Auch das soziale Engagement ist unterdurchschnittlich. Überdurchschnittlich ist es hingegen in Sportvereinen und künstlerischen Gruppen. Sie liegen zugleich im Durchschnitt der Industrieländer, wenn es um illegale politische Aktionen geht.

Das Verhältnis der Jugend zur etablierten Politik bleibt belastet („teils erdrutschartige Vertrauensverluste" schon vor der sog. Spendenaffäre): Die Zahl der Jugendlichen, die sich „sehr stark" oder „stark" für Politik (DJI 1997) interessiert, pendelt bei etwa 20 Prozent (s. auch Sachsen-Anhalt-Studie 2000), das ist ein mehrjähriger Trend, wobei allerdings größeres Interesse mit höherer „Politikverdrossenheit" einhergehen kann (Thüringer Jugendstudie „Jugend und Politik" 2001).

Ob und inwieweit sich das Vertrauen in die Institutionen im Vergleich zu 1992 (DJI 1992) verbessert hat, ist unklar, jedenfalls hatten damals nach den politischen Parteien die Kirchen (lange vor dem Weltjugendtag 2005 in Köln), die Großunternehmen und die Bundesregierung die geringsten Vertrauensvorschüsse; mit Ausnahme der Kirchen gibt die Sachsen-Anhalt-Studie 2000 einen ähnlichen Trend wieder. Nur ein Drittel der Jugendlichen ist der Meinung, dass die Politik genügend für die Jugend tut. Nur 5 Prozent halten die Parteien für glaubwürdig. Ebenfalls nur 5 Prozent besuchen überhaupt politische Veranstaltungen. Das Thema „Europa" spielt bei den Jugendlichen überhaupt keine Rolle, das Deutschlandbild ist weder nationalistisch überhöht noch produziert es Minderwertigkeitskomplexe, bei der sog. Ausländerfeindlichkeit spielt die Ausbildungs- und Arbeitsmarktpolitik eine entscheidende Rolle (alles 13. Shell-Studie „Jugend 2000"), die Einstellung zur Sozialen Marktwirtschaft ist in den jungen Ländern noch sehr ambivalent (ca. 50 Prozent Zustimmung, 1995), die Sachsen-Anhalt-Studie (2000) lässt erkennen, dass dort Konsens und „Gemeinwohl" vor Konflikt rangieren.

Wichtigstes Informationsmedium bleibt das Fernsehen,

gefolgt von Zeitung und Radio, nur 15 Prozent greifen zu Sachbüchern, nur 7 Prozent zu Internet und Mail-Box.

Die Sachsen-Anhalt-Studie rechnet aber die Schule unter jene Institutionen, die einen Vertrauenswert von zwei Dritteln Zustimmung hat. Diesen Trend sollte man nutzen, auch wenn sich aus den empirischen Studien für die Ziele und Aufgaben der politischen Bildung an der Schule nur wenige Hinweise ergeben. Sicher ist: Das konkrete politische Wissen und das politische Engagement der Heranwachsenden in Deutschland ist schwach ausgeprägt, im internationalen Vergleich allenfalls mittelmäßig. Wenn aber in Deutschland nur 67 Prozent der Vierzehnjährigen bereit sind, von ihrem Wahlrecht Gebrauch zu machen, während es in den anderen 27 untersuchten Ländern im Schnitt 80 Prozent sind, und die Bereitschaft, das Wahlrecht zu nutzen – so die IEA-Studie –, eng mit dem Umfang des politischen Wissens zusammenhängt, dann ist mehr Wissensvermittlung ebenso gefordert – dazu gehört offenbar auch das Thema „Europa" – wie der Abschied von der Illusion, man könne durch welche Formen politischer Bildung auch immer Handlungsbereitschaft und Engagement zugunsten der etablierten Politik wesentlich erhöhen. Dazu sind die gegenläufigen Trends zu dauerhaft. Zugang zur Politik hängt freilich auch damit zusammen, wie sich Politik bzw. Politiker nach außen präsentieren und inwieweit die Politik sich als Politik für die Jugend präsentiert.

7. Politik für die Jugend

Damit die Jugend im Interesse politischer Bildung für die Politik gewonnen oder zumindest für die Politik interessiert werden kann, muss – für Jugendliche erkennbar und transparent – eine Politik *für* die Jugend betrieben werden. Das ist grundlegende Voraussetzung, wenn politische Bildung wirken soll. Eine solche Politik kann sich nicht auf die sog. Jugendpolitik beschränken. Vielmehr müssen sich alle maßgeblichen Politikbereiche als Politik für die Zukunft und damit für die Jugend verstehen. Das gilt vor allem für die Schulpolitik, die Arbeitsmarktpolitik, die Politik der sozialen Sicherungssysteme usw. Wichtig ist es auch, dass die für Jugendliche relevante Politik als eine Politik wahrgenommen werden kann, die im Dialog mit der Jugend entsteht. Politik muss hier vor allem eines praktizieren: Bereitschaft zum Zuhören. Nur eine Jugend, der zugehört wird und deren Argumente erkennbar in politisches Handeln einmünden, fühlt sich ernst genommen.

Jugendliche sind auch sensible Seismographen für Ungerechtigkeiten und für mangelnde Glaubwürdigkeit. Deshalb sind das positive Vorbild von Politikern sowie die Übereinstimmung des Redens und Handelns von Politikern unerlässliche Voraussetzungen für die Förderung des politischen Interesses Heranwachsender.

8. Politische Erfahrungsfelder junger Menschen

Die angestrebten persönlichkeitsbildenden Ziele der PB sind unlösbar mit der Entwicklung einer Persönlichkeit und ihres Sozialverhaltens verknüpft. Der Erfolg politischer Bildung hängt demnach in erheblichem Maße von den Lernerfahrungen in Kindheit und Jugend ab. Die soziale Erziehung ist damit implizit immer auch politische Bildung, ohne dass sich diese in sozialer Erziehung erschöpfte. Soziales als politisch relevantes Lernen beginnt somit im Raum der Familie. Gerade hier kann PB das notwendige Vertrauen und die notwendige Solidarität voraussetzen. Ohne den hier möglichen sozialen Optimismus bleibt der – im weitesten Sinn – politische Zugang zur „Weltbewältigung" verschlossen.

Die Familie ist die Urform politischen Erlebens und Handelns. In der Familie sind alltäglich wesentliche Merkmale des demokratischen Prinzips erlebbar: die Achtung vor der Individualität des Einzelnen, die Förderung der Eigenverantwortung, das Recht auf eigene Meinung, die Bereitschaft zum Zuhören, die Toleranz gegenüber anderen Einstellungen, der Gewaltverzicht, der Ausgleich von Interessen, die Verpflichtung zum Kompromiss, aber auch die Achtung einer legitimen Ordnung und Autorität. Was hier innerhalb der Familie versäumt wird oder an bedenklichen Prägungen stattfindet, vermag institutionalisierte Demokratieerziehung gar nicht oder nur unter sehr großem Aufwand zu kompensieren. Auch die offenbar abnehmende Bildungswirkung der Familie darf nicht unterschätzt werden: Bezeichnenderweise besteht nach der schon genannten IEA-Studie ein enger Zusammenhang zwischen dem politischen Informationsstand der Jugendlichen und der Anzahl der Bücher im ihrem Elternhaus.

Junge Menschen erfahren somit in der Familie, also lange bevor in ihrer Bildungsbiographie die institutionalisierte politische Bildung einsetzt, politische Sachverhalte und Abläufe. Darüber hinaus spielen in der Prägung politischen Bewusstseins und politischer Identität Vorbilder und Medien eine entscheidende Rolle. Dem positiven Vorbild politisch engagierter und glaubwürdiger Erwachsener sowie einer ausgewogenen und seriösen Berichterstattung der Medien über politische Ereignisse und Zusammenhänge kommt hier eine kaum zu unterschätzende und daher wiederzuentdeckende Funktion zu.

Als ungeeignet erachtet werden hingegen die vielfach diskutierten Vorschläge der Einrichtung von Jugendparlamenten und einer Vorverlegung des Wahlalters. Jugendparlamente haben eine zweifelhafte demokratische Legitimation, und sie erwecken falsche Erwartungen. Skepsis ist auch geboten gegenüber einem vorgezogenen Wahlalter.

Wählen zu dürfen kann schließlich keine erzieherische Maßnahme der politischen Bildung sein. Das Wahlrecht soll nicht zur Reife hinführen, sondern das Wahlrecht setzt diese voraus.

Trotz ihrer Nähe zu sozialer Erziehung und Bildung darf PB nicht mit dieser in eins gesetzt werden. PB muss das spezifisch Politische verständlich machen, das sich nicht auf soziales Verhalten beschränken lässt.

9. Politik als Gegenstand politischen Lernens

Politische Bildung ist mehr als Gesellschaftslehre oder Institutionenkunde, denn das Politische ist mehr als ein Begleitphänomen der Gesellschaft. Vielmehr ist die Wert- und Sinnfrage, die aus dem Interesse an der Würde der Person an die politische Ordnung gerichtet wird und Institutionen erst legitimiert, für politische Bildung schlechthin konstitutiv. Im Einzelnen heißt das:

– Politische Bildung muss die Grundnormen unserer Verfassung dialogisch und interpretierend dem Verstehen zugänglich machen, und sie muss v. a. vom Staat und seinen Institutionen, von deren Funktionen und deren Sinn sprechen.

– Politische Bildung muss die Bedeutung der formalen Ordnungselemente, insbesondere der Rechtsordnung für die heutige weltanschaulich-plurale Gesellschaft betonen und den ordnungspolitischen Sinn und die Funktionen dieser Regeln begreifbar machen.

– Politische Bildung braucht als Gegenstand die konkrete und aktuelle Politik, aber nicht nur in ihrer Aktualität, sondern auch in ihrer geschichtlichen und philosophischen Dimension. Politische Bildung bedarf daher der geschichtlichen Dimension, ohne der Gefahr zu verfallen, Geschichte nur mehr durch den Filter gegenwärtiger Probleme zu sehen oder gar nur an heutigen Maßstäben zu messen.

- Politische Bildung muss ebenso beachten, dass jede Deutung der Gegenwartssituation immer vorläufig bleibt und dass die Entscheidung zwischen Bewahren und Verändern immer nur konkret zu treffen ist.
- Politische Bildung muss die Handlungs- und Entscheidungsdimensionen des Politischen beachten, ohne auf die unmittelbare Aktion zu zielen. Sie muss der Gefahr entgegenwirken, Analyse und Urteilsbildung in aktionistischer Absicht zu überspringen.
- Politische Bildung muss in der didaktischen Präsentation ihrer Gegenstände den Aufgabencharakter des Politischen betonen; ihr Objekt, der allgemeine Aspekt der Betrachtung ihrer vielfältigen Gegenstände ist die Politik selbst, verstanden als Ordnungsaufgabe.
- Politische Bildung muss die mit der Politik oft verknüpften überzogenen, auch hypermoralisierenden Ansprüche relativieren und deutlich machen, dass auch sie der Fehlbarkeit des Menschen unterliegt. Daher darf sich Politische Bildung nicht in moralisierender Betrachtung politischer Vorgänge erschöpfen.
- Politische Bildung muss den intentionalen und interpretatorischen Charakter des Politischen und damit insbesondere die Bedeutung der Sprache, aber auch die Gefahr der Manipulation durch die Sprache in der Politik und in den Medien thematisieren.
- Politische Bildung darf sich nicht für eine bestimmte Parteilichkeit vereinnahmen lassen. Sie selbst ergreift grundsätzlich Partei nur im Grenzfall, in dem Menschenrechte oder die Prinzipien der rechts- und sozialstaatlichen Demokratie verletzt werden. Auch dieses Parteiergreifen kann sinnvoll nur in dialogischer Haltung erfolgen.

10. Politische Bildung in der Schule

a) Grundsatz der Bescheidenheit

Kein anderer Bildungsbereich außerhalb der beruflichen Weiterbildung wird durch ihre institutionelle Ausstattung dem Prinzip lebenslangen Lernens so gerecht wie die politische Bildung. Politische Bildung in der Schule darf gleichwohl nicht überfordert werden: Ebenso wenig wie die Fächer Geschichte oder Deutsch kleine Historiker oder Germanisten hervorbringen sollen, sind kleine Politiker Ziel der PB. Zwar muss es das oberste Ziel bleiben, den interventionsfähigen oder gar aktiven Staatsbürger heranzubilden; es wäre aber auch schon viel gewonnen, wenn wir den „reflektierenden Zuschauer" heranbilden könnten, der Kenntnis von und Anteil an Politik nimmt, sich über sie informiert und sich an Abstimmungen sachangemessen und normativ beteiligt. Nur dann wird sich die politische Bildung auch von der Einschätzung befreien können, mehr zu scheinen als sein zu wollen.

Denn die schulische politische Bildung hat unter Beachtung dieses Grundsatzes der Bescheidenheit immer zu berücksichtigen, dass sie für jedermann stattfindet, sie hat also begrenzte Ziele zu verfolgen: Es ist nicht ihre Aufgabe, eine Veränderung der Gesellschaft über die Veränderung des Menschen zu erstreben, sondern sie soll statt Schlagwörtern oder abstrakter Schemata zunächst *starke und überprüfbare Faktenkenntnisse und Sinnzusammenhänge* vermitteln, auf diese Weise eine Grundlage legen für ein rationales Urteil in politischen Dingen und die Voraussetzungen für eine eventuelle Vertiefung im außerschulischen Bereich schaffen. Das konkret begründbare Integriertsein in die soziale und politische Umwelt ist das einzig verlässliche Fundament, Unzulänglichkeiten der sozialen und politischen Wirklichkeit verantwortlich und mit Augenmaß anzugehen. Daher hat in der politischen Bildung konkretes Wissen eine äußerst wichtige politische und staatsbürgerliche Funktion. Wer nichts weiß, muss alles glauben! Erst Wissen schafft schließlich Erkenntnis, geistige Unabhängigkeit, erst durch Wissen wird der Mensch zum Individuum, das seine Freiheit nutzen kann. Ein Mensch ohne Wissensfundus dagegen wäre das Lieblingsobjekt eines jeden Diktators oder Demagogen. Er wäre verführbar für jede Lüge und Halbwahrheit; er wäre anfällig für jedes Angstmachen und für jedes Propagieren von Vorurteilen. Deshalb ist der unwissende oder gar durch Lügen manipulierte, der indoktrinierte Mensch das Ziel totalitärer Systeme, die alles Mögliche weismachen und die alles vorgeben wollen.

Dabei dürfen im Sinne des Selbstverständnisses der Bundesrepublik als einer wehrhaften Demokratie in der Schule keine systemüberwindenden Tendenzen geduldet werden. Bevor kritisches Hinterfragen, Problematisieren und Vorschläge zur Fundamentalveränderung erfolgen (die der außerschulischen Politischen Bildung, soweit sie von freien Trägern verantwortet wird, unbenommen bleibt), muss zunächst einmal eine solide Grundbildung gelegt werden. Es ist daher auch davor zu warnen, sog. globale Schlüsselprobleme ins Zentrum zu rücken. Denn dabei handelt es sich um Probleme, die Politik selbst kaum lösen kann; wie sollte sie der Politiklehrer oder gar der Schüler als lösbar empfinden? Herauskommen dürften dabei höchstens Resignation oder die Bestätigung bzw. Verstärkung von Vorurteilen.

Eine in diesem Sinne tätige politische Bildung muss ihren Gegenstand immer auch auf die zugrunde liegenden philosophisch-politikwissenschaftlichen Prämissen hin beziehen: „Die politische Erziehung verlangt das Studium von Büchern. Der Bundesdeutsche hat zuerst das Grundgesetz zu lernen als den Eckstein unseres freien staatlichen Daseins, als den einzigen festen, unantastbaren Halt. Dann aber sollen die Hauptwerke politischen Denkens studiert werden, z. B. Plato, Aristoteles, Cicero, Machiavelli, Spinoza, Kant, Tocqueville, Max Weber." (Karl Jaspers)

b) Politische Bildung als Prinzip

Die politische Bildung in der Schule wird in Statistiken unzulässigerweise oft reduziert auf den Stundenumfang des Faches Politik/Sozialkunde. Politische Bildung im weitesten Sinn findet aber in jedem Fach in zweifacher Hinsicht statt: zum einen durch die Wahl der Inhalte, zum zweiten durch die Regeln des Umgangs und der Kommunikation von Schülern und Lehrern im Unterricht. Daher bleibt die Forderung bestehen, dass das Politische Unterrichtsprinzip bleibt, das neben anderen Unterrichtsprinzipien wie dem Musischen, dem Ästhetischen, Historischen, dem Sprachlichen und dem der Rationalität steht. Die Notwendigkeit, das Politische als Prinzip aufrechtzuerhalten, ergibt sich schon aus der Tatsache, dass politische Probleme immer wieder verschiedene Fächer berühren, die zugleich ihre eigene politische Bildungswirkung entfalten.

Maßgebliche inhaltliche Anteile an politischer Bildung haben daher die Fächer Deutsch, moderne Fremdsprachen, alte Sprachen, Philosophie/Ethik, Religion und die Naturwissenschaften. Beispiele: Im Fach Deutsch lernen Schüler, rational-argumentativ miteinander zu kommunizieren und politisch relevante Texte zu analysieren, oder sie werden via Lektüre mit politischen Fragen konfrontiert. Gleiches gilt für den im Unterricht immer anzustrebenden Wertebezug: Die Lektüre von Kleists „Michael Kohlhaas" oder der sophokleischen Antigone legt unmittelbar Fragen nach Recht, Gerechtigkeit oder Grenzen der Politik nahe. Im Fach Philosophie/Ethik bzw. Religion sowie in den modernen Fremdsprachen geschieht Ähnliches; außerdem erwerben die Schüler durch Landeskunde Kenntnisse über die Politiksysteme anderer Länder. In den alten Sprachen lernen die Schüler politische und rechtliche Systeme kennen, die an der Wiege des modernen Staates standen. Auch im naturwissenschaftlichen Unterricht werden die Schüler mit Grundsatzfragen der Politik (z. B. bei der Betrachtung der technischen Anwendung naturwissenschaftlicher Erkenntnisse) und mit ethischen Fragen der Forschung konfrontiert.

Eine besondere Bedeutung für die politische Bildung haben die Fächer Geschichte und Geographie. Hier erfahren die Schüler die Ergebnisse und die Dynamik von Politik in der zeitlichen und in der räumlichen Ausprägung. Eine politische Bildung ohne geschichtliche Grundbildung bleibt leer.

Zudem findet politische Bildung in der Schule sehr praktisch statt auf dem Wege einer Mitgestaltung der Gemeinschaft, auf dem Wege von Wahlen, im Rahmen der Arbeit einer Schülerzeitung, durch den Einsatz von Streitmediatoren usw. Die Schule ist im Alltag insofern eine „Polis im Kleinen".

c) Politische Bildung als eigenes Schulfach

Wenngleich nahezu alle Unterrichtsfächer einen Beitrag zur politischen Bildung zu leisten vermögen, muss sie darüber hinaus im Rahmen eines eigenen Faches („Politik" oder „Sozialkunde") stattfinden. Eine Fächermixtur namens Gemeinschaftskunde oder Gesellschaftslehre, ein so genannter Lernbereich, der die Eigenständigkeit der Geschichte, Sozialkunde und Erdkunde/Geographie aufhebt, verführt zu fachlicher Oberflächlichkeit und zum fachlichen Dilettantismus.

Also muss Politik/Sozialkunde vor dem Erwerb des Hauptschulabschlusses bzw. eines mittleren Bildungsabschlusses mindestens für zwei Schuljahre lang als eigenes Fach etabliert sein. Nur ein eigenes Fach vermag systematisch vorzugehen sowie politische Grundstrukturen, Bezüge und Zusammenhänge hervorzuheben. Darüber hinaus sollte politische Bildung obligatorischer Bestandteil der schulischen Bildung in den berufsbildenden Schulen und in der gymnasialen Oberstufe sein.

d) Lehrerqualifikation

Voraussetzung für die Güte politischer Bildung im fächerübergreifenden und im fachspezifischen Sinn ist neben entsprechenden, klare Inhalte vorgebenden Lehrplänen die Lehrerqualifikation. Dabei muss grundsätzlich gelten, dass die Vermittler politischer Bildung in von der Gesellschaft getragenen Erziehungsinstitutionen aktiv für die Erhaltung und die Weiterentwicklung der freiheitlich-demokratischen Grundordnung einzutreten bereit sind. Zugleich muss der Politiklehrer als Erzieher wirken und so den „Geist der Demokratie" spürbar werden lassen. Seine Verantwortung, Autorität und Persönlichkeit sind gefragt, wenn Wertmaßstäbe verkörpert werden sollen, die Hinführung zu demokratischem Verhalten setzt einen demokratischen Kommunikations- und Interaktionsstil voraus. Politische Bildung bedarf des breit ausgebildeten Vermittlers. Die übliche, auf Politologie und/oder Pädagogik, Soziologie beschränkte Schmalspurausbildung macht jenen souveränen Standpunkt unmöglich, dessen politische Bildung bedarf. Lehrer, die das Fach Politik/Sozialkunde unterrichten, müssen in der ersten und in der zweiten Phase ihrer Ausbildung, in Studium und Referendariat also, darauf vorbereitet und entsprechend examiniert sein. Ansonsten sollten allgemeine und fachspezifische Fragen der politischen Bildung integraler und obligatorischer Bestandteil in der zweiten Ausbildungsphase der Lehrer aller Schulformen und aller Unterrichtsfächer sein. Die besten Lehrpläne taugen nichts, wenn der Vermittler nichts taugt.

11. Grundlegende Ziele der politischen Bildung in der Schule

Zugunsten der eingangs begründeten gesellschaftlich-politischen Grundeinsichten und der damit zu verbindenden persönlichkeitsbildenden Ziele muss die schulische politische Bildung folgende grundlegenden fünf Ziele verfolgen:

a) Rationalität im politischen Urteilen und Handeln

Die sicherste Grundlage für rationales politisches Urteilen und Handeln sind Kenntnisse, Einsichten, rationales Argumentieren und die Fähigkeit zum Dialog. Erziehung zu politischer Rationalität meint somit die Fähigkeit bzw. Bereitschaft, politische Urteile auf eine intersubjektiv überprüfbare Basis zu stellen; politische Konstellationen als Ergebnis objektiver Gegebenheiten und subjektiver Intentionen zu begreifen; affektfrei mit Kritik umzugehen; in komplexen und historischen Zusammenhängen zu denken; die Relativität politischer Entscheidungen zu reflektieren; die Notwendigkeit ordnungspolitischer Setzungen zu akzeptieren.

b) Erziehung zum bürgerschaftlichen Engagement

Das übersozialisierte Menschenbild des 20. Jahrhunderts mit seiner „masseneudaimonistischen Gesinnungsmoral" (Arnold Gehlen) hat das Individuum und die Unvollkommenheit des Menschen vergessen lassen; vor allem wurde die Machbarkeit einer jeden Persönlichkeit durch beeinflusste Sozialisation glauben gemacht. Daraus sind Visionen von einer grenzenlosen Machbarkeit aller menschlichen Bezüge, Merkmale und Dispositionen entstanden oder gar Visionen einer endgültigen Ausgereiftheit gesellschaftspolitischer Konzepte. Ohne das sehr individuelle

Engagement jedes Einzelnen in Familie, Beruf und Ehrenamt aber ist ein auf Freiheit und Wohlstand verpflichtetes Gemeinwesen nicht zu haben. Jede menschliche Leistung hat immer eine ökonomische und eine soziale Dimension. Sie ist insofern nie nur Individualleistung, sondern stets auch ökonomische und soziale Leistung – Leistung für das Gemeinwesen, für die Volkswirtschaft, für andere, für Schwächere und Benachteiligte.

Ein Gemeinwesen lebt also von denen, die ihre Pflicht bzw. mehr als ihre Pflicht tun und die ihre Rolle in Gemeinwesen und Staat nicht nur als Verbraucher sehen. Der Staat kann nicht Glückslieferant sein, sondern subsidiär nur Glück ermöglichen. Glück kann nicht ein an den Staat gerichteter Rechtsanspruch sein, sondern nur Angebot, „des eigenen Glückes Schmied zu sein". Alles andere wäre totalitär. Im Interesse der Entwicklung zu einer freien, mündigen Persönlichkeit müssen Erziehung und Bildung entgegentreten: den an den Staat gerichteten Allmachtserwartungen, einer fürsorglichen Entmündigung, einer Verführbarkeit zur Bequemlichkeit sowie einem Unterminieren von Eigeninitiative und Eigenverantwortung.

c) Erziehung zu Friedfertigkeit und Rechtstreue

Voraussetzung für ein friedliches Zusammenleben von Individuen und Gemeinschaften ist die – immer wieder neu zu bestätigende – Überzeugung der Bevölkerung von der Legitimität der staatlichen Ordnung. Dieses Zusammenleben der Angehörigen eines Gemeinwesens bzw. das friedliche Zusammenleben verschiedener Gemeinwesen wird gefährdet, wenn es von den Mitgliedern des/der Gemeinwesen(s) nicht verinnerlicht oder zumindest anerkannt wird.

Friedfertigkeit und Rechtstreue sind staatsbürgerliche und soziale Tugenden. Die staatsbürgerliche Verpflichtung zur Loyalität entspricht der Verpflichtung des Staates auf das Gemeinwohl. Ohne diese Tugend bzw. Loyalität kann ein demokratischer Rechtsstaat nicht existieren. Denn: Staatsbürgerliche Abstinenz gefährdet die Freiheit, Rechtstreue sichert Freiheit!

In der Frage der Rechtstreue geht es um die Existenz des demokratischen Rechtsstaates. Dieser Staat wird nicht von Rebellionen gefährdet, sondern eher von Gleichgültigkeit sowie von Verweigerungs- bzw. Aussteigerhaltungen.

d) Ökonomische Grundbildung

Deutschland hat sich nach dem Krieg, als vereintes Deutschland ab 1990, für die Soziale Marktwirtschaft entschieden. Diese Wirtschaftsordnung ist sowohl beim Markt- und Eigentumsgedanken als auch bei der Sozialpflichtigkeit des Eigentums grundgesetzlich garantiert. Hinter diesen Gedanken wiederum stehen die Prinzipien der Eigenverantwortung, der Subsidiarität und der Solidarität. Die Vermittlung dieser Prinzipien muss Leitmotiv einer realitätsnahen ökonomischen Grundbildung sein; sie ist damit zugleich ein Beitrag zur Erziehung zur Demokratie. Leitziel ist hier der mündige Staatsbürger auch als mündiger Wirtschaftsbürger, der in dieser Funktion unterschiedliche Rollen, wie z. B. die des Arbeitnehmers und Konsumenten, einnimmt.

Im Rahmen politischer Bildung ist ökonomische Grundbildung in erster Linie makroökonomisch ausgerichtet, sie fördert vor allem die Einsichten, dass eine soziale und ökologisch orientierte Politik ohne leistungsfähige Marktwirtschaft, ohne wissenschaftlich-technische Innovation, ohne Förderung von Selbständigkeit und von Selbständigen, ohne Stärkung des Standortes Deutschland und ohne die millionenfache Leistung jedes Einzelnen nicht zu haben ist; dass Staat und Gesellschaft nicht dasselbe sind und dass beide je unterschiedliche Aufgaben haben; dass der Unendlichkeit der Bedürfnisse die Endlichkeit der Mittel gegenübersteht und der Staat keine sozialen Breitband-Therapeutika parat haben kann.

e) Erziehung zum Eintreten für das Menschenbild der Demokratie

Das Eintreten für den freiheitlich-demokratischen Rechtsstaat und dessen Menschen- bzw. Gesellschaftsbild wird nicht selten als Intoleranz oder Menschenrechts-Imperialismus gewertet. Ein Kulturrelativismus und ein Indifferentismus gegenüber anderen und gegenüber sich selbst oder gegenüber der eigenen Kultur haben aber mit Toleranz oder Liberalität nichts zu tun, sondern enden in geistiger Obdachlosigkeit, in Gleichgültigkeit, in Feigheit, im beziehungslosen Nebeneinander oder im „Nihilismus des Geltenlassens von schlechthin allem" (Arnold Gehlen). „Toleranz" wird zur Leerformel, wenn Menschen nicht wissen, wofür sie eigentlich stehen. Gleichgültigkeit oder gar Intoleranz zuzulassen hieße, dem Unrecht die Tür zu öffnen. Toleranz heißt Achtung vor konkurrierenden, paritätischen Wahrheitsansprüchen außerhalb der eigenen Kultur und geduldige Achtung anderer Wege bei der Suche nach der Wahrheit. Solche Toleranz und solche Reflexion setzen die Kenntnis anderer Wahrheitsansprüche und die offene Begegnung mit anderen Wahrheitsansprüchen voraus. Toleranz heißt daher zugleich, Haltungen und Handlungen nicht zu tolerieren, die Freiheit und Toleranz gefährden.

In diesem Sinne ist zumindest eine Erziehung zu einem Verfassungspatriotismus angezeigt. Es bedarf freilich der darüber hinausführenden Diskussion, ob im Interesse des Eintretens möglichst aller Bürger für das Gemeinwohl nicht Max Weber immer noch Recht hat, wenn er festhält: „Allein die Nation kann die innere Bereitschaft der Menschen wecken, sich solidarisch und selbstlos für das Gemeinwesen einzusetzen." Damit stellt sich die Frage, ob wir es uns weiter leisten wollen, bereits eine Erziehung zu einem aufgeklärten Patriotismus zu tabuisieren, zumal die Mehrzahl der Landesverfassungen einen solchen Patriotismus als Bildungsziel ausdrücklich formuliert, zum Beispiel als Erziehung „in der Liebe zu Volk und Heimat" (Baden-Württemberg), „in der Liebe zur bayerischen Heimat und zum deutschen Volk" (Bayern), zu „verantwortlichem Dienst am Volk" (Hessen), „in Liebe zu Volk und Heimat" (Nordrhein-Westfalen), zur „Liebe zu Volk und Heimat" (Rheinland-Pfalz), in „der Liebe zur Heimat, Volk und Vaterland" (Saarland), zur „Heimatliebe" (Sachsen).

12. Wesentliche Inhalte der politischen Bildung in der Schule

Die nachfolgend dargestellten Schwerpunkte und Inhalte orientieren sich an Schulformen, die hinsichtlich Bildungsdauer und Bildungsziel über den Hauptschulabschluss und Realschulabschluss hinausgehen, die rein zeitlich also mehr Raum für politische Bildung haben. Für Schulformen, deren Abschluss vorher liegt, sind die Inhalte altersgemäß zu adaptieren. Alle nachfolgend genannten Inhalte müssen gleichwohl Pflichtbestandteil schulischer Bildung sein; inwieweit sie Bestandteil eines Faches Politik/Sozialkunde oder anderer Fächer sind, ist dabei sekundär. Dabei empfiehlt es sich, den jeweiligen Schwerpunkten im Sinne der Teilhabe an öffentlicher Kommunikation Grundbegriffe zuzuordnen, mit denen Schüler am Ende ihrer Schullaufbahn etwas „anfangen", Heranwachsende zum Zeitpunkt ihrer Wahlmündigkeit eine Vorstellung verbinden können müssten, schon um Nachrichten oder eine Zeitung verstehen zu können:

a) Demokratie und ihre totalitären Gegenbilder

- Das Menschenbild der Demokratie
- Bürger- und Menschenrechte
- Kennzeichen freiheitlich-demokratischer Grundordnungen
- Gewaltenteilung
- Pluralismus
- Rechtsstaatlichkeit
- Repräsentative/parlamentarische versus plebiszitäre (Basis-)Demokratie
- Das Wesen von Konsens und Konflikt in der Demokratie
- Die drei „klassischen" demokratischen Regierungssysteme: USA, Großbritannien, Frankreich
- Kennzeichen totalitärer Grundordnungen (Macht-, Medienkonzentration, monokratische Willensbildung, Unberechenbarkeit, Zwangsideologie usw.)
- Der Marxismus-Leninismus
- Der real existierende Sozialismus der SU und der DDR
- Der Nationalsozialismus

Grundbegriffe: Antisemitismus, Apartheid, Autonomie, Bürgerinitiativen, Bürgerrechte, Bürgerrechtsbewegung, Datenschutz, Demonstrationsrecht, Diktatur, Dissidenten, Emanzipation, Extremismus, Faschismus, Freiheit, Fundamentalismus, Gemeinsinn, Genfer Flüchtlingskonvention, Gerechtigkeit, Gleichheit, Ideologie, Kollektivismus, Menschenwürde, Menschenrechte, Kommunismus, Kommunitarismus, Konservativismus, Liberalismus, Leninismus, Marxismus, Nationalsozialismus, Person, Rassismus, Revolution, Senat, Solidarität, Toleranz, Totalitarismus, Zwei-Kammer-System

b) Staat und Staatsphilosophie

- Wesensmerkmale eines Staates
- Rechtfertigung des Staates
- Staatsformen
- Politische Philosophien (Antike: Platon, Aristoteles, Cicero; frühes Mittelalter: Augustinus; Neuzeit: Machiavelli, Morus, Hobbes, Locke, Montesquieu, Rousseau, Hegel, Marx)
- Staat und Nation, Wandel des Staatsbegriffs

Grundbegriffe: Anarchie, Aristokratie, Bürokratie, Demokratie, Monarchie, Europäische Konvention zum Schutz der Menschenrechte, Staat – Gesellschaft, Macht, Staatsräson, Subsidiarität

c) Recht und Rechtsstaat

- Das Recht als Teil der Lebensordnung
- Naturrecht und positives Recht
- Überpositives Recht
- Die Herrschaft des Rechts
- Grundrechte
- Recht versus Gesetz
- Gerechtigkeit als Leitziel
- Quellen des Rechts
- Funktionen des Rechts
- Privates und öffentliches Recht
- Rechtsbruch und Sanktionen
- Strukturen der Gerichtsbarkeit
- Veränderung von Rechtsnormen

Grundbegriffe: Asyl, Bundesverfassungsgericht, Innere Sicherheit, Judikative, Legalität, Legislative, Legitimität, Norm, Notstandsgesetze, öffentliches Recht, Privatrecht, Rechtsstaat

d) Die Verfassung der Bundesrepublik Deutschland

- Das Grundgesetz
- Verfassungsentwicklungen (1848, 1871, 1919, 1933, 1949, 1990)
- Grund und Entwicklungsphasen der Bundesrepublik
- Internationale Einbindung Deutschlands
- Das Regierungssystem der Bundesrepublik, Institutionenkunde
- Aufgabenverteilung zwischen Bund, Ländern und Gemeinden
- Parteien
- Interessensorganisationen
- Das Wahlsystem

Grundbegriffe: Abgeordneter, Bundeskanzler, Bundesländer, Bundespräsident, Bundesrat, Bundesregierung, Bundesstaat, Bundestag, Bundesversammlung, Deutschlandlied, Exekutive, Föderalismus, Fraktion, Gemeindeverfassung, Gewaltenteilung, Grundgesetz, Grundrechte, Koalition, Haushalt, Immunität, Interessen, Kirchen, Kommunalpolitik, konstruktives Misstrauensvotum, Kulturhoheit, Landtag, Legislative, Lobby, Minister, Ministerpräsident, öffentliche Hand, öffentlicher Dienst, Opposition, Parteien, Pluralismus, Republik, Repräsentativsystem, Quotenregelung, Verbände, Verfassungsorgane, Vertrauensfrage, Volksbegehren (Plebiszit), Volkssouveränität, Wiedervereinigung

e) Die Wirtschafts- und Sozialordnung in der Bundesrepublik

- verschiedene Wirtschaftssysteme und Wirtschaftsordnungen im Vergleich
- Prinzipien des Wettbewerbs in der sozialen Marktwirtschaft
- Standortfaktoren, Strukturwandel, Europäisierung und Globalisierung

- die gesellschaftliche und individuelle Bedeutung von Arbeit und Beruf
- der Wandel der beruflichen Anforderungen
- die Rolle des Verbrauchers in einer marktwirtschaftlichen Ordnung
- die Bedeutung des Unternehmertums
- die Bedeutung von Eigentum und Kapital
- Grundzüge des Steuersystems
- Grundfragen der Lohn- und Tarifpolitik

Grundbegriffe: Aktie, Angebot und Nachfrage, Arbeitslosigkeit, Arbeitsteilung, Banken, Börse, Erwerbsarbeit, Europäische Zentralbank, Deflation, Dienstleistungsgesellschaft, Enteignung, Gewerkschaften, Gewinn, Haushalt, Investition, IWF, Kapital, Kapitalismus, Keynsianismus, Klassenkampf, Konjunktur, Markt, Marktwirtschaft, Mitbestimmung, Mittelstand, Monopol, Ökologie und ökologische Marktwirtschaft, Ordnungspolitik, Planwirtschaft, Preis(bildung), Soziale Marktwirtschaft, Sozialhilfe, Sozialprodukt, Sozialstaat, Streik und Aussperrung, Strukturwandel, Subvention, Tarifpolitik, Umsatz, Unternehmer, Wettbewerb, Wohlfahrtsstaat, Zins

f) Internationale Politik und europäische Integration

- Das Zusammenleben der Völker: Nationalstaat – überstaatliche Institutionen
- Die UNO
- Die europäische Integration (geistige Grundlagen, Geschichte der EU, Bundesstaat versus Staatenbund, Erweiterung versus Vertiefung, die gemeinsame Währung)
- Deutschland in der internationalen Wahrnehmung
- Globalisierung

Grundbegriffe: Chauvinismus, ethnisch, Entwicklungshilfe, Diplomatie, EU, EG, EWG, Dritte Welt, Europarat, Europäisches Parlament (EP), Europäischer Gerichtshof, Internationaler Gerichtshof, Nation, Nationalismus, OECD, Schengener Abkommen, Vertrag von Maastricht, Völkerrecht, Wehrdienst – Zivildienst, Westbindung, Zwei-plus-Vier-Vertrag

g) Nationale und kollektive Sicherheitssysteme

- Sicherheit als Garant der Freiheit
- Die Verteidigungswürdigkeit des freiheitlichen, demokratischen Rechtsstaates
- Die Bundeswehr
- Kollektive Sicherungssysteme
- Zukünftige Bedrohungsszenarien: Terrorismus usw.

Grundbegriffe: Abrüstung, Appeasement-Politik, Atomwaffen-Sperrvertrag, Äußere Sicherheit, Befreiungsbewegung, Entspannungspolitik, Gleichgewicht des Schreckens, Imperialismus, Kalter Krieg, KSZE, NATO, Nah-Ost-Konflikt, Nord-Süd-Konflikt, Ost-West-Konflikt, OSZE, UNESCO, UNICEF, UNO, Sicherheitspolitik, Sicherheitsrat, Terrorismus, Verteidigung

h) Soziologische Themen

- Gesellschaft
- Gesellschaftlicher Wandel
- Familie
- Arbeit und Freizeit
- Randgruppen

Grundbegriffe: Ausländer, Aussiedler, Integration, Bildungssystem, Elite(n), „Wissensgesellschaft"

i) Demographische Entwicklungen und deren Auswirkungen

- Grunddaten national und international
- Migration

- Geburtenraten
- Alterspyramiden

Grundbegriffe: Demographie, Generationenvertrag

j) Öffentliche Meinung und Medien

- Medien und Demokratie
- Medienlandschaft
- Wirkung der Medien
- Medien und Politik
- Öffentlichkeit und öffentliche Meinung
- Demoskopie

Grundbegriffe: Demoskopie, Massenmedien, Mediendemokratie, Medien und Gewalt, öffentlich-rechtliche Sender, Populismus, Politikdarstellung, Privatsender, Propaganda, Rundfunkfinanzierung, Statistik, Werbung

Kerncurriculum „Mathematische und naturwissenschaftliche Grundbildung"*

Zur praktischen und bildungstheoretischen Begründung des mathematischen und naturwissenschaftlichen Unterrichts

Die Bedeutung der Mathematik und der Naturwissenschaften für die Wirtschaft und für die materiellen Grundlagen alltäglichen Zusammenlebens ist evident. Dies gilt im Besonderen für deren Leistungen in der Grundlagen- und in der angewandten Forschung sowie für die Standards, die damit im internationalen Wettbewerb erreicht werden. Von daher wird zu Recht ein Zusammenhang hergestellt zwischen Zustand und Leistungen der mathematisch-naturwissenschaftlichen Bildung an den Schulen und der Zukunftsfähigkeit unseres Landes.

Bereits mittelfristig ist es deshalb besorgniserregend, wenn sich

– zu wenige junge Menschen für das Studium dieser Fächer entscheiden;

– die hohen Abbrecherquoten in den mathematischen, naturwissenschaftlichen und technischen Ausbildungs- und Studiengängen auf deutliche Mängel in der fachlichen Vorbildung verweisen;

– das Fehlen adäquater Kenntnisse und Fertigkeiten unserer Schulabsolventen schon bei der beruflichen Erstausbildung zu auffälligen Problemen führt.

---

* *Federführung: Bernd-Uwe Althaus (letzte Fassung November 2004)*

Die früher häufig unterstellte „Technikfeindlichkeit" der Jugend dürfte heute keine Rolle mehr spielen (vgl. 14. Shell-Studie von 2002). Gleichwohl lassen sich für die skizzierte Entwicklung verschiedene Gründe identifizieren:

- die Neigung, ein Studium als Form einer „Selbstverwirklichung" zu verstehen, die sich „Bildungserlebnisse" eher von den Geistes- und Kulturwissenschaften erwartet; darin spiegelt sich ein offenbar noch verankertes traditionelles Bildungsverständnis;
- eine weitverbreitete, Schwierigkeiten und Anstrengungen möglichst vermeidende „Arbeitshaltung" von Schülern und das sicher auch damit zusammenhängende nachlassende Interesse, sich auf die entsprechenden „harten" Fächer bei der Wahl der Leistungskurse, der Ausbildungsgänge und der Studienfächer einzulassen;
- die Abhängigkeit der mit diesen Fächern anzustrebenden Berufspraxis und späterer Beschäftigungsmöglichkeiten von nicht vorhersehbaren konjunkturellen Entwicklungen;
- der mit diesen Disziplinen immer noch stark verbundene Ruf, eher „männlich" zu sein.

Für diese Gründe kann die Schule nur in Grenzen verantwortlich sein, sie hängen deutlich mit dem Bildungsklima unserer Gesellschaft insgesamt zusammen. Daher würde es die Schule überfordern, wollte man von ihr erwarten, den Lebensweg junger Menschen im Sinne des skizzierten ökonomischen Ertrags bestimmen zu können.

Die Schule kann jedoch versuchen, einen Unterricht in Mathematik und naturwissenschaftlichen Fächern anzubieten,

- der Interesse, ja Begeisterung wecken kann und an die natürliche Neugier der Kinder auf Zahlen und Naturphänomene anknüpft,
- der „weibliche" Zurückhaltung abbauen hilft,

– der die Anforderungen an die notwendige Fachlichkeit so definiert, dass klar wird, was ein solcher Unterricht in jedem Falle wieder zu leisten hat. Denn es ist ja nicht damit getan, „mehr Unterricht" oder „lebensnähere Methodik" zu fordern; man muss sich auch wieder über grundbildende Inhalte verständigen, nicht nur die Frage nach dem „wie" stellen, sondern die nach dem „was" beantworten und dabei deutlich machen, dass Lernen Anstrengung verlangt.

Freilich greift die übliche Argumentation zugunsten dieser Fächer allein mit ihrer Berufung auf wirtschaftliche Notwendigkeiten zu kurz. Denn die Fächerkultur unserer Schulen darf gerade nicht am vermeintlichen „ökonomischen Nutzwert" ausgerichtet werden, zumal die von gerade diesen Defiziten geprägte Realität lehrt, dass jenseits einer entsprechenden beruflichen Tätigkeit die Relevanz mathematisch-naturwissenschaftlicher Qualifikationen bei der alltäglichen Lebensbewältigung vergleichsweise gering ist: Es bedarf nur in sehr wenigen Fällen des Verstehens, es reicht das Bedienenkönnen aus.

Ein Verständnis von Bildung als nur ökonomischer Ressource hätte nicht nur zur Konsequenz, dass die geisteswissenschaftlich oder ästhetisch orientierten Fächer unserer Schulen weiter reduziert würden. Diesem Verständnis liegt vielmehr ein grundsätzliches Missverständnis von Bildung, insbesondere von Schulbildung zugrunde.

Auch die Mathematik und die Naturwissenschaften als unverzichtbare Elemente allgemeiner Bildung müssen sich *primär bildungstheoretisch* begründen; erforderlich ist ein bildungstheoretischer Ansatz, der die Notwendigkeit mathematischer und naturwissenschaftlicher Grundbildung an den Schulen jenseits ökonomischer Überlegungen als unverzichtbar erscheinen lässt und der zugleich eine sinnvolle Begründung über persönlichkeitsbildende Ziele mathematischer und naturwissenschaftlicher Grundbildung leistet. Im Zuge eines raschen Wandels vieler Lebensbereiche, schwindender Sicherheiten, abnehmender gesellschaftlicher Orientierungspotentiale und ethischer Ressourcen muss Bildung als Selbst- und Ausprägung der „wetterfesten" Persönlichkeit verstanden werden, die aushalten, mitgestalten, moralisch urteilen soll, zur Distanz fähig ist und sich selbst auf Lebenssinn hin entwirft. Sinn von Bildung ist, die Welt und sich selbst in der Welt verstehen zu können. Dafür muss der Heranwachsende mit Stoffen in Kontakt kommen und vertraut werden, die ihm helfen, die Welt und sich selbst zu verstehen – sein eigenes Dasein in der natürlichen, sozialen, historischen und symbolischen Welt. Dieses Selbstverstehen schließt die Einführung in mathematische Denkformen und grundlegende naturwissenschaftliche Zusammenhänge als kulturell und allgemeinbildend unmittelbar ein. Sie bezogen auf die Schule als die „andere Bildung" zu bezeichnen, hieße eine bildungshistorisch wie -theoretisch längst überwundene Trennung erneut zu bekräftigen. Denn Schule und „Schulbildung" haben im Kontext der diversen Lern- und damit Bildungsorte eine Sonderstellung, sie ist die einzige Institution, in der sich das an Inhalten präsentieren kann und darf, was auch im Kontext einer sich immer mehr individualisierenden Gesellschaft als allgemein und exemplarisch gelten darf. Daher bedarf sie als allgemeine Institution nicht nur der Reflexion auf die gesellschaftliche Bedeutung, vielmehr verbindet sich in ihr der individuelle und der gesellschaftliche Doppelaspekt von Bildung. Und nur daraus lässt sich eine Kanon-Diskussion für Schule und Schulbildung begründen; das gilt auch für die mathematisch-naturwissenschaftliche Grundbildung. Das Argument von der sinkenden Halbwertszeit des Wissens mag für die aktuelle Wissenschaft und Forschung und technische Entwicklung gelten. Der Grundbestand des Wissens, das die mathematischen und naturwissenschaftlichen Grundgesetzlichkeiten vermittelt, ist dagegen „langlebig" und bleibt innerhalb der Lebensspanne eines Menschen praktisch unverändert.

Die notwendigen Leistungen mathematischer und natur-
wissenschaftlicher Grundbildung

Die vier Wissensformen „Leistungswissen, Methodenwissen, Bildungswissen, Wertwissen" müssen in der Schule angemessen berücksichtigt werden und zusammenwirken. Dazu hat auch die mathematisch-naturwissenschaftliche Grundbildung als Prozess und im Ergebnis ihren Beitrag zu leisten:

- sie fördert entsprechende Begabungen und Neigungen;
- sie schult das logische und kombinatorische Denken und das Umgehen mit symbolischen und abstrakten Darstellungsformen;
- sie trägt zur Wahrnehmung der Welt in einer spezifischen Form des Angangs bei (Muster, Gesetze);
- sie lehrt das Umgehen mit den „Sachen selbst", erfordert daher „Sachlichkeit";
- sie verweist auf die Verwandtschaft zu anderen symbolischen Ausdrucksformen (Malerei, Musik);
- sie macht die zentrale Bedeutung dieser Wissenschaften für alle Lebenskontexte deutlich, für den Alltag sowohl wie für die wirtschaftlichen Standards, vermittelt die Erfahrung, dass unser Leben ohne die Leistungen dieser Wissenschaften nicht führbar wäre;
- sie verweist auf die Grenzen wissenschaftlicher Erkenntnismöglichkeiten für die Deutung von „Welt"; sie macht zugleich darauf aufmerksam, dass nicht oder alle Lebensfragen wissenschaftlich gelöst werden können, sondern unterschiedliche Wissensformen zusammenwirken müssen;

- sie versucht, Wissenschaft anschaulich zu machen; daher ist ihre Vermittlung in besonderer Weise auf die Verbindung von anschaulich und abstrakt angewiesen;
- sie verdeutlicht, dass zu den Knotenpunkten der Kultur und Kulturgeschichte auch die Entwicklung dieser Disziplinen gehört; daher empfiehlt sich für die anschauliche Vermittlung auch das Einbeziehen biographischer Erzählung (Verbindung zur Geschichte; s. unser Curriculum zum Geschichtsunterricht, S. 334ff.);
- sie bereitet darauf vor, sachgerecht und aufgeklärt an gesellschaftlichen Diskursen teilnehmen zu können, und leistet damit einen entscheidenden Beitrag zu staatsbürgerlicher Bildung;
- sie vermittelt den Unterschied zwischen Erkennen und Anwenden, zwischen Wissenschaft und Technik;
- sie versetzt in die Lage, Diskussionen über Anwendungen, Folgen etc. gelassener und ohne die (in Deutschland nicht unüblichen) Überreaktionen zu führen;
- sie vermittelt das Bewusstsein von den gesellschaftlichen und ethischen Implikationen moderner Naturwissenschaft;
- sie macht auf den Unterschied zwischen wissenschaftlichen und vorwissenschaftlichen Weltbildern aufmerksam;
- sie schärft das Bewusstsein für angemessene Begrifflichkeiten und ihre Reichweite (Definition, Theorie, Hypothese, Experiment) und damit für Wissenschaftlichkeit;
- sie problematisiert alltägliche Raum- und Zeiterfahrung;
- sie macht deutlich, dass Erkenntnisfortschritt nicht gleichzusetzen ist mit „humanem" Fortschritt;
- sie reflektiert die Grenzen mathematisch-naturwissenschaftlicher Modelle und das Verwiesensein des Menschen auf ein kulturell gewachsenes Welt- und Menschenbild.

Die Rolle mathematisch-naturwissenschaftlicher Bildung in unserer Gesellschaft

Unsere moderne Gesellschaft ist untrennbar mit mathematisch-naturwissenschaftlichen Erkenntnissen verbunden. Neben deren direkter Umsetzung in den Ingenieurwissenschaften, für die Gestaltung zahlreicher Geräte und technologischer Abläufe und für die Entwicklung zukünftiger Medien- und Kommunikationskonzepte stehen auch gerade in aktuellen Debatten die ethischen Fragen nach der Umsetzung des technisch Realisierbaren und dessen Konsequenzen für die Menschen im Mittelpunkt der Betrachtungen. Insofern existieren zwei Aufgaben mathematisch-naturwissenschaftlicher Bildung. Die *erste* Aufgabe ist es, den Menschen die Erkenntnisse der Wissenschaft zu vermitteln, ihnen auch die Faszination der Naturwissenschaft näher zu bringen und auf diesem Ausgangsniveau das Wissen und die Kenntnisse über naturwissenschaftliche Arbeitsmethoden zu vermitteln, die als grundlegend einzuschätzen sind. Hierzu gehört es auch, das Bewusstsein für die Erkenntnis zu schärfen, in welch hohem Maß unsere Gesellschaft in ihrer Entwicklung auf die mathematisch-naturwissenschaftlichen Erkenntnisse angewiesen ist, auf die alle anderen kulturellen Bereiche angewiesen sind.

Die *zweite* Aufgabe mathematisch-naturwissenschaftlicher Bildung bezieht sich darauf, das Nachdenken über die Konsequenzen zu fördern, die mit der Umsetzung von Forschungsergebnissen verbunden sein können. Hierzu sind Einzelergebnisse aus Forschungsbereichen allerdings ebenso wichtig wie interdisziplinäre Verbindungen – sowohl naturwissenschaftlich also auch gesellschafts- und sozialwissenschaftlich.

Für die Mathematik und die Naturwissenschaften sind Grundlagenforschung und Anwendungen aufeinander angewiesen. Wird der Bereich der Grundlagenforschung vernachlässigt, entsteht kein neues Wissen als Ausgangspunkt für anwendungsorientierte Forschung oder Umsetzung in den Technikwissenschaften und werden auch neue Zugänge zu naturwissenschaftlichen Erkenntnissen nicht eröffnet. Konsequenzen sind Stagnation in der Entwicklung der Gesellschaft, sind negative Auswirkungen auf Kultur und Zivilisation. Dies korrekt abschätzen zu können, setzt mathematisch-naturwissenschaftlich gebildete Menschen voraus, in der Zukunft in sicher verstärktem Maße.

Eine wesentliche Voraussetzung für Wirtschaftswachstum und gesellschaftliche Weiterentwicklung eines Staates sind Bildung und Forschung. Die rasante Entwicklung von Wissenschaft und Technik, neue Kommunikationstechniken und die Weiterentwicklung von Bio- und Gentechnologie fordern von der Gesellschaft einen Menschen, der fähig und in der Lage ist, sich in die an ihn gestellten Aufgaben schnell und zielbewusst einzuarbeiten und sie zu lösen. Das geht aber nur, wenn er durch Schule, Lehre oder Studium dazu befähigt wird, sich auf der Basis eines breiten Allgemeinwissens Spezialkenntnisse anzueignen und sie effektiv umzusetzen.

Die Leistung mathematisch-naturwissenschaftlichen Unterrichts

Aus der Rolle mathematisch-naturwissenschaftlicher Bildung für unsere Gesellschaft ergibt sich zwingend, dass die Leistungen der einzelnen Unterrichtsfächer in diesem Zusammenhang deutlich herauszuarbeiten sind. Dabei steht die Herausforderung, auf die „Wissensexplosion" in angemessener Art und Weise zu reagieren. Eine Überfrachtung von Lehrplänen ist nicht die richtige Antwort auf diese Problemstellung. Ebenso muss das richtige Maß von fächergebundenen und fächerübergreifenden Inhalten gefunden werden. Das fächerübergreifende Lernen bildet im Besonderen die Basis für das lebenslange Lernen, da es von den ganz praktischen Phänomenen und Problemstellungen ausgeht und diese dann analysiert und bearbeitet. Die fächerübergreifende Herangehensweise kann aber nur dann erfolgreich sein, wenn die grundlegenden Erkenntnisse, naturwissenschaftliche Arbeitstechniken fachspezifisch erarbeitet wurden und gefestigt sind. Dabei müssen Didaktik und Methodik berücksichtigen, welche Ausgangssituation in der jeweiligen Schulart vorhanden ist, welche Zielstellungen dort gesetzt und welche Erwartungen an die Absolventen mit dem jeweiligen Schulabschluss gestellt werden.

Industrie und Wirtschaft beklagen seit einigen Jahren das sinkende Niveau des vorhandenen Allgemeinwissens bei einer großen Zahl von Schulabgängern in Deutschland u. a. in Mathematik und den naturwissenschaftlichen Fächern. Sie sind häufig nicht in der Lage, einfache Problemstellungen auf der Grundlage ihres Schulwissens zu lösen. Auch wenn PISA 2003 leichte Verbesserungen erkennen lässt, gibt es doch eine zu große Zahl von Schülern, die nicht einmal elementare Anforderungen bewältigen können.

Es ist daher erforderlich, der mathematisch-naturwissenschaftlichen Bildung an unseren Schulen aller Strukturen wieder mehr Aufmerksamkeit zu widmen. So muss das Fach Physik als fester Bestandteil der schulischen Ausbildung in die Lehrpläne aller Schulformen integriert werden, um den Schüler durch ein breites sachkundiges mathematisch-naturwissenschaftliches Allgemeinwissen zu befähigen, sich später notwendige Spezialkenntnisse aneignen zu können. Nur Leistungskurse in Physik in den oberen Klassen anzubieten, reicht erstens nicht dazu aus und erreicht zweitens nur eine sehr kleine Gruppe interessierter Schüler.

Um die schulischen Leistungen der Schüler in den mathematisch-naturwissenschaftlichen Fächern zu verbessern, muss dem Leistungsprinzip mehr Aufmerksamkeit gewidmet werden. Regelmäßige Leistungsüberprüfungen und landes- bzw. bundesweite Leistungsvergleiche in den einzelnen Klassenstufen können dabei helfen, die Lernbereitschaft der Schüler zu verbessern und ihre Fähigkeit zur Umsetzung ihres Allgemeinwissens in das Lösen von Problemstellungen zu fördern. Es ist daher zentral, den Unterricht in den Mittelpunkt zu stellen, Konzepte und Methoden zu evaluieren und dadurch auch didaktische Entwicklungsprozesse zu initiieren.

Mathematik

Gegenstände und Ziele des Mathematikunterrichts

Die mathematische Ausbildung verfolgt grundlegende Zielstellungen. Sie vermittelt mathematisches Wissen, entwickelt Fähigkeiten und Routine in der Lösung von innerdisziplinären und sachbezogenen Aufgabenstellungen. Als Wissenschaft, deren Inhalte und Methoden in vielen Bereichen Anwendung finden, ist die Beschäftigung mit der Mathematik grundlegend, zumal sie das Verständnis dafür schafft, dass es objektiv gültige Zusammenhänge gibt.

Unabhängig von dieser grundlegenden Aufgabenbeschreibung mathematischen Unterrichts leistet die Mathematik zur Ausprägung von Basisqualifikationen junger Menschen entscheidende Beiträge. Sie trägt dazu bei, Symbole und Modelle korrekt zu verwenden und sachlich korrekt zuzuordnen. Weiterhin fördert die Mathematik die exakte Ausdrucksweise und das abstrakte Denkvermögen. Im Rahmen der Lebensvorbereitung leistet die Mathematik einen erheblichen Beitrag zur Ausprägung des Vorstellungsvermögens über mathematische Relationen, Zahlen und ihre Abhängigkeiten sowie geometrische Objekte.

Im Mathematikunterricht stehen wesentliche Bereiche des Erkennens und Verstehens im Mittelpunkt, mit deren Hilfe das notwendige Spektrum aus der Fachwissenschaft in das Unterrichtsfach untersetzt wird. Entsprechend der Entwicklung in den einzelnen Jahrgangsstufen stellen die Entwicklung des *mathematischen Könnens* sowie der sichere Umgang mit dem „Erlernten" wesentliche Ausgangspunkte dar. Die Schüler gehen sicher mit Zahlen in den jeweiligen Zahlenräumen um und können die jeweiligen Operationen mit ihnen durchführen. Dabei verwenden sie die korrekten Begriffe, und sie wenden die Sätze und Regeln richtig an. Sie gehen sicher mit Größen um und beherrschen die geometrischen Figuren und Körper. Davon abgeleitet können die Schüler Ergebnisse und Lösungswege werten und Fehler analysieren.

Spezifika in den Schularten

Einleitung

In den folgenden Abschnitten werden wesentliche Lerninhalte des Mathematikunterrichts schulartspezifisch zugeordnet. Damit ist es möglich, die Zielvorstellungen der jeweiligen Schularten mit Hilfe der verschiedenen Inhalte sowie den Spezifika ihrer Behandlung zu beschreiben. Im Sinne einer Grundbildung werden nur wesentliche Aussagen getroffen. Das Spektrum, in dem eine konkrete Realisierung dieser Zielvorstellungen bzw. Grundinhalte stattfinden kann, entstammt einem so riesigen Fundus, dass es nicht sinnvoll ist, diese hier zu konkretisieren. *Insofern will diese Darstellung keine Lehrplandarstellung sein oder in dieser Form interpretiert werden.*

Für alle angesprochenen Bereiche gilt, dass die Möglichkeit, die historische Entwicklung der Mathematik oder herausragende Persönlichkeiten einzubeziehen, auszuschöpfen und allgemeine erzieherische Ziele zu verfolgen sind.

Es wird großer Wert darauf gelegt, dass es sich bei der hier beschriebenen mathematischen Grundbildung um ein wesentliches Element von Allgemeinbildung handelt. Mathematische Bildung im Sinne einer Spezialbildung kann natürlich spezifisch beschrieben werden, ist aber nicht Motiv und Gegenstand und Motivation der folgenden Darstellung.

Mathematik in der Hauptschule

Im Hauptschulbildungsgang erfüllt der Mathematikunterricht neben der grundsätzlichen Aufgabe der mathematischen Bildung erstens die Aufgabe, das mathematische Wissen und Können zur Verfügung zu stellen, das für die Erfüllung der Aufgaben in anderen Fächern – insbesondere den naturwissenschaftlichen – erforderlich ist, zweitens geht es um die Sicherung des Abschlussniveaus der Berufsreife, das zur erfolgreichen Ausbildung oder zum Besuch einer weiterführenden Schule erforderlich ist, und drittens um die Vorbereitung auf die mathematischen Herausforderungen im persönlichen alltäglichen Lebensumfeld. Aus dieser Grundüberlegung wird eine starke Praxisorientierung des mathematischen Unterrichts abgeleitet. Aufgabenstellungen entstammen diesen Überlegungen ebenso wie die eingeschrittenen Lösungswege. Der Vertiefung von Analyse- und Lösungswegen kommt dabei eine große Bedeutung zu.

Lösen von Gleichungen
Diese grundlegende Aufgabenstellung ist sowohl für formale als auch für praktische Aufgabenstellungen sehr wesentlich. Die wesentlichen Lösungsschritte werden über die verschie-

denen Jahre vermittelt und sicher angewendet. An die Stelle des formalen Umstellens der jeweiligen Gleichung kann die Variante treten, zuerst die gegebenen Größen einzusetzen und dann die gesuchte Größe zu finden. Auf Sicherheit und ein angemessenes Arbeitstempo ist Wert zu legen. Lineare Gleichungssysteme stehen zur Lösung an, wenn sie sich aus Sachzusammenhängen ergeben, und werden entweder grafisch oder durch möglichst einfache Lösungsschritte und systematisches Probieren gesucht.

Umgang mit geometrischen Objekten
Die Ausprägung des Vorstellungsvermögens ist eine wesentliche Voraussetzung zur erfolgreichen Lösung geometrischer Aufgabenstellungen. Hierbei kommt der sauberen Darstellung geometrischer Objekte in verschiedenen Darstellungsweisen (Netze, Zweitafelbild, Schrägbild) eine besondere Bedeutung zu. Figuren, insbesondere Dreiecke und Vierecke werden grundlegend behandelt und sowohl zeichnerisch in Konstruktionen als auch zu Berechnungen herangezogen. Aber auch Körper werden in Projektion dargestellt und berechnet. Durch den Umgang mit Formeln zur Berechnung an Pyramiden und Kegeln können auch weitere Körper rechnerisch beschrieben werden. Auch die Arbeit mit Maßstäben der Verkleinerung und Vergrößerung ist sehr wesentlich. Genauigkeit und Arbeitstempo sind im Hinblick auf ein angemessenes Abschlussniveau sicherzustellen.

Sachrechnen
Bei der Lösung praxisrelevanter Probleme kommt der Anwendung des Wissens, der Übertragung der Kenntnisse auf andere Wissenszusammenhänge und einer projektartigen Arbeitsweise eine große Bedeutung zu. Die Schüler müssen die Aufgabe analysieren und selbständig einen Lösungsweg auswählen. Entsprechend ihrem Lösungsweg wählen sie

die passenden Hilfsmittel. Überschlagsrechnungen und Rechenkontrollen kommt im Hinblick auf die Bewertung des eigenen Ergebnisses eine wichtige Rolle zu. Die Schüler werden befähigt, ihren Lösungsweg übersichtlich darzustellen und das Ergebnis korrekt zu interpretieren.

Mathematik in der Realschule

Die grundlegenden Aussagen über den Mathematiklehrgang für einen Hauptschulbildungsgang treffen auch für den Realschulbildungsgang zu. Die Orientierung auf die mathematischen Vorleistungen für andere Unterrichtsfächer, die Vorbereitung auf nachfolgende Ausbildungen und die Vorbereitung auf die Herausforderungen des persönlichen Lebens stellen die Eckpfeiler dar, an denen die Auswahl der Lerninhalte und Niveaustufen orientiert ist.

Im Realschulbildungsgang werden die mathematischen Aussagen und Sätze deutlicher in den Mittelpunkt gestellt und die Lösung von Aufgaben als deren Anwendung verdeutlicht. Insofern werden Aufgaben mehr mit Problemlösestrategien bearbeitet und diese durch die Schüler mit größerer Selbständigkeit in Anwendung gebracht. Dabei ist mathematische Symbolik durch die Schüler anzuwenden, Lösungswege sind übersichtlich darzustellen. Die stärkere Orientierung auf mathematische Sätze spiegelt sich auch im Umgang mit mathematischen Beweisen wider. Die Schüler werden dazu befähigt, Beweise zu verstehen, nachzuvollziehen und einfache Beweise selbständig zu führen.

Lösen von Gleichungen und Gleichungssystemen
Hier stehen lineare und quadratische Gleichungen sowie lineare Gleichungssysteme zur Lösung an. Die Schüler wenden die Lösungsvorschriften selbständig an und finden richtige Möglichkeiten zur Überprüfung ihrer Ergebnisse.

Arbeit mit Funktionen
Lineare und quadratische Funktionen, Winkel- und Potenzfunktionen sind die wesentlichen Arten von Funktionen, die behandelt werden. Die Schüler erreichen dabei vertiefte Kenntnisse in der grafischen Darstellung der Funktionen sowie in der Beschreibung ihrer Eigenschaften. Sie können die Kenntnisse zur Lösung anderer Aufgabenstellungen anwenden, wie zum Beispiel die Winkelfunktionen zur Berechnung rechtwinkliger Dreiecke, Flächen und Volumina.

Umgang mit geometrischen Objekten
Die Schüler beherrschen die grundlegenden Figuren und Körper, können sie auf verschiedene Weise darstellen, ihre Eigenschaften beschreiben und sie berechnen. Sie können dieses Wissen anwenden, um komplexere Figuren und Körper mathematisch zu beschreiben und darzustellen.

Lösen von Sach- und Anwendungsaufgaben
Die Fähigkeit, Aufgabenstellungen zu analysieren, selbständig Lösungsansätze zu finden und korrekt anzuwenden, kennzeichnet den Umgang der Schüler mit Sachaufgaben, die komplexer formuliert oder auch in abstrakteren Sinnzusammenhängen gestellt sind. Damit ist der Praxisbezug der Aufgabenstellungen enthalten, spielt aber nicht die ausschlaggebende Rolle. Bei der Problemlösung kommt auch der Anwendung verschiedener Arbeitsformen eine große Bedeutung zu, werden Partner- und Gruppenarbeitsformen praktiziert.

An einzelnen Beispielen werden mit Unterstützung von CAS-Systemen oder anderen geeigneten Softwarelösungen die mathematisch strukturierte Aufgabenlösung und die Anwendung der modernen Technik gegenübergestellt.

Mathematik im Gymnasium

In der Betrachtung des Grundkanons für das Gymnasium wird nach Abschluss der Klassenstufe 9 (im achtjährigen Gymnasium) eine erste Zwischenbilanz gezogen. Bis zu diesem Zeitpunkt müssen die Kenntnisse, Fähigkeiten und Fertigkeiten erworben werden, die als Ausgangspunkt für die Bewältigung der gymnasialen Oberstufe angesehen werden müssen.

Neben der Erreichung gewisser fachlicher und methodischer Niveaustufen sind zur Definition der allgemeinen Hochschulreife die Ausprägung von Fähigkeiten und Persönlichkeitseigenschaften im kommunikativen und kooperativen Bereich, in der Selbstkompetenz und im selbständigen, systematischen und logischen Denken zu nennen.

Die Klassenstufen der Oberstufe vertiefen die Grundbildung, vermitteln fachwissenschaftliche Methoden zum selbständigen Wissenserwerb und zur selbständigen Lösung fachlicher Problemstellungen. Dem Begründen und Beweisen als mathematische Methoden kommt hier eine herausragende Bedeutung zu. Sie wird stufenweise entwickelt und erhält ihre Abrundung in der selbständigen mathematischen Beweisführung.

In der genannten Abstufung können bis zum Ende der Klassenstufe 9 die wesentlichen Aussagen aus den Darstellungen zur Mathematik in der Realschule gelten. Das Abstraktionsniveau wird in den Anwendungen noch erhöht, um die Voraussetzungen für die Mathematik in der Oberstufe zu setzen.

Lösen von Gleichungen und Gleichungssystemen,
Arbeiten mit Funktionen
Lineare und quadratische Gleichungen und Funktionen können sicher und unter Anwendung allgemeiner Lösungsvorschriften bearbeitet und grafisch dargestellt wer-

den. Rechnerische und grafische Lösungen von Aufgabenstellungen werden sachgerecht ausgewählt und sicher angewendet. Sie können wechselseitig zur Verifizierung von Lösungen eingesetzt werden.

Umgang mit geometrischen Objekten
Figuren und Körper werden sowohl in der Darstellung als auch in der mathematischen Berechnung sicher bearbeitet. Zu den betrachteten geometrischen Körpern kommt noch die Kugel hinzu. Die Verknüpfung der einzelnen Teilgebiete erhält durch die Anwendung geometrischer Lösungsverfahren oder rechnerischer Lösung grafischer Aufgabenstellungen eine noch größere Bedeutung.

Lösen von Sach- und Anwendungsaufgaben
Sach- und Anwendungsaufgaben entstammen praktischen Aufgabenstellungen und abstrakten mathematischen Problemstellungen. Die Schüler können diese selbständig und unter Auswahl eines optimalen Lösungsweges lösen und ihre Lösung auf alternativen Wegen überprüfen.

Die *gymnasiale Oberstufe* hat eine wesentliche Aufgabe in der Ordnung, Systematisierung und Klassifizierung sowie Erweiterung des mathematischen Wissens. Die Funktionen werden so systematisch behandelt, beschrieben und eingeordnet. Am Beispiel der Eigenschaft der Periodizität trigonometrischer Funktionen wird dieses Anliegen deutlich. Funktionen werden außer den mathematischen auch den Sachzusammenhängen zugeordnet und dort gezielt zur Aufgabenlösung eingesetzt. Hierbei haben die Potenz-, Exponential- und Logarithmusfunktionen als Funktionen mit großer Bedeutung für die Lösung von praktischen Problemstellungen eine herausragende Bedeutung.

Die vertiefte Behandlung der Stochastik stellt ebenfalls eine wesentliche Voraussetzung für die Arbeit in der Ober-

stufe dar, vermittelt grundlegende Inhalte der Wahrschein-
lichkeitsrechnung und bereitet die Behandlung der Gesetzmäßigkeiten der Statistik vor.

Die Arbeit mit Folgen und Reihen ist im Rahmen der in-
tensiveren Auseinandersetzung mit Beweisverfahren wesentlich und stellt am Beispiel der Funktionen die Auseinandersetzung mit einem speziellen Funktionstyp in
den Mittelpunkt.

Differential- und Integralrechnung liefern den Zugang
zur weiteren Behandlung von Funktionseigenschaften und
zur Lösung von Extremwertaufgaben.

Mit Hilfe der Vektoren als spezieller Darstellungsform
geometrischer Objekte werden Ebene und Raum neu beschrieben und mit der Vektorrechnung ein wesentlicher
Bestandteil der selbständigen Schülerarbeit eingeführt.

Insgesamt besteht im Mathematiklehrgang der Oberstufe das Ziel, mathematische Theorie und Anwendung
tiefgründig zu behandeln und der Beweisführung besondere
Wertung beizumessen.

Neben den innerdisziplinären Aufgaben des Mathematikunterrichts in der gymnasialen Oberstufe sind aber auch
die interdisziplinären Aufgaben wesentliche Voraussetzungen für Schwerpunkte in der Mathematik. Das Verständnis
z. B. von Schwingungsproblemen, die Beschreibung von
Wechselströmen oder auch die Quantenmechanik sind
ohne eine gründliche Behandlung der Differential- und Integralrechnung auch mehrerer Variablen einschließlich Diffe-
rentialgleichungen sowie die Arbeit mit komplexen Zahlen
nicht möglich.

Physik

Gegenstände und Ziele des Physikuntererrichts

Einleitung

Innerhalb der Naturwissenschaften hat die Physik einen hohen Stellenwert.

Weitere Disziplinen wie z. B. Chemie, Biologie, Geographie, Geowissenschaften, Astronomie sowie alle Ingenieurbereiche bauen unmittelbar auf physikalischen Kenntnissen auf, und für die mathematische Bildung ist sie das breiteste Anwendungsfeld. Es sollte nicht der Versuch unternommen werden, die Physik per Definition von den anderen Naturwissenschaften abzugrenzen (etwa wie früher durch Beschränkung auf die unbelebte Natur) und damit in ihrer Breite einzuengen.

Physikalische Gesetze mit den universellen Naturkonstanten wirken in allen Bereichen der Natur, auf allen Ebenen unseres Kosmos und zu jeder Zeit der Entwicklung. (Sie sind deshalb auch Fundament jedes erkenntnistheoretisch-philosophischen Systems mit Anspruch auf wissenschaftlich fundierte Solidität.) Daneben liefert die Mathematik wesentliche Analysemethoden und -verfahren.

Auch wenn der Schulunterricht in Physik diese Erkenntnisstufe bei weitem nicht erreichen kann, sind aber doch Überlegungen anzustellen, welche Inhalte heute auf den einzelnen Ausbildungsstufen wesentlich sind und wie der Unterricht zu gestalten ist, um ein dem Alters- und Bildungsstand entsprechendes Naturverständnis zu entwickeln. Der Physikunterricht hat wie jedes andere Grundlagenfach in einer leistungsorientierten Bildung in bestimmten Stufen abfragbare Kenntnisse und Erkenntnisse, Fähigkeiten und Fertigkeiten zu erbringen. Das bedeutet aber nicht, dass der Unterricht in der Allgemeinbildung der inneren Fachsystematik streng genügen muss. Schon Ernst Mach hat davor gewarnt, die Systematik des Faches zur Grundlage von Lehrplänen zu machen und diese nach Mechanik, Elektrizitätslehre, Optik usf. aufzugliedern. Selbst im Hochschulstudium Physik ist Feynman erfolgreich von der konservativen Einteilung des physikalischen Grundwissens in seinen Anfang der 60er Jahre gehaltenen „Lectures" abgewichen und hat dafür weltweit Nachahmer gefunden. In diesem Sinne sind die nachfolgend aufgelisteten Stoffgebiete als Lerninhalte und nicht als stoffliche Abfolge in einem Lehrplan anzusehen.

Aus der grundlegenden Bedeutung der Physik ist abzuleiten, dass der Physikunterricht in der Klassenstufe 6 einsetzen sollte und durchgängig in allen Schularten bis zum Abschluss mit einer angemessenen Stundenzahl vertreten sein muss. Er baut auf den Vorleistungen auf, die im Sachunterricht der Grundschule sowie im Werkunterricht oder vergleichbaren Fächern erbracht werden. Naturwissenschaftliche Angebote, die in verschiedener Art und in verschiedenen Anbindungen in Schularten in niederen Klassenstufen existieren, haben andere Schwerpunktsetzungen als der hier betrachtete physikalische Fachunterricht. Die Koordinierung ist dennoch erforderlich. Die Forderung nach der Durchgängigkeit des Physiklehrgangs bis zum jeweiligen Schulabschluss ergibt sich aus der Tatsache, dass eine solide physikalische Grundausbildung für zahlreiche Berufsausbildungen aber auch für wesentliche Studienanforderungen, z. B. in den Bereichen Medizin, Ernährungswissenschaften, in technischen und wirtschaftlichen Ausbildungsrichtungen bedeutsam ist.

Es ist sehr wesentlich, dass die Schüler in der Beschäftigung mit der Physik verstehen, welche Bedeutung die einzelne Disziplin im Reigen der Wissenschaften hat, wie es zum Beispiel bei der Physik in ihrer Beziehung zu Chemie und Geowissenschaften, zu den Ingenieurwissenschaften und zur Mathematik deutlich wird. Aber auch das Verstehen notwendiger Erkenntnisse und die Anwendung von Analysemethoden auf andere Zusammenhänge sind sehr wichtig.

Bedeutung und grundlegende Aufgaben

Der Physikunterricht vermittelt den Schülern wesentliche erkenntnistheoretische Grundlagen einer Wissenschaft. Die Phänomene und Vorgänge, die in der Physik in Bezug auf die unbelebte Natur untersucht werden, bringen Erkenntnisse hervor, die sowohl zum Verstehen der Gesetzmäßigkeiten der Natur als auch zum Verständnis der Technik angewendet werden. Die Intensität und das breite Spektrum, in denen sich die Physik und ihre Anwendungen im Leben der Menschen Bahn bricht, verknüpft mit dieser Wissenschaft weitreichende Konsequenzen für das Leben und das Zusammenleben der Menschen, die Entscheidungsnotwendigkeit zwischen dem technisch Möglichen und den Grenzen technischen Fortschritts sowie ethischen Grenzsetzungen. In beispielhafter Art und Weise bezieht die Physik die Erlebniswelt der Schüler ein, um Erscheinungen und Vorgänge zu erkennen, die dann einer grundlegenden Analyse und Erarbeitung von Gesetzmäßigkeiten dienen. In der Auseinandersetzung mit den Erscheinungen im Mikrokosmos und im gesamten Universum vermittelt die Physik die naturwissenschaftlichen Grundlagen für ein Weltverständnis sowie weltanschauliche Vorstellungen und trägt zur praktischen Lebensorientierung bei.

Der Physikunterricht hat die grundlegende Aufgabe, physikalisches Wissen und Arbeitstechniken zu vermitteln, Methoden der physikalischen Erkenntnisgewinnung zum Unterrichtsgegenstand zu machen und an der Kompetenz der Schüler zu arbeiten, dieses Wissen und Können zur Beantwortung von Kernfragen unserer Zeit einzusetzen. Der experimentellen Tätigkeit kommt hierbei eine besondere Rolle zu.

Der Physikunterricht sollte sich in seinen Aufgaben und grundlegenden Inhalten auf den Abschluss der jeweiligen Schulart ausrichten. Seine Rolle in der Berufswahlvorbereitung und der Vermittlung der notwendigen Kenntnisse, Fähigkeiten und Fertigkeiten ist differenziert, ebenso die Fachinhalte und fächerübergreifenden Beiträge zum Gesamtkanon.

Lerninhalte des Physikunterrichts

In diesem Abschnitt werden die wesentlichen Lerninhalte schulartunabhängig aufgelistet. Diese Auflistung stellt keine Reihenfolge im Sinne einer Stoffeinheitenplanung dar. Es ergibt sich aus der gewählten Darstellungsform in diesem Abschnitt, dass Themen und Arbeitstechniken an einer bestimmten Stelle angesprochen bzw. zugeordnet werden, ohne damit ihre grundsätzliche oder auch in anderen Zusammenhängen vorhandene Bedeutung zu beeinträchtigen.

Stoffliche Schwerpunkte	Beispiele zu bearbeitender Themen
Wärmelehre – Temperatur – Thermische Energie – Wärme, Wärmeausbreitung – Aggregatzustände und -änderungen – Verhalten der Körper bei Temperaturänderung – Wirkprinzipien und Energiebilanz von Verbrennungsmotoren – Kenntnisse der Begriffe thermodynamisches System, Temperatur, Wärme und innere *Energie* – Kalorik – ideales Gas	Temperaturmessungen – Einführung und Erklärungen mit Hilfe des Teilchenmodells – praktische Bedeutung der Längen- und Volumenänderung bei Temperaturänderung – sparsamer und Rationeller Umgang mit Energie – Erklärung technischer Anwendungen (z. B. Kühlschrank, Wärmedämmung) – Auswirkung von Temperaturänderungen auf andere physikalische Größen – Anomalie des Wassers

– Hauptsätze der Thermodynamik – Kreisprozesse	– Berücksichtigung physikalischer Gesetze bei praktischen Lösungen (Brückenbau, Bimetall, ...) – Wärmeleitung, -strömung und -strahlung – ideale und reale Kreisprozesse – Quantitative und qualitative Betrachtungen zur kinetisch-statischen Thermodynamik
Optik – Eigenschaften des Lichtes – Lichtquellen und beleuchtete Körper – Schatten – Finsternisse – Reflexion und Brechung des Lichtes – Bildentstehung (Linse, Spiegel) – Optische Geräte – Welleneigenschaften des Lichtes – Farbmischung und Farbzerlegung – Spektren	Verwendung des Modells Lichtstrahl – Fähigkeit zur Beschreibung und Erklärung von Naturerscheinungen – Konstruktion von Strahlenverläufen und Bildentstehungen – Experimente zur Lichtausbreitung sowie zu Reflexions- und Brechungsgesetz – Optische Täuschungen – Beschreibung des Aufbaus und Erklärung der Funktion optischer Geräte – Welle-, und Teilcheneigenschaften des Lichtes – Bedeutung der Spektren für die physikalische Erkenntnisgewinnung
Mechanik – Masse und Volumen – Dichte – Kräfte und ihre Wirkungen – kraftumformende Einrichtungen – Mechanische Arbeit und Leistung – Mechanische Energie; Energieformen und Energieträger – Wirkungsgrad – Energieerhaltungssatz – Druck – Auflage- und Kolbendruck – Schweredruck in *Flüssigkeiten*	Ermitteln, Messen und Berechnen von Größen – Umwandeln von Einheiten physikalischer Größen – Genauigkeit und Fehler bei Messverfahren – Deutung der Dichte und des Drucks im Teilchenmodell – Experimente zu kraftumformenden Einrichtungen – Kraftumformende Einrichtungen in der Technik und ihre Bedeutung in der geschichtlichen Entwicklung

– Luftdruck – Statischer Auftrieb; Sinken, Schweben, Steigen und Schwimmen – Geschwindigkeit – Beschleunigung – Bewegungen – Newtonsche Gesetze – Drehmoment – Gleichgewicht starrer Körper – Rotation, Drehimpuls und Drehimpulserhaltungssatz	– Abgrenzung experimenteller Begriffe zu Begriffsinhalten im Alltagsgebrauch – Beispiele und Anwendung zur Wirkung von Kräften – Experimentelle Geschwindigkeitsbestimmung und Arbeit mit Messgeräten zur Geschwindigkeitsbestimmung – Modell Kraftpfeil und seine Anwendung; Modell Massepunkt – Qualitative und halbquantitative Lösung von Aufgabenstellungen sowie Berechnung physikalischer Größen und Wertung der Ergebnisse – globale Bedeutung des Energieerhaltungssatzes – Wertung des Wirkungsgrades für die Anwendung technischer Geräte – Bedeutung physikalischer Größen für unser Leben durch die Zustandsbeschreibung eines Systems (z. B. Luftdruck) – Grafische, rechnerische und mathematische Lösung von Bewegungsaufgaben – Unterschied von Zustands- und Prozessgrößen – Voraussetzungen und Bedingungen für das Zustandekommen eines Vorgangs
Elektrizitätslehre – Elektrische Ladungen – Spannung, Strom und elektrischer Widerstand – Gleich- und Wechselstrom – Stromkreise – Elektrische Arbeit und Energie – Elektrische und Magnetische Felder	Deutung der Leitungsvorgänge im Teilchenmodell – Experimentelle Arbeit mit Ladungen und Stromkreisen – Gefahren des elektrischen Stroms für den Menschen – Fertigkeiten in der Anfertigung und im Lesen von Schaltplänen

– Elektromagnetische Induktion	– Technische Messverfahren elektrischer Größen – Bedeutung elektrischer Energie in unserem Leben – Modell der Felder – Induktion mit Bedingungen, Abhängigkeiten und Anwendungen
Schwingungen und Wellen – Schwingungen und Wellen – Akustik – Elektromagnetische Schwingungen – Elektromagnetisches Spektrum – Eigenschaften Hertzscher Wellen	Deutung physikalischer Eigenschaften und ihre Anwendung in der Technik – Bedeutung physikalischer Erkenntnisse für andere Bereiche am Beispiel der Medizin
Atom- und Quantenphysik – Atomaufbau – stabile und instabile Kerne – Isotope – Spontanzerfall – Kernstrahlung – Strahlungsmessungen – Nutzung von Kernenergie – Gefahren der Kernenergie – Quantenphysikalische Erkenntnisse an ausgewählten Themen (Licht, Elementarteilchen, Atom mit Kern und Hülle) – Elektron in quantenphysikalischer Betrachtung – Erkenntnisse über den Atomaufbau – Emission und Absorption des Lichtes – Laser – Zusammenhang zwischen den Erkenntnissen der Quantenphysik und der klassischen Physik	– Modelle zur Erklärung des Kern- und Atomaufbaus – natürliche Radioaktivität – Gefahren durch radioaktive Strahlung – Fähigkeiten zur Bewertung von Stellungnahmen – Verantwortung der Menschen für die Nutzung naturwissenschaftlicher Erkenntnisse – Bedeutung der Modellvorstellungen für die Erkenntnisfindung am Beispiel der Quantenphysik ausbauen – Experimente zum Atomaufbau – Modelle der Quantenphysik über den Atomaufbau – quantenphysikalische Interpretation von experimentellen Befunden und qualitativen Erkenntnissen – Laser und ihre Bedeutung in Naturwissenschaft und Technik
Elektronik – Leitungsvorgänge in Halbleitern und gezielte Veränderung der Leitungseigenschaften – Grundlegende elektronische	Aufbau und Funktion von Halbleiterbauelementen – Kenntnisse über integrierte Schaltungen – Entwicklungen im Bereich der

Bauelementen – Bedeutung der Elektronik	Elektronik und deren Konsequenzen

Spezielle Relativitätstheorie
– Kenntnis der Relativitäts-
  prinzipien der Mechanik
– Vakuumlichtgeschwindigkeit
  als Grenzgeschwindigkeit
– Relativistische Masse-
  veränderlichkeit
– Masse-Energie-Relation
– Galilei- und Lorentztrans-
  formation
	kinematische Konsequenzen
	– Vergleich von Denkweisen der
	  klassischen Physik und der
	  relativistischen Physik
	– Beispiele für Prozesse, bei denen
	  relativistische Erkenntnisse von
	  Bedeutung sind

Spezifika in den Schularten

Die Lerninhalte, die als Grundkanon für einen schulischen Physiklehrgang angesehen werden, sind in tabellarischer Form dargestellt. In den folgenden Unterpunkten werden konkrete Aussagen dazu getroffen, wie die Umsetzung in den einzelnen Schularten erfolgt. Diese Aussagen basieren auf den Zielvorgaben der einzelnen Schulart und leiten daraus wesentliche Aufgaben und Niveaustufen der Auseinandersetzung ab.

Physik in der Hauptschule

Gemäß der Prämisse, mit dem Physikunterricht *spätestens* in der Klassenstufe 7 zu beginnen, und unter der Voraussetzung, dass der Hauptschulbildungsgang mit dem Hauptschulabschluss nach der Klassenstufe 9 abschließt, wird hier ein dreijähriger Physiklehrgang beschrieben. Ein besonderes Augenmerk gilt der Zusammenarbeit und der inhaltlichen Koordinierung mit den Inhalten des Fachbereichs Arbeit-Wirtschaft-Technik o.ä.

Außerdem ist bei experimentellen Aufgaben in allen Schulformen der Erhalt des Interesses von Schüler*innen* am Fach Physik besonders zu beachten.

Experimentieren
Die Experimente dienen am Beginn des Physikunterrichts dazu, Phänomene aus der Erlebniswelt der Schüler aufzugreifen, Elemente aus der Erlebniswelt der Schüler zu isolieren und im Experiment Teile gezielt zu beobachten oder zu untersuchen und damit Interesse an den fachlichen Inhalten zu wecken. Dabei ist besonderer Wert darauf zu legen, den Schülern einen adäquaten Zugang zur Physik zu ermöglichen, der interessante Phänomene aufgreift und sie in dieser Phase nur mit einfachen theoretischen Modellen unterlegt. Beim Experimentieren wird nach Anleitung gearbeitet. Beobachtung und Beschreibung stehen im Mittelpunkt während bzw. nach der Durchführung des Experimentes und werden in der Abfolge der Vorbereitung, Durchführung und Auswertung hier als Schwerpunkte eingeordnet.

Im weiteren Verlauf wird die Experimentiertätigkeit mit zunehmender Selbständigkeit durchgeführt. Die exakte Abarbeitung von vorgegebenen Schrittfolgen und Arbeitsanleitungen ist wesentlich für diese Phase der experimentellen Arbeit. Das Experiment spielt zunehmend eine wesentliche Rolle im Erkenntnisprozess. Dabei werden physikalische Gesetze exemplarisch aus der experimentellen Tätigkeit erarbeitet, um den Schülern diese Möglichkeit der Erkenntnisfindung zu vermitteln. Die Verbindung von unterrichtlichen Experimenten und technischen Abläufen wird an ersten Beispielen erarbeitet.

Das Experimentieren wird mit der Orientierung auf den Schulabschluss als Teil der Erkenntnisgewinnung eingesetzt oder dient der Verifizierung von physikalischen Gesetzen. Hierbei sind Sicherheit in der Bearbeitung von Versuchsanleitungen und Arbeitsabläufen, Selbständigkeit in der Vorbereitung, Durchführung und Auswertung der Experimente anzustreben. Nach Möglichkeit ist die experimentelle Arbeit der Schüler mit den Praxiserfahrungen der Schüler in berufsvorbereitenden Praktika sowie mit den Fächern der Fächergruppe AWT (Arbeit, Wirtschaft und Technik o.ä.) in Verbindung zu bringen. Der exakten Mess- bzw. Beobachtungsdatensicherung sowie der Ergebnisprotokollierung und der Fehleranalyse zum Experiment gilt in der Klassenstufe 9 erhöhte Bedeutung.

Inhaltliche Schwerpunkte
Im Physikunterricht der Hauptschule werden die klassischen Inhalte der Stoffgebiete Mechanik, Wärmelehre, Elektrizitätslehre und Optik vermittelt. Dabei steht die Orientierung an der Erfahrungswelt der Schüler und an den vorbereitenden Aufgaben für eine berufliche Ausbildung im Mittelpunkt.

Im Rahmen der Umsetzung der inhaltlichen Schwerpunkte sind die verschiedenen Kompetenzbereiche, auf deren Entwicklung jeder Unterricht Wert legen sollte, zu berücksichtigen. Hierauf, wie auf die Möglichkeiten der einzelnen Sachgebiete, erziehend zu wirken und Fähigkeiten zu Wertungen auszuprägen, wird an dieser Stelle nicht näher eingegangen. Sie verstehen sich ebenfalls als immanente Aufgabe.

Ausgangspunkt sollten hier primär Naturphänomene (z. B. der tägliche Wetterablauf) oder Erfahrungen aus dem Lebensbereich der Schüler sein (daraus können sich auch Beziehungen zu anderen Unterrichtsfächern sinnvoll herstellen lassen). Modelle werden in der Form als grundlegend verwendet, wie sie für Erklärungen und Beschreibungen und zur Ableitung analoger Betrachtungen notwendig sind. Es wird großer Wert darauf gelegt, dass die Schüler befähigt werden, Beobachtungen detailliert und strukturiert wiederzugeben und aus den wesentlichen

Ergebnissen Vermutungen oder Erkenntnisse abzuleiten. Dabei stehen qualitative und halbquantitative Formulierungen im Mittelpunkt, quantitative Aussagen im Ergebnis des Erkenntnisprozesses sollten nur an einfachen Beispielen dargestellt werden.

Die Beherrschung der physikalischen Größen, ihrer Formelzeichen und Einheiten ist für die Problemlösung von zentraler Bedeutung und muss auch in Wiederholung und Festigung einen festen Raum einnehmen. Bei der Lösung von Aufgaben ist auf die Erfassung der Aufgabenstellung sowie auf den Praxisbezug der Beispiele großer Wert zu legen. Die eigenständige Übertragung von Lösungswegen auf analoge Aufgabenstellungen ist wesentlich.

Physik in der Realschule

Der Realschullehrgang im Fach Physik beschreibt die Arbeit in den Klassenstufen 7 bis 10. Die Bedeutung des Faches für den Abschluss der mittleren Reife, der damit verbundenen Berufsvorbereitung sowie Sicherung des Niveaus, das als Zugangsvoraussetzung für weiterführende Schulausbildungen anzusehen ist, bedingt entsprechende Schwerpunktsetzungen im Erkenntnisprozess sowie in den gewählten didaktischen Schritten und Methoden.

Experimentieren

Die Experimente dienen auch im Realschulbildungsgang am Beginn des Physikunterrichts dazu, Interesse an den fachlichen Inhalten zu wecken oder Elemente aus der Erlebniswelt der Schüler zu isolieren und im Experiment Teile gezielt zu beobachten oder zu untersuchen. Das Erproben und das qualitative Überprüfen von aufgestellten Hypothesen ist wesentliche Aufgabe dieser Experimente. Es werden Schrittfolgen überlegt, Beobachtung durchgeführt, und die

Beschreibung und Bewertung der Hypothesen stehen im Mittelpunkt der Auswertung des Experimentes.

Im weiteren Verlauf wird die Experimentiertätigkeit mit zunehmender Selbständigkeit durchgeführt. Die exakte Abarbeitung von vorgegebenen Schrittfolgen und Arbeitsanleitungen wird durch die gezielte Arbeit mit Protokollen ergänzt. Das Experiment spielt zunehmend eine wesentliche Rolle im Erkenntnisprozess. Dabei werden physikalische Gesetzes qualitativ aus der experimentellen Tätigkeit erarbeitet oder Gesetze auf diesem Wege verifiziert. In der Verbindung von unterrichtlichen Experimenten und technischen Abläufen werden physikalische Sachverhalte analysiert und bewusst mit der technischen Anwendung verknüpft.

In den Experimenten gewinnen verschiedene Messtechniken Raum. Auswirkungen der gewählten Anordnung und der Auswahl der Messtechnik auf die Ergebnisse werden bewusst artikuliert. Die Schüler wenden in der Auswertung von Messdaten selbständig mathematische Erkenntnisse an, um Zusammenhänge zu finden und qualitative Aussagen zu treffen bzw. Gesetze anzuleiten. Der Selbständigkeit in allen Phasen der experimentellen Arbeit kommt eine große Bedeutung zu. Fehleranalyse und Fehlerdiskussion sind für den Erkenntnisprozess der Schüler wesentliche Aufgaben. Nach Möglichkeit ist auch hier die experimentelle Arbeit der Schüler mit den Praxiserfahrungen der Schüler in berufsvorbereitenden Praktika in Verbindung zu bringen.

Inhaltliche Schwerpunkte

Im Physikunterricht des Realschulbildungsganges werden ebenfalls die klassischen Inhalte der Stoffgebiete Mechanik, Wärmelehre, Elektrizitätslehre, Optik und Kernphysik vermittelt. Die Möglichkeiten der physikalischen Erkenntnisfindung stehen hier stärker im Zentrum der Betrachtungen.

Die Schüler lernen, ihre naturwissenschaftlichen Erkenntnisse intensiv miteinander zu verknüpfen und Erscheinungen zunehmend ganzheitlich zu betrachten.

Der Erkenntnisprozess wird mit zunehmender Selbständigkeit bis zu halbquantitativen Formulierungen entwickelt, und Schüler werden exemplarisch zur selbständigen Anwendung der quantitativen Aussagen befähigt. Der Rolle der Modelle in der Physik wird in der Realschule ein entsprechender Platz eingeräumt, und es ist anzustreben, dass Schüler die Modelle zur Erklärung von Erscheinungen und Phänomenen verwenden. Der größeren Bedeutung der Anwendung von Problemlösestrategien ist insbesondere dadurch Rechnung zu tragen, dass die Schüler komplexere Aufgaben selbständig analysieren, in Teilaufgaben bearbeiten und zur Gesamtlösung zusammenfassen. In diesem Zusammenhang kommt auch der Deutung von Ergebnissen und der Ableitung von Aussagen über Chancen und Gefahren bestimmter wissenschaftlicher Möglichkeiten eine größere Bedeutung zu.

Physik im Gymnasium

Der Physiklehrgang in gymnasialen Bildungsgängen beschreibt die Arbeit in den Klassenstufen 7 bis zum Abitur. In der Betrachtung dieses Ausbildungsweges ergeben sich zwei Niveaustufen. Im ersten Bereich steht das Fach Physik im Fächerkanon – entsprechend den Darstellungen des Fachs Physik in der Realschule. Die zweite Schwerpunktsetzung ergibt sich durch die Zielstellung dieser Schulart – das Erreichen der allgemeinen Hochschulreife. Hier muss überlegt sein, welche Voraussetzungen zur Studierfähigkeit die Physik in der schulischen Ausbildung zu setzen hat.

Experimentieren

Die Experimente wecken Interesse an den fachlichen Inhalten, verdeutlichen Teile aus komplexen Zusammenhängen und motivieren zur Auseinandersetzung mit Problemen und Phänomenen. Das Ausprobieren und das qualitative Überprüfen von aufgestellten Hypothesen prägt den Anfangsunterricht. Schnell werden daraus Schrittfolgen überlegt, selbständig Beobachtung durchgeführt, und die Beschreibung und Bewertung der Hypothesen stehen im Mittelpunkt der Auswertung des Experimentes.

Im weiteren Verlauf wird die Experimentiertätigkeit mit großer Selbständigkeit durchgeführt. Schüler formulieren zu Aufgaben selbst die konkreten Arbeitsanleitungen, formulieren Hypothesen und suchen nach geeigneten Schritten, diese zu überprüfen oder zu widerlegen. Das Experiment spielt eine wesentliche Rolle im Erkenntnisprozess. Dabei werden physikalische Gesetzes qualitativ und quantitativ aus der experimentellen Tätigkeit gefunden sowie Gesetze oder Aussagen auf diesem Wege verifiziert. In der Verbindung von unterrichtlichen Experimenten und technischen Abläufen werden physikalische Sachverhalte analysiert und bewusst mit der technischen Anwendung verknüpft.

In den Experimenten gewinnen verschiedene Messtechniken Raum. Der Zusammenhang der gewählten Anordnung und Auswahl der Messtechnik auf die Ergebnisse wird bewusst gesetzt, und von den Schülern werden Begründungen abgefordert. Die Schüler wenden in der Auswertung von Messdaten selbständig mathematische Erkenntnisse an, um Zusammenhänge zu finden, qualitative und quantitative Aussagen zu treffen bzw. Gesetze abzuleiten. Die Selbständigkeit in allen Phasen der experimentellen Arbeit ist von zentraler Bedeutung. Fehleranalyse und Fehlerdiskussion sind für den Erkenntnisprozess der Schüler wesentlich. Sie setzen Fachliteratur ein, um Beispiele,

Anwendungen und technische Umsetzungen der gewonnenen Erkenntnisse zu finden.

Inhaltliche Schwerpunkte
Die deutlich eingeforderte wissenschaftspropädeutische Komponente des Fachunterrichts muss auch in der Schwerpunktsetzung im Fach Physik eine wesentliche Rolle spielen. Wie in der Beschreibung der experimentellen Tätigkeitsprofile trifft dies auch für die Arbeit mit physikalischen Modellen, die Lösung physikalischer Aufgaben und andere Bereiche zu. Die Schüler müssen befähigt werden, zur Problemlösung ihr Wissen aus allen notwendigen Disziplinen zusammenzutragen, selbständig Lösungsansätze zu finden oder Lösungen zu bewerten.

Die physikalischen Modelle spielen eine wesentliche Rolle im Erkenntnisprozess und in der Lösung von Problemen. Dabei werden Vorteile und Grenzen der verwendeten Modelle klar analysiert und damit Fehlerdiskussionen geführt.

Mit Orientierung auf die zu erreichende Studierfähigkeit werden in der Physik die Entwicklungen der Relativitätstheorie und der Quantenphysik in Bezug zu den klassischen Aussagen gesetzt, Anwendungen und deren Grenzen zugeordnet und die klassischen Aussagen aus den quantenphysikalischen Gesetzmäßigkeiten abgeleitet.

Mit Orientierung auf die Studierfähigkeit sind die Fähigkeiten zur Problemanalyse, zur Auswahl von geeigneten Untersuchungs- und Lösungsmöglichkeiten sowie der Durchführung einer Ergebnisanalyse und Fehlerdiskussion im Physikunterricht der gymnasialen Oberstufe zu entwickeln. Die Schritte zum selbständigen Wissenserwerb im Rahmen von Projektarbeit sind mit fachübergreifenden Themen gut zu realisieren.

Bildungsoffensive durch Neuorientierung des Musikunterrichts*

1. Schulbildung zwischen Tradition und Innovation

Sinn von Bildung ist, die Welt und sich selbst in der Welt verstehen zu können. Dafür müssen Kinder und Jugendliche mit Inhalten konfrontiert und vertraut werden, die ihnen helfen, das eigene Dasein in der natürlichen, sozialen, historischen und symbolischen Welt zu verstehen. Dabei haben Schule und Schulbildung im Kontext der diversen Lern- und damit Bildungsorte eine Sonderstellung, denn die Schule ist die einzige Institution, in der sich das an Inhalten präsentieren kann und muss, was auch im Kontext einer sich immer mehr individualisierenden Gesellschaft als allgemein, fundamental und exemplarisch gelten darf. Daher bewegt sie sich zwischen Tradition und Innovation. Mit Pflege der Tradition ist nichts Folkloristisches oder Museales gemeint. Vielmehr ermöglicht erst Rückbesinnung auf Tradition Distanz zur Gegenwart, inspiriert zur Neugestaltung und ist zugleich Voraussetzung für die Fähigkeit, Neues zu erleben und zu verstehen. An diesem Grundsatz haben sich auch Überlegungen zur musischen Grundbildung und damit ein Kerncurriculum „Musik" zu orientieren.

---

* *Federführung: Gerhard Ottowitz (Januar 2005)*

1.1 Sinn und Bedeutung kultureller Bildung

Sich künstlerisch zu äußern ist von Beginn an eine anthropologische Konstante. Daher wurden Kunst und Kultur stets als notwendiges Element für Entwürfe „guten Lebens" begriffen. Künstlerische Ausdrucksformen begegnen uns in allen gesellschaftlichen Bereichen, auch von daher hat kulturell-künstlerische Betätigung oder Teilhabe eine immer größere Bedeutung für die Menschen. In einer modernen Gesellschaft wächst daher der Bedarf an Kunst und Kultur ebenso wie das Interesse daran, viele Jugendliche definieren sich selbst über ästhetische Trends und Wahrnehmungen.

Der ästhetischen Bildung kommt an den Schulen eine vorbereitende und orientierende Bedeutung zu. Sie eröffnet jungen Menschen den anschaulichen Zugang dazu, dass Kunst und Kultur unverzichtbare Formen des Verständnisses von sich selbst und von Welt sind, dass der Mensch nicht „vom Brot" allein lebt, dass Rationalität nur eine Seite menschlicher Existenz darstellt und dass schließlich ästhetische Formen zwar einerseits universal, andererseits nach Kulturräumen verschieden sind und Wissen und Verständnis verlangen. Damit verbindet sich die Schulung des eigenen ästhetischen Urteils. „Wenn die Welt klar wäre, gäbe es keine Kunst" (Albert Camus).

1.2 Die Bedeutung der musikalischen Bildung

„Ohne Musik wäre das Leben ein Irrtum." Dieser wohl wichtigste Satz über die Bedeutung der Musik aus dem Munde Nietzsches ist aktueller denn je. Tatsächlich gehört Musik für die meisten Menschen wie selbstverständlich zum Alltag. Das Anhören von Musik beispielsweise ist laut einer im Juli 2003 veröffentlichten Umfrage für mindestens 80 Prozent der Deutschen die liebste Freizeitbeschäftigung. Allerdings: Nur 8 Prozent musizieren selber.

Wie jede künstlerische Äußerung ist auch Musik eine anthropologische Konstante; Musik gibt es seit frühesten Zeiten und in allen Kulturen der Welt; musikalisch zu sein macht daher eine Eigenheit des Menschen aus, gehört zum Wesen seiner Existenz. Musik spricht Gefühl und Verstand an, schärft Empfindungen und Denken. Daher ist musische Bildung ein unabdingbares Element der Persönlichkeitsbildung. Musik ist zudem eine Sprache, die überall verstanden wird; die verständige Rezeption fremder Musikformen setzt allerdings ebenfalls ein entsprechendes Wissen voraus.

Der Bedeutung der Musik für den Menschen muss auch die schulische Bildung Rechnung tragen. Zu Recht heißt es deshalb etwa im Lehrplan Musik für die Gymnasien in Bayern: „Dem grundsätzlichen Bedürfnis des Menschen, zu hören, zu erleben, zu gestalten und sich mitzuteilen, wird durch Musik ganz wesentlich entsprochen" (2003).

Die Realitäten im schulischen Musikunterricht der 16 Bundesländer freilich sehen vielfach anders aus: Zahlreiche Stunden werden gestrichen, es fehlt an Musiklehrern, allein in NRW werden in den Grundschulen 85 Prozent des Unterrichts fachfremd erteilt; Musik hat nach wie vor nicht den Rang anderer schulischer Fächer, bei Schulleitungen oder in Kollegien mangelt es häufig an Problembewusstsein. Die Vernachlässigung der musisch-ästhetischen Erziehung führt zudem dazu, dass der Nachwuchs für künstlerische Berufe und die öffentliche Resonanz auf Kunst und Kulturangebote insbesondere in der Jugend zurückgehen. Der Grund dafür dürfte in Zeiten einer fortschreitenden Ökonomisierung und Funktionalisierung von Bildung darin liegen, dass sich Musik nicht „rechnet". Dabei wird freilich übersehen, dass Musik im Sinne eines umfassenden Bildungsbegriffs zunächst und primär ihren Eigenwert hat, dass sie aber darüber hinaus auf einen erheblichen überfachlichen „Mehrwert" verweisen kann.

Daher darf auch der Musikunterricht nicht auf seine Funktionalität bei der Förderung der kognitiven Entwicklung und auf seine Transferwirkung zugunsten anderer Lernbereiche reduziert werden; vielmehr hat auch der Musikunterricht wie die Musik selbst einen Eigenwert.

Ein Gespür für besondere künstlerische Leistung zu entwickeln, Freude an ihr zu empfinden sowie ihre Ursachen und Wirkungen beschreiben zu können ist berechtigtes Bedürfnis; die Förderung dieser Fähigkeiten gehört deshalb zu den maßgeblichen Aufgaben des Musikunterrichts. Neben dem Elternhaus hat nur die Schule die Chance, systematisch zur Geschmacksbildung beizutragen, indem sie Kriterien zur Kritik („Unterscheidung") von anspruchsvoller und anspruchsloser Musik vermittelt.

Solche Fähigkeiten bei jungen Menschen zu entwickeln ist primär Selbstzweck, denn eine zweckfreie Beschäftigung mit Musik bereichert unmittelbar das Leben. Der ästhetische Wert der Musik ist deshalb ins Zentrum der musikalischen Bildung zu rücken. Lebensweltorientierung durch ästhetische Bildung und ein ausgeprägtes Qualitätsbewusstsein hinsichtlich Komposition, Interpretation und technischer Ausführung von Musik, das zu begründetem Urteil führt, sind Ziele des Musikunterrichts. Falsch verstandener Lebensweltbezug als einseitiger Gegenwartsbezug wäre fatal. Bach, Beethoven, Brahms versus Blanko, Biedermann, Bohlen – das kann nicht die Alternative sein.

Subjektives Musikempfinden und individueller Geschmack stehen objektiver Analyse und sachlich begründeter Orientierung in der musikalischen Vielfalt gegenüber und ergänzen sich. Die Vermittlung individueller und kultureller Identität durch musikalische Bildung ist deshalb bedeutendes Erziehungsziel. Die Musik ist aber nicht nur mit prägend für die Persönlichkeit eines Menschen, sondern sie ist prägend auch für die Profilbildung einer Schule. Für die Schule – als „Welt im Kleinen" betrachtet – kann das nur heißen: *„Ohne Musik wäre die Schule ein Irrtum. "* (Friedhelm Brusniak*)*

2. Die Rahmenbedingungen für musikalische Bildung müssen verbessert werden

Durch neue Forschungsergebnisse (z. B. Bastian-Studie) und die Weiterentwicklung der musikpädagogischen Konzepte (siehe Punkt 4) hat sich der Musikunterricht grundlegend gewandelt. Da aber vielfach Entscheidungsträger (auch aus ihrer eigenen Schulzeit) überholte Vorstellungen von Musikunterricht verinnerlicht haben, ist es bis jetzt nicht gelungen, die Rahmenbedingungen für eine umfassende, den modernen Konzeptionen und wissenschaftlichen Erkenntnissen entsprechende musikalische Bildung zu schaffen.

Notwendig sind daher folgende Verbesserungen:
1. Stärkung der musikalischen Früherziehung in Kindergarten und Grundschule durch gemeinsames Singen und Musizieren; hier muss außerdem die Bedeutung der Familie immer wieder betont werden
2. Aufwertung der Musik im Fächerkanon der weiterführenden Schulen
   - als Vorrückungs-/Versetzungsfach in allen Jahrgangsstufen
   - als mindestens zweistündiges Pflichtfach in allen Jahrgangsstufen
   - durch vollwertige Anerkennung im Deputat der Lehrer
   - durch Gleichberechtigung mit anderen Fächern bei der Gestaltung des Stundenplans
3. Schaffung eines eigenen Budgets für den Wahlunterricht Musik

4. Behebung des Personalmangels und Einstellung ausgebildeter Fachkräfte (besonders in der Grundschule)
5. Praxisnähere, flexiblere und breitere Ausbildung der Lehrkräfte; das bedeutet auch
6. eine Aufwertung musikdidaktischer Lehrstühle an den Musikhochschulen
7. Musik als verpflichtender Bestandteil in der Ausbildung von Erzieherinnen und Grundschullehrkräften
8. Erweiterung der Fortbildungsangebote für Musikpädagogen
9. Mehr Zusammenarbeit und (auch finanzielle) Unterstützung der Musikschulen und Musikvereinigungen
10. Öffnung der Schulen für die Zusammenarbeit mit außerschulischen Institutionen, mit Musikschulen und insbesondere für besonders begabte Schüler mit Musikhochschulen
11. Verfügbarkeit von Musikinstrumenten für alle (nicht nur „Laptop für alle") und entsprechender Fachräume
12. Nachhaltige Verbesserung der Strukturen für die musische Bildung aller Jugendlichen statt kurzatmiger Förderung einzelner „Showprojekte"; Breitenförderung ist die Voraussetzung für Spitzenleistungen.

3. Der überfachliche Beitrag der Musik zur Persönlichkeitsbildung

Eine Bildung von Körper, Geist und Seele, das Erleben von Emotionen und die Schulung von Empathie durch Freude am praktischen Tun und künstlerischen Erleben steigern die Lebensqualität. Vielfältige Gestaltungsmöglichkeiten zu kennen und differenzierte Wahrnehmungsfähigkeit durch bewusstes Hören zu entwickeln sowie sprachliche und musikalischer Ausdrucksfähigkeit zu schulen, führen ebenso wie der Aufbau des Selbstbewusstseins durch öffentliche Auftritte zu großer Handlungskompetenz. Kreative Lösungsansätze, konstruktives Agieren und Denken in größeren Zusammenhängen sind unabdingbare Elemente der Musikerziehung.

Allgemeinbildung und Fachkompetenz durch fächerübergreifende Ansätze, sozusagen „Musik in allen Fächern", zählt ebenso zu den obersten Bildungszielen wie der Erwerb überfachlicher Kompetenzen.

– In der Förderung der Intelligenz, des analytischen Denkens und in der Ausbildung der „Sekundärtugenden" Fleiß, Ausdauer und Konzentrationsfähigkeit sowie in der Stärkung des Gemeinschaftsgefühls und des Verantwortungsbewusstseins und Freude an Leistung, insbesondere in ihrer sozialen Dimension in der Kammermusik oder in größeren Ensembles, besteht ein überfachlicher „Mehrwert" der musischen Bildung.

– Das Methodentraining durch Reflektieren, Abstrahieren, Argumentieren, Präsentieren und Musizieren und das Erlangen von Medienkompetenz (nahezu alle technischen Medien finden in der Musik Verwendung) sowie die Aneignung von Sozialkompetenz durch Teamarbeit oder Gruppenorientierung (z. B. in Chor und Orchester) sind dem Musikunterricht immanent.

– Aufeinander zu hören und Rücksicht zu nehmen sowie die Erziehung zu Toleranz und Respekt tragen in einem Musikunterricht, der eigene und fremde Traditionen behandelt und unterschiedliche Kulturkreise zusammenführt, wesentlich zur Friedenserziehung und Völkerverständigung bei.

Die Fähigkeit der Mitglieder eines Gemeinwesens zu einer anspruchsvollen Verständigung untereinander setzt gemeinsame kulturelle Erfahrungen voraus: Kenntnis herausragender und exemplarischer musikalischer Werke ist dafür eine wichtige Basis. Die Begegnung mit den Kunstwerken primär der abendländischen Musikgeschichte befähigt daher den Menschen zu begründeter Urteilskraft und bildet Wurzeln in der eigenen Kultur. In der Schule geht es bei der musikalischen Grundbildung deshalb um die Begegnung junger Menschen mit großen Werken der Musikgeschichte, die exemplarisch und fundamental für eine Epoche sind, deren Wirkung zugleich über den deutschsprachigen Raum, über die jeweilige Epoche ihrer Entstehung hinausging bzw. nach wie vor hinausgeht und über deren Geltung immer noch ein weitgehender Konsens besteht. Dazu kontrastierend sind andere Kulturkreise exemplarisch einzubeziehen.

Das Fach Musik
- ermuntert daher zur *selbständigen Entfaltung* musischer Fähigkeiten;
- erweitert den *geistigen Horizont;*
- schafft *Selbstvertrauen* durch Teilhabe am kulturellen Diskurs der Gesellschaft;
- ist ein Angebot zur eigenen *Ortsbestimmung* und Selbstorientierung;
- ordnet und *strukturiert* das immer schon vorgegebene Interesse an Musik;
- setzt *Kreativität* frei, fördert die Entwicklung der *Lernfähigkeit,* ist ein Beitrag zur Entwicklung von *„Schlüsselqualifikationen"* und deren Transfer;
- verdeutlicht den kenntnisreichen Umgang mit Musik als *lebensbereichernd.*

4. Konzepte des Musikunterrichts

Die Geschichte der Musikerziehung ist geprägt von unterschiedlichsten Konzepten. Schon Martin Luther hielt die Musikerziehung für unabdingbar, denn „ein Schulmeister muss singen können, sonst sehe ich ihn nicht an."

Das 19. Jahrhundert war geprägt vom Gedanken der „... musikalischen Volksbildung" (Zelter), und Wilhelm II. wollte noch 1903 „... mit dem Volkslied den Patriotismus stärken".

Zu Beginn des 20. Jahrhunderts werden in der Jugendbewegung neben dem Singen die „Hinwendung zum musikalischen Werk" (Jöde) sowie die „Erziehung zur Menschlichkeit mit und durch Musik" (Kestenberg) zum Ziel des Musikunterrichts; aus dem Fach Gesang wird 1924 das Fach Musik.

Die Auffassung, dass Musik zur Erhöhung des „Festtags" gehört, also funktionalisiert wird, erleichterte die Ideologisierung in der Zeit des Nationalsozialismus und die Manipulation der Massen durch Kampf-, Heimat- und Weihelieder.

Nach dem Zweiten Weltkrieg gab es Tendenzen, nahtlos an die Auffassung der Zeit um 1930 anzuknüpfen; Scheidler etwa vertrat 1952 die These, dass Musik „Herz und Gemüt des Menschen erheben" solle. Eine scharfe Gegenposition vertrat Adorno, der die „intellektuelle Durchdringung des Gegenstands" forderte. In den Jahren von 1965 bis 1975, in einer Zeit der Umorientierung, erlebte die Musikerziehung zahlreiche Neuansätze: M. Alt forderte die „Autonomie des Kunstwerks", Segler die „Orientierung in der Welt der Musik", D. Venus die „Hörerziehung" und „Einbeziehen des gesamten Klangspektrums"; Kleinen betrachtete die „gesellschaftliche Dimension der Musik", Gieseler forderte die „inhaltliche Öffnung gegenüber jedweder Musik". Während Rauhe die „Handlungsorientierung" in den Mittelpunkt stellte, ging es Richter um die „didaktische Interpretation von Musik" und Ehrenforth um „Hermeneutik und lebensweltliche Orientierung". Die Musikpädagogen Günther und Ott schließlich propagierten 1984 die „schülerorientierte Musikpädagogik". Das „Verständnis für künstlerische Ausdrucksformen und Gesetzmäßigkeiten der Musik" wurde im Lehrplan der 80er Jahre gefordert.

Alle Konzepte erwiesen sich als zu einseitig, um der Komplexität der Musik und des Musikunterrichts gerecht zu werden. Am Beginn des 21. Jahrhunderts ist eine Kombination verschiedener Ansätze weitgehend Konsens in der Musikpädagogik, etwa nach folgendem Modell:

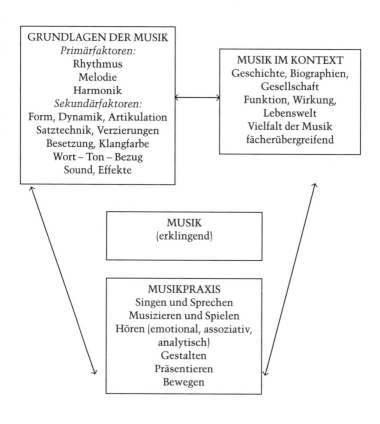

GRUNDLAGEN DER MUSIK
Primärfaktoren:
Rhythmus
Melodie
Harmonik
Sekundärfaktoren:
Form, Dynamik, Artikulation
Satztechnik, Verzierungen
Besetzung, Klangfarbe
Wort – Ton – Bezug
Sound, Effekte

MUSIK IM KONTEXT
Geschichte, Biographien,
Gesellschaft
Funktion, Wirkung,
Lebenswelt
Vielfalt der Musik
fächerübergreifend

MUSIK
(erklingend)

MUSIKPRAXIS
Singen und Sprechen
Musizieren und Spielen
Hören (emotional, assoziativ,
analytisch)
Gestalten
Präsentieren
Bewegen

Im Zentrum des Unterrichts steht das jeweilige Musikstück, die einzelnen Felder ergänzen sich integrativ.

Diese Konzeption des Klassenunterrichts wird in den allgemein bildenden Schulen ergänzt durch den Wahlunterrichtsbereich mit Instrumentalunterricht, Ensembles, Chören, Orchestern und Bands.

Unterstützt werden sollte die musikalische Bildung durch Musikschulen und privaten Musikunterricht; das liegt in der Verantwortung der Eltern. Musikvereinigungen, Laienorchester, Gesangvereine und kleinere Ensembles bieten eine Integration und eine gesellschaftliche Verankerung.

Die Talentförderung (z. B. „Jugend musiziert" und die anschließenden Maßnahmen) und die Hochschulen zur beruflichen Ausbildung sind die dritte Säule der musischen Bildung.

Durch dieses Konzept werden eine Teilhabe am öffentlichen Musikbetrieb (Konzerte, Musiktheater ...) und eine Orientierung in der kommerziellen Musikwirtschaft und im Mediendschungel ermöglicht.

Die neuen Lehrpläne entsprechen im Grundsatz diesem Konzept, haben aber zu wenig konkrete Formulierungen und inhaltlich zu große Freiheit; das führt inhaltlich schnell zu Beliebigkeit und „Gleich-Gültigkeit".

Nur durch einen festgelegten Kanon an Werken kann diesen Gefahren begegnet werden.

Verdeutlichung des Konzepts am Beispiel des bekannten „La Folia"-Themas:

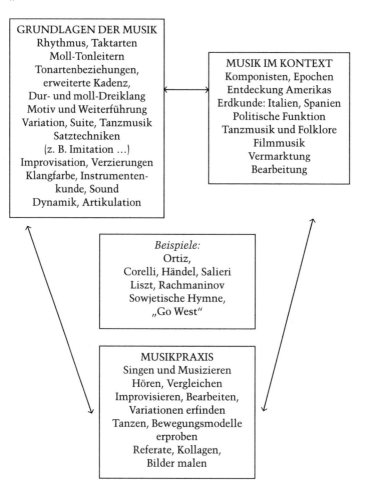

GRUNDLAGEN DER MUSIK
Rhythmus, Taktarten
Moll-Tonleitern
Tonartenbeziehungen,
erweiterte Kadenz,
Dur- und moll-Dreiklang
Motiv und Weiterführung
Variation, Suite, Tanzmusik
Satztechniken
(z. B. Imitation ...)
Improvisation, Verzierungen
Klangfarbe, Instrumenten-
kunde, Sound
Dynamik, Artikulation

MUSIK IM KONTEXT
Komponisten, Epochen
Entdeckung Amerikas
Erdkunde: Italien, Spanien
Politische Funktion
Tanzmusik und Folklore
Filmmusik
Vermarktung
Bearbeitung

Beispiele:
Ortiz,
Corelli, Händel, Salieri
Liszt, Rachmaninov
Sowjetische Hymne,
„Go West"

MUSIKPRAXIS
Singen und Musizieren
Hören, Vergleichen
Improvisieren, Bearbeiten,
Variationen erfinden
Tanzen, Bewegungsmodelle
erproben
Referate, Kollagen,
Bilder malen

Gerade eine aufgrund ungeheurer Medienvielfalt omni-
präsente Musik erschwert freilich Schülern und Lehrern
eine Orientierung ungemein. Eine globalisierte „Einheits-
musik" wäre eine Horrorvision; ähnlich einer „Einheitssprache" (vgl. das vereinfachte Schul-Englisch mit zum
Teil nur noch ca. 500 Wörtern Grundwortschatz in den
Eingangsjahren) würde sie standardisierend und nivellie-
rend wirken. Dies wiederum macht einen anspruchsvollen
und differenzierten Musikunterricht in Zukunft noch
wichtiger und eine Erhaltung bzw. Aufwertung als eigenständiges Fach unumgänglich.

5. Inhalte

In vorhandenen Lehrplänen und Rahmenplänen werden
üblicherweise Kompetenzen (Sach-, Methoden-, Sozial-
und Selbstkompetenz) als Bildungsziele definiert oder
Lernfelder beschrieben, aber es bleibt bei unverbindlichen
und nicht konkret genannten Inhalten. „Outfit" statt „In-
put" ist aber zu wenig, und ohne einen Grundbestand an
Werken, ohne kanonisches Wissen (mit einem Wissen „unter aller Kanone") sind kulturelle Identität und Kommunikation kaum möglich.

Konkretes Wissen und Können sind zudem Voraussetzung für Kreativität („10 Prozent von Kreativität sind Inspi-
ration, 90 Prozent sind Transpiration", Edison).

Nur auf der Basis des historisch-kulturellen Erbes lässt
sich Neues erfinden und verstehen. Ohne gesicherte Werkkenntnis wird eine Orientierung in der Vielfalt und in einer
durch Massenmedien omnipräsenten Musiklandschaft
nicht möglich sein. Den Unterschied zwischen „akus-
tischer Umweltverschmutzung" (Handy, Telefonwarte-
schleifen, Dauerberieselung ...) und der „Originalität" gro-

ßer Werke der Musikgeschichte erkennen und bewerten zu können ist Bildungsziel.

Typische, exemplarische und überzeitliche Werke, kreative, innovative und technisch anspruchsvolle, individuelle Kunstwerke verlangen eine (auch zeitlich) intensive Auseinandersetzung mit ganzen Musikstücken.

Grundwissen und Fachterminologie sowie Sprachfähigkeit sind Voraussetzung für tiefes emotionales Erleben; erst durch diese Anstrengungen können wahre Freude und wahrer Genuss an der Musik entstehen. Oberflächliche Berieselung, „weghören" bei Musik sind schnell vergänglich. Tieferen Sinn, Lebenssinn, Erfolgserlebnisse und wirkliche Emotionen erfährt man erst durch Leistung.

Der folgende Werkkanon ist schulformspezifisch differenziert; er gilt in Gänze für das Gymnasium inkl. Oberstufe. Der für die Hauptschule empfohlene Werke-Kanon ist mit „H" markiert; dieser Basiskanon erfährt für die Realschule eine Ergänzung („R").

Es handelt sich um einen offenen Kanon, individuelle Schwerpunktsetzungen und ein Eingehen auf lokale, zeitliche und personelle Besonderheiten sind wünschenswert, aktuelle Ergänzungen sinnvoll.

Die Aspekte der Beschäftigung mit den jeweiligen Werken sind nach Altersstufe und Schulart unterschiedlich zu gewichten, das „Klassische" jeweils herauszuarbeiten.

6. Werke

bis ca. 1600 (Mittelalter und Renaissance)

Gregorianischer Choral	Psalm, Jubilus, Sequenz	
Leonin, Perotin	Organum, Motetus	
Machaut, Dufay, Josquin	Motette	
di Lasso, Isaac,	Madrigal, Chorlied	R

Palestrina	Messe	
Minnesänger:		
W. von der Vogelweide	Palästinalied	H
Oswald von Wolkenstein		
Luther	Choral	
Gabrieli	Sonata pian e forte	H

Barock

Monteverdi	Orfeo	
Schütz	Weihnachtshistorie,	
	Kleine geistliche Konzerte	
Charpentier	Te Deum	H
Corelli	La Follia	
Pachelbel	Kanon	R
Vivaldi	Vier Jahreszeiten	H
Händel	Wassermusik, Feuerwerksmusik	H
	Concerti grossi	
	Messias	R
J.S. Bach	Johannes- oder Matthäus-Passion	
	Toccata und Fuge d-moll	H
	Wohltemperiertes Klavier	
	Brandenburgische Konzerte	R
	Kunst der Fuge	
	Musikalisches Opfer	

Klassik

Gluck	Orfeo ed Euridice	
Haydn	Streichquartette	
	(op.33)	
	(Kaiserquartett 2. Satz)	H
	Schöpfung	R
	Messen (Nelsonmesse)	
Mozart	Kleine Nachtmusik	H
	Opern (Zauberflöte,	H
	Entführung aus dem Serail,	R
	Figaros Hochzeit)	

	Symphonie (KV 550, Jupiter)	R
	Klaviersonaten (KV 201, KV 545)	
	Requiem	
Beethoven	Violinkonzert	
	Klavierkonzerte	
	Symphonien (Nr. 5 H, Nr. 9 R, 3, 6)	
	Klaviersonaten	
	(op. 49,2 R und op. 31,1)	
	Egmont – Ouvertüre	R

19. Jahrhundert

Schubert	Forelle, Forellenquintett	R
	Erlkönig (Reichardt, Loewe)	H
	Winterreise	
	Unvollendete	
Weber	Freischütz	R
Berlioz	Symphonie fantastique	
Mendelssohn	Elias	
Chopin	Etüden, Polonaisen,	
	Walzer	R
Schumann	Album für die Jugend	R
	Kinderszenen	H
	Mondnacht, Frühlingsfahrt	
	Frühlingssinfonie	
Liszt	Ungarische Rhapsodie	R
Paganini	Capricen	
Wagner	Tristan (Vorspiel)	
	Meistersinger	
Verdi	Aida	
Brahms	4. Symphonie	
	Chorlied	
	Ungarische Tänze	H
Bruckner	7. Symphonie	
Dvorak	Aus der neuen Welt	R
	Slawische Tänze	
Smetana	Moldau	H

Grieg	Peer Gynt – Suite	R
Bizet	Carmen	R
Saint-Saëns	Karneval der Tiere	H
Tschaikowsky	Nussknacker – Suite	R
J. Strauß	Walzer,	H
	Polka, Fledermaus	
Offenbach	Orpheus in der Unterwelt	R
Dukas	Zauberlehrling	R
Mussorgsky	Bilder einer Ausstellung	R
Rimski-Korsakow	Hummelflug	H
Elgar	Pomp and Circumstance	H
Sibelius	Finlandia	
Mahler	Lieder eines fahrenden Gesellen	
	Symphonie Nr. 1	
Strauss	Till Eulenspiegel	R

1. Hälfte 20. Jahrhundert

Debussy	Voiles, Children's Corner	R
Strauss	Also sprach Zarathustra	R
Schönberg	Überlebender von Warschau	
	Orchesterstücke op. 16, Farben	
Respighi	Pinien von Rom	
Reger	Mozart-Variationen	
Ravel	Bolero	H
Bartók	Mikrokosmos	
	Tanzsuite	R
Strawinsky	Sacre du printemps	
	Geschichte vom Soldaten	
Berg	Violinkonzert	
	Wozzeck	
Prokofjew	Peter und der Wolf	H
	Romeo und Julia	
	Klassische Symphonie	R
Honegger	Pacific 231	H
Orff	Carmina burana	R
	Die Kluge	H

Hindemith	Mathis der Maler	
Gershwin	Rhapsody in blue	R
Weill	Dreigroschenoper	R
Schostakowitsch	Leningrader Symphonie	
Chatschaturian	Säbeltanz	H
Britten	The Young Person's	H

2. Hälfte 20. Jahrhundert

Berio	Sequenza III	R
Boulez	Structure I a	
Messiaen	Mode de valeurs	
Stockhausen	Zyklus für einen Schlagzeuger	
	Gesang der Jünglinge	
Bernstein	West Side Story	H
Cage	Sonata V	
Penderecki	Lukaspassion	
	Anaklasis	
Ligeti	Atmospheres, Lontano,	R
	Continuum	
Reich	Drumming	H
Schnittke	moz-art a la haydn	R
Riehm	Erscheinung	
Pärt	Collage über B-A-C-H	
Webber	Cats, Phantom der Oper,	H
	Jesus Christ	

Jazz

L. Armstrong		H
B. Goodman		
D. Ellington		R
C. Basie		
G. Miller		H
H. Mancini		R
C. Parker		
D. Gillespie		
M. Davis		R

J. Coltrane
W. Marsalis

Rock und Pop

B. Haley	R
E. Presley	H
Beatles	H
Stones	R
B. Dylan	
J. Hendrix	R
Pink Floyd	
Santana	H
Queen	R
S. Wonder	
J. Cocker	
Metallica	H
M. Jackson	H
Madonna	H
Prince	
Scorpions	R
Grönemeyer	

Die Autoren und Mitarbeiter

Bernd-Uwe Althaus, Dr., Direktor des Thüringer Instituts für Lehrerfortbildung, Lehrplanentwicklung und Medien

Ulrich Bliesener, Prof. Dr., Didaktik und Methodik des Fremdsprachenlernens, Universität Hildesheim

Konrad Fees, PD Dr., Allgemeine Pädagogik, Universität Karlsruhe

Christoph Führ, Dr., Bildungshistoriker, vormals Institut für Internationale Pädagogische Forschung Frankfurt/M.

Jörg-Dieter Gauger, Prof. Dr., Stv. Hauptabteilungsleiter Wissenschaftliche Dienste / Archiv für Christlich-Demokratische Politik / Koordinator für Bildungs- und Kulturpolitik, Hauptabteilung Politik und Beratung der Konrad-Adenauer-Stiftung

Christine Henry-Hutmacher, Dipl. Soz., Koordinatorin für Frauen- und Familienpolitik, Hauptabteilung Politik und Beratung der Konrad-Adenauer-Stiftung

Josef Kraus, Oberstudiendirektor, Präsident des Deutschen Lehrerverbandes

Volker Ladenthin, Prof. Dr., Schulpädagogik, Universität Bonn

Georg-Berndt Oschatz, Prof., Kultusminister a.D., Direktor des Bundesrates a.D.

Gerhard Ottowitz, Oberstudienrat, Mallersdorf-Pfaffenberg

Jürgen Rekus, Prof. Dr., Allgemeine Pädagogik, Universität Karlsruhe

Bernhard Vogel, Prof. Dr., Ministerpräsident a.D., Vorsitzender der Konrad-Adenauer-Stiftung

Karin Wolff, MdL, Kultusministerin des Landes Hessen

Horst Wollenweber, MA, Bildungshistoriker, langjähriger Schriftleiter „Die Realschule in Deutschland"

Herder-Taschenbücher
herausgegeben im Auftrag der Konrad-Adenauer-Stiftung

Otto Schlecht / Gerhard Stoltenberg (Hrsg.)
Soziale Marktwirtschaft
Grundlagen, Entwicklungslinien, Perspektiven
Freiburg 2001

Manfred Agethen / Eckhard Jesse / Ehrhart Neubert (Hrsg.)
Der missbrauchte Antifaschismus
DDR-Staatsdoktrin und Lebenslüge der deutschen Linken
Freiburg 2002

Ehrhart Neubert
Ein politischer Zweikampf in Deutschland
Die CDU im Visier der Stasi
Freiburg 2002

Christine Henry-Huthmacher (Hrsg.)
Leise Revolutionen
Familien in Zeiten der Modernisierung
Freiburg 2002

Jürgen Aretz / Günter Buchstab / Jörg-Dieter Gauger (Hrsg.)
Geschichtsbilder
Weichenstellungen deutscher Geschichte nach 1945
Freiburg 2003

Brigitte Kaff (Hrsg.)
Junge Union 1945–1950
Jugendpolitik in der sowjetisch besetzten Zone
Freiburg 2003

Manfred Agethen / Günter Buchstab (Hrsg.)
Oppositions- und Freiheitsbewegungen im früheren Ostblock
Freiburg 2003

Volker Schumpelick (Hrsg.)
Klinische Sterbehilfe und Menschenwürde
Ein deutsch-niederländischer Dialog
Freiburg 2003

Bernhard Vogel (Hrsg.)
Religion und Politik
Ergebnisse und Analysen einer Umfrage
Freiburg 2003

Günter Buchstab / Rudolf Uertz (Hrsg.)
Christliche Demokratie im zusammenwachsenden Europa
Entwicklungen, Programmatik, Perspektiven
Freiburg 2004

Günter Buchstab / Brigitte Kaff / Hans-Otto Kleinmann
(Hrsg.)
Christliche Demokraten gegen Hitler
Aus Verfolgung und Widerstand zur Union
Freiburg 2004

Volker Schumpelick / Bernhard Vogel (Hrsg.)
Grenzen der Gesundheit
Freiburg 2004

Bernhard Vogel / Rudolf Dolzer / Matthias Herdegen (Hrsg.)
Die Zukunft der UNO und des Völkerrechts
Beiträge und Thesen einer internationalen Konferenz
Freiburg 2004

Günter Buchstab (Hrsg.)
Brücke in eine neue Zeit
60 Jahre CDU
Freiburg 2005

Werner Kilian
Adenauers Reise nach Moskau
Freiburg 2005

Volker Schumpelick / Bernhard Vogel (Hrsg.)
Alter als Last und Chance
Freiburg 2005

Günter Buchstab / Philipp Gassert / Peter Thaddäus Lang
(Hrsg.)
Kurt Georg Kiesinger 1904–1988
Von Ebingen ins Kanzleramt
Freiburg 2005

Peter Joachim Lapp
Georg Dertinger
Journalist – Außenminister – Staatsfeind
Freiburg 2005

Rudolf Dolzer / Matthias Herdegen / Bernhard Vogel (Hrsg.)
Biowissenschaften und ihre völkerrechtlichen Herausforderungen
Freiburg 2005

Günter Buchstab / Rudolf Uertz (Hrsg.)
Nationale Identität im vereinten Europa
Freiburg 2006